DE PATISSERIE

Charlotte Jacobi

De patisserie

XANDER

Uitgegeven door Xander Uitgevers
www.xanderuitgevers.nl

Oorspronkelijke titel: *Die Patisserie am Münsterplatz – Zeitenwandel*
Oorspronkelijke uitgever: Piper Verlag GmbH, München
Vertaling: Cora Kool
Omslagontwerp: zero-media.net, Munich
Omslagbeeld van de winkel: Alamy | beeldnummer: C2P55MK
Overig beeld: FinePic®, Munich
Belettering omslag: Select Interface
Auteursfoto: Fotohaus Kerstin Sänger
Zetwerk: ZetSpiegel, Best

Eerste druk 2022

ISBN 978 94 0161 695 9 | NUR 302

Overzicht van de belangrijkste personages

In patisserie Tritschler

Ida Tritschler (* 2 november 1874 in Stuttgart) verkoopster in de banketbakkerij, banketbakkersdochter
Oskar Tritschler (* 23 februari 1873 in Stuttgart) broer van Ida, student rechtsgeleerdheid
Elise Tritschler, geboren Nägele (* 11 juli 1853 in Sindelfingen) vrouw van Franz, moeder van Oskar en Ida, verkoopster in de banketbakkerij
Franz Tritschler (* 7 april 1850 in Stuttgart) grootbakker, man van Elise, vader van Oskar en Ida
Albert Tritschler (* 13 juli 1830 in Bad Cannstatt) gepensioneerd meester-bakker, man van Ulrike, vader van Franz
Ulrike 'Rickele' Tritschler, geboren Deuschle (* 25 februari 1834 in Kirchheim unter Teck) spoorloos verdwenen vrouw van Albert, moeder van Franz
Xavier Castanet (* 12 augustus 1854 in Colmar) huisbediende
Gaston Leroc (* 14 mei 1844 in Parijs) kok
Antoinette Nanty (* 4 juli 1845 in Weghäusel bij Straatsburg) huisdame
Amélie Chabas (* 29 april 1873 in Rambouillet) verkoopster in de banketbakkerij, dochter van de fruitleverancier

Hélène Aubert (* 30 augustus 1871 in Colmar) verkoopster in de banketbakkerij, dochter van een barbier
Kurt 'Kurtle' Teufel (* 8 mei 1875 in Untertürkheim) bakkersknecht

In patisserie Goldschmidt

Lucien Picard (* 9 september 1872 in Straatsburg) student biologie, banketbakkerszoon
Jacques Picard (* 23 maart 1848 in Weghäusel) banketbakker, man van Claire, vader van Lucien en René
Claire Picard, geboren Goldschmidt (* 29 juni 1853 in Nantes) vrouw van Jacques, moeder van Lucien en René
René Picard (* 14 december 1873 in Straatsburg) broer van Lucien, man van Denise, vader van Marcel
Denise Picard, geboren Schneegans (* 21 augustus 1871 in Sainte-Marie-aux-Mines) vrouw van René, moeder van Marcel
Marcel Picard (* 19 mei 1889 in Niederbronn-les-Bains) zoon van René en Denise
Natalie Berger (* 1 januari 1872 in Sainte-Marie-aux-Mines) Denises jeugdvriendin en voormalige gezelschapsdame
Bernadette Picard, geboren Schwab (* 1 september 1828 in Neuhof) weduwe van een houtvester, moeder van Jacques en Marie
Marie Picard (* 24 januari 1850 in Weghäusel) kunstschilder, zus van Jacques
Aaron Goldschmidt (* 25 maart 1830 in Straatsburg) vader van Claire, gepensioneerd kredietverstrekker
Geraldine Rolland, geboren Marais (* 11 september 1848 in Metz) kokkin
Paulette Girod (* 27 augustus 1850 in Guebwiller) kindermeisje
Bertrand Strohmeier (* 11 september 1856 in Metz) meester-bakker van patisserie Goldschmidt

Verder

Maximilien 'Le Prof' Fouché (* 12 februari 1834 in Metz) voormalig hoogleraar architectuur, tegenwoordig zonder vaste woon- of verblijfplaats
Wolfgang Busch (* 11 september 1840 in Berlijn) koster van de kathedraal in Straatsburg, voormalig soldaat in het Pruisische leger
Joséphine Martinet, geboren Errard (* 11 juli 1810 in Straatsburg) weduwe van een grootbakker, erelid van het bakkersgilde

Proloog

Augustus 1870

Net als het koekhuisje van de heks in het sprookje van Hans en Grietje oefende de etalage van de patisserie in de Rue Mercière, vlak bij de kathedraal van Straatsburg, een bijna magische aantrekkingskracht uit. Gebiologeerd en watertandend keek de zeventienjarige Claire Goldschmidt naar de lekkernijen die erin waren uitgestald. Goudgele cakes in de vorm van een tulband stonden naast kleine lichtbruine anijskoekjes. Hun vorm deed denken aan champignonkopjes. Verder lag er donker kerstbrood met gedroogde peren en ander fruit. Daarnaast zag Claire een glanzende donkerbruine peperkoek liggen die gegarneerd was met amandelen en gekonfijte kersen, en helemaal achteraan *chinois*, zoet brood bestaande uit geglazuurd, spiraalvormig opgerold gistdeeg dat was gevuld met amandelen en hazelnoten.

De jonge vrouw met het bruine haar liet haar blik over al het lekkers dwalen totdat ze uiteindelijk het gebak vond waar ze naar had gezocht: *puits d'amour*, bronnen van liefde. Ze glimlachte dromerig. Zo'n kleine vulkaan van bladerdeeg, boter en jam had ze vorige week gekregen van Pierre, een van de honderd matrozen uit Marseille die op het moment hier in Straatsburg waren gestationeerd. De lekkernij ging vergezeld van een belofte.

'Er komt een moment dat de krijgsmacht van Metz die Pruisische generaal Von Werder verjaagt, samen met dat vervloekte leger van hem,' had hij gezegd. 'Dan koop ik een ring voor je.'

Claire had het zoete gebakje gedeeld met de knappe jongen uit Marseille en zelfs nu nog, drie dagen later, liep het water haar in de mond terwijl ze terugdacht aan die traktatie. Maar de vlinders in haar buik leken vooral te worden veroorzaakt door de herinnering aan de hartstochtelijke kussen van de man die haar het gebak cadeau had gedaan.

Claire was zo in gedachten verzonken dat ze was vergeten dat haar vader Aaron achter haar stond en ze kromp geschrokken ineen toen hij haar vermanend toesprak.

'Laat je niet om de tuin leiden door die aanblik. Dat zoete spul daarbinnen is al zeker negen maanden oud en gortdroog.'

De veertigjarige man met zijn volle baard leunde op een wandelstok en had een keppel met een ster op zijn hoofd, het traditionele hoofddeksel van mannelijke joden.

'De man van madame Martinet heeft vlak voor kerst natuurlijk die beroerte gehad. Na zijn dood werd de patisserie halsoverkop gesloten en zoals je weet kon ze zich er niet meer toe zetten om hem weer te openen,' zei Aaron tegen zijn dochter.

Eigenlijk hadden ze een afspraak met madame Martinet voor het ondertekenen van een contract, maar de oude vrouw liet op zich wachten. Claire keek lichtelijk bezorgd om zich heen. Waar bleef de weduwe toch? Hopelijk liet ze haar vader niet in de kou staan. Claires moeder was weliswaar elf jaar geleden gestorven, maar ook voor hen tweeën waren zijn verdiensten niet toereikend. Geen enkele schuldenaar was door de oorlogssituatie in staat of van plan om Aaron Goldschmidt, die een eigen kredietinstelling had, rente te betalen. De kinderloze weduwe van de banketbakker, Joséphine Martinet, had echter beloofd om de patisserie van haar overleden man op zijn naam te zetten om haar schuld te vereffenen. Als zij Claires vader nu óók in de steek liet, zaten ze aan de grond en moesten ze hongerlijden.

Ze tuurde de straat af die naar het plein bij de kathedraal liep, maar daar was niemand te bekennen.

‘Hopelijk is madame Martinet niet van gedachten veranderd. Door al die vijandelijke beschietingen durft eigenlijk niemand meer de straat op,’ prevelde Claire bezorgd.

De afgelopen nacht was vreselijk geweest. In verschillende wijken hadden hun belagers gelijktijdig bommen laten ontploffen en meer dan honderd huizen waren door de projectielen beschadigd of gedeeltelijk ingestort. De brandweerlieden en burgers waren vaak niet meer in staat om de vuurzeeën bijtijds te blussen. Omdat de branden ’s nachts het best te zien waren, bleven de Pruisen de stad soms met projectielen bestoken. Daardoor werden vaak mensen geraakt die waren toegesneld om de vlammen te doven. Talloze Straatsburgers waren zo het slachtoffer geworden van hun eigen hulpvaardigheid.

Claires geliefde had haar toevertrouwd dat hij en zijn kameraden van de bevelhebbers in Straatsburg veel te weinig munitie tot hun beschikking kregen om goed te kunnen reageren. ‘Die geweldige officieren van ons hebben een rantsoen ingesteld van vijftien schoten per dag per kanon. Wat een aanfluiting!’ had Pierre zich beklaagd.

‘Daar zul je haar hebben,’ constateerde Claires vader op dat moment opgelucht. ‘Madame Martinet is niet bang uitgevallen.’

Hij wees met zijn kin naar de Rue Mercière. Vanaf het Gutenbergplein kwam een vastberaden zestigjarige vrouw met een blonde knot en elegante zwarte kleding op hen af. Ze was klein, maar kwam uiterst energiek over. Ze liep met kordate passen en had fonkelende ogen. Het lawaai van de gevechten in de buurt van de stadsmuur leek haar inderdaad niet te verontrusten.

‘Madame Martinet,’ riep Aaron Goldschmidt dolgelukkig en hij kuste de rechterhand van de oudere dame, die gehuld was in een zijden handschoen. ‘Wat fijn dat u het hebt aangedurfd. Mag ik u voorstellen aan mijn dochter Claire?’

‘*Bonjour,* madame,’ antwoordde de jongere vrouw met een verlegen glimlach.

‘Mijn beste monsieur Goldschmidt, uw dochter is een echte schoonheid,’ zei de weduwe van de patissier glimlachend. ‘Als de banketbakkerij eenmaal van u is, zal de winkel vast en zeker door veel jonge mannen bezocht worden. Maar die zullen het lekkere gebak nauwelijks een blik waardig keuren.'

Aaron lachte en zag dat het gezicht van madame Martinet betrok toen haar blik naar de Kerk van Onze-Lieve-Vrouw dwaalde. Er kwam na de bomaanval van de afgelopen nacht nog altijd rook uit het dak.

'Heilige Moeder Maria,' bromde de weduwe, die in tegenstelling tot haar twee joodse bezoekers het katholieke geloof aanhing, en ze sloeg een kruisje. Claire dacht huiverend terug aan de vlammen die afgelopen nacht uit het dak van de enorme, tot nu toe zo onverwoestbaar ogende kathedraal waren opgestegen naar de nachtelijke hemel. Het was tot in de wijde omtrek zichtbaar geweest.

'Hoe is het toch mogelijk dat christenen een kerk bombarderen?' zei Joséphine Martinet verontwaardigd. 'Ook een van de grote ramen is verwoest. Een kunstwerk ter ere van God, voor altijd verloren.'

Vervolgens richtte ze haar blik echter vastberaden weer op haar kredietverstrekker Aaron Goldschmidt en diens dochter. 'Nou, toch mogen we ons niet gewonnen geven, we moeten tenslotte plannen maken voor de toekomst, nietwaar?'

Met deze woorden haalde ze haar sleutelbos tevoorschijn om de winkel te openen. Ze zuchtte weemoedig. 'Dat is lang geleden.'

Terwijl het drietal de bakkerij binnenliep, zag Claire stofdeeltjes dansen in de stralen van de avondzon. Ook de ietwat muffige geur maakte duidelijk dat het gebouw maandenlang leeg had gestaan. Van dichtbij was de laag stof op het uitgedroogde lekkers duidelijk zichtbaar.

Madame Martinet vroeg haar twee bezoekers om plaats te nemen in de lunchroom en toverde een contract uit haar handtas.

'U hebt geen enkele twijfel?' vroeg Aaron voor alle zekerheid en hij keek de oudere vrouw onderzoekend aan.

Madame Martinet schudde haar hoofd. 'U hebt mijn man en mij

zo vaak uit de narigheid geholpen als er financieel moeilijke tijden waren. Ik ben zestig en wil niet meer achter de toonbank staan. U bent twintig jaar jonger. Met uw prachtige dochter aan uw zij en het juiste personeel in de bakkerij en de winkel zult u het kunnen redden. Dan wordt dit weer het pareltje van de buurt, zoals onze banketbakkerij dat ooit was. Bovendien is het ook een erezaak dat je je schulden betaalt.'

'Dat ziet helaas niet iedereen zo,' antwoordde Claire bitter.

Madame Martinet knikte ernstig en volgde de blik van de dochter naar Aarons wandelstok. Sommige mensen sloegen de man die ze geld schuldig waren liever halfdood.

'Ik hoop dat de patisserie even goed zal lopen als vroeger,' doorbrak de weduwe de pijnlijke stilte. 'Dan hoeft u zich geen zorgen meer te maken over schuldenaren die weigeren te betalen.'

Ze pakte een ouderwetse pennenhouder uit haar tas en schreef in sierlijke letters de datum onder het contract. Donderdag 25 augustus 1870.

Patisserie Goldschmidt, dacht Claire, terwijl na madame Martinet ook haar vader de akte van overdracht ondertekende. Dat had de klank van een schitterende en veilige toekomst in zich.

Maar nog voordat de inkt op het contract was gedroogd, werd de etalageruit met een vreselijk kabaal doorboord door een zware granaatscherf, waarna het glas luid rinkelend in stukken viel. De scherf ketste af tegen de achtermuur, waar hij een fors gat achterliet, en landde vervolgens pal voor Claires voeten. Wonderlijk genoeg bleven ze ongedeerd.

De lekkernijen in de etalage lagen echter bezaaid met de restanten van de verwoeste ruit, sommige waren gespietst door grotere scherven. Claire staarde trillend naar de zonderlinge aanblik. Het kwam op haar over als een voorteken van een beklemmende dreiging.

Deel 1

April tot juni 1893

1

De geur uit de bakkerij stroomde verleidelijk door het hele huis, kroop Ida Tritschlers neus binnen en maakte de bakkersdochter wakker uit haar dromen. Het moest dus na vijven in de ochtend zijn, beredeneerde ze, want vanaf dat tijdstip werd het in de bakkerij een drukte van belang. Voor haar geestesoog zag ze de lekkernijen die beneden al snel uit de oven zouden worden gehaald. Op elke andere dag zou de slanke achttienjarige zich nog een keer hebben omgedraaid onder haar donzen dekbed om verder te slapen.

'Mijn dochter hoeft nooit zo vroeg op te staan als ik op die leeftijd,' zei haar vader altijd en hij had zich ook aan die belofte gehouden. Zelf stond hij inmiddels alleen nog voor het kraaien van de haan op als hij de jonge bakkersknechten weer eens wilde laten zien dat hij er voor hen was – en dat hij, hoewel hij inmiddels tot grootbakker was opgeklommen, nog altijd een van hen was. Inmiddels bezat hij hier in Stuttgart drie banketbakkerszaken en boog hij zich overdag in zijn kantoor over de boekhouding en het in praktijk brengen van nieuwe ideeën. Waar het Franz Tritschler betrof had een eerlijk ambacht ook daadwerkelijk een gulden bodem. Het ontbrak het gezin aan niets, hun kostje leek gekocht.

Ida had dus niet hoeven opstaan, maar vandaag wilde ze dat wel. Want deze maandag, 10 april 1893, zou voorlopig de laatste dag zijn in haar geliefde ouderlijk huis in de binnenstad van Stuttgart. Haar vader had besloten dat ze naar de Elzas zouden verhuizen, nadat hij had gehoord dat er in de buurt van de kathedraal in Straatsburg een winkel met daarboven een uit drie verdiepingen bestaande woning vrijkwam. Daar wilde hij nu een nieuwe zaak gaan beginnen. En Ida, haar twee jaar oudere broer Oskar en hun moeder moesten met de Franse kok en de huishoudster vooruitgaan om hun intrek te nemen in het huis, haar vader zou dan in Stuttgart de laatste zaken afwikkelen. De nieuwe winkel in Straatsburg zou vervolgens op 1 mei opengaan.

Nadat ze zich had gewassen en aangekleed, begaf Ida zich, geurend naar haar favoriete Chinese zeep van Douglas, naar de keuken beneden. Daar was de kok van het gezin, monsieur Leroc, al bezig met het zetten van koffie.

'Bonjour, mademoiselle Ida,' begroette hij haar vrolijk. Hij oogde nog altijd jeugdig, hoewel zijn blonde haar bij de slapen al grijs werd en Ida wist dat hij het komende jaar vijftig werd. Ze had van jongs af aan alleen Frans met hem gesproken, haar vader vond het namelijk belangrijk dat haar broer en zij tweetalig werden opgevoed. Daarom had hij behalve de kok ook een huisbediende en een huishoudster uit Elzas-Lotharingen in dienst genomen, die niet alleen het daar gangbare Westopperduits machtig waren, maar ook de taal van de vroegere vijand. Waarom haar vader, die geboren was in Stuttgart, zo van het Frans hield had Ida nooit helemaal begrepen, want vier jaar voor haar geboorte had hij in de oorlog tegen de Fransen moeten vechten – en daarbij de pink van zijn linkerhand verloren. Ze wist niet precies hoe dat was gegaan, Franz Tritschler sprak niet graag over die tijd. Nieuwsgierige vragen over het ontbreken van zijn pink had hij altijd afgedaan met de vage bewering dat anderen destijds nog veel ergere dingen waren kwijtgeraakt, hij was er 'goed vanaf gekomen'.

Ida wist dat haar vader vlak na het einde van de Frans-Duitse oorlog in 1871 had geprobeerd om als bakker vaste voet te krijgen in het vanaf toen Duitse Straatsburg. Haar moeder Elise had haar dochter echter ooit toevertrouwd dat de haat tegen de Duitsers destijds nog te groot was geweest en dat veel Elzassers de verandering van de nationaliteit van hun stad maar moeilijk konden accepteren. Haar vader had de winkel snel moeten opgeven en in plaats daarvan in zijn geboortestad Stuttgart geprobeerd een nieuwe start te maken – met aanzienlijk meer succes.

‘Gelukkig wel,’ had haar moeder glimlachend gezegd, ‘want anders hadden we elkaar nooit ontmoet. En dan zouden jij en je broertje er ook niet zijn.’

Het was dus eigenlijk verbazingwekkend dat haar vader, die een paar dagen geleden tenslotte al drieënveertig was geworden, ondanks zijn drie goedlopende bakkerijen in de grootste stad van de streek Zwaben de Elzas nog een kans gaf. Waarschijnlijk wilde hij, juist omdat het na de oorlog in Straatsburg was mislukt, weten of het nu wél kon. ‘Als ik het nu niet doe, ben ik te oud voor een avontuur,’ had hij gezegd.

En ook de rest van het gezin had zin in dit waagstuk. Ida en haar moeder zouden net als in Stuttgart helpen in de winkel, haar broer Oskar daarentegen wilde een studie rechtsgeleerdheid beginnen aan de Kaiser-Wilhelms-universiteit.

‘Een kop koffie?’ bood de kok aan, maar Ida schudde haar bruine haren en vroeg hem of haar vader al wakker was.

‘Ja, hij is beneden bij de bakkers,’ zei Gaston Leroc.

De bakkerij bevond zich op de begane grond achter de winkel. Hier was de geur van pretzels natuurlijk nog sterker. Ida werd door haar vader begroet met een glimlach. ‘En, lieverd, ben je al zenuwachtig?’ informeerde hij.

Ze knikte. ‘Gisteravond heb ik eindelijk mijn koffer dicht gekregen. Oskar moest erop gaan zitten.’ Ze streek liefdevol wat bloem uit zijn dikke blonde haar.

‘We zullen u heel erg gaan missen, juffrouw Tritschler,’ zei Kurtle, de sproeterige bakkersknecht, terwijl hij een nieuwe lading pretzeldeeg in sodaloog dompelde.

Het was Ida niet ontgaan dat de jonge roodharige knul een beetje gek op haar was, maar zelf was ze daarentegen nog nooit verliefd geweest. Ze zag in Kurt ook meer een pijlsnel gegroeid kereltje dan een man.

'Dat is lief van je, Kurtle,' zei ze vriendelijk. 'Ik zal alles hier ook gaan missen, dat weet ik zeker.'

'Ook Straatsburg heeft veel moois,' hielp haar vader haar herinneren.

'Dat weet ik wel,' was Ida het met hem eens. 'Maar mijn vriendinnen ga ik zeker missen.'

Zeven jaar geleden, in september, had grootbakker Franz Tritschler zijn gezin tijdens een reis zijn geliefde Elzas al laten zien. Het meisje wist nog precies dat hij haar voor het eerst de daar traditionele tulband had laten proeven. Dat was heerlijk luchtige cake met rozijnen erin. En zelfs de Duitse keizer was dat jaar in Straatsburg geweest! Hun hele gezin had Wilhelm i en zijn gevolg destijds met eigen ogen uit het universiteitspaleis zien komen.

'Dat is ronduit schandalig!' klonk opeens een schrille vrouwenstem, die Ida uit haar gedachten deed opschrikken.

'Dat klinkt als mevrouw Brandalise,' wist ze meteen en ze snelde naar de winkel toe.

Sinds het afronden van de tiende klas en haar eindexamen aan de middelbare school werkte Ida op eigen verzoek als verkoopster in de banketbakkerij van haar ouders en ze had een fijne neus ontwikkeld voor de klanten. Haar vriendelijke manier van doen werd door iedereen erg gewaardeerd, zelfs moeilijke mensen wist ze om haar vinger te winden.

En mevrouw Brandalise behoorde ongetwijfeld tot de allermoeilijksten. De altijd chic geklede doktersvrouw was veeleisend en nukkig – en deze ochtend een van de eerste klanten in de net geopende winkel.

Het nieuwe winkelmeisje Hilde kon de resolute vrouw, die altijd in haar Zwabische dialect verviel als ze boos was, duidelijk niet aan.

'Een bijzonder goede morgen gewenst, mevrouw,' riep Ida bij het betreden van de winkel. 'Is er iets niet naar uw tevredenheid?'

'Dat jonge ding hier beweert dat er geen gevlochten maanzaadbroodjes zijn,' zei de oudere dame verontwaardigd.

'Dat klopt, maar ik zal ze met alle plezier bij u langsbrengen zodra ze klaar zijn,' bood Ida vriendelijk aan. 'Dat duurt hooguit nog een half uur. Wilt u uw pretzels al wel meenemen?'

'Ja, drie stuks graag,' bromde de vrouw ietwat gekalmeerd, waardoor ze weer accentloos sprak.

Ida wist dat mevrouw Brandalise eigenlijk alleen werd geplaagd door verveling en daarom bij het minste of geringste opstoof. Haar man was als dokter vaak tot in de kleine uurtjes bezig en had zelden tijd voor haar. Hun volwassen zoon was het huis al uit om op zijn beurt medicijnen te studeren in Tübingen. Sindsdien was zijn moeder nog eenzamer. Voor Ida hoorde het erbij om dat soort bijzonderheden te onthouden en in de winkel ongedwongen een praatje met haar te maken.

'Gaat het goed met de studie van uw zoon? Gelukkig is hij een slimme jongen,' zei Ida terwijl ze de pretzels inpakte.

'Ja, dat is hij echt,' was mevrouw Brandalise het met haar eens en ze kon een trotse glimlach niet onderdrukken.

Als ze de maandzaadbroodjes later bracht, zou Ida de vrouw adviseren om weer eens een van haar legendarische dansavonden voor de armen te organiseren. Dan was ze even bezig met iets zinvols.

Nadat de doktersvrouw was vertrokken, bedankte Hilde haar. 'Ik vraag me af of ik ooit net zo goed met klanten zal kunnen omgaan als u.'

'Dat zal zeker gaan lukken,' verzekerde Ida haar. 'Je moet gewoon een tijdje naar hen luisteren, dan komt dat allemaal vanzelf.'

'Als ze haar dan maar niet de oren van het hoofd gaan kletsen,' mengde Ida's broer, die vanuit de achterkamer naar de winkel was gekomen, zich in het gesprek.

'Geduld is niet voor iedereen weggelegd,' antwoordde Ida en ze keek Oskar grijnzend aan.

Hij was lang, uiterst gespierd, had net als zijn vader golvend blond haar en fonkelende blauwe ogen. Hilde was niet de enige jonge vrouw die bij het zien van Oskar knikkende knieën leek te krijgen.

'Ben je er klaar voor, zus?' vroeg hij. 'Om twaalf uur gaan we vertrekken.'

'Ja, ik wil alleen nog even de maandzaadbroodjes langsbrengen bij mevrouw Brandalise en naar opa toe om afscheid te nemen,' antwoordde ze.

'Dat zal niet nodig zijn,' klonk een diepe stem vanuit de opening van de winkeldeur.

'Opaatje!' riep Ida.

'We kunnen zo meteen hier afscheid nemen,' zei de grijze man. 'Ik zal namelijk alles in de gaten houden, zodat na jullie vertrek niet alles in het honderd loopt.'

'Het is zo jammer dat je niet met ons meekomt,' zei Ida op spijtige toon.

Ze vermoedde dat haar opa achter zijn barse en vaak ietwat dikdoenerige façade soms heel eenzaam moest zijn. Zijn vrouw, Ida's geliefde grootmoeder Ulrike, was negen jaar geleden onverwachts vertrokken, en niemand van de volwassenen had het meisje de reden daarvan willen vertellen. Wel waren ze allemaal duidelijk zeer boos geweest op de oude vrouw. Omdat drie jaar geleden Ida's oma van moederskant was overleden, dacht ze er steeds vaker aan wat er toch van oma Ulrike was geworden. Juist door dat dubbele verlies had ze haar opa er graag bij gehad in Straatsburg.

'Zo'n oude boom moet je niet meer verplanten. En bovendien, op zijn laatst in juli zijn jullie weer hier – voor mijn drieënzestigste verjaardag,' antwoordde opa Albert. 'Dat heb ik al tegen je vader gezegd. En tot die tijd neem ik hier het roer over.'

Oskars grijns werd breder. 'Dan kan er helemaal niets mislopen en kunnen wij in alle rust de schoonheid van de Elzas gaan ontdekken.'

Ida wist dat haar broer overmorgen al met zijn studie moest beginnen. Ze benijdde hem dat hij de kans kreeg om te studeren. Het was meisjes niet eens toegestaan om onderwijs te volgen dat voorbereidde op de universiteit. Zelf zou ze het spannend hebben gevonden om zich te verdiepen in economie. Hoe maak je zo veel mogelijk klanten tevreden? Dat was ook precies wat ze het interessantst vond aan het werken in de bakkerij.

'Als je doelt op de vrouwen in de Elzas, jongeman,' zei Albert na Oskars opmerking, 'die zijn inderdaad de reis waard, zo wordt beweerd. Dat zal je vader ongetwijfeld kunnen bevestigen. Met hem heb ik nog wel een paar woorden te wisselen.'

Met een ondeugende grijns begaf de oudere man zich naar zijn zoon in de bakkerij.

Ida en haar broer keken elkaar verbaasd aan.

'Wat bedoelt opa daar nou mee?' vroeg Ida zich af.

'Waarschijnlijk dat pa daar een heel liefdesleven had voordat hij mama leerde kennen,' vermoedde Oskar schouderophalend.

Hij haalde een brief tevoorschijn uit de zak van zijn jasje. 'Deze heeft hij aan mij gegeven. Ik moet hem meteen morgenochtend vroeg bij een oude bekende van hem in de wijk Petite France in Straatsburg afgeven,' legde hij uit.

Ida las de naam van de geadresseerde. Madame Joséphine Martinet. Ze voelde een lichte ongerustheid opborrelen. Was die dame er de reden van dat hun vader nooit had uitgelegd waarom hij zo gek was op de Elzas? 'Wie zou dat dan zijn?'

'Ga morgen anders gewoon met me mee als je zo nieuwsgierig bent,' stelde Oskar breed glimlachend voor.

Vroeg in de middag zaten Ida, Oskar, hun moeder Elise, de huisdame en de kok van het gezin in de trein naar Karlsruhe. Van daaruit zouden ze dan verder reizen naar Straatsburg. Monsieur Leroc had voor iedereen belegde broodjes gemaakt. Oskar viel al op zijn portie aan voordat de trein het station van Stuttgart had verlaten.

'Later krijg je honger en dan is er niets meer,' zei hun moeder terwijl ze haar blonde hoofd schudde.

'Och, dan gaat het vast net als altijd,' antwoordde Oskar met een afwijzend gebaar. 'Jullie laten wat van jullie broodjes voor mij over.'

'Daar kon je weleens gelijk in hebben,' zei Ida. 'Ik ben veel te zenuwachtig om iets te kunnen eten.'

'Vind je het heel erg om weg te gaan uit Stuttgart?' informeerde Elise Tritschler.

'Een beetje, maar aan de andere kant verheug ik me erop om nog één keer een echt avontuur te beleven – voordat ik word uitgehuwelijkt,' antwoordde haar dochter met een knipoogje. 'En jij?'

Elises mondhoeken gingen omhoog. 'Ik ben ook blij dat ik weer eens iets anders onder ogen krijg – voordat ik oud ben.'

Ook al werd de elegante bakkersvrouw met haar wipneus en vioolblauwe ogen die zomer al veertig, ze glimlachte nu bijzonder meisjesachtig. 'Gelukkig kun je ook nog lekkernijen verkopen aan de mensen als je de veertig gepasseerd bent.'

'Jij zult iedereen nog gelukkig maken als je honderd bent,' voorspelde Ida. 'De mensen in de Elzas én die in Stuttgart.'

'Een beetje onbehaaglijk voel ik me wel,' gaf Elise toe. 'Stel dat de Straatsburgers ons Duitsers nog steeds haten?'

Huisdame Nanty, die afkomstig was uit de Elzas, knikte ernstig. 'Het ging toen natuurlijk om heel grote verliezen en verwoestingen.' Haar gezicht betrok en ze keek uit het raam, blijkbaar helemaal opgaand in haar herinneringen. Ida wisselde een bedrukte blik met haar moeder.

Antoinette Nanty was zevenenveertig en in haar rode haar waren de eerste grijze strepen al te zien. Ze was afkomstig uit Weghäusel, ten zuiden van Straatsburg, maar was kort voor Ida's vierde verjaardag bij het gezin Tritschler in Stuttgart gekomen. 'Thuis waren er te veel slechte herinneringen aan de oorlog,' had ze Ida een keer toevertrouwd. 'Daardoor is ook mijn broer helaas op het slechte pad geraakt.'

'Wat was eigenlijk de aanleiding voor die oorlog?' vroeg Ida nu.

'Nou, prins Leopold van Hohenzollern-Sigmaringen stelde zich destijds kandidaat voor de Spaanse troon. Daar was de Franse regering het niet mee eens. Die wilde niet aan alle kanten door Hohenzollerns worden omsingeld,' herinnerde haar moeder zich. 'De prins trok zijn kandidatuur vervolgens in, maar de Fransen hadden nog meer eisen. Daar wilde koning Wilhelm niets van weten. En op zijn beurt werd de Franse keizer Napoleon iii daardoor zo woedend dat hij de oorlog verklaarde aan Pruisen. Dat was in juli 1870.'

'Toen wij zeven jaar geleden in Straatsburg waren, heb ik niets gemerkt van haat tegen ons,' zei Oskar, genietend van zijn broodje kaas.

Destijds had het gezin Straatsburg verlaten terwijl de zon uitbundig scheen. Vandaag leek de trein hen echter linea recta naar een donderbui te voeren. Donkere wolkenpartijen pakten zich samen, de bliksem flitste aan de hemel.

Ze arriveerden 's avonds om acht uur en op het moment dat ze uit hun wagon stapten, kwam de regen met bakken uit de lucht. Toch nam Ida er de tijd voor om de imposante hoge hal van het centraal station van Straatsburg met zijn zuilen te bewonderen en twee muurschilderingen te bekijken waar het oog van de reizigers naartoe getrokken werd. Het eerste fresco toonde het overbrengen van de rijkskleinodiën door Frederik Barbarossa naar Slot Hagenau. Op de tweede schildering was Wilhelm i te zien tijdens een reis naar Straatsburg in het jaar 1877. Meisjes in Elzassische klederdracht overhandigden hem de erewijn. Ida had de indruk dat deze streek de keizer heel na aan het hart lag. Ze wist dat Wilhelm Straatsburg in 1879 opnieuw had bezocht, en bij zijn derde bezoek in 1886 was zij zelf ook in de stad geweest.

'Ze zijn hier nog steeds aan het bouwen,' stelde ze verbaasd vast toen ze de stationshal verlieten. 'Dat was zeven jaar geleden ook al zo.'

'Ze zijn er vijftien jaar geleden al mee begonnen,' vertelde Gaston Leroc, die tijdens de treinreis ongewoon stil was geweest, onderweg naar de koets. 'En hoewel dit station tien jaar geleden in gebruik is genomen, zijn ze nog steeds niet klaar.'

‘Ons mooie oude kopstation raakte in de oorlog zwaar beschadigd,’ zei mademoiselle Nanty op trieste toon. ‘De Duitsers hebben het daarna uit militair oogpunt eerst hersteld, maar in 1874 vervolgens helemaal gesloopt.’

Eenmaal aangekomen aan de voorkant van het gebouw verdeelden de reizigers zich over twee koetsen. Ida zat met monsieur Leroc en Oskar in de ene koets, haar moeder Elise en hun huisdame in de andere.

‘Mademoiselle Nanty’s moeder overleed in 1870 bij een bombardement op het oude station,’ vertelde de kok met een medelijdende blik in zijn ogen aan broer en zus Tritschler, terwijl de koetsier het voertuig in de stromende regen naar de Münsterwijk stuurde. ‘Daarom wilde ze destijds ook niet mee toen de keizer zijn bezoek bracht. Het zou haar te veel pijn hebben gedaan om de Duitse heerser toe te juichen in haar geboortestad.’

‘Dat begrijp ik,’ zei Oskar. ‘Ik vroeg het me al af. Aangezien haar vader in een van de voorsteden woont.’

Ida vreesde dat haar moeder gelijk had. Als zelfs de goedhartige mademoiselle Nanty het door de vreselijke oorlogsherinneringen niet kon verdragen om de Duitse keizer te zien, dan koesterden andere oudere Elzassers misschien ook nog haat tegen de veroveraars.

Uiteindelijk stopte de koets en Ida keek door het raam naar de regen. Het zelfs bij nacht en ontij schilderachtige Münsterplein werd gedomineerd door de honderdveertig meter hoge kathedraal, die omringd werd door talloze huizenrijen met voor een deel gebouwen die vier of vijf verdiepingen telden. Opvallend waren de steile daken met tot wel vier zolderetages.

Huisbediende Xavier Castanet was twee weken geleden al gearriveerd om alles voor te bereiden voor hun komst. Gelukkig had hij de koetsen zien aankomen en hij stormde met twee grote paraplu’s uit het smalle vakwerkgebouw aan het plein, waar op de begane grond de banketbakkerij en de lunchroom zouden komen.

‘Monsieur Castanet, u bent een geschenk uit de hemel,’ riep Elise dankbaar, terwijl ze de koetsier betaalde.

'Fijn dat u er eindelijk bent,' was het antwoord van de bediende, een gespierde man van eind dertig met een kale kruin.

Ze haastten zich naar de ingang. Ida merkte dat de huizen rondom de kathedraal dicht op elkaar stonden, alsof ze zich aan elkaar wilden vastklampen. Hun eigen vakwerkhuis en de woning links daarvan, waar boven de etalage een houten bord was aangebracht waarop Barbier Aubert stond, leken bijna met elkaar te zijn vergroeid.

In de uit drie verdiepingen bestaande woning boven de patisserie werden de nieuwkomers begroet door een aangename warmte.

'Dank u wel dat u ervoor hebt gezorgd dat het hier warm is,' zei Ida blij. 'Het is nu echt knus hierbinnen.'

'Té knus, mijn ogen vallen bijna dicht.' Oskar geeuwde en liet zich op een elegante chaise longue vallen. Het barokke meubilair had blijkbaar wel wat mogen kosten van hun vader.

Ida keek door het raam naar de imposante kathedraal in de nachtelijke regen. Welke avonturen stonden haar hier te wachten? Morgenochtend vroeg zou ze met haar broer meteen de stad gaan verkennen. Ze waren natuurlijk onder andere van plan om langs te gaan bij de mysterieuze oude bekende van haar vader, om de brief te brengen die hij aan Oskar had meegegeven.

Ida stond op het punt om de gordijnen dicht te doen om zo het afschuwelijke weer definitief buiten te sluiten toen ze een donkere gestalte met een paraplu opmerkte, die beneden op het verlaten plein stond en naar haar staarde. De bakkersdochter keek wat aandachtiger en zag dat het om een man ging die links een armprothese had.

Huiverend draaide ze zich om naar haar familieleden. 'Daarbuiten hangt een man rond die ons in de gaten houdt.'

Maar toen Oskar en haar moeder naar het raam liepen om ook te kijken, was de vreemdeling verdwenen.

2

'Hé, Ida!' De stem van haar broer drong langzaam tot haar door. 'Sinds wanneer slaap je langer dan ik?'

Ze deed versuft haar ogen open, kwam overeind en keek Oskar slaperig aan. 'Hoe laat is het dan?'

Ze constateerde dat hij zich al had aangekleed en zijn beste schoenen droeg.

'Tien over negen. Ik ga zo en zal pa's brief langsbrengen bij die geheimzinnige dame. Daarna neem ik een kijkje bij de universiteit. Ik moet daar nog een paar handtekeningen zetten. Jij wilde toch ook mee, of niet?'

'Dat wil ik nog steeds!' riep Ida en ze sprong in haar nachthemd uit bed.

'Dan stuur ik mademoiselle Nanty naar je toe, zodat ze je kan helpen met je haar en je korset,' stelde haar broer voor. Eigenlijk was het ongepast dat een man over dat soort dingen sprak, maar Oskar schepte er altijd een duivels genoegen in om zijn zus een beetje te stangen met onfatsoenlijke woorden. 'De eerste van onze plaatselijke winkelverkoopsters is vanmorgen trouwens al geweest. Ze wilde zich voorstellen aan mama. Ze heet Amélie Chabas. Ik kan je één ding zeggen: wat de schoonheid van de vrouwen hier betreft heeft opa niet overdreven.' Hij grijnsde tevreden en voegde er een 'oh là là' aan toe.

Ida zuchtte. Ze was bang dat haar broer in Straatsburg een even groot spoor van gebroken meisjesharten zou achterlaten als in Stuttgart. Jammer dat ze het bezoek van Amélie had gemist – tenslotte zou ze vanaf 1 mei samenwerken met de jonge verkoopster. Boos op zichzelf fronste ze haar voorhoofd. De reis gisteren met al die nieuwe indrukken moest haar toch meer hebben vermoeid dan ze had gedacht.

Ze haastte zich naar haar wastafel en kon daarbij voor het eerst haar nieuwe kamer bij daglicht bekijken. Wat ze zag beviel haar. De meubels die ze had uitgekozen waren volgens monsieur Castanet pas afgelopen vrijdag geleverd en ze leken wel wat op die van haar slaapkamer in Stuttgart. Een paar aandenkens waren ook al voor haar komst hier gearriveerd, zoals de familiefoto die drie jaar geleden was gemaakt, waarop haar vader en moeder, opa Albert, Oskar en zijzelf voor hun eerste banketbakkerij aan het Rathausplein in Stuttgart stonden. Bovendien hing het schilderij waar ze zo van hield aan de muur, waarop een beschermengel een broer en zus veilig door een bos loodste. Ja, dacht Ida tevreden, ook hier kun je je thuis voelen.

Een tijdje later liep ze naast Oskar door het schilderachtige Petite France naar het adres dat op de brief van hun vader stond. De in het westen van het oude stadsgedeelte gelegen vroegere leerlooiersbuurt werd gekenmerkt door nauwe steegjes en vakwerkhuizen. Een deel ervan werd, mét hun bonte bloembakken, weerspiegeld in de kanalen van de rivier de Ill.

'Weet jij eigenlijk waarom ze deze wijk hier "Petite France" noemen?' vroeg Ida aan haar broer. 'Klein-Frankrijk, dat slaat toch eigenlijk nergens op?'

'Geen flauw idee,' gaf Oskar toe. 'In ieder geval moet het hier vroeger, toen de looiers nog actief waren, beestachtig gestonken hebben.'

Dat kon ze zich heel goed voorstellen. Ze had een keer in Stuttgart naar het leerlooien gekeken en de scherpe geur was uiterst onaangenaam geweest.

'De meeste vakwerkhuizen hier zijn al twee- of driehonderd jaar oud,' wist haar broer. 'Ze zijn open tot aan de grote zolders, daar werd vroeger het leer gedroogd.'

Uiteindelijk arriveerden ze bij het adres van madame Joséphine Martinet. Het bleek te gaan om een vakwerkhuisje van twee verdiepingen, dat pal aan de arm van de Ill tegenover het beroemde Maison des Tanneurs stond. Ida belde aan en een kleine vrouw met een sneeuwwit knotje deed open.

'Madame Martinet?' vroeg Oskar.

'Dat ben ik,' antwoordde de vrouw, die tot Ida's opluchting al rond de tachtig moest zijn. Haar gezicht was, vond Ida, nog altijd heel aantrekkelijk. 'En u moet Oskar zijn. U lijkt sprekend op uw vader.'

'Inderdaad, en dit is mijn zus Ida,' zei hij.

'Prettig om kennis te maken. Als Fränzle over u schreef, zag ik in gedachten altijd een klein meisje voor me, niet zo'n mooie vrouw,' grinnikte ze. 'Willen jullie binnenkomen voor een kop koffie en een stuk tulband?'

'Ik moet jammer genoeg naar de universiteit om een paar formulieren te ondertekenen,' antwoordde Oskar op teleurgestelde toon. 'Maar een volgende keer graag.'

'O, dan geef ik jullie de tulband gewoon mee. Jonge mensen moeten tenslotte goed eten. Kom alsjeblieft binnen, heel even maar.'

In het huis rook het aangenaam naar vanille. Ida keek nieuwsgierig om zich heen in de gelambriseerde woonkamer, die zo laag was dat Oskar zijn hoofd een beetje moest intrekken. Overal waren foto's te zien van bakkers in bakkerijen of voor hun winkels. Op een ervan ontdekten broer en zus ook madame Martinet en Franz Tritschler, toen hij van Oskars leeftijd moest zijn geweest. Opeens schoot het Ida te binnen dat haar vader ooit over een oudere vrouwelijke mentor in Straatsburg had verteld.

'U hebt mijn vader geholpen met zijn eerste bakkerij?' vroeg ze nadat de oude vrouw was teruggekomen uit de keuken. In haar hand had ze de in vetvrij papier verpakte stukken tulband.

Madame Martinet knikte. 'Na de dood van mijn man werd ik gekozen tot erelid van het bakkersgilde. Daardoor kon ik de jonge Franz aan bedrijfsruimte helpen. Helaas bestond er in die tijd nog veel haat tegen de Duitsers. Echt succesvol werd hij daarom pas in Stuttgart.'

Oskar knikte.

'Ik vind het zo ontzettend fijn dat hij zijn geluk nu opnieuw bij ons beproeft,' zei de vrouw en ze overhandigde hun de stukken cake.

'Die tulband ruikt verrukkelijk, dank u wel,' zei Ida vriendelijk.

'Geniet ervan.'

'Hartelijk dank. Weet u misschien hoe de naam tulband is ontstaan?' vroeg Ida, hoewel ze vermoedde dat haar broer niet zo enthousiast zou zijn over deze nieuwe vertraging. 'Dat vraag ik me al af sinds ik een klein meisje was. Vroeger dacht ik altijd dat het door die opening binnenin een soort grote armband was.'

Madame Martinet glimlachte. 'Dat klinkt ook goed,' vond ze. 'Maar de naam is afkomstig van een oosters hoofddeksel, dat dus een tulband heet. En net zoals de oorspronkelijke tulband een hoofd bedekt, bedekt de vorm van het gebak de cake zelf. Je weet pas wat erachter schuilgaat als het hoofddeksel wordt afgezet of de taart wordt aangesneden.'

'Dat wist ik allemaal niet,' zei Ida.

'En weet u wel wie de tulband heeft bedacht?' vroeg madame Martinet.

'Natuurlijk, dat waren de Oostenrijkers,' mengde Oskar zich in het gesprek. 'En de tulband is in Frankrijk terechtgekomen omdat Maria Theresia het recept voor de cake stuurde naar haar dochter Marie Antoinette aan het hof van Versailles. Die had namelijk ontzettende heimwee. Omdat niet alleen de koningin het gebak heerlijk vond, werd het al snel in het hele land populair. Dat heeft een bakker uit Wenen me verteld die ooit een bezoek bracht aan onze vader in Stuttgart.'

Joséphine Martinet kon een glimlach niet onderdrukken. 'Ik ben bang dat die man jullie iets op de mouw heeft gespeld.'

Oskar keek haar verbluft aan en de oude dame verschafte opheldering.

'Dat kan alleen al niet kloppen omdat er ook tulbandvormen uit de zeventiende eeuw bestaan, dus lang voor Marie Antoinette.'

'O, echt?' Ida was verbaasd. Dat moest ze beslist aan haar vader vertellen.

'Hier doet een heel ander verhaal de ronde,' zei madame Martinet. 'De drie koningen zouden ooit hun terugreis hebben onderbroken in de Elzas. De inwoners van Ribeauvillé heetten de gasten, die van ver kwamen, van harte welkom en die waren zo dankbaar dat ze iets voor hen bakten. Drie keer raden wat dat was.'

'Een tulband?'

'Inderdaad, gebak in de vorm van een tulband,' bevestigde ze.

'Dat klinkt veel logischer,' vond Ida. 'Hij lijkt inderdaad op zo'n oosters ding.'

'Behalve de opening in het midden,' lachte de weduwe. 'In Ribeauvillé zijn ze erg trots op dit verhaal. Elke tweede zondag in juni wordt er daarom een speciaal feest gehouden, het Fête du Kougelhopf.'

'Dat klinkt leuk,' riep Ida. 'Daar moet ik echt een keer naartoe.'

'Het is een aanrader,' zei madame Martinet en ze ging zelfverzekerd verder. 'Maar een tulband die zo smaakt als die van mij zul je daar niet vinden.'

Toen broer en zus Tritschler na ruim twintig minuten bij het imposante hoofdgebouw van de universiteit arriveerden, had Oskar zijn grote stuk gebak al naar binnen gewerkt.

'Madame Martinet had gelijk, het is gruwelijk lekker,' mompelde hij en hij likte zijn vingers af.

Ida daarentegen was de tulband alweer vergeten. Net als een kleine zeven jaar eerder bewonderde ze het prachtige bouwwerk, dat met zijn vier zuilen en de uitnodigende toegangstrap op een paleis leek. Hier had ze destijds de keizer gezien!

'Ik mag je helaas niet mee naar binnen nemen,' zei Oskar op spijtige toon.

'Dat geeft niets,' antwoordde zijn zus meteen. 'Daar heb ik ook helemaal niet op gerekend. Ik ga gewoon daar op dat bankje zitten om een beetje naar de mensen te kijken.'

'Prima, ik zal snel zijn. We hebben sowieso niet zo veel tijd. Om twaalf uur wil mama met ons het winkelgedeelte bekijken,' zei Oskar en hij haastte zich naar de ingang toe.

Haar broer was nog maar nauwelijks in het gebouw verdwenen of Ida's oog viel op een man met een baard die haveloos gekleed was en over het plein voor de universiteit slofte. Het was duidelijk dat hij dakloos was, hij sleepte allerlei spullen in een ladderwagen achter zich aan. Net op het moment dat hij langs de ingang sjokte, kwamen er drie studenten uit het gebouw, die de trap af liepen. Ze namen de zwerver minachtend op. Een van hen, een lange, slungelachtige knul, stormde meteen woedend naar hem toe. 'Hé, ouwe, wegwezen hier!' riep hij in het Duits. 'Deze universiteit is opgedragen aan onze keizer, vervloekte clochard die je bent!'

'Het gebouw mag niet te schande worden gemaakt door iemand als jij,' was zijn naïef overkomende, gespierde studiegenoot het met hem eens.

Ida zag de angst van de oude man, die zich weliswaar snel uit de voeten probeerde te maken, maar zo slecht ter been was dat hij struikelde. Ze onderdrukte een verschrikte gil toen de zwerver na nog twee stappen op de grond viel. Tot overmaat van ramp liep nu ook de derde student naar de oude man toe.

Ida werd overspoeld door een onbedwingbare woede en sprong op van het bankje. 'Hé! Hou daar onmiddellijk mee op!'

Op dat moment dook schijnbaar vanuit het niets een lange, sportief ogende jonge man met donker haar en een knap gezicht op. Voordat Ida goed en wel besefte wat er gebeurde, had hij zich beschermend tussen de dakloze man en de trappende studenten gewurmd. Hij stortte zich op de grootste van het stel, die zijn slagen echter handig wist te ontwijken. Het had iets weg van een dans, die maakte dat de woede van de aanvaller op niets uitliep. Door zijn manier van doen wist de donkerharige jongen ongemerkt afstand te scheppen tussen de oude clochard en zijn belagers. Maar het duurde niet lang voordat die hun verbazing te boven waren en de jonge man probeerden te omsingelen. Ze begonnen hem alle drie te slaan en te schoppen. In zijn eentje had de man die de dakloze te hulp was geschoten geen schijn van kans.

Ze vermoorden hem nog, dacht Ida ontsteld. Zonder echt te beseffen wat ze deed, pakte ze een grote tak die onder een boom lag en holde naar de vechtende mannen.

Daar zwaaide ze eerst haar arm naar achteren. Vervolgens sloeg ze de gespierde knul, die inbeukte op de inmiddels met een bloedende neus gevloerde jonge man, uit alle macht op zijn achterhoofd. Met een schreeuw van pijn zocht hij dekking. Toen zijn slungelige maat hem te hulp wilde schieten, duwde de zwerver, die inmiddels weer overeind was gekomen, de ladderwagen voor zijn benen, zodat hij erover struikelde en languit op de grond viel. Verlost van de eerste twee slaagde de jonge redder van de clochard erin om de derde belager, een nogal dikkige roodharige jongen, te overmeesteren en zijn arm op zijn rug te draaien. Die schreeuwde het uit van pijn en angst. De gespierde jongen keek Ida met een van haat vervulde blik aan, maar ze zwaaide dreigend met de tak.

'Maak dat je wegkomt, smeerlap!' siste ze. 'Mijn verloofde is sinds onze laatste ruzie aan één oog blind.'

De zwerver had ondertussen een antiek ogende sabel uit de berg spullen op zijn kar getrokken en hield hem zo vast alsof hij precies wist hoe hij ermee moest omgaan.

'In 1870 zat ik bij het regiment huzaren,' gromde hij in gebroken Duits.

De drie belagers wisselden een verontruste blik en stoven een paar seconden later weg in de richting van de binnenstad.

De oude man liet zijn sabel zakken en glimlachte naar zijn twee redders.

'Dank jullie wel,' zei hij ontroerd in het Frans. 'Dat iemand op zo'n manier voor je opkomt, dat maak je niet vaak mee – en dan ook nog eens twee van die deftige jonge mensen.'

'U hoeft míj niet te bedanken,' zei de lange jongen grijnzend. 'Mijn optreden als heldhaftige redder is vreselijk mislukt. U op uw beurt was aanmerkelijk indrukwekkender, mademoiselle.'

Hij maakte een bewonderende buiging naar Ida. 'Hebt u echt uw verloofde een oog uitgestoken?' vroeg hij haar een beetje onzeker.

Ida barstte in lachen uit. Ze schudde haar hoofd en antwoordde in het Frans. 'Ik heb niet eens een verloofde. Dat gedoe met dat oog heb ik uit een griezelroman.'

'Dat doet me deugd,' zei de vreemde met de – vond ze – ongelooflijk sensuele lippen. 'Zowel het een als het ander. Ik ben trouwens Lucien Picard.'

'Ida Tritschler.' Ze sprak haar naam blijkbaar zo Duits uit dat hij het herkende.

'O, u bent Duitse. Uw Frans is perfect. Woont u al lang in Straatsburg?'

Ze schudde haar hoofd. 'We zijn hier pas gisteravond aangekomen, maar ik had in Stuttgart drie goede onderwijzers Frans in huis. Ik vind het heel erg dat mijn landgenoten net zo respectloos waren,' verontschuldigde ze zich, waarna ze zich tot de dakloze wendde. 'Gaat het weer goed met u, monsieur?'

De oude man, die het gesprek tussen de twee jonge mensen met een zachte glimlach had gevolgd, knikte en nam zijn hoed af. 'Ik wil u beiden nogmaals hartelijk danken. Ik wens u allebei alle geluk van de wereld! En nu moet ik gaan, voordat er door mij nog meer narigheid ontstaat.'

'Een fijne dag nog, monsieur Le Prof,' wenste Lucien Picard hem.

Nadat de clochard was vertrokken met zijn wagentje, keek Ida Lucien verbaasd aan. 'Monsieur Le Prof? Kent u hem dan?'

'Kennen is een te groot woord,' legde hij uit. 'We praten af en toe even met elkaar als ik hem wat geld geef. Le Prof is zijn bijnaam.

Maar er gaan inderdaad geruchten dat die meneer ooit een vooraanstaand professor was. Door wat pech en die duivelse drank kan waarschijnlijk iedereen van het rechte pad afdwalen.'

Ida vroeg zich af waardoor de man zo in de versukkeling was geraakt. Ze ging echter – zoals ze dat gewend was door de omgang met de klanten in de banketbakkerij – over op een onderwerp dat voor Lucien Picard aangenamer was. 'Studeert u hier?'

Lucien knikte. 'Biologie.'

'Wat interessant,' antwoordde Ida. 'Ik vond het werk van natuuronderzoekers als kind al ontzettend spannend. De flora en fauna onderzoeken, in de buitenlucht en in een laboratorium... de geheimen van het leven ontdekken.'

'Dat is precies waarom ik hiernaartoe ben gegaan,' bevestigde Lucien. 'Mijn nieuwsgierigheid om die mysteries te ontrafelen. Jammer genoeg is de studie zelf vaak saai stampwerk. Soms is dat niet al te best voor je humeur.'

'Dat slechte humeur was duidelijk te merken met die drie aanvallers van daarnet,' zei Ida glimlachend.

'Nou, die kerels studeren trouwens rechtsgeleerdheid,' antwoordde Lucien, om dat uit de wereld te helpen. 'Maar goed, ook voor die drie idioten is er nog hoop. Tenslotte hebben kwallen ook zeshonderdvijftig miljoen jaar weten te overleven zonder hersens.'

Ida begon spontaan te lachen. 'Mijn broer gaat binnenkort ook beginnen met een studie rechten. Met dat soort studiegenoten zal hij er denk ik weinig plezier aan beleven.'

'O, wees maar niet bang. Er gaan geruchten dat er ook leuke rechtsgeleerden bestaan,' zei Lucien grijnzend.

Precies op dat moment kwam Oskar het universiteitsgebouw uit. Hij keek de goed uitziende vreemdeling die bij zijn zus stond een beetje verbouwereerd aan. 'Ik heb me speciaal voor jou gehaast,' zei hij. 'Hoewel ik zie dat je je niet hebt verveeld.'

'Dat is een ding dat zeker is,' reageerde Ida en ze wisselde een veelbetekenende blik met Lucien. 'Dit is monsieur Picard. Hij studeert biologie. Monsieur Picard, dit is mijn broer Oskar. Een van de leuke studenten rechtsgeleerdheid.'

De mannen knikten naar elkaar.

'Zullen we dan nu de winkel gaan bekijken?' vroeg Oskar aan zijn zus.

'O ja, dat is ook zo, dat was ons volgende doel,' zei Ida op spijtige toon nu het haar weer te binnen schoot. Ze had graag nog wat langer gepraat met de knappe Lucien Picard.

'Tot ziens, juffrouw Tritschler,' zei hij in het Duits tegen haar en het streelde haar dat ze ook bij hem iets van teleurstelling dacht te zien over het abrupte einde van hun gesprek.

'Dat hoop ik,' antwoordde ze oprecht, waarna ze met haar broer op weg ging. Als ze een man was geweest, dan had ze spontaan een nieuwe ontmoeting voorgesteld. Maar had ze niet altijd lopen foeteren dat vrouwen zo veel minder rechten hadden dan het zogenaamde sterke geslacht? Waarom zou ze eigenlijk geen lak hebben aan de conventies als ze hem graag nog een keer wilde zien? Ze draaide zich om. 'Monsieur Picard,' riep ze, terwijl Lucien op exact hetzelfde moment 'Juffrouw Tritschler!' riep.

Ze begonnen allebei opnieuw te glimlachen.

'Ja?' vroeg ze.

'U eerst!' antwoordde hij.

'Ik wilde vragen of u ons fijne gesprek een keer een vervolg wilt geven,' zei ze en ze merkte tot haar ergernis dat ze bloosde. Nadat ze de zin had uitgesproken, kwam het op haar over alsof ze Lucien Picard om de nek was gevlogen. Temeer omdat de altijd zo onbevangen Oskar haar van opzij geïrriteerd opnam. Had ze zich nu net vreselijk voor schut gezet? Maar tot haar opluchting leek de jonge Fransman blij te zijn met haar voorstel.

'Dat was nu precies wat ik u ook wilde vragen,' bekende hij. 'Dan kan ik u onze laboratoria laten zien als u dat interessant vindt.'

'Nou en of,' zei Ida snel. 'Wanneer zou het u schikken?'

'Ik richt me helemaal naar u,' antwoordde Lucien met een stralende blik. 'Zou het wat u betreft morgenochtend om tien uur kunnen? Dan zouden we hier bij dit bankje kunnen afspreken.'

Ida knikte opgetogen. 'Graag.'

'Afgesproken dan. Ik verheug me er erg op, juffrouw Tritschler.'

'Ik ook, monsieur Picard.'

'Het hoort natuurlijk niet dat je zonder geleide afspreekt met een ongetrouwde man,' bracht Ida's broer haar grijnzend in herinnering toen ze buiten gehoorsafstand van de biologiestudent waren.

Ze schoot in de lach. 'En met een getróúwde man kan dat wel, zeker? En was er tijdens jouw afspraakjes met al die jonge vrouwen in Stuttgart ooit zo'n spion bij?'

Oskar schudde dromerig zijn hoofd. Bij de herinnering aan al die mooie uren kon hij niet anders dan glimlachen. 'Nee, dat zou vreselijk zijn geweest.'

''Nou, zie je wel,' antwoordde Ida.

'Maar ik wist natuurlijk ook dat ik die vrouwen nooit zou lastigvallen,' gaf Oskar, die nu iets serieuzer was, in overweging. 'Stel dat die Picard misbruik maakt van jullie samenzijn – en dat jij dan hulpeloos bent overgeleverd aan die grote vent?'

'Dat zal hij niet doen,' zei Ida. 'Ik heb net zo veel mensenkennis als die meisjes in Stuttgart, die jou vertrouwden.'

Die vergelijking leek Oskar niet gerust te stellen. Ida kreeg dat echter niet meer helemaal mee. Ze constateerde dat het idee door Lucien Picard ongevraagd te worden gekust in de verlatenheid van een biologielaboratorium haar een aangename tinteling bezorgde. Dat was eigenlijk opvallend. In Stuttgart hadden de avances van de jongens haar volledig koud gelaten, er was gewoon geen klik ontstaan. Toch had ze al op haar eerste ochtend hier in de Elzas een man leren kennen bij wie dat heel anders was. Ze moest denken aan de woorden van haar opa. Hij had maar gedeeltelijk gelijk gehad. Niet alleen de vróúwen waren een reis naar Straatsburg waard.

3

'Prachtig,' stelde Ida blij vast.

Ze stond met haar moeder Elise en Oskar in hun nieuwe zaak aan het Münsterplein. Het rook er naar hout, behangplaksel en nieuwe verf. De ruiten van de winkelschappen fonkelden. Net als de met goud omrande spiegels die aan de muur hingen en de schoongeboende vloertegels.

In de lunchroom naast het winkelgedeelte waren uitnodigend zacht beklede banken en stoelen in halfronde nissen geplaatst, met daarbij ronde houten tafeltjes. De voor de Elzas karakteristieke roodbonte tafelkleedjes en de met hout betimmerde muren benadrukten de gezellige sfeer.

'Ik zie nu al voor me hoe de gasten hier aanvallen op onze lekkernijen,' zei Ida.

Op dat moment tikte buiten een vrouw tegen het raam van de lunchroom.

'Ik ga wel,' zei Ida snel en ze haastte zich naar de voordeur.

Daar stond een mooie, chic geklede vrouw met donker haar. Ze was waarschijnlijk iets jonger dan Ida's moeder. De blik in haar ogen was zo doordringend dat Ida er heel onzeker van werd. 'We gaan helaas pas op 1 mei open, madame.'

'Ik wilde alleen dit maar even langsbrengen,' zei de onbekende vrouw en ze overhandigde de bakkersdochter brood, zout en een munt.

'Een welkomstgeschenk. Mijn man is de eigenaar van patisserie Goldschmidt, even verderop. Is uw vader er ook?'

'Nee, die komt pas volgende week,' antwoordde Ida. 'Maar mijn moeder is…'

'Dan kom ik gewoon nog een keer terug,' onderbrak de vrouw haar met een geforceerde glimlach, waarna ze rechtsomkeert maakte en wegbeende.

'Wie was dat?' vroeg Oskar, zonder op te kijken van het nieuwe kasboek waar hij geconcentreerd mee bezig was.

'Ene madame Goldschmidt,' antwoordde zijn zus nadenkend. 'Van de patisserie om de hoek. Toen ze hoorde dat papa er nog niet was, wist ze niet hoe snel ze zich uit de voeten moest maken.'

'Verbazingwekkend dat ze ons welkom wil heten,' zei hun moeder en ze keek naar het brood en zout in Ida's handen. 'Wij zijn tenslotte elkaars concurrenten.'

'Ja,' bevestigde Oskar en hij keek grijnzend op van het kasboek. 'Dan zou je eerder verwachten dat ze hier een ruit ingooit.'

Ida kon niet uitleggen waarom, maar om de een of andere reden bekroop haar bij de gedachte aan de onbekende vrouw een onbehaaglijk gevoel.

Ida had die nacht door de opwinding over het op handen zijnde afspraakje nauwelijks kunnen slapen. Ze was al vroeg opgestaan om haar haar te laten doen door mademoiselle Nanty. Tot nu toe had het de bakkersdochter niet gestoord dat haar volledige garderobe nog niet was gearriveerd. Vandaag verwenste ze dat oponthoud echter. Die met bloemen geborduurde zachtblauwe jurk, die haar ogen zo goed deed uitkomen, zou voor de gelegenheid perfect zijn geweest, maar die was nog onderweg vanuit Stuttgart. Met een zucht bekeek ze de beperkte keuzemogelijkheden in haar kast en ze koos uiteindelijk voor een donkergroene jurk die haar toch al smalle taille mooi benadrukte. Ze nam hem eruit, hield hem voor zich en knikte tevreden terwijl ze in de spiegel keek. Door het fijne borduurwerk in een lichtere groentint oogde hij elegant en toch niet te opvallend voor een bezoek aan een universiteitslaboratorium.

Mademoiselle Nanty hielp haar bij het aankleden en begon aan haar haar. Hoewel ze normaal gesproken 's ochtends tijdens het aankleden graag kletste met de huisdame, was ze vandaag te ongedurig om ook maar een woord over haar lippen te krijgen. Het stoorde Antoinette Nanty niet. Ze had een fijne neus voor de stemmingen van haar jonge bazin. Ingespannen kamde ze Ida's haar tot een gedeeltelijk gevlochten en deels opgestoken kapsel en ze was blij met het resultaat. 'Uw haar zit vandaag heel erg goed.'

Het beviel ook Ida wat ze zag. 'U bent een schat, mademoiselle Nanty.' Ze hield van de vrouw alsof ze familie was en kuste haar dankbaar op de wang.

Ida was blij dat haar broer nog in bed lag. Zo bleven verdere ironische vermaningen en schimpscheuten haar bespaard.

Een half uur te vroeg arriveerde ze voor de universiteit in het nieuwe stadsgedeelte en stelde tot haar verbazing vast dat Lucien al op 'hun' bankje zat.

Hij straalde toen hij haar zag en ze voelde meteen een onrustig gekriebel in haar buik. Tot haar opluchting kwam de jonge Picard op zijn beurt een beetje zenuwachtig over. Hun afspraakje leek hem dus ook niet koud te laten.

'Goedemorgen, mademoiselle Tritschler,' begroette hij haar met een galante kus op haar zijden handschoen. 'Wat fijn u weer te zien. Als ik het zeggen mag, u ziet er betoverend uit. En uw broer is niet meegekomen om u te chaperonneren,' constateerde hij blij.

Ze grinnikte. 'Nee, hij had het graag wél gedaan, denk ik, maar die kans is aan hem voorbijgegaan omdat hij zich heeft verslapen.'

'Dan kan ik het laboratorium dus exclusief aan u laten zien,' zei Lucien verheugd. 'Zullen we gaan?'

Even later keek Ida gefascineerd door een glimmende microscoop naar een amoebe. Lucien vertelde haar de feiten over die eencelligen.

‘Zo’n slijmdiertje is niet eens een halve millimeter groot.’

‘Waar voedt zo’n miniem levend wezentje zich dan mee?’ informeerde Ida.

‘Met bacteriën en nog kleinere eencelligen,’ antwoordde hij. ‘Die vangt hij met zijn schijnvoetjes.’

Ida keek van de microscoop naar Luciens groene ogen met bruine spikkels en bewonderde zijn mooi gewelfde wenkbrauwen. ‘Ongelooflijk hoeveel er voor het menselijk oog verborgen blijft.’

Hij glimlachte. ‘En toch word je soms totaal onverwacht verrast met iets prachtigs.’

Die lippen! Ida had moeite om zich los te rukken uit de betovering.

‘Nu we het over prachtige dingen hebben,’ zei hij uiteindelijk. ‘U bent natuurlijk pas eergisteren aangekomen, maar hebt u de toren van de kathedraal al beklommen?’

‘Nee, kun je daar dan naar boven?’ zei ze verbaasd.

‘Dat kan,’ antwoordde Lucien. ‘En voor ons is dat sowieso geen probleem. Meneer Busch, de koster, is een oude vriend van mijn vader.’

Ida glimlachte bij het idee om nog meer tijd met Lucien te kunnen doorbrengen. ‘Dan wil ik dat heel graag doen.’

‘Vindt u het erg om een omweg te maken via de leerlooierswijk?’ vroeg hij. ‘Bij die knokpartij gisteren is mijn zakhorloge licht beschadigd. De horlogemaker zei dat hij vandaag al klaar zou zijn.’

Ida had er niets op tegen, integendeel zelfs. Omdat Petite France zich twee kilometer verderop bevond, zouden ze een flinke poos samen onderweg zijn. ‘Graag.’

‘Wat doet uw familie eigenlijk hier in Straatsburg?’ informeerde de biologiestudent onderweg naar het looierskwartier.

‘Mijn vader heeft in Stuttgart drie banketbakkerijen. En nu wil hij ook hier in Straatsburg een poging wagen,’ antwoordde Ida.

Hij keek haar verbaasd aan. ‘Nou, wat een toeval. Mijn familie heeft ook een patisserie.’

Ida was niet minder verbluft en ook een beetje verontrust. Hoe zou hij reageren op het feit dat de patisserie van de Tritschlers concurrentie betekende voor de patisserie van zijn familie?

Maar Lucien vertoonde geen enkel spoor van irritatie of ongenoegen. 'Als het aan mijn vader ligt, ga ik op een gegeven moment samen met mijn jongere broer leidinggeven aan de zaak,' vertelde hij goedgehumeurd.

'En dat wilt u niet?' vroeg Ida voor alle zekerheid. Ze was opgelucht dat Lucien zich blijkbaar niet leek te storen aan het feit dat hun families concurrenten van elkaar werden.

Hij schudde zijn hoofd. 'Nee, zou ú dat dan willen? Je hele leven bezig zijn met gebak?'

'O, ik sta graag in de winkel. Ik vind het leuk om de wensen van de klanten te vervullen, om hen met onze gebakken dromen een beetje gelukkiger te maken,' zei Ida.

'Gebakken dromen... Zoals u het verwoordt klinkt het heel mooi, werken in een banketbakkersbedrijf,' gaf Lucien toe. 'Zo heb ik het nog nooit bekeken, ook al is onze familie er heel succesvol mee. Onze patisserie levert gebak aan alle hotels in de omgeving, en de burgemeester is bij ons kind aan huis.'

Ida was onder de indruk. Van mademoiselle Nanty wist ze dat de verkiezing van Otto Back tot burgemeester zeven jaar geleden van grote betekenis was geweest voor een betere verstandhouding tussen de Elzassische en Duitse bevolking. Als die hoge ome de winkel van de firma Picard bezocht, dan moest de familie echt in heel hoog aanzien staan.

'Ik wilde van jongs af aan liever over de wereld reizen en de flora en fauna bestuderen,' ging Lucien verder. 'Ik ben dan wel de oudste, maar gelukkig wil mijn broer de patisserie overnemen. Hij is getrouwd en er is inmiddels ook al een stamhouder. Daarom gunnen ze mij mijn avonturen.'

'Dat klinkt zo opwindend. Jammer dat ze vrouwen geen avonturen gunnen,' zei Ida zuchtend. 'Het enige wat ze ons leren is hoe we een zo goed mogelijke moeder en echtgenote kunnen zijn.'

Hij keek haar opnieuw in de ogen. 'Ach, er zijn vast ook veel echtgenoten die het fijn vinden als hun vrouw zich ontwikkelt.'

Dat had hij vast alleen gezegd om haar moed in te spreken. Maar Ida kon niet anders dan zich voorstellen hoe híj in een huwelijk zijn vrouw de verwezenlijking van haar dromen zou gunnen. Uit angst dat Lucien haar gedachten kon raden veranderde ze van onderwerp. 'Mijn broer en ik vroegen ons af waarom die wijk Petite France wordt genoemd.'

Lucien wist het antwoord. 'Ik heb ooit begrepen dat dat zeshonderd jaar geleden zijn oorsprong vindt. Toen stond hier een ziekenhuis waar... bepaalde ziektes werden behandeld. De huursoldaten uit Straatsburg hadden de Franse heersers daarmee besmet. Een van die ziektes werd door de Duitsers destijds "de Franse ziekte" genoemd en zo ontstond daaruit op een gegeven moment Petite France.'

'Wat was dat voor ziekte?' vroeg Ida argeloos.

Lucien probeerde eromheen te draaien. 'Nou, blijkbaar vochten de Franse soldaten niet alleen in de Italiaanse oorlogen, maar ontmoetten ze ook... vrouwen. Eh... zo'n soort ziekte is de Franse ziekte.

Ida begreep het nog steeds niet. 'Vrouwen? Wat is dat dan voor ziekte?'

Lucien voelde zich zichtbaar opgelaten. Schijnbaar vond hij het bijzonder ongepast om dit ten overstaan van een vrouw te gaan uitleggen. Maar wat kon hij anders nu ze zo vasthoudend was? 'Nou ja, de medische term voor deze besmettelijke ziekte is... eh...' Hij liet zijn stem dalen. 'Syfilis.'

'O, aha.' Ida bloosde. Door een ogenschijnlijk onschuldige verandering van onderwerp waren ze nu aanbeland bij geslachtsziekten. Nou, geweldig!

Ze was blij dat Lucien snel iets onschuldigs ter sprake bracht. 'Gaan jullie in jullie zaak vooral Zuid-Duits gebak verkopen?'

'Wibele-koekjes en pretzels mogen natuurlijk niet ontbreken. En mijn vader is ook heel goed in het maken van *Linzertorte* en *Frankfurter Kranz*. En hij houdt van de tulband die hier zo populair is.

'O, dan heb ik een tip voor jullie. Die komt van mijn vader. Van de bakkerij weet ik natuurlijk niet veel af, maar dit heb ik onthouden,' zei Lucien. 'Je moet de rozijnen voor de tulband vóór het bakken een paar uur in frambozenlikeur weken, althans voor de volwassen klanten.'

'Ik zal het doorgeven aan mijn vader,' antwoordde Ida.

'Mooi zo.'

Een kwartier nadat ze Luciens gerepareerde horloge hadden opgehaald kwamen ze aan bij de imposante kathedraal. Toen ze langs haar huis liepen, hoopte Ida dat niemand van haar familie of het personeel haar metgezel en haar zou ontdekken tussen de passanten.

De Onze-Lieve-Vrouwe-kathedraal – of, in het Frans, Cathédrale Notre-Dame – was tussen de twaalfde en vijftiende eeuw opgetrokken uit roze zandsteen uit de Vogezen. Dat had Ida al bij haar eerste bezoek gehoord.

'De kathedraal komt eigenlijk een beetje asymmetrisch over. Dat komt doordat de zuidelijke toren nooit is afgemaakt,' vertelde Lucien. 'De grond was door overstromingen niet al te stevig. Een extra toren zou de bouwgrond te veel hebben belast. Een aardbeving in Bazel in 1356 heeft dat probleem alleen maar verergerd.'

'O, zit dat zo!' Ida keek omhoog naar het monumentale gebouw. 'De noordelijke toren is toch ruim honderdveertig meter hoog?' herinnerde ze zich de woorden van haar vader.

'Inderdaad,' bevestigde Lucien. 'Twintig jaar geleden was de kathedraal al het hoogste bouwwerk ter wereld. De romaanse vieringtoren werd twintig jaar geleden zwaar beschadigd door Pruisisch artillerievuur tijdens de Frans-Duitse oorlog. Architect Gustave Klotz heeft hem vervangen door de nieuwe toren, die is nog hoger dan de oude. Zullen we ons nu naar het uitkijkplatform begeven?'

Ida knikte vol ondernemingslust en de twee gingen op weg naar het zuidelijke torenfundament, waar een nauwe stenen wenteltrap naar boven voerde. De treden lagen her en der bezaaid met duivenpoep, stelde Ida vast. Toen ze eindelijk boven op het platform arriveerden, waar ondanks de zon een verbazingwekkend koele wind stond, waren ze allebei buiten adem.

Ida keek enthousiast om zich heen. 'Wat een onvoorstelbaar mooi uitzicht! Hoe hoog zijn we nu?'

'Op zesenzestig meter,' antwoordde Lucien. 'Ook Voltaire en de jonge Goethe hebben deze klim gemaakt en hun naam hier in de muur gekrast. Je kunt de noordelijke toren zelfs tot vlak onder de torenspits beklimmen. Het gaat daar bij de omloop tussen de hoektorens omhoog.'

Maar zelfs vanaf het platform reikte het uitzicht tot ver voorbij de stadsgrenzen. 'Dat daar in het oosten is het Zwarte Woud,' legde Lucien uit. 'Daar in het westen en noorden zijn de Vogezen en de Odiliënberg.'

Hij stond zo dicht naast Ida dat ze de stof van zijn jasje tegen haar arm voelde en zijn geur kon ruiken. Ze probeerde het snelle kloppen van haar hart te negeren. 'En dat daar in het zuiden?'

'Die berg daar is de Kaiserstuhl. En daarachter in de verte de Jura.'

'Goedendag,' klonk opeens achter hen een stem in het Duits. De twee draaiden zich om en zagen een gedrongen, gezette man achter hen staan. Hij was zelfs nog wat kleiner dan Ida en had de paar haren die hem nog restten met haarcrème dwars over zijn kale kruin geplakt.

'Meneer Busch!' riep Lucien opgetogen. 'Mag ik een nieuwe vriendin van me aan u voorstellen? Dit is Ida Tritschler uit Stuttgart. Haar familie zal op 1 mei bij het plein een patisserie openen. Ida, dit is meneer Busch, de koster van de kathedraal.'

Vergiste ze zich of was de beheerder bij het horen van de naam Tritschler geschrokken in elkaar gekrompen?

Ida keek hem vragend aan, maar meneer Busch pakte haar hand al.

'Tritschler, een mooie naam. Dat klinkt meteen vertrouwd. Welkom op het dak van Straatsburg. U lijkt te genieten van ons uitzicht.'

'O ja, dat doe ik zeker,' bevestigde de jonge Duitse.

'Hebt u ook al gekeken naar onze astronomische klok?' vroeg de koster.

'Nog niet,' antwoordde Ida.

'Dan wil ik mezelf graag aanbieden als gids,' zei de beheerder. 'Als u hierboven uw ogen voldoende de kost hebt gegeven.'

'Die gelegenheid mag u beslist niet onbenut laten,' adviseerde Lucien samenzweerderig.

Na een niet minder moeilijke en duizelingwekkende afdaling via een andere wenteltrap leidde meneer Busch hen naar de zuidelijke dwarsbeuk van de kathedraal, waar zich rechts van het koorgedeelte een onvoorstelbaar mooie achttien meter hoge astronomische klok bevond, een bont beschilderd en met prachtig beeldhouwwerk versierd technisch wonder. Ida keek er gefascineerd naar.

'Elk kwartier wordt ingeluid door een engel,' legde Lucien uit. 'Bij een heel uur draait de engel rechts daarvan een tijdglas om.'

'Het uurwerk geeft de banen van de aarde en de maan aan, en die van de planeten Mercurius en Saturnus. Ook draait er een wiel met de dagen van de week en de bijbehorende planeten. Mercurius hoort bij de woensdag,' vulde de koster aan.

'Maar het verbazingwekkendst is het raderwerk. Dat eindigt op oudejaarsnacht en berekent de basisdatum voor de veranderlijke feestdagen,' wist Lucien. 'Een deel van de klok bootst de zogeheten precessie van de aardas na – één omwenteling in meer dan vijfentwintigduizend jaar. Het is ook de enige klok ter wereld die dertien uur slaat.'

'Dat is echt heel verbazingwekkend, ik...' Midden in de zin viel Ida stil. Rechts achter de enorme chronometer bevond zich – waarschijnlijk voor onderhoudsdoeleinden – een van tralies voorziene toegang. In het donker lichtten daar een paar ogen op. Er was geen twijfel over mogelijk, daar verschool zich een levend wezen, een dier. Voorzichtig liep Ida ernaartoe.

4

'Miauw,' galmde het piepend en bijna een beetje verwijtend door de kerk.

Het kleine wezentje dat Ida achter de astronomische klok had ontdekt bleek een minuscuul, gevlekt katje te zijn.

'Hé, wie ben jij dan?' Ze knielde bij het diertje neer, dat haar instinctief leek te vertrouwen. Het miauwde opnieuw, kroop langs een ijzeren stang bij de deur en duwde vervolgens spinnend zijn kopje tegen Ida's hand. 'Het lijkt wel of ze honger heeft.'

'Het is een hij, een katertje,' zei koster Busch. 'Die kleine voortvluchtige is blijkbaar weggelopen bij zijn moeder en broers en zusjes.'

'Wat is hij lief!' Ida nam het kleintje op haar arm.

'Wilt u hem hebben?' vroeg de koster hoopvol. 'Ik heb het nest overgenomen van meubelmaker Bernauer, die wilde de kleintjes verdrinken.'

'Hè?' riep Ida ontdaan. 'Hoe dúrft hij?'

'Ja, dat kon ik ook niet over mijn hart verkrijgen,' gaf de kerkbeheerder toe. 'Maar vijf katjes en de moeder, dat is toch iets te veel voor mijn bescheiden kostershuis.'

'Dan neem ik hem,' bood Ida spontaan aan.

'Weet u het zeker?' vroeg Lucien voor alle zekerheid. 'Vindt uw vader dat wel goed?'

'O ja, dat weet ik zeker,' zei ze glimlachend. 'Ten eerste verjaagt zo'n kater alle muizen uit de bakkerij. En bovendien hebben bakkers uit Zwaben van oudsher een diep respect voor katten.

'Hoezo dat dan?' vroeg Lucien.

'Nou, omdat die dieren volgens de legende een rol hebben gespeeld bij de uitvinding van de Duitse pretzel,' vertelde Ida.

'Echt waar?' vroeg Lucien.

'Volgens de overlevering zou hofbakker Frieder uit Bad Urach hebben geroddeld over graaf Eberhard,' legde Ida uit. 'Toen dat de graaf ter ore kwam, gelastte hij dat Frieder terechtgesteld werd.'

'Dat is wel een heel harde straf,' vond koster Busch.

Ida knikte. 'Zijn vertwijfelde echtgenote haastte zich naar het kasteel en smeekte Eberhard om genade voor haar man. De graaf liet zich vermurwen en gaf Frieder nog een kans. Hij zou geen straf krijgen, maar onder één voorwaarde en daar was bijna niet aan te voldoen. Hij moest binnen drie dagen een gebakssoort uitvinden waardoor de zon drie keer scheen, en het moest de graaf beter smaken dan alles wat hij al kende. Alleen dat zou de redding van Frieder betekenen. Pas op de derde dag schoot de arme hofbakker iets te binnen en hij begon een lus te maken van licht gezouten gistdeeg. Het was namelijk bekend dat graaf Eberhard geen zoetekauw was. Er wordt beweerd dat Frieders blik toen op zijn vrouw viel, die haar armen over elkaar had. Daardoor geïnspireerd vlocht Frieder het deeg zo dat er een recht dik stuk in het midden als het "lichaam" fungeerde, terwijl de dunnere stukken aan weerszijden de armen vormden. Deze dunne armen legde hij kruislings over elkaar. Door de drie openingen die daardoor ontstonden kon de zon schijnen.'

'Eureka!' riep Lucien grijnzend. 'En welke rol heeft de kat dan gespeeld?'

'Die hing vaak rond in de bakkerij, in de hoop iets lekkers te krijgen,' ging Ida verder. 'Hij had naast de oven geslapen. Maar toen de hofbakker die opstookte, sloeg het dier door de hitte op de vlucht. Hij sprong uitgerekend op de bakplaat, waardoor de gevlochten stukken deeg in een emmer met hete loog vielen. Die had de vrouw van de bakker daar eerder al neergezet om er de vis en de soep mee op smaak te brengen. Wat een drama! De vrouw viel uit tegen de kat, Frieder op zijn beurt tegen zijn vrouw. Hij drong aan om het deeg gewoon te bakken zoals het was. De tijd begon tenslotte te dringen. Ter garnering werden er snel wat korrels zout over gestrooid, waarna alles de oven in ging. Toen het uit de oven kwam, was het bakkersechtpaar stomverbaasd. Door de loog was het baksel mooi bruin geworden, in het midden iets opengesprongen en zacht als een broodje. De armen daarentegen waren knapperig. Het smaakte de graaf uitstekend. Frieder liet zijn vorst de naam voor het gebak zelf uitkiezen. Zijn vrouw, prinses Barbara, kende het Latijnse woord voor arm – *bracchia* – en dacht aan het woord *brazula*, dat verwijst naar twee verstrengelde handen. De graaf droeg de geredde hofbakker op om de volgende dag een mand vol "braze" bij het kasteel af te leveren.'

De koster klapte in zijn handen. 'Wat een mooi verhaal!'

'Hoewel het natuurlijk alleen een legende is,' zei Ida, zoals ze van haar opa had begrepen. 'Er was namelijk in het jaar 1111 al een bakkerswapen met pretzels erop, dus lang voor die vervelende Eberhard graaf was.'

Ondertussen was het katje op haar schouder geklommen en hij keek nieuwsgierig om zich heen. 'Heeft dit kleintje eigenlijk al een naam?' vroeg ze aan koster Busch.

Hij schudde zijn hoofd. 'Nee, dat is er nog niet van gekomen.'

'Dan heet hij vanaf nu Astro,' zei ze en ze gaf het spinnende dier een kusje op zijn snuit. 'Tenslotte heb ik je onder de astronomische klok gevonden.'

Nadat ze hun bezoek aan de indrukwekkende klok met zijn vele tandraderen hadden beëindigd, gaf de kerkbeheerder Ida voor het vervoeren van Astro een kattenmand met een hengsel en een afsluitbaar deurtje. Ze nam met een hartelijke handdruk afscheid van koster Busch, en Lucien bood aan haar tot de deur van de patisserie te brengen. Ze hadden de kathedraal echter nog maar net verlaten of iemand riep op luide toon zijn naam.

Ida draaide zich om en zag een chic geklede jonge man met een zorgvuldig aangebrachte scheiding in zijn donkere haar op hen afrennen. Hij was ongeveer een kop kleiner dan Lucien en erg gespierd. Eenmaal bij hen aangekomen nam hij Ida met zijn fonkelende groene ogen van top tot teen op. Blijkbaar stond het hem wel aan wat hij zag, want hij begon breed te grijnzen, waarbij zijn witte tanden zichtbaar werden. Ida vond zijn blik onprettig en zette een stap opzij.

'Vertel eens, Lucien, hoe komt het dat je hier doodgemoedereerd door de omgeving zwerft?' vroeg hij uiteindelijk aan haar metgezel. 'Ben je vergeten dat de burgemeester om één uur op bezoek komt? Pa heeft toch tot drie keer toe gezegd dat hij de héle familie erbij wil hebben!'

'Potverdorie,' vloekte Lucien. 'Daar heb ik echt helemaal niet meer aan gedacht.'

'Dat komt ervan als biologie het enige is wat door je hoofd spookt.' De man, van wie Ida aannam dat het ging om de jongere broer over wie Lucien het had gehad, gaf haar een knipoogje.

'Ga maar vast, René,' zei Lucien geïrriteerd. 'Ik wil graag in alle rust afscheid nemen.'

'Hou het kort!' verzocht René hem dringend en hij liep na een ietwat spottend overkomende buiging weg over het Münsterplein in de richting van de Krämerstraat – de vroegere Rue Mercière – met al zijn winkels.

'Dat is uw jongere broer?' vroeg Ida voor alle zekerheid. 'Die zo goed is in zakendoen?'

'Inderdaad,' bevestigde Lucien. 'Ik had deze mooie ochtend met u graag in alle rust willen eindigen. Vanaf morgen ga ik namelijk op excursie met mijn hoogleraar in de biologie. We komen pas over twee weken terug.'

Ida voelde een steek van teleurstelling door zich heen gaan. 'O, wat jammer. Waar gaat de reis naartoe?'

'Naar Partenkirchen in Beieren,' antwoordde Lucien. 'Niet bepaald te vergelijken met de ontdekkingsreizen die Alexander von Humboldt maakte. Maar het hoeven natuurlijk ook niet meteen de tropen te zijn. Het hoogveen in Beieren is ook een heel bijzonder leefgebied.'

Ida vond het prima dat Lucien niet verder ging dan Beieren, anders zou de terugreis alleen maar langer duren. 'Gaat u daar planten of dieren onderzoeken?'

'Allebei,' zei hij, blij met haar belangstelling. 'In die hoogveengebieden komen fascinerende soorten voor. De dieren hebben zich aangepast aan de extreme omstandigheden: natte, zure grond die arm is aan voedingsstoffen. Er zijn daar vleesetende planten, zwemmende spinnen, en zelfs reptielen die hun jongen levend ter wereld brengen.'

'Misschien wilt u me na terugkomst vertellen wat u allemaal hebt ontdekt?' vroeg ze.

Hij keek haar met bijna tastbare genegenheid aan en streek even over haar wang. 'Dat zal ik heel graag doen.'

De streling van zijn hand langs haar wang voelde geweldig aan en deed verlangen naar meer. Maar dat zou natuurlijk ongepast zijn geweest, zeker in het openbaar.

Lucien keek een beetje zenuwachtig in de richting van de Krämerstraat, waarin zijn broer verdwenen was. 'Zal ik u nog snel even naar uw patisserie brengen?' bood hij galant aan.

Hoe aanlokkelijk dat aanbod ook was, Ida schudde haar hoofd. 'Nee, u mag u niet de woede van uw familie op de hals halen. Onze winkel ligt hier een klein stukje verderop, dat red ik in mijn eentje wel.'

'Dan rest me alleen nog om gedag te zeggen. Ik neem contact op zodra ik terug ben, als dat mag,' beloofde hij.

'Dat moet!' flapte Ida eruit.

Lucien knikte glimlachend en kuste ten afscheid haar hand. Vervolgens haastte hij zich, zichtbaar teleurgesteld, naar de Krämerstraat – maar niet zonder zich nog twee keer om te draaien en te zwaaien.

Nadat hij om de hoek was verdwenen, liep Ida zuchtend over het Münsterplein naar de patisserie. Het idee dat ze Lucien Picard twee weken lang niet zou zien verslechterde haar humeur drastisch.

April doet wat hij wil. De aloude weerspreuk was dit jaar wel heel toepasselijk. Na zonnige dagen met bijna zomerse temperaturen was het in één klap grijs, druilerig en koel geworden. En aan het eind van de ochtend veranderde een regenbui zelfs in hagel. Ida rilde toen ze door het raam van de woonkamer naar het bijna uitgestorven Münsterplein keek. Lucien was pas vijf dagen weg, wat betekende dat er nog negen waren te gaan. Waarom was zonder hem alles zo ontzettend saai? Voordat ze hem had leren kennen, had ze toch altijd iets interessants gevonden om te doen?

Oskar kwam het vertrek binnen en liet zich op de bank vallen. 'Waren we maar in Stuttgart gebleven,' bromde hij.

'Waar komt die rotbui van jou in vredesnaam vandaan?' vroeg Ida. Gisteren was haar broer nog bijna onuitstaanbaar vrolijk geweest. Hij liep continu te fluiten en te zingen – niet mooi, wel doordringend. Gelukkig had hij in elk geval niet ook nog zijn geliefde accordeon erbij gehaald. In Stuttgart oefende hij daarop urenlang, wat haar soms witheet maakte.

'O, dat komt door Amélie,' zuchtte hij.

Ida wist dat hij gisteravond had afgesproken met de mooie verkoopster. Oskar was er bijna euforisch over geweest dat ze akkoord was gegaan met zijn voorstel voor een afspraakje. Dat begreep ze wel, ze was zelf al bevriend geraakt met de jonge vrouw en was gek op haar humor en vriendelijke manier van doen.

'Heb je te hoge verwachtingen bij haar gewekt, en hebben jullie nu ruzie?' vroeg zijn zus.

'Ik bij haar?' riep hij boos. 'Eerder omgekeerd.'

Hij sprong op. 'Ze heeft me gezoend – en daarna zei ze dat we beter gewoon vrienden konden blijven. Meer zat er wat haar betrof niet in. Maar ze kon zulke geweldige gesprekken met mij voeren. Ik was echt een geschikte peer. Echt een geschikte peer! Zo'n vernedering heb ik voor het laatst meegemaakt toen ik nog een puisterig schooljongetje was.'

'Nou, op diezelfde manier heb jij de meisjes natuurlijk afgepoeierd, nadat je bij hen eerst verwachtingen had gewekt,' bracht Ida hem in herinnering. 'Je beweert zelf toch altijd dat je eerst uit veel pannen moet snoepen voordat je een kokkin uitkiest? En dat het goed is om het meteen te zeggen als na het proeven blijkt dat de gevoelens helaas toch niet toereikend zijn.'

'Dit is iets heel anders,' snauwde Oskar.

'Ja,' zei Ida en ze kon een glimlach niet onderdrukken. 'Dit keer heb jij een blauwtje gelopen, de afgelopen vijf keer waren het de meisjes.' Voor zover ze wist ging het om vijf gevallen, het officiële getal kon hoger liggen.

'Jij vindt dus dat ik het heb verdiend om zo te worden behandeld?' vroeg haar broer.

Uit zijn dreigende toon maakte ze op dat ze nu maar beter voorzichtig kon zijn, want ze had absoluut geen zin in ruzie met haar broer.

'Ik wil dat je gelukkig wordt,' antwoordde ze daarom diplomatiek en ze pakte vergevingsgezind zijn hand. 'Het zou mooi zijn als we allemáál gelukkig worden.'

Wat zou Lucien op dit moment aan het doen zijn? Was hij nu bezig om een zeldzaam insect of een vleesetende plant te onderzoeken? Of was het in Beieren nog kouder dan hier, en lag er misschien zelfs sneeuw? Waren de bergen heel hoog, daar in Partenkirchen? Hopelijk deed hij voorzichtig.

Opeens klonken er geluiden en stemmen vanuit de winkelruimte. Ida en haar broer keken elkaar verbaasd aan. Omdat de banketbakkerij en de lunchroom nog niet open waren, hoorde daar eigenlijk niemand te zijn.

Even later kwam mademoiselle Nanty buiten adem de woonkamer binnengestormd. 'Uw vader is al gearriveerd,' riep ze stralend.

Broer en zus waren onmiddellijk in een beter humeur. Ze vonden het allebei heel fijn dat hun vader vandaag al – vier dagen eerder dan aangekondigd – naar Straatsburg was gekomen.

Ida stoof achter Oskar aan de trap af naar de lunchroom, waar Franz Tritschler – gekleed in een tot aan de hals gesloten, tot op zijn kuiten reikende, uiterst elegante jas – tussen drie koffers, zijn vrouw Elise en kok Leroc stond.

'Papa, wat fijn!' Ze sloeg haar armen om zijn nek en ademde de vertrouwde geur van vanillesuiker en zijn scheerwater in.

'Was alles in Stuttgart dan al klaar, zodat je kon vertrekken?' informeerde Oskar, nadat hij zijn vader met een omhelzing en een stevige schouderklop had begroet.

'Ach, jullie weten hoe je opa is,' zei Franz met een afwijzend gebaar. 'Die heeft de wind eronder. Een andere generaal naast hem, daar kan hij maar moeilijk tegen.'

Franz Tritschlers kinderen, zijn vrouw en de kok moesten lachen. Dat was inderdaad typisch Albert!

'Nou, wat vinden jullie ervan?' vroeg hun vader. 'Zullen we samen overleggen wat we op de dag van de opening allemaal in het assortiment willen hebben?'

'O ja,' zei Ida blij.

'Je kunt je niet voorstellen hoe saai het hier was met dat rotweer,' voegde Oskar eraan toe.

Franz Tritschler had door zijn vervroegde aankomst in Straatsburg besloten dat de patisserie al aanstaande vrijdag, op 21 april, kon worden geopend, ruim een week vóór de geplande datum van 1 mei. Door zijn enthousiasme slaagde hij erin om het hele gezin en het personeel tot topprestaties aan te zetten. Het slechte weer was op de dag dat hij arriveerde alweer vergeten en iedereen liep zich het vuur uit de sloffen om van de grootse gebeurtenis een onvergetelijke dag te maken.

Elise was met mademoiselle Nanty onderweg om kunstbloemen te halen, waarmee ze de etalage en de tafeltjes in de lunchroom wilden versieren. Ida broedde met haar vader op een oud boek met gebaksrecepten.

'Dit waardevolle boek heb ik destijds na de oorlog van madame Martinet gekregen,' vertelde hij. 'Er staan zo veel lekkernijen in die in de vergetelheid zijn geraakt.'

'De perfecte banketbakker,' las Ida. 'Handleiding voor de bereiding van allerlei soorten suikerwerk, macarons, dragees, pastilles, marsepein, conserven, jams, compotes, geleien, *morsuli*, vruchtensappen, ijs en tevens fijn gebak en pasteien; het inmaken van fruit in suiker of brandewijn; het distilleren van likeuren, crèmes, oliën en aperitieven; eveneens voor het bereiden van chocolade, koffie, thee, bavarois, limonade, siroop, citroenlikeur, sorbets, punch, kardinaallikeur en bisschopswijn.'

Gefascineerd bladerde ze door het vergeelde boek.

'Zoete macarons,' las ze hardop. 'Men overgiete een pond zoete amandelen met kokend water, dompel ze in koud water en laat ze een paar minuten weken...' Prevelend verdiepte ze zich verder in het boek en voor haar geestesoog doemden steeds meer culinaire meesterwerkjes op. Ida had graag zelf weer eens wat in de bakkerij willen experimenteren. Ze vond het weliswaar heel leuk om in de winkel te staan, maar de bakkerij was voor haar ook aantrekkelijk terrein. Een vrouw mocht daar echter meestal niet werken. Aan de andere kant was het zo dat haar vader haar bijna nooit iets kon weigeren. Mocht ze misschien toch een keertje... Een of ander experiment...

Ze bladerde verder. Vooral het hoofdstuk over bonbons vond ze uiterst fascinerend.

Op dat moment schoot Luciens advies voor de rozijnen haar weer te binnen. Glimlachend keek ze op. 'Ik heb ook nog een goed idee. Bij de tulband kun je de rozijnen een nacht lang in frambozenlikeur weken.'

Franz keek zijn dochter verbaasd aan. 'Staat dat in dat boek?'

'Nee, dat heeft de zoon van een patissier me verklapt,' zei ze en ze hoopte dat ze niet zou gaan blozen.

Tot haar opluchting kwam op dat moment Oskar uit het kantoor, waar hij zich had gebogen over de boekhouding en de bestellijsten. 'Je bent echt heel wat van plan voor de opening. Denk je dat één persoon voor de bediening in de lunchroom en die twee nieuwe bakkers van jou daarvoor voldoende zijn?' vroeg hij.

Franz schudde zijn hoofd. 'Vanaf morgen helpt Hélène je moeder en Ida achter de toonbank, dat is de jonge dochter van barbier Aubert van hiernaast. Amélie kan dan in de lunchroom bedienen, de gasten daar zullen smullen van haar humor. En in de bakkerij krijgen Pierre en Emmanuel hulp van onze nieuwe leerjongen,' antwoordde zijn vader. 'Bovendien heb ik drie gepensioneerde collega's benaderd. Echte oude rotten in het vak! Ze zijn ook bereid om ons te helpen tot aan de opening.'

'En natuurlijk laat je je er ook niet van afbrengen om voor de gelegenheid zelf in de bakkerij te gaan staan,' gokte Ida.

Hij glimlachte liefdevol naar haar. 'Helemaal goed, kleintje. Dat met die frambozenlikeur gaan we doen, prima idee!'

Daar was Ida blij om. Doordat bij de opening rekening werd gehouden met Luciens advies voelde het alsof haar vlam er in elk geval in gedachten bij was. Al snel zou de helft van zijn excursie erop zitten. Over ruim een week zou ze hem eindelijk terugzien.

Nadat Oskar weer in het kantoor verdwenen was, tikte een blonde man van halverwege de dertig, met een verzorgde snor en in zijn hand een paraplu, tegen het raam.

'Bertrand!' riep haar vader verheugd.

Hij haastte zich naar de winkeldeur, deed open en de twee mannen begroetten elkaar met een hartelijke klop op de schouders.

'Ida, dit is Bertrand Strohmeier,' zei Franz. 'Hij werkte destijds in mijn eerste bakkerij. En van hem kwam het bericht dat hier bij de kathedraal een huis met winkel vrijkwam.'

'Je hebt ons al een keer aan elkaar voorgesteld, zeven jaar geleden bij ons laatste bezoek aan Straatsburg,' bracht ze haar vader in herinnering.

'Dat klopt,' zei Bertrand Strohmeier. 'Maar toen was je nog veel kleiner. Nu zie je er gewoon...' Hij grijnsde vrolijk naar haar, wat ze net zo onprettig vond als de blikken van Luciens broer René, een week geleden. 'Ja, je bent echt volwassen geworden.'

'Kom, Bertrand, dan schenk ik in het kantoor een glas frambozenlikeur voor je in,' stelde haar vader voor en hij leidde zijn vriend naar de achterkamer.

Ida wilde de winkeldeur net weer sluiten toen ze merkte dat er een lange man op de stoep stond.

'Het spijt me, we gaan pas overmorg...' begon ze, maar op het moment dat ze in het glimlachende gezicht van de man keek, onderdrukte ze met moeite een kreet van blijdschap. 'Monsieur Picard!'

Lucien was terug!

5

'Goedenavond, mijn beste juffrouw Tritschler,' begroette Lucien Ida en hij nam zijn elegante hogehoed af. 'Ik ben net thuisgekomen en wilde meteen weten hoe het met u is.'

'Wat aardig. Komt u toch verder. U wordt helemaal nat!'

Lucien stapte naar binnen en keek om zich heen. 'Het is hier mooi.'

'Dank u. De excursie zou toch eigenlijk nog een week duren?' vroeg Ida. 'Is alles goed gegaan?'

'In het begin wel, ja, maar het weer werd steeds slechter. Eerst waadden we elke dag door de modder, en op een gegeven moment lag er zelfs sneeuw. Vanaf dat moment konden we niets meer doen.'

'Daar was ik al bang voor. Partenkirchen ligt behoorlijk hoog.'

'Precies,' bevestigde Lucien. 'En toen mijn hoogleraar ziek werd, hebben we hem overgehaald om de excursie af te breken. Nu kan hij zich in alle rust thuis door zijn vrouw laten vertroetelen. En hoef ik niet nóg een week te lijden.'

Ida glimlachte gevleid. 'U hebt moeten lijden?'

Lucien knikte. 'Het was hier net zo interessant toen ik moest vertrekken.' Hij keek haar veelbetekenend aan.

'U kunt overmorgen naar onze opening komen als u dat wilt!' zei ze blozend.

'Natuurlijk wil ik dat,' antwoordde Lucien. 'Hoe is het met ons kleine katje?'

'Geweldig,' zei Ida en het deed haar deugd dat hij het over 'ons' had. 'Astro voelt zich hier al helemaal thuis. Zijn favoriete plekje is bij de tegelkachel. Wilt u hem zien? Dat vindt hij vast heel leuk.'

Even later zaten Ida en Lucien samen in de woonkamer. Ze had theegezet en hij aaide de kleine Astro, die spinnend op zijn schoot lag.

'Het is duidelijk dat hij zich hier kiplekker voelt,' vond hij.

'En dat terwijl hij een kater is,' grapte Ida.

Ze kon het bijna niet geloven. Haar vlam, die ze zo had gemist, zat nu in levenden lijve in haar nieuwe thuis.

Op dat moment knorde zijn maag hoorbaar.

'Hebt u honger?'

Hij knikte een beetje gegeneerd. 'Ik ben vandaag eigenlijk nog niet echt aan eten toegekomen.'

'Onze kok is nu beneden in de winkel, maar ik kan iets voor u maken. Ik heb ook nog niets gegeten.'

'Dan kom ik gewoon mee naar de keuken als u dat goed vindt,' zei hij. 'Ik heb het zo lang zonder u moeten stellen.'

'Dat is wederzijds,' waagde Ida te zeggen. 'Daarom vind ik het fijn als u me gezelschap houdt.'

Ze pakten hun kop thee en gingen op weg naar de keuken, die zich aan de binnenplaats bevond.

'Wat vindt u van gebakken aardappels, spek en spiegeleieren?' stelde ze voor nadat ze had gekeken wat er op voorraad was. 'Er liggen nog gekookte aardappels, dat gaat dan het snelst.'

'Het water loopt me al in de mond,' bekende hij.

'De opening vindt dus overmorgen plaats?' vroeg hij terwijl ze de aardappelen in plakjes sneed. 'Ik dacht dat het op een andere dag zou zijn.'

'Dat komt doordat mijn vader de datum heeft vervroegd. Sommige mensen weten het al, anderen nog niet,' zei Ida terwijl ze wat boter in de pan liet glijden. 'Maar het is inderdaad overmorgen al.'

Astro was het jonge stel verontwaardigd miauwend gevolgd. Hij keek nu nieuwsgierig naar hen op en snuffelde bij de geur van het eten die zijn neus vulde.

'Het smaakt uitstekend,' complimenteerde Lucien toen ze eindelijk samen aan de keukentafel zaten te eten.

'Dank u,' mompelde Ida en ze merkte dat ze de gebakken aardappelen en het spiegelei zelf nauwelijks proefde. Ze genoot te veel van zijn aanblik en van de stille harmonie tussen hen.

Buiten begon het weer harder te regenen. Door de wind sloegen hele plassen tegen het raam.

'Met dit soort weer vind ik het in een warm huis altijd heel erg gezellig,' zei Ida en ze schepte nog wat aardappelen op Luciens bord.

'Ik denk er precies zo over,' antwoordde hij. 'Mijn vader heeft de patisserie van zijn schoonvader al voor mijn geboorte overgenomen. Maar daarvoor woonde hij met zijn hele familie ten zuiden van Straatsburg, in het nachtwoud in Weghäusel. Mijn opa was daar houtvester, mijn oma en mijn tante Marie wonen nog steeds in het houtvestershuis.'

'Nachtwoud, dat klinkt geheimzinnig. En Weghäusel,' herhaalde Ida peinzend. 'Volgens mij komt onze huisdame daarvandaan. Ze heeft me uitgenodigd om met haar een keer de boerderij van haar vader te bezoeken.'

'Dat moet u echt doen. De logeerpartijen bij mijn oma Bernadette waren het mooiste deel van mijn jeugd. Wat voor weer het ook was, in de oude boswoning vond ik het altijd gezellig. Daar zaten we 's ochtends aan het ontbijt en in de herfst zag het bos er vaak heel sprookjesachtig uit met al die mistflarden.'

'En daar is uw belangstelling voor plant- en dierkunde ontstaan?' vroeg Ida.

Lucien knikte. 'Mijn opa liet me zien hoeveel leven er in zo'n bos is.' Hij ademde diep in en uit en schoof zijn lege bord van zich af. 'Zo, nu zit ik helemaal vol, het was heerlijk, heel hartelijk bedankt.'

Ida maakte aanstalten om de tafel af te ruimen. 'Ik was alles snel even af. Onze kok zal er beslist op staan om dat zelf te doen, maar hij heeft nu genoeg andere dingen aan zijn hoofd.'

'Dan help ik u,' bood Lucien aan en hij stond op.

Zij waste af en hij droogde de vaat terwijl Astro spinnend langs hun benen streek.

Ida liet een vork vallen die op de terrazzovloer kletterde, waardoor het katertje geschrokken opzijsprong.

'Sorry, Astro,' zei Ida en ze bukte zich tegelijk met Lucien om de vork te pakken. Toen hun handen elkaar raakten, leek er een vonk door haar heen te gaan. Hun gezichten waren nu zo dicht bij elkaar dat ze dacht zijn adem te voelen. Ida's hart bonkte. Hij keek haar diep in de ogen en kuste haar zachtjes op de wang.

'Neem me niet kwalijk,' mompelde hij vervolgens met schorre stem. 'Dat was misschien niet helemaal gepast.'

Spontaan legde ze haar hand tegen zijn gezicht en kuste hem op de mond. Hij beantwoordde haar tedere gebaar, waardoor er aangename rillingen over haar rug gingen. Zoiets had ze nog nooit gevoeld. Ze gingen helemaal op in hun geluk, totdat er iemand luidruchtig zijn keel schraapte. Ida rukte zich los van Lucien en sprong op met de vork in haar hand.

'Monsieur Leroc,' zei ze en ze merkte dat ze door de geamuseerde blik van de kok begon te blozen. 'Neem me niet kwalijk dat ik in uw domein op strooptocht ben gegaan, maar mijn gast had honger. En ik ook.'

'Ja, dat kan je soms zomaar overkomen,' antwoordde Leroc grijnzend. 'Ik moet helaas wat hapjes maken voor de vlijtige mensen beneden in de winkel.'

'Uiteraard, we... we zijn al weg,' hakkelde Ida, die nu tot haar ergernis ook nog begon te zweten en bovendien vaststelde dat ze de vork de hele tijd dreigend op de kok had gericht. Gehaast legde ze het ding op de keukentafel.

'Ik vind het heel vervelend dat ik je daarnet in die situatie heb gebracht,' fluisterde ze vol schaamte toen ze met Lucien had weten te ontsnappen naar de gang.

'Nou, dan zou ík mijn verontschuldigingen moeten aanbieden. Maar ik geneer me nergens voor.' Lucien keek haar teder aan. 'Daarvoor was het veel te fijn.'

'Dat vond ik ook,' prevelde ze met neergeslagen ogen.

'Dan hoop ik dat die gelegenheid zich snel weer voordoet, Ida.' Hij sprak haar naam zo liefdevol uit dat ze het gevoel had dat ze zou wegsmelten. 'Dan ga ik nu naar mijn familie toe, die hebben me na mijn terugkomst tenslotte nog helemaal niet gezien. En ik kijk ernaar uit dat we elkaar overmorgen bij de opening weer zien. Ook wil ik graag kennismaken met je vader.'

Ze vond het fijn dat hij het blijkbaar serieus genoeg met haar meende om aan haar vader te worden voorgesteld.

Hij kuste ten afscheid haar hand, zoals hij dat al eerder had gedaan. Maar dit keer had ze geen handschoenen aan en zijn lippen dwaalden zelfs over haar huid. Ze had nooit kunnen dromen dat dat alledaagse gebaar zo opwindend kon zijn!

Op de dag voor de opening was het in de bakkerij een drukte van belang. Franz Tritschler, zijn drie bakkers, twee knechten en de leerjongen werkten zo snel als ze konden en Ida keek een tijdje toe. Ze vond het telkens weer heel inspirerend dat hier bij het bakken alles liep als een trein en perfect op elkaar was afgestemd. Allereerst stak haar vader zelf de enorme, met chamotte beklede steenoven aan. De ovenruimte en het vuur waren niet van elkaar gescheiden, wat inhield dat er eerst werd gestookt met takken, twijgen en hout. Daarna werden de gloeiende resten verwijderd met een asschraper en werd de oven schoongemaakt met een natte zak. Ida wist dat haar vader vervolgens zou controleren of de temperatuur goed was. Daartoe legde hij vier korenaren op een houten schietschop, die bakkersschotel werd genoemd, die hij door de oven bewoog.

Als hij die er weer uit trok en de aren waren zwart, dan was dat een teken dat het binnen in de oven nog te heet was. Pas wanneer Franz bruine korenaren uit de oven haalde, was de temperatuur geschikt voor de deegsoorten die als eerste moesten worden gebakken. Allereerst werden de *Flammkuchen* en het volkoren- en roggebrood op tweehonderdzeventig graden gebakken. Door de aanvankelijk hoge en vervolgens langzaam afnemende hitte werd het brood vanbuiten uiterst knapperig, terwijl het vanbinnen mals en zacht bleef. De korst was dan dicht, waardoor veel van het vocht binnen in het brood bewaard bleef. Dan volgden de producten van gemengde graansoorten en vervolgens, als de temperatuur tussen de tweehonderdtwintig en honderdtachtig graden was, de zoete baksels.

Tijdens de urenlange koortsachtige werkzaamheden kwamen er telkens nieuwe lekkernijen uit de bakkerij. Appeltaart in vijf variaties, soezen met vanillevulling, macarons, bonbons van de beste chocolade en marsepein, *Bienenstich*, rodewijn- en rumtaart en Elzassische ijstaart met meringue – stuk voor stuk een lust voor het oog. Natuurlijk mocht ook de tulband in allerlei vormen en smaken niet ontbreken, want dat was natuurlijk dé gebaksspecialiteit van Straatsburg. Ida hielp ondertussen haar moeder en mademoiselle Nanty bij het versieren van de etalage en het uitstallen van de artikelen.

'Heb je de rozijnen in...' begon Ida naar haar vader te roepen, maar hij onderbrak haar meteen grijnzend.

'Ja, voor één soort hebben we de rozijnen in frambozenlikeur laten trekken.'

Op dat moment kwam monsieur Leroc vanuit het woongedeelte de winkel in en hij liep naar haar vader toe. 'Kan ik u heel even spreken, monsieur Tritschler?'

'Uiteraard.'

Haar vader ging met de kok van het gezin aan een van de tafeltjes zitten. Ida's blik dwaalde telkens onzeker naar hen toe. Hopelijk ging het in hun gesprek niet over de kus waar Leroc de vorige dag getuige van was geweest. Haar broer, die bij de toonbank met het nieuwe Amerikaanse kasregister stond en prijskaartjes aan het schrijven was, stond dicht genoeg bij de tafel met de mannen om te horen wat ze zeiden. Toen hij met de kaartjes naar de etalage kwam, richtte ze zich met gedempte stem tot hem.

'Heb je meegekregen waar papa en monsieur Leroc het over hebben?'

'Het gaat over de quiche en de soep voor morgen,' zei Oskar schouderophalend. 'Tenslotte willen sommige gasten bij de opening ter afwisseling ook graag iets hartigs.'

Ida slaakte een zucht van verlichting. Blijkbaar leek monsieur Leroc er geen belang bij te hebben om haar vader over de kus te vertellen. Ze wilde dat hij Lucien morgen bij de opening onbevooroordeeld kon ontmoeten.

Toen de grote dag was aangebroken, leek Petrus te willen bewijzen dat hij het goed voorhad met de familie Tritschler. De zon straalde aan een staalblauwe lucht en het was ook eindelijk wat warmer geworden. Hoewel er in Straatsburg verschillende patisserieën waren, had zich al in de ochtenduren een grote menigte verzameld voor het huis van de Tritschlers.

'Wat een mensen,' riep mademoiselle Nanty toen ze ongerust door het etalageraam keek. 'Hoe moeten we die in vredesnaam allemaal tevredenstellen?'

'Net als anders, een voor een,' stelde Amélie voor, die zich zelfs leek te verheugen op die uitdaging.

Oskar wierp de mooie vrouw een verlangende blik toe, wat niet onopgemerkt bleef door zijn zus.

'Ben je al zenuwachtig voor de toespraak?' zei ze, om hem af te leiden van zijn onbeantwoorde genegenheid voor Amélie.

'Nee,' bromde hij. 'Ik hoef tenslotte alleen maar te tolken, de toespraak zelf moet pa houden.'

Franz had besloten zich in het Duits en Frans tot de gasten te richten, wat zelfs in het rijksgebied Elzas-Lotharingen uiterst ongebruikelijk was. Duits was sinds het einde van de oorlog ook hier de officiële taal en in Straatsburg had het grootste gedeelte van de bevolking toch al van oudsher Nederalemannisch gesproken. In de stad aan de Ill was het Elzassische dialect – anders dan in het landsdeel Lotharingen – dus verwant aan het Duits. Zelfs het aanvankelijk sceptische katholieke deel van de Elzas-Lotharingse inwoners accepteerde van lieverlee de hereniging met Duitsland, die onder het leiderschap van de protestante Pruisen tot stand was gekomen. Maar omdat Franz het hoofd al eerder had gestoten, wilde hij iedereen te vriend houden die zich in de inmiddels meer dan twintig jaar durende Duitse heerschappij benadeeld voelde en bij wie de oude haat nog broeide.

En omdat zijn kinderen tweetalig waren opgevoed, moest Oskar de toespraak van zijn vader vertalen. Ida had heel graag zelf voor haar vader getolkt, maar de mannelijke erfgenaam had nu eenmaal bij alles voorrang.

Toen Franz de winkeldeur opende en met Oskar voor de mensenmassa ging staan om zijn toespraak te houden, wachtte Ida een verrassing. Haar vader gaf namelijk niet alleen hoog op van de enorme baktraditie van de Elzas, waarop hij verliefd was geworden en die hem hiernaartoe had gelokt, van alle hulp van de lokale bevolking – al zijn bakkers werden afzonderlijk genoemd – en van de steun van zijn zoon. Nee, hij bedankte ook de vrouwen in zijn gezin. 'Mijn geweldige vrouw Elise, die altijd voor iedereen een luisterend oor heeft, en mijn slimme dochter Ida. Zij begrijpt de klanten beter dan ik als aloude broodbakker, en van haar is de mooie benaming "gebakken dromen" afkomstig. Mijn twee hartenvrouwen zullen u onze gratis hapjes laten proeven. En nu, welkom in de wereld van de gebakken dromen!'

Nadat Oskar ook dat had vertaald, met een liefdevolle glimlach naar zijn moeder en zus, barstte er applaus los en Ida wreef geroerd over haar ogen. Ook al mocht ze als vrouw niet vooraan staan en zich tot de toeschouwers richten, haar vader had nu toch openlijk zijn waardering uitgesproken voor haar inspanningen.

Ze kregen makkelijker grip op het enorme aantal gasten dan gevreesd. Terwijl Ida en haar moeder buiten het ene na het andere zoete hapje uitdeelden, was het ook in de lunchroom en bij de toonbank een drukte van belang. Ida's vader moest bij de ingang steeds weer nieuwe klanten begroeten. Toen de kleine dame met het witte knotje, die Ida en Oskar kort na hun aankomst hadden leren kennen, opdook voor de patisserie – ze liep met een stok – liet Franz alle andere gasten aan hun lot over en haastte zich naar haar toe. 'Madame Martinet, wat een eer dat u hier vandaag bent,' zei hij opgetogen en hij leidde haar naar het kraampje met hapjes. 'Elise, dit is madame Martinet, ze heeft me na de oorlog dat oude bakboek cadeau gedaan en me aan ruimte voor mijn eerste bakkerij geholpen. Madame Martinet, dit is mijn vrouw, mijn kinderen kent u natuurlijk al. U moet me beslist laten weten wat u van onze tulband vindt.'

De dame pakte nieuwsgierig een stuk van het gebak met de in frambozenlikeur gedrenkte rozijnen. Ze kauwde, proefde goed en knikte waarderend. 'Franz, *c'est merveilleux*,' zei ze stralend.

Aan de gelaatsuitdrukking van haar vader merkte Ida hoe opgelucht hij leek te zijn. Blijkbaar was het oordeel van deze vrouw voor hem een soort test geweest. Ze glimlachte net naar de dame toen die opeens ruw opzij werd geduwd. Een woedende man van halverwege de veertig met peper- en zoutkleurig haar drong zich naar voren en bleef staan voor de heer des huizes. Geschrokken zag Ida aan zijn armprothese dat het ging om de man die op de avond waarop ze waren gearriveerd vanaf het Münsterplein naar hun huis had gekeken.

Met zijn ongeschonden rechterhand griste hij nu een stuk tulband van de schaal en proefde het. 'Rozijnen met frambozenlikeur, aha,' brieste hij. 'Ook dat heb je van ons nageaapt! Waarom verkoop je geen specialiteiten uit Zwaben, Tritschler? Moet je ons hele assortiment bij Goldschmidt namaken en onze klanten wegkapen?'

'Ik heb geen idee wat uw assortiment is, ik...' stamelde Franz, maar hij werd ruw onderbroken door de oorlogsinvalide.

'Weten de mensen hier wat jullie deze stad en zijn inwoners in de oorlog hebben aangedaan?'

Er ging een gefluister door de menigte.

'Wilt u onmiddellijk weggaan?!' gromde Ida's vader rood van woede.

Oskar stapte dreigend naar de vreemdeling toe.

'Ja, ik ga al,' zei de man. 'Maar jullie zullen hier geen plezier aan beleven, dat kan ik jullie verzekeren. En op een gegeven moment zullen jullie verdwijnen als een hinderlijke griep.'

Terwijl hij zich een weg terug baande door de mensenmassa, botste hij tegen een lange jonge man aan. Lucien. Wat had hij zich voor de opening mooi opgedoft. Hij droeg een elegant jacquet, een zijden das en hogehoed. Ida's vlam leek de man met de armprothese te kennen. 'Wat doe jij hier, pa?' vroeg Lucien verbaasd en tot haar ontzetting.

6

'Ik wilde net gaan,' grauwde de man die Luciens vader bleek te zijn. 'En dat raad ik jou ook aan, jongen. Heel slecht volk hier. Ze stelen je ideeën, het zijn spionnen en oorlogsmisdadigers!'

Met een grimmig gezicht maakte de patissier rechtsomkeert en hij beende weg. De andere bezoekers gingen geschrokken opzij.

Ida was bang dat Lucien zou voldoen aan het verzoek van zijn vader en ze haastte zich naar hem toe.

'Welkom,' zei ze een beetje hulpeloos.

Hij keek haar bezorgd aan. 'Ik neem aan dat mijn vader stennis heeft geschopt?'

Dat kon Ida niet ontkennen. 'Hij was woedend omdat wij het advies over de frambozenlikeur hebben opgevolgd.'

'Het is geen moment bij me opgekomen dat hij zich daaraan zou storen. Sorry,' verontschuldigde Lucien zich.

'Je vertelde toch dat jouw vader eigenaar is van jullie patisserie? Hij zei dat hij van Goldschmidt is, even verderop, maar jouw naam is toch Picard?' vroeg Ida zich af.

'Dat klopt,' zei hij. 'Mijn vader heeft onze banketbakkerij overgenomen van mijn opa aan moederskant. Daarom heet de patisserie Goldschmidt en niet Picard.'

Door deze opmerking begon Ida nog iets te dagen. 'Jouw moeder... is dat een mooie vrouw met donker haar die er nog heel jong uitziet?'

'Ja,' bevestigde Lucien verbaasd. 'Hoezo?'

'Ze was pasgeleden hier, heeft ons brood en zout gebracht om ons te verwelkomen. Ze lijkt mijn vader ook te kennen.'

Hij keek haar verwonderd aan. 'Echt waar?'

'Ida!' riep Franz Tritschler op dat moment met luide stem. 'Kom! Ik heb je hier nodig.'

Ze kromp ineen. Op die toon had haar vader nog nooit tegen haar gesproken, en al helemaal niet in het openbaar. Een aanwijzing dat het onaangename voorval hem had aangegrepen. En nu voerde zijn dochter ook nog een geanimeerd gesprek met de zoon van de onruststoker!

'Neem me niet kwalijk, ik moet hapjes uitdelen,' zei ze gejaagd. 'Kijk maar rustig rond hier.'

'Wat is dat met jou en die zoon van Picard?' fluisterde Franz zodra zijn dochter haar plaats in het kraampje weer had ingenomen.

'Hij is heel aardig en studeert aan Oskars universiteit,' antwoordde ze stug.

Ze had meteen spijt van die woorden, want nu gebaarde Franz dat zijn zoon bij hem moest komen. Die wurmde zich handig door het gekrioel van gasten naar zijn vader toe.

'Jongen, ga naar je studiegenoot daar en zeg tegen hem dat hij moet vertrekken,' gebood de banketbakker. 'Hij is de zoon van die Picard.'

'We volgen niet eens dezelfde studie,' antwoordde Oskar niet op zijn gemak. Alsof hij vermoedde dat er over hem werd gesproken, kwam Lucien in beweging en hij liep in de richting van het kraampje.

Er kwam een wrevelig gegrom over Franz' lippen. 'Wat verbeeldt hij zich wel niet?' siste hij en Ida hoopte vurig dat haar lieve vriend die onaardige opmerking niet had gehoord. Maar ook de gelaatsuitdrukking van haar vader sprak boekdelen. Hij leek de jonge man te willen doden met zijn blikken, wat Lucien overigens niet leek op te merken – of bewust negeerde, daar was Ida niet zeker van.

'Dat ziet er heel aanlokkelijk uit. Mag ik proeven?' vroeg Lucien en hij wees naar de tafel met gebak.

'Natuurlijk,' haastte Ida zich te zeggen.

Lucien besloot een stuk Frankfurter Kranz te nemen en het leek hem te smaken. 'Hm, heerlijk,' zei hij waarderend.

'Mijn vader vindt dat u maar beter kunt gaan,' zei Oskar zacht. Hij kreeg de woorden nauwelijks over zijn lippen en het was hem duidelijk aan te zien hoe zwaar het hem viel om iemand weg te sturen die zich zo beleefd gedroeg, en die hij bovendien uitgesproken sympathiek vond.

Opeens kwam er hulp uit onverwachte hoek. De oude madame Martinet richtte zich tot Lucien, die ze tot Ida's verbazing tutoyeerde. 'Je moet beslist ook de tulband proeven, Lucien, die is echt fantastisch.'

Hij herkende haar. 'Madame Martinet!' riep hij en hij kuste galant haar hand. 'Wat geweldig om u weer te zien.'

De oude dame draaide zich om naar Ida's vader. 'Vindt u ook niet dat iedere aardige gast de kans moet krijgen om die lekkernij te proeven?'

Franz knikte zichtbaar ontstemd. Zijn vroegere mentor kon hij niet zo makkelijk tegenspreken. Hij dwong zich zelfs tot een glimlach, die echter volkomen mislukte en meer weghad van een grimas.

'Hm, de tulband is gewoon nóg beter,' bevestigde Lucien tegenover de oude banketbakkersweduwe. 'Maar ik neem liever een kijkje in het gebouw als het wat minder druk is.'

Ida vermoedde dat hij zo diplomatiek was om verdere ophef te voorkomen. 'Je hoort weer van me,' fluisterde hij tegen haar.

'Dat zou fijn zijn.' Ze glimlachte schichtig.

Vervolgens nam hij zijn hogehoed af en boog galant naar madame Martinet en daarna– nog wat dieper – ook naar Ida zelf. En weg was hij. Ida keek hem vol weemoed na. Ze had zich de ontmoeting heel anders voorgesteld.

'U zult hem terugzien,' zei madame Martinet, waarmee ze haar uit haar gedachten deed opschrikken.

Ida keek haar verbaasd aan. Was haar verlangen zo duidelijk van haar gezicht af te lezen?

'Wat voor tegenstand er ook komt,' fluisterde de oude vrouw tegen haar, 'liefde is net als water. Zacht, maar niet tegen te houden.' Samenzweerderig voegde ze eraan toe: 'Hoewel ik verder niet bijgelovig ben, heb ik als jong meisje mijn geliefde gekonfijte bloesem gegeven en mij heeft dat geluk gebracht. Hij is altijd bij me gebleven.'

'Echte bloesem, om op te eten?' vroeg Ida weifelend.

'O, jazeker,' bevestigde de dame. 'Het is geroosterde pomeransbloesem. U vindt het recept in het boek dat ik ooit cadeau heb gedaan aan uw vader. Vraag hem er maar naar.'

Ida bedankte haar stralend. Suikerbloesem. Wat zou Lucien wel niet zeggen als ze voor hem bloesem, waar hij als bioloog zo van hield, zou konfijten?

Ook al had Lucien zich vermand in de patisserie van Ida's familie en gelachen als een boer met kiespijn, de aanvaring tussen hun vaders en Franz Tritschlers overduidelijke afwijzing gingen hem door merg en been. Tijdens de dagen zonder Ida had hij namelijk onafgebroken aan haar gedacht. Het was hem duidelijk geworden dat hij tot over zijn oren verliefd op haar was. Hoe vaak had zijn familie al niet gevraagd wanneer hij nu eindelijk het voorbeeld van zijn jongere broer zou volgen en ging trouwen. Maar Ida was de eerste vrouw met wie hij dolgraag zijn verdere leven wilde doorbrengen. Dat zou echter moeilijk gaan als hun vaders elkaar zo vijandig gezind waren. Daarom was hij uitgesproken slechtgehumeurd toen hij naar hun huis in de Krämerstraat liep, waar op de begane grond banketbakkerij Goldschmidt was gevestigd. Door de twee etalageruiten zag hij dat zijn vader in de lunchroom druk in gesprek was met de mollige mademoiselle Girod, het kindermeisje van zijn jonge kleinzoon Marcel. Waarschijnlijk vertelde hij verontwaardigd over de Tritschlers, dacht Lucien. Omdat hij geen zin had in een ontmoeting met zijn vader, en de ongetwijfeld daarmee gepaard gaande donderpreek, sloop hij snel via de gang naar de huisdeur. In het schemerdonker van het trappenhuis werd hij begroet door de vertrouwde geur van boenwas en verse baksels. Boven stuitte hij op zijn eenentwintigjarige schoonzus Denise, die net met een boek in haar hand uit de bibliotheek kwam.

'Ben je nu al terug?' vroeg de tengere blonde vrouw verwonderd. 'Je had je toch zo op de opening verheugd?'

'Er waren problemen. Pa heeft een scène geschopt... Het lijkt erop dat hij Ida's vader hartgrondig haat,' antwoordde Lucien somber. Hoe stroef de relatie met zijn jongere broer ook was, diens fragiel ogende vrouw had hij vanaf het begin vertrouwd. 'Ik kreeg nog net mee dat hij hem van alles verweet, niet alleen dat het gebaksassortiment te veel op het onze leek. Hij zei dat Tritschler hem in de oorlog iets ergs had aangedaan.'

'Dat is op de meeste belegeraars van toepassing,' zei Denise rustig.

'Daar heb je misschien wel gelijk in. Maar dat is nog niet alles. Ida vertelde dat haar vader en mijn moeder elkaar ook lijken te kennen, van vroeger,' vervolgde Lucien. 'Mijn *maman* koestert blijkbaar ook een wrok tegen Tritschler. In elk geval heeft ze brood en zout langsgebracht toen ze net waren aangekomen.'

'Wat er destijds tijdens en na de belegering echt is gebeurd, dat is voor ons moeilijk te achterhalen,' vond Denise. 'Niemand heeft het graag over dat soort zware tijden. Het is misschien beter dat sommige dingen voor altijd een geheim blijven.'

Lucien knikte zuchtend. 'Ida en ik zullen het moeten bezuren door die oude ruzie. Haar vader lijkt zijn haat op mij af te reageren. En bij pa kan ik de komende tijd ook niet met Ida komen aanzetten.'

'Dat klinkt wel heel ernstig. Weet je echt helemaal zeker dat ze het waard is om je al die woede op de hals te halen?' vroeg Denise. 'Je hebt haar natuurlijk nog maar een paar keer ontmoet.'

'Ja, het is heel apart. Zoals het met haar is, was het nog met geen enkel meisje,' antwoordde Lucien. 'Ik heb niet de minste twijfel dat ze voor mij echt de ware is.'

'Zelfs als je in het begin helemaal weg bent van iemand, kun je op een gegeven moment wakker worden uit een boze droom,' mompelde Denise bitter.

Lucien wist dat zijn schoonzus al langere tijd bijzonder ongelukkig was met zijn heerszuchtige broer.

Hij drukte troostend de hand van zijn schoonzus, van wie hij in de loop van de bijna vijf jaar dat ze al hier bij de Picards woonde, was gaan houden als van een zus. 'René is jong en ambitieus, maar diep in zijn hart houdt hij echt van je.' Daar was hij inderdaad van overtuigd. Hij probeerde altijd om het positieve te zien in zijn broer.

Denise keek hem weifelend aan. 'Als jij het zegt... Wat wordt nu je volgende stap met Ida?'

'Ook al schuiven we de problemen met onze families daardoor voor ons uit, ik zou het liefst eerst even heimelijk meer tijd met haar doorbrengen. Daarna heb ik vast en zeker alle kracht verzameld die nodig is om de strijd aan te gaan met onze vaders.'

'Doe dat dan gewoon!' adviseerde Denise hem. 'Het is helemaal niet erg om onenigheid uit de weg te gaan als die mogelijkheid er is.'

'Jammer genoeg zal Ida's vader het haar niet gunnen om tijd met mij door te brengen,' zei Lucien.

Op dat moment begon in de kinderkamer de kleine Marcel te huilen.

'Mademoiselle Girod!' riep Denise terwijl ze hulpeloos naar binnen keek.

Maar Lucien wist dat het kindermeisje zijn schoonzus niet kon horen. 'Ze is beneden in de lunchroom bij pa.'

Door die woorden leek Denise bijna een beetje vertwijfeld te raken. Het had hem al vaker onaangenaam verrast dat zijn mooie schoonzus de zorg voor haar zoontje niet leek aan te kunnen en zelfs ietwat afstandelijk overkwam. In het begin had hem dat verwonderd, want ze had haar kind destijds in de vierde maand op een haar na verloren. En toen de kleine vervolgens toch gezond en wel ter wereld was gekomen, leek dat voor de opgeluchte en dankbare Denise het grootst mogelijke geschenk te zijn. Zelfs René had van blijdschap een traantje moeten laten om de stamhouder.

'Ik ga wel even naar hem toe,' bood Lucien aan, die gek was op zijn neefje.

'Dank je wel,' fluisterde Denise opgelucht en ze verdween met haar boek in de slaapkamer van René en haar.

Lucien begaf zich naar de kinderkamer, waar het blonde kind zijn middagslaapje had gedaan en nu hartverscheurend huilde.

'Oom Lucien!' riep hij vertwijfeld en hij strekte zijn armpjes naar hem uit.

De 'knuffeloom', zoals het driejarige jongetje hem vaak noemde, nam het ventje liefdevol in zijn armen. 'Wat is er aan de hand, Marcel?'

'Ik heb gedroomd,' snufte de kleine. 'Er was een eng beest in mijn kamer.'

Lucien haalde de zakdoek met zijn initialen erop tevoorschijn en veegde Marcels neus af. 'Dieren zijn niet eng,' zei hij geruststellend. 'Die willen alleen eten als ze honger hebben, net als wij. En ze laten de mensen altijd met rust, zolang we niet in het gebied komen waar ze wonen. En hier in huis zijn helemaal geen dieren.'

'Maar ik wil graag een hond voor mijn verjaardag,' bracht het jongetje hem in herinnering.

Lucien glimlachte. 'Dat ben ik niet vergeten.'

'Ik ben nu niet bang meer,' zei Marcel. 'Wanneer ga je me de reeën en herten laten zien bij overgrootmoeder? Dat heb je beloofd.'

'Klopt, dat is zo,' antwoordde de knuffeloom en er schoot hem iets te binnen. Had Ida niet verteld dat de huisdame van de Tritschlers ook afkomstig was uit Weghäusel en dat ze haar had uitgenodigd om er een keer een bezoek te brengen?

Pas om middernacht lag Ida eindelijk uitgeput in bed. Ze liet de vermoeiende dag de revue passeren. De mensen hadden zich tot na zonsondergang verdrongen voor het gebouw, in de winkel en in de lunchroom en bijna alle lekkernijen waren uitverkocht. 's Avonds had haar vader hen allemaal hartelijk bedankt. Het vervelende voorval met zijn concurrent Picard leek hij te zijn vergeten.

Maar Ida dacht er nog steeds aan. Hoe moest het nu in vredesnaam verdergaan tussen Lucien en haar? Vertwijfeld begroef ze haar gezicht in het kussen. Opeens hoorde ze iets tegen het raam tikken. En even later opnieuw. Klak! Ze kwam overeind in bed. Nog een keer! Er gooide iemand steentjes tegen de ruit. Ze haastte zich naar het raam, deed het open en tuurde de duisternis in. Beneden op het plein stond een lange gestalte. 'Ida,' siste een stem die haar zo dierbaar was geworden. Lucien!

'Kom je even naar de deur?' vroeg hij zo zachtjes dat ze meer moest gissen naar zijn woorden dan dat ze ze echt verstond. Ze knikte gejaagd, deed het raam weer dicht, sloeg een ochtendjas om zich heen en sloop via de gang naar buiten. Heel even dacht ze eraan hoe ongepast en warrig haar tot op de heupen hangende haar eruit moest zien, maar ze wilde Lucien niet langer laten wachten, om de kans op ontdekking zo klein mogelijk te houden.

Toen ze zich zo geruisloos mogelijk via het trappenhuis naar de zijdeur had gehaast en die had opengedaan, stond hij met een gelukzalige blik voor haar. Ze onderdrukte de neiging om gewoon in zijn armen te vallen en hem te kussen.

'Ik wilde de dag niet laten eindigen met dat onaangename voorval,' zei hij fluisterend.

'Waar ken je madame Martinet van?' vroeg Ida nieuwsgierig.

'Ze is een oude vriendin van mijn moeder,' antwoordde Lucien. 'Joséphine Martinet heeft de bakkerij destijds op naam van mijn opa gezet omdat ze veel schulden bij hem had.'

'Ah, op die manier. De oude dame is namelijk ook de mentor van mijn vader geweest,' vertelde Ida.

'Daaraan kun je zien dat onze families eigenlijk bij elkaar horen,' zei Lucien glimlachend. 'Dat zal mijn vader alleen nog moeten inzien. Heb je zin in een uitstapje met mij? Ik zou je zondag het houtvestershuis van mijn familie in Weghäusel kunnen laten zien. Ik heb mijn kleine neefje beloofd om daar met hem naartoe te gaan. En als jij daar jullie huisdame bezoekt, zou het heel onschuldig overkomen als wij elkaar ontmoeten. Volkomen toevallig.'

Ida's hart begon sneller te kloppen. Ja, dat zou moeten lukken! Ze verheugde zich zo op hun gezamenlijke uitstapje dat ze snel om zich heen keek – en de verraste Lucien vervolgens gedurfd toch nog een kus op zijn wang gaf. Hij straalde.

7

'Wat leuk dat u mijn geliefde Weghäusel wilt bezoeken, het is daar echt mooi. En zondag is inderdaad mijn vrije dag,' zei mademoiselle Nanty glimlachend terwijl ze aan de keukentafel haar boodschappenlijstje voor de markt aanvulde. Vervolgens keek ze Ida, die met een kop thee tegenover haar zat, recht in de ogen. 'Maar is er naast het mooie landschap misschien nog een reden waarom u uitgerekend nu met dat idee komt?'

Ida bloosde. De huisdame kende haar gewoon te goed. Daarom was het zinloos om het te ontkennen. 'Nou ja, een bekende van me is komend weekeinde met zijn kleine neefje ook in Weghäusel. En hij wilde die gelegenheid aangrijpen om mij het houtvestershuis van zijn oma te laten zien,' bekende ze.

'O, de Picards,' antwoordde Antoinette Nanty.

'U kent de familie?' vroeg Ida verwonderd.

De huishoudster gniffelde. 'Weghäusel is niet bepaald groot, daar kent iedereen iedereen. Dat houdt dan wel in dat het bij die bekende gaat om de oudste zoon van de Picards. De ongetrouwde, van wie de vader zich bij de opening zo onbehoorlijk gedroeg.'

Ze had Ida doorzien. 'Daar kan Lucien toch niets aan doen,' mompelde ze. Ze was bang dat Antoinette Nanty ook afwist van de kus. Al had monsieur Leroc haar niet verklikt tegenover haar vader, de huishoudster en de kok kenden elkaar zo goed dat hij haar vast en zeker deelgenoot had gemaakt.

'Ik zal u niet verraden,' stelde de huisdame, die haar gedachten leek te kunnen lezen, haar gerust. 'Maar...'

Die zin had de bakkersdochter in haar jeugd ook vaak van de goedhartige vrouw gehoord. *Ik zal u niet verraden, maar...* Altijd werd dat 'maar' gevolgd door vermanende woorden. En dat was ook vandaag zo.

'Maar u moet goed beseffen dat u het op een gegeven moment allemaal met uw ouders moet oplossen. Ik raad u aan om uw...'

Op dat moment werd mademoiselle Nanty onderbroken door monsieur Leroc, die de keuken binnenkwam.

'Antoinette, er is een meneer die u wil spreken. Hij... hij staat erop dat dat nú moet,' zei de kok.

Ida dacht dat ze de altijd vriendelijke en evenwichtige Gaston Leroc nog nooit zo geïrriteerd had meegemaakt.

En opeens stond de gast ook ongevraagd in de keuken. Hij was lang en slungelachtig, zijn versleten kleren hingen slap om zijn uitgemergelde lichaam. Zijn donkerblonde haar zag er vet uit en hij rook naar alcohol.

'Charles!' riep Antoinette Nanty zichtbaar geschokt en ze stond op van de keukentafel.

Ida herinnerde zich dat de huisdame had verteld dat ze een broer had met die naam en dat hij het zwarte schaap van de familie was.

'Ik zei toch tegen u dat u búiten moest wachten!' zei monsieur Leroc boos.

'Je mag toch gewoon je zusje bezoeken,' zei Charles Nanty en hij viel neer op een van de stoelen.

'Nee, je mag hier niet zomaar binnenkomen en dat weet je heel goed,' fluisterde de huishoudster panisch. 'Bovendien heb je er jarenlang geen enkele belangstelling voor gehad om mij te zien – en voor de vraag of ik nog in leven was. Dus kom alsjeblieft mee! Als je me wilt spreken, dan kunnen we dat ook buiten voor de deur doen.'

‘Het miezert alweer en het is koud,’ mopperde de man, waarna hij de waterkaraf die op tafel stond pakte en voor zichzelf een glas volschonk. Hij nam Ida provocerend van top tot teen op. ‘Stuur die koekenbakker en dat mooie ding maar weg, dan hebben wij onze rust.’

Ida merkte dat mademoiselle Nanty steeds wanhopiger werd. De huishoudster keek ongerust naar de deur van Franz Tritschlers werkkamer, waar hij de zakelijke correspondentie afhandelde. Vervolgens keek ze haar broer smekend aan. ‘Laten we buiten verder praten. Alsjeblieft!’

Ida wilde mademoiselle Nanty uit haar benarde situatie redden. ‘Praat u rustig hier met hem,’ bood ze aan. ‘Monsieur Leroc en ik laten u hier zolang alleen.’

Ze gebaarde de wrevelig kijkende kok met een beweging van haar kin dat hij haar moest volgen. Uiteindelijk liep hij langs haar heen, waarna Ida de keukendeur achter zich dichtdeed.

‘Het bevalt me niets om Antoinette alleen te laten met die nietsnut,’ beklaagde Gaston Leroc zich.

Het viel Ida al langere tijd op dat de familiekok zich vaak om de huisdame bekommerde. Als ze zich niet lekker voelde, als hij vond dat ze te hard werkte, als het buiten koud was en ze zich volgens hem niet dik genoeg had gekleed. Ze leek hem heel dierbaar te zijn en hij wilde haar duidelijk beschermen. En uit de glimlach die dan telkens om haar lippen verscheen, meende Ida op te maken dat hij de huishoudster in de loop van de jaren die ze in dienst van de familie waren ook echt dierbaar was geworden.

‘Die Charles is gewoon haar broer, hij zal haar niets aandoen,’ probeerde Ida de kok gerust te stellen. ‘Hebt u trek in een glaasje frambozenlikeur? Volgens mij heeft mijn vader er een beetje te veel van ingekocht.’

‘Ik weet het niet…’ zei Gaston Leroc aarzelend.

Maar even later had Ida hem een plekje aangeboden in de woonkamer – wat volstrekt ongebruikelijk was – en ze wilde hem zijn glaasje voor de tweede keer volschenken. 'Kom op, op één been kun je niet staan.'

De kok bedankte echter. 'Te veel alcohol is niets voor mij. Zelfs wijn vind ik het lekkerst als ingrediënt voor heerlijke sauzen.'

'Wat ik u al heel lang wilde vragen, monsieur Leroc. Ik weet dat mademoiselle Nanty uit Weghäusel komt en dat mijn vader haar hier na de oorlog heeft leren kennen. Maar u komt natuurlijk uit Parijs. Waar hebt u hem voor het eerst ontmoet?'

'In Stuttgart,' zei Leroc met een dromerige glimlach. 'De waard van het Hirsch aan het marktplein was in Parijs op bezoek geweest en hij heeft me weggekocht. Ik was jong en gek op vreemde landen. En uitgerekend werken in het land van de voormalige vijand was wel het allereigenaardigste. Helaas bleek de waard een echte drilsergeant te zijn. Op een dag klaagde een brutale gast over mijn eten. Hij vroeg de mensen van de bediening om mij naar de eetzaal te sturen, zodat hij bij mij zijn beklag kon doen. De man was slechtgehumeurd en blijkbaar uit op ruzie. Uw ouders aten die avond ook daar. Ze kozen partij voor mij. En zo kwamen we in gesprek. Uw familie opende in die tijd net het tweede bakkerijfiliaal. Daardoor had uw moeder te veel te doen om te kunnen koken en waren ze op zoek naar nieuw personeel. Uw vader kwam een paar dagen later langs in de keuken van het Hirsch om mij een voorstel te doen. En omdat mijn baas zo vermoeiend was, nam ik dat graag aan.'

'Een gelukje voor ons,' zei Ida stralend. 'Hebt u er ooit spijt van gehad dat u bent weggegaan uit Parijs?'

'Ach, ik heb geen al te mooie herinneringen aan de zogeheten stad van de liefde,' vertelde de kok. 'De armenwijken daar zijn niet bepaald romantisch. Ik ben opgegroeid als halve wees, mijn vader was een alcoholist. Hij had wel iets weg van die vent die nu bij Antoinette in de keuken zit. Als je zo iemand lange tijd helpt of beschermt, word je medeschuldig – en maak je ook je eigen leven kapot. Hopelijk blijft dat Antoinette bespaard. Ik zou het liefst zien dat ze haar broer de woestijn in stuurt.'

'Misschien moet u haar vertellen over uw ervaringen,' stelde Ida voor.

Opeens hoorden ze dat de keukendeur werd opengerukt, waarna ze mademoiselle Nanty met een boze gelaatsuitdrukking via de gang naar haar kamer zagen stormen. Het onderkomen van de kok en de huisbediende was gelegen op de zolderverdieping, terwijl het minuscule vertrek van de huisdame zich naast de linnenkamer op de eerste verdieping bevond. Ida en monsieur Leroc wisselden een bezorgde blik. Toen ze de woonkamer uit liepen, kwam de huishoudster alweer naar buiten met twee bankbiljetten in haar hand. Ze haastte zich terug naar de keuken, zonder de deur achter zich dicht te doen.

'Hier, pak aan! Meer heb ik niet,' hoorden Ida en de kok haar sissen. 'En nu wegwezen!'

'Dank je wel, zusje van me,' zei Charles Nanty en hij kwam tevoorschijn uit de keuken. 'Je krijgt het terug, beloofd.'

Terwijl monsieur Leroc de ongewenste gast naar de voordeur begeleidde, liep Ida snel naar de huishoudster. Die zat met vochtige ogen als een ellendig hoopje mens aan de keukentafel.

'Nu is al mijn spaargeld weg,' mompelde mademoiselle Nanty. 'Ook dat zal hij vergokken. Maar anders was hij niet weggegaan. Vroeg of laat zal hij eindigen als zijn beste vriend, die vreselijke Gustav Ludwig.'

'Wat was er met hem aan de hand?' informeerde Ida behoedzaam.

'Een ongure vent uit Saksen. Ze hebben hem twee jaar geleden terechtgesteld voor roofmoord. En met zoiets hield mijn broer zich op.'

Gustav Adolf Ludwig, natuurlijk! Het schoot Ida te binnen dat ze destijds in de krant had gelezen over de zevenendertigjarige lakenwever uit Saksen. Hij had een moord gepleegd op een ambachtsgezel genaamd Emil Fritzsche. Op 30 september 1891 was hij tot de guillotine veroordeeld en geëxecuteerd.

Ida huiverde. Wat een afgrijselijk idee, in een cel zitten in de wetenschap dat je hoofd er binnenkort zou worden afgehakt.

Mademoiselle Nanty zuchtte vertwijfeld. 'Door zijn speelverslaving kent Charles gewoon geen grenzen meer. Als je vader hem had gezien…'

'Papa zou u nooit ontslaan.' Daar was Ida absoluut van overtuigd.

Monsieur Leroc was ondertussen weer in de deuropening verschenen en aan zijn gezicht was af te lezen dat hij net zo gebukt ging onder het voorval als de huisdame.

'We gaan morgen wel gewoon naar Weghäusel,' zei mademoiselle Nanty tot groot genoegen van Ida. 'Wilt u ons misschien vergezellen, Gaston? Dan ben ik niet zo alleen als juffrouw Ida haar vriend ontmoet.'

De kok straalde. 'Ja, als dat mag. Heel graag. U vertelt altijd zo mooi over uw geboortestreek dat ik het me dan altijd heel levendig voor de geest kan halen.'

Ida was blij dat monsieur Leroc meeging. Daardoor hoefde ze tegenover mademoiselle Nanty geen slecht geweten te hebben als ze tijd doorbracht met Lucien en zijn familie. De kok wist natuurlijk al af van haar gevoelens voor de zoon van de concurrent. Tenslotte was hij getuige geweest van hun kus.

Lucien was opgetogen. Hij zat met zijn kleine neefje Marcel in de familiekoets, die de jonge knecht van de Picards had stilgezet op het Gutenbergplein, niet ver van de Krämerstraat. Hier hadden ze afgesproken met de dochter van de Tritschlers en de twee personeelsleden. De kok en de huisdame hadden beloofd om niet te verklappen dat Ida zou meereizen met de kleine Marcel en diens oom Lucien. Hij was net uit de koets gestapt of het andere rijtuig kwam er al aan. Monsieur Leroc zat zelf op de bok, hij was blijkbaar niet alleen handig met de pollepel, maar ook met paarden. Nadat hij het dier tot stilstand had gebracht, tilde hij zijn hoed op en grijnsde veelbetekenend naar Lucien. De deur werd geopend en Ida stapte glimlachend uit de cabine, waarin vermoedelijk ook de huishoudster zat.

Hij begroette zijn vriendin met een handkus. 'Wat geweldig dat het is gelukt.'

'Goede reis, monsieur Leroc, tot later!' riep Ida. Ze klom in de koets van de Picards en nam plaats op de gestoffeerde zitbank, tegenover het driejarige neefje van Lucien.

'Goeiemorgen, jij moet Marcel zijn. Je oom heeft me al verteld dat jij een heel slimme jongen bent,' begroette ze het ventje, dat haar aandachtig opnam terwijl Lucien naast haar ging zitten.

Terwijl de twee koetsen nu achter elkaar in de richting van het nachtwoud reden, keek het jongetje haar aan. 'Jij bent echt mooi,' zei hij. 'Ga je mee naar de reeën kijken?'

'Ik hoop heel erg dat we die te zien krijgen,' antwoordde Ida.

'Mijn oom heeft een verrekijker meegenomen, dan kunnen we de reeën van heel ver weg zien, want dan maken we ze niet aan het schrikken,' lichtte Marcel toe.

Lucien was blij dat de twee al meteen zo goed met elkaar overweg konden. Zijn neefje vertelde Ida vol trots wat voor speelgoed hij had. Zij vertelde op haar beurt over het katje en moest beloven dat hij een keer bij haar op bezoek mocht komen, zodat hij met Astro kon spelen. De tijd vloog. In een oogwenk waren ze Neudorf en Meinau gepasseerd, waarna vóór hen Weghäusel en het nachtwoud al opdoemden. Het plaatsje bestond inderdaad uit maar een paar boerderijen, geen wonder dus dat mademoiselle Nanty en oma Picard elkaar kenden.

Bij het zijpad naar de houtvesterswoning scheidden de wegen van de twee koetsen.

'Breng Ida vanavond heelhuids terug,' zei mademoiselle Nanty gespeeld streng tegen Lucien.

Hij gniffelde. 'Mijn oma had een beter idee. Ze vroeg of u met uw vader en monsieur Leroc om half zeven wilt komen eten. Dat zou ze erg fijn vinden.'

Mademoiselle Nanty keek vragend naar de kok die op de bok zat. Nadat monsieur Leroc instemmend had geknikt, richtte ze zich weer tot Lucien. 'Wat mijn vader wil, kan ik niet zeggen, maar wij tweeën komen graag.'

Ida was dankbaar dat alles tot nu toe zo harmonieus was verlopen. Maar toen de koets van de Picards naar de houtvesterswoning reed, werd ze toch een beetje zenuwachtig. Stel dat Luciens oma dezelfde wrok tegen de Tritschlers koesterde als haar zoon? De grijze vrouw die uit het twee verdiepingen tellende vakwerkhuis aan de bosrand kwam gesneld, zwaaide echter stralend. Ze deed Ida op een aangename manier aan haar oma van vaderskant denken, die de familie ruim negen jaar geleden opeens had verlaten en die ze nog altijd miste. Nadat haar achterkleinzoon de oude madame Picard in de armen was gevlogen, schudde ze Ida zeer verheugd de hand. 'Jij moet Ida zijn. Zo enthousiast als over jou heeft Lucien nog nooit over iemand gesproken. Hartelijk welkom in het nachtwoud! Jullie zijn net op tijd voor het middageten.'

Marcel pakte Ida's hand en trok haar naar de openstaande eiken deur, waar het heerlijk naar eten rook. Ida had zich de binnenkant van het houtvestershuis heel anders voorgesteld. In plaats van de verwachte hertengeweien, dierenhoofden en opgezette jachttrofeeën hingen er in de lage gang en de ruime met hout betimmerde woonkamer een heleboel landschapsschilderijen in allerlei formaten.

'Wie heeft die allemaal geschilderd?' informeerde Ida geïmponeerd.

'Mijn tante Marie,' antwoordde Lucien. 'Is zij er ook, oma?'

De oude vrouw schudde spijtig haar hoofd. 'Ze is dit weekeinde bij vrienden in Parijs. Maar Ida, de volgende keer dat je ons bezoekt zal onze Marie je vast en zeker graag haar atelier laten zien.'

'Dat zou fijn zijn.' Ida was blij dat oma Picard als vanzelfsprekend leek uit te gaan van een volgend bezoek.

Het middageten werd geserveerd in een aardewerken terrine. Het was een traditioneel Elzassisch gerecht van aardappel, wortel, ui en gevogelte dat in witte wijn was gemarineerd, omlijst met een deegrand. Ida liet al na de eerste hap weten dat het heerlijk smaakte en ook Lucien en zijn neefje tastten flink toe. Toen Ida haar bord helemaal had leeggegeten en haar blik door het vertrek liet dwalen, ontdekte ze toch nog een geprepareerd dier, hoewel het een uiterst merkwaardig exemplaar was. Op een wandrek naast een staande klok stond een bijzonder grote opgezette haas, die tot Ida's verwondering ook de vleugels van een roofvogel, een gewei en scherpe slagtanden had.

'Wat is dat voor een wonderlijk dier?' vroeg ze.

'Een *dahu*,' antwoordde oma Picard. 'Mijn man heeft hem opgezet.'

'In Beieren noemen ze dat fabeldier een *wolpertinger*,' voegde Lucien er grijnzend aan toe. 'Die is verweven met allerlei legendes. Een bekende jachtregel luidt: wolpertingers kunnen alleen worden waargenomen door jonge, goed uitziende vrouwen. En dan alleen in de avondschemering bij volle maan – en in gepast gezelschap. De juiste plekken aan afgelegen bosranden zijn namelijk alleen bekend bij flinke kerels.'

'Gelukkig is Ida mooi. Dan kunnen jullie vanavond samen op jacht gaan,' stelde de kleine Marcel argeloos vast. 'Het is volle maan. En jij bent een linke kerel.'

De volwassenen aan tafel lachten.

Lucien bracht met een tevergeefs onderdrukte glimlach verslag uit van de details van de wolpertingerjacht. 'De jonge schoonheid en de flinke kerel trekken er dus bij volle maan op uit, gewapend met een kaars, een zak, een stok en een schop. Heeft de vrouw de wolpertinger ontdekt, dan houdt ze de zak open met de stok en zet de kaars ervoor. Als het dier door het kaarslicht wordt gelokt, jaagt de kranige vent het met de schop in de zak. Er zijn ook mensen die beweren dat je zout moet strooien op de staart van de dahu om hem te kunnen vangen.'

'Er is volgens de overlevering nog een andere manier,' voegde oma Bernadette eraan toe terwijl ze iedereen – afhankelijk van leeftijd of trek – appelsap of cider inschonk. 'De poten van de dahu zijn links en rechts niet even lang, daarom kan hij alleen op afzonderlijke heuvels lopen in één bepaalde richting. Als het lukt om hem zo te laten schrikken dat hij wil teruglopen, valt hij automatisch om en kun je hem snel vangen.'

'Overigens leeft zo'n wolpertinger volgens bronnen uit Beieren uitsluitend van Pruisische sukkels,' vulde Lucien aan en hij knipoogde naar Ida.

'Deze fabeldieren zijn natuurlijk vooral afkomstig uit de fantasie van mensen die de dieren opzetten en niet van Moeder Natuur,' zei oma Bernadette en ze lichtte de vermoedelijke achtergrond ervan toe. 'De verhalen worden vaak aan lichtgelovige reizigers verteld. Mijn man zaliger vond dat soort dingen in elk geval leuk.'

Na het middageten ravotten Marcel en zijn knuffeloom Lucien in de tuin en tegen het avondeten arriveerden monsieur Leroc, mademoiselle Nanty en haar opgeruimde vader Gustave. Na opnieuw een heerlijke maaltijd werd Ida door de kleine Marcel aan het eigenlijke doel van hun reis herinnerd. 'We moeten nu reeën gaan zoeken,' zei hij en hij haalde trots de verrekijker tevoorschijn. 'We nemen Lucien mee, want hij is een linke kerel. En ik pas op jou als er een dahu komt.'

Korte tijd later stond Ida met de twee Picards midden op een bloemenweide aan de rand van het nachtwoud. De lucht was door de avondschemering in prachtige roodtinten gehuld en het geheel zag er door de wolkenformaties uit als een schilderij.

'Ik zie er een!' riep Marcel, die zijn verrekijker op het struikgewas had gericht. 'Zijn billen zijn wit.'

'Jagers noemen die lichte plek een spiegel,' legde Lucien uit.

'Wil je ook even kijken?' Marcel overhandigde genereus zijn veldkijker aan Ida en nu zag zij de ree ook. Hij stond vreedzaam van een struik te eten. Vervolgens draaide het dier haar kant op. Hoewel hij ver weg was, leek hij Ida recht in de ogen te kijken. Dat bleef hij een tijdje doen en uiteindelijk richtte hij zich weer op de struik. Net op het moment dat ze de jongen zijn verrekijker weer terug wilde geven, schrok de ree op en verdween in het bos. Er stak een koele avondwind op en Ida huiverde. Het volgende moment deed een onheilspellend hees en blaffend geluid dat door het bos galmde hen opschrikken. De kleine Marcel greep angstig naar haar hand en Ida zocht zelf bescherming door dicht bij Lucien te gaan staan. Het klonk niet alsof het van een hond kwam, eerder van een mens. Het geluid was echter te hard en te dierlijk om uit de keel van een man te komen.

Hoezeer Ida zich tijdens het middageten ook had vermaakt met het jagerslatijn, nu vond ze het vreemde geblaf griezelig. Vanuit het nachtwoud klonk nog een keer de merkwaardig waarschuwende schreeuw, die afkomstig leek te zijn van een of ander monster.

8

'Wees maar niet bang,' zei Lucien geruststellend tegen zijn twee metgezellen. 'Hoe angstaanjagend die kreten ook zijn, ze zijn gewoon afkomstig van onschuldig reewild.'

Het verbaasde Ida. 'Ik wist niet dat een ree kon blaffen. En nog zo hard ook! Het galmt door het hele bos.'

En daar was het weer, dit keer vanuit een andere hoek van het nachtwoud. Het vreselijke geblaf leek uit het diepst van de longen van het dier te komen.

'Waarom schreeuwt hij zo hard?' fluisterde Marcel, alsof het ver van hen verwijderde dier hem kon horen.

'Met die roep waarschuwt de ree zijn soortgenoten,' zei Lucien. 'Misschien hoorde hij geritsel in de struiken of rook hij iets verdachts en nu wil hij dat aan de andere laten weten. Als prooidier is de ree er altijd op voorbereid dat een natuurlijke vijand hem aanvalt. Of het was een reebok die zijn territorium wil markeren.'

De biologiestudent liet Ida en Marcel nog een paar zeldzame planten zien en een vos, waarna hij uitlegde welke sporen van welk dier afkomstig waren. Ida en Marcel luisterden aandachtig en het viel Lucien op hoe gelukkig hij zich voelde in het bijzijn van die twee.

Toen ze tegen half tien weer in de koets waren gestapt die hen terug moest brengen naar het centrum van Straatsburg, was het inmiddels donker. Boven de zwarte dennen stond de zilverkleurige maan en door het dal trokken al dichte mistflarden.

De kleine Marcel was naast Ida in slaap gevallen. 'Het waren zo veel nieuwe indrukken voor hem,' zei ze zachtjes, 'en voor mij ook.'

'Zelf heb je ook indruk gemaakt,' straalde Lucien. 'Mijn oma fluisterde bij het afscheid in mijn oor dat ik je beslist nóg een keer moest meenemen.'

Ida glimlachte verguld. 'Ik vond het mooi om te zien hoe goed je oma bij het avondeten overweg kon met mademoiselle Nanty's opgewekte vader.'

'Ja, het is lang geleden dat ik haar zo vaak zag lachen,' zei Lucien blij. 'Eigenlijk niet meer sinds mijn opa vijf jaar geleden overleed.'

'O, wat vervelend,' zei Ida.

'Ach, zelf zou hij er wel vrede mee hebben gehad. Hij is in een pauze tijdens de jacht bij zonsondergang gewoon dood neergevallen,' vertelde hij. 'Zo had hij het zich vast en zeker voorgesteld, een mooi en snel einde. Hij was ook al tachtig, mijn is oma veel jonger dan hij.'

'Hoe redt ze het zonder hem?'

'Ze slaat zich er dapper doorheen. Sinds tante Marie hiernaartoe is verhuisd met haar atelier heeft ze in elk geval gezelschap.'

'Met haar zou ik ook graag kennis willen maken. Ik vind haar schilderijen echt mooi en ben nieuwsgierig naar haar atelier.'

'Je vindt haar vast aardig, en zij jou ook.' Hij zuchtte. 'Deze helft van de familie heb je dus al voor je gewonnen. De andere zal moeilijker worden.'

'Ik geloof er heilig in dat je elke ruzie kunt bijleggen,' zei Ida vol overtuiging. 'Dat is me bij heel vijandige klanten ook al gelukt.'

'Hm, ja, de ruzie tussen onze vaders is vrees ik wel van een ander kaliber,' vond Lucien. 'Maar als er iemand in kan slagen om zelfs mijn oude heer met haar innemendheid al het andere te laten vergeten, dan ben jij het wel. Eigenaardig dat mijn vader het zo gemunt heeft op de jouwe, er zijn tenslotte wel meer concurrenten in de stad.'

'Misschien haat hij de Duitsers vanwege de oorlog,' dacht ze hardop.

'Nou, dan zou hij tegen het merendeel van zijn klanten een wrok moeten koesteren,' antwoordde Lucien. 'De Elzas is sinds de oorlog nu eenmaal Duits. Bovendien komt zijn beste vriend uit Pruisen. En die was er tijdens de belegering bij als soldaat. Je kent hem zelfs, het is koster Busch.'

Dat verbaasde Ida. Als Picard in staat was een voormalige Duitse soldaat als vriend te accepteren, waarom haatte hij dan uitgerekend haar vader zo erg?

Uiteindelijk arriveerden ze weer op het Gutenbergplein, waar Ida moest overstappen in de koets van haar familie. Ze kuste eerst de slapende Marcel op zijn voorhoofd en herhaalde dit liefdevolle gebaar vervolgens bij zijn oom. Door de aanraking van haar lippen verlangde Lucien meteen naar meer. Het was bijna beangstigend hoe hij met elke vezel in zijn lichaam hunkerde naar deze zo ontzettend lieve en onvoorstelbaar mooie vrouw. Dat hij haar nu moest laten gaan bezorgde hem een merkwaardig soort pijn. De gedachte dat hij niet wist wanneer hij haar weer zou zien was nauwelijks te verdragen. 'Mag ik je snel uitnodigen voor een avondwandeling langs de Ill?' vroeg hij daarom vlug. 'Dit keer niet stiekem. Ik zal het je vader morgen officieel vragen.'

Hoewel Ida een beetje huiverig was hoe haar vader hem zou behandelen, was het vooruitzicht om Lucien weer te zien te mooi om niet meteen akkoord te gaan. Ze zou van tevoren met haar vader praten en hem vragen beleefd te blijven.

In de koets van haar eigen familie constateerde Ida dat Antoinette Nanty al net zo tevreden keek als zijzelf. 'Wat een geweldige dag,' zei ze enthousiast en dat was precies zoals Ida het ook voelde. 'De jonge monsieur Picard en u maken samen zo'n gelukkige indruk,' ging de huisdame zachtjes verder. 'Ik hoop dat u uw vader daarvan op een dag ook kunt overtuigen en hem zover krijgt dat hij zijn haat laat varen.'

Ida knikte ernstig. 'Dat gaat Lucien proberen. Hij wil mijn vader morgen vragen of hij met mij een avondwandeling langs de Ill mag maken.'

'Als ik u was, zou ik uw moeder deelgenoot maken,' stelde de huishoudster voor. 'Zij zal haar goedkeuring geven aan deze liefde. En ze heeft een niet-geringe invloed op uw vader.'

'Dat is echt een heel goed idee,' zei Ida.

De mogelijkheid om haar moeder in vertrouwen te nemen deed zich meteen na terugkomst voor. Elise begroette haar dochter, de kok en de huisdame bij binnenkomst al nieuwsgierig op de gang. 'Hoe was het?' wilde ze weten.

'Ik wil je er heel graag alles over vertellen,' antwoordde Ida. 'Heb je tijd?'

'Ja, papa slaapt al. Zullen we met een kop chocolademelk bij de open haard gaan zitten, net als vroeger, toen je nog klein was?'

Ida stemde daar enthousiast mee in.

Een half uur later wist haar moeder alles. Ze was ook op de hoogte van Luciens plan om haar vader om toestemming te vragen voor een avondwandeling.

'Papa wordt beslist een harde noot,' zei Ida.

'Maar monsieur Picard lijkt nog veel en veel verbitterder. Hij zal het grootste obstakel wel zijn.'

'Ik zal Franz voor mijn rekening nemen,' zei Elise geruststellend en Ida was blij dat ze alles met haar had gedeeld. Zo was het ook al geweest toen ze nog een klein meisje was. Zodra ze haar zorgen aan haar altijd zo voorkomende en liefdevolle moeder had verteld, was alles goed of voelde het althans zo. 'En wat monsieur Picard betreft moeten jullie het gewoon niet opgeven,' sprak Elise haar dochter nog meer moed in. 'Toen ik je vader leerde kennen, was hij vanbinnen ook nog niet helemaal teruggekeerd uit de oorlog. Het was alsof hij te veel bezig was met Frankrijk en met zijn herinneringen om ons een echte kans te geven. Hij heeft me een keer verteld dat hij alles nog voor zich zag alsof het gisteren was gebeurd. De beelden waren hem altijd bijgebleven, en ook de stank van het veldhospitaal. Maar met een beetje geluk en veel geduld kun je mensen bevrijden van hun verleden.'

Ida hoopte dat haar moeder gelijk zou krijgen.

'Wie willen jullie bevrijden van zijn verleden?' wilde Oskar weten, die ongemerkt in de deuropening van de woonkamer was opgedoken.

'Zal ik het hem vertellen?' vroeg Ida.

Elise knikte. 'Dat kan geen kwaad.'

'Lucien Picard wil papa vragen of hij met mij een avondwandeling mag maken.'

Haar broer plofte neer in een stoel. 'Oei, dat belooft wat!'

Dat kan toch niet waar zijn, waarom trillen mijn vingers zo? Het ergerde Lucien Picard dat de ontmoeting met Ida's vader hem zo ongedurig maakte. Ze had hem laten weten dat Franz al 'vooraf gewaarschuwd' was door haar moeder. 'Woensdagavond om zeven uur bij ons thuis,' had de patriarch, toen Lucien hem die maandagochtend in patisserie Tritschler had bezocht, daarom alleen gebromd.

Het was nu tien over half zeven en Lucien stond zenuwachtig voor het vakwerkhuis aan het Münsterplein. Net op het moment dat hij zich stond af te vragen wat hij de resterende twintig minuten moest doen om wat rustiger te worden hoorde hij achter zich een stem.

'Mag ik er even langs?'

Lucien draaide zich geschrokken om. Het kon tenslotte Ida's vader zijn die de aanbidder van zijn dochter twintig minuten te vroeg voor zijn woning betrapte. Dat zou niet bepaald een zelfverzekerde indruk maken.

Maar tot zijn opluchting ging het om een onbekende, lange, magere man van halverwege de veertig in afgedragen kleding die hem duidelijk te groot was.

'Natuurlijk.' Lucien ging opzij en liet de vreemde passeren, die nu de deurbel luidde. Wat had zo'n aan lagerwal geraakt persoon te zoeken bij een welgestelde familie als de Tritschlers? Wilde de man om een aalmoes vragen?

Op de trap waren gehaaste voetstappen te horen, waarna Ida de deur opendeed. 'Lucien, je bent te vroeg...' begon ze, en ze kromp vervolgens geschrokken ineen omdat ze niet tegenover haar vlam stond maar tegenover een uitgemergelde man.

'Monsieur Nanty,' zei ze.

Toen ze achter hem Lucien ontdekte, haalde die hulpeloos zijn schouders op.

Ida riep door het trappenhuis naar mademoiselle Nanty en kort daarop dook de huisdame verwonderd bovenaan de trap op.

'Uw broer is hier,' informeerde Ida de huishoudster, waarop deze zo snel de trap af vloog dat haar rode haar, dat ze moeizaam had weten te bedwingen, op en neer bewoog.

'Wat moet je hier, Charles?' siste ze. Blijkbaar was mademoiselle Nanty zo boos dat ze zelfs vergat om Lucien Picard te begroeten en zich in plaats daarvan alleen tot haar grijnzende broer richtte. 'Ik heb je toch gezegd dat ik niets meer heb.'

'Kijk eens aan. Nu al!' antwoordde hij en hij overhandigde haar trots een bundeltje bankbiljetten. 'Met rente!'

Verbluft staarde de huisdame naar het geld. 'Waar heb je...'

'Ik bofte weer eens en heb eindelijk weten te winnen,' antwoordde hij. 'Maar ik zal je niet langer storen. Ik ga gelijk door naar Weghäusel om pa ook zijn geld terug te brengen.'

Hij gaf de overrompelde Antoinette Nanty een kus op de wang en liep naar zijn gammele fiets. Pas toen hij was opgestapt en vrolijk fluitend wegreed, richtte de huishoudster zich helemaal van slag tot Lucien. 'Goedenavond, monsieur Picard.'

Hij boog beleefd. 'Dat wens ik u ook, mademoiselle Nanty.'

'Wil je al bovenkomen?' vroeg Ida. 'Papa zit al te wachten. Volgens mij is hij zelf behoorlijk zenuwachtig en het lijkt wel of hij op hete kolen zit.'

'Dan is het beter om hem uit zijn lijden te verlossen,' antwoordde Lucien.

Zijn stem was zo ongebruikelijk zacht dat Ida instinctief naar zijn hand greep en er een bemoedigend kneepje in gaf. 'Het komt wel goed, mama heeft het voorbereidende werk gedaan.'

Toen Ida en Lucien de woonkamer binnenkwamen, wachtte daar niet alleen het hoofd van het gezin, maar ook diens vrouw. Ze liep met een stralende glimlach naar de bewonderaar van haar dochter toe.

'U moet Lucien Picard zijn. Fijn om u eindelijk te ontmoeten. Ida prijst u de hemel in,' zei ze hartelijk.

Lucien kuste galant haar rechterhand. 'Aangenaam kennis te maken.'

Hij vond dat Ida ondanks haar bruine haar leek op de blonde Elise Tritschler. Ze had dezelfde hartelijke gelaatsuitdrukking en dezelfde stralende glimlach.

Met een onzeker gebaar stak hij vervolgens zijn rechterhand uit naar Ida's vader, die tot dat moment met de armen over elkaar aan de tafel had gezeten.

De banketbakker beantwoordde het gebaar met een stevige handdruk, hoewel hij Lucien niet in de ogen keek toen hij een korte groet mompelde.

'Nou, dan laten we de heren der schepping maar alleen,' zei mevrouw Tritschler tegen haar dochter. 'Kom mee, Ida!'

De twee vrouwen wierpen Lucien nog een bemoedigende blik toe en verlieten de zitkamer.

Lucien stond een beetje onbeholpen voor de tafel totdat Franz redding bracht door een stoel naar achteren te schuiven en er met zijn kin naar te gebaren.

'Dank u.' Lucien nam plaats en begon aarzelend. 'Tja, waarde heer Tritschler. Ik zou graag met uw dochter Ida een...'

'Dat kunnen we wel achterwege laten!' onderbrak de meester-bakker hem. 'Ik weet ervan. Mijn vrouw heeft het me verteld. En u mag haar wel heel erg dankbaar zijn. Ze heeft me gedwongen tot deze ontmoeting, om het zo maar te zeggen.'

'O,' antwoordde Lucien verbouwereerd.

Tritschler keek hem nu recht in de ogen. 'We weten allebei wat u – als u hier de volgende keer opduikt – aan mij wilt vragen.'

Lucien was overrompeld. Hij had niet verwacht dat de banketbakker uit zichzelf over een mogelijk huwelijk zou beginnen.

'Daarover heb ik een paar belangrijke vragen,' ging Ida's vader verder.

Lucien knikte verlegen. 'Ja?'

'Uw vader staat aan het hoofd van een van de succesvolste patisserieën van Straatsburg. Maar u, als oudste zoon, studeert... biologie?'

Franz Tritschlers vragende blik leek Lucien te doorboren.

'Ja, de opvolging van de patisserie is geregeld,' verzekerde die. 'Mijn jongere broer René heeft er zijn zinnen op gezet om de zaak ooit helemaal over te nemen.'

Franz knikte, zonder zijn doordringende blik van hem af te wenden. 'En voor een stamhouder heeft hij ook al gezorgd, vertelde Ida. Ze is heel enthousiast over de jongen.'

'Ik ook.' De gedachte aan zijn neefje toverde ondanks de gespannen situatie een glimlach op zijn gezicht.

'En eigen kinderen?' vervolgde Ida's vader.

'Niets op tegen,' antwoordde de huwelijkskandidaat.

'En... kunt u als... bioloog een gezin onderhouden?' wilde Franz weten.

'Nou, mijn hoogleraar heeft vijf kinderen. Ze zien er niet uitgehongerd uit,' zei Lucien.

'U weet dat Ida van het werken in de bakkerijwinkel houdt,' veranderde Ida's vader van onderwerp.

'Ja, ze ziet de klanten graag gelukkig,' bevestigde Lucien. 'Daar wil ze graag mee doorgaan.'

'En daar hebt u niets op tegen?' vroeg Franz zich verwonderd af.

'Niet in het minst. Ida moet doen wat ze leuk vindt, zij gunt mij mijn expedities tenslotte ook.'

Franz krabde aan zijn kin. 'Tja, in deze familie mogen de vrouwen hun eigen beslissingen nemen.'

Dacht hij bij die woorden misschien aan zijn echtgenote? Vervolgens keek hij de jongere man weer recht in de ogen. 'Luister, Lucien! Ik heb niets tegen u. Ik begon al te denken dat Ida nooit warm zou lopen voor iemand. Ze is helemaal van de kook door u.'

Lucien kon een dankbare glimlach niet onderdrukken. Die verdween echter meteen weer toen de schoonvader in spe zijn betoog vervolgde.

'Maar ik zal eerlijk zijn. Ik denk dat ze zal worden teleurgesteld.'

Lucien kwam verontwaardigd overeind. 'Ik zou Ida nooit...'

'Niet door u,' onderbrak Franz Tritschler hem snel. 'Door uw vader. Ik zag de haat in zijn ogen. Hij zal nooit akkoord gaan, ook niet als ik u vroeg of laat mijn zegen zou geven.'

'Zou u dat dan doen?' vroeg Lucien hoopvol.

Tot zijn opluchting wees de patissier uit Stuttgart dat niet van de hand. 'Dat zou kunnen. Maar zoals gezegd... uw vader...'

'Makkelijk zal het niet worden,' antwoordde de jonge Picard. 'Hoewel uw vrouw tegen Ida heeft gezegd dat we vasthoudend moeten zijn.'

Voor het eerst tijdens hun gesprek glimlachte Franz Tritschler. 'Zozo. Nou, gaan jullie dan maar wandelen. Anders wordt het te laat. Om negen uur breng u Ida weer terug. Gezond en wel.'

Er gingen gemengde gevoelens door Lucien heen. Aan de ene kant mocht hij blij zijn, want hij had veel meer gekregen dan de toezegging voor een avondwandeling. Aan de andere kant wist hij dat Franz gelijk had, de haat bij Luciens eigen vader zat diep.

9

De geur van seringen hing in de lucht. Hoewel het nog schemerde, stond de maan al boven Straatsburg. Hij zag er vandaag bijzonder groot uit. Ida en Lucien liepen hand in hand langs de Ill en hadden het over zijn gesprek met Franz Tritschler en diens bedenkingen over de haat van Jacques Picard tegenover hem.

'Dan geven we je vader gewoon de tijd,' stelde Ida voor. 'Hij zal zien dat papa eigen ideeën heeft en geen klanten van hem afpakt.'

'Juffrouw Tritschler!' klonk opeens een mannenstem. Ida en Lucien draaiden zich met een ruk om.

Een jonge man met een rossige haardos en een koffer in de hand haastte zich naar hen toe.

'Kurtle!' riep Ida verbluft.

De knecht van haar vader deed haar denken aan de veel minder ingewikkelde tijd in Stuttgart. Ze stak hem dolblij haar hand toe toen hij buiten adem bij hen arriveerde. 'Wat doe jij nou hier?'

'Mijn leertijd als knecht zit erop,' bracht hij haar in herinnering. 'En uw vader heeft me geschreven dat het hier zo goed gaat dat hij mij ook kan gebruiken.'

'Hoe is het in Stuttgart? Heeft opa alles onder controle?' informeerde ze nieuwsgierig.

'Ha! Natuurlijk,' antwoordde Kurt in het Zwabisch. 'Als een generaal.'

Pas nu dacht ze weer aan Lucien, die er inmiddels ronduit geïrriteerd bij stond. Ze legde hem snel haar relatie tot Kurt uit.

'Lucien, dit is onze vroegere knecht Kurt Teufel,' zei ze. 'Kurtle, dit is monsieur Picard. Zijn vader heeft hier in Straatsburg ook een patisserie.'

'Aangenaam,' zei de jonge bakker kortaf tegen Lucien, die nu ernstig knikte. Vervolgens keek Kurt verdacht snel weer stralend naar Ida. 'Ik moet nu snel naar uw vader toe, voordat iedereen in huis al slaapt. Maar vanaf vandaag zullen we elkaar elke dag weer zien.'

'Dat vind ik fijn,' zei Ida oprecht.

Met een verlegen glimlach wenste Kurt de dochter van zijn baas nog een fijne avond, terwijl hij koeltjes knikte naar Lucien, waarna hij met zijn koffer naar het Münsterplein snelde.

Ida keek hem na en richtte haar blik vervolgens van opzij op Lucien. Ze schrok toen ze zijn vijandige gelaatsuitdrukking zag.

'Mijn vader heeft een heel hoge dunk van Kurtle,' haastte ze zich te zeggen. 'En mijn broer zal ook blij zijn. Ze hebben vroeger samen gevoetbald.'

'Zelf lijk je het ook niet bepaald onprettig te vinden,' antwoordde Lucien kort.

'Hij is een leuke jongen en we zijn van dezelfde leeftijd, maar ik zie hem meer als mijn kleine broer,' verzekerde Ida hem.

'Nou, klein is hij niet echt,' vond Lucien.

Ida grijnsde. 'Nee, hij kreeg opeens een groeispurt. Oskar noemt hem een ontplofte winterwortel.'

Om die formulering moest Lucien tot haar opluchting lachen. De stemming was weer beter. Ida pakte zijn hand en ze slenterden verder.

Diep vanbinnen was Lucien echter nog steeds verontrust. Het kon dan wel zijn dat die Kurt voor Ida gewoon een broertje was, de jonge man zelf leek in haar zeer zeker de uiterst aantrekkelijke vrouw te zien die ze was. En het zou anderen ook zo vergaan. Alles goed en wel om zijn vader de tijd te geven, maar er kon elk moment een rivaal opduiken voor wie Ida meer dan alleen broederlijke gevoelens zou kunnen koesteren. Het idee om haar te verliezen was voor Lucien een nachtmerrie. Hij zou er alles aan doen om dat te voorkomen.

Op donderdagochtend was het in patisserie Tritschler opnieuw een drukte van belang. Gelukkig had Franz inmiddels meer hulp gekregen in de bakkerij. Kurt Teufel had gisteravond nog zijn intrek genomen op de zolderverdieping en was voor dag en dauw aan het werk gegaan. De mooie Amélie bediende de gasten in de lunchroom – altijd met een vriendelijke glimlach om haar lippen. Ida, haar moeder en de zwijgzame barbiersdochter Hélène Aubert stonden achter de toonbank. Terwijl er steeds meer klanten de banketbakkerij binnendruppelden, bedacht Ida met lichte bezorgdheid dat elke klant die hiernaartoe kwam een doorn in het oog moest zijn van hun concurrent Jacques Picard.

De grote aanloop van al die klanten, zo kort na de opening, kwam beslist niet alleen door de kwaliteit van het gebak, maar ook door het vriendelijke personeel. Net als in Stuttgart onthield Ida details uit gesprekjes aan de toonbank, zodat ze altijd een kort praatje kon beginnen over de dingen die de mensen bezighielden. Vandaag daarentegen had de dochter van de winkeleigenaar duidelijk moeite om zich te concentreren op het geklaag van slagersvrouw Isolde Keller over de pijn aan haar knie. Ze was zenuwachtig en er niet bij met haar gedachten. Lucien had haar gisteren na een bijzonder lange nachtzoen gezegd dat hij haar graag snel weer wilde zien. Vandaag na sluitingstijd moest ze naar het bankje voor de universiteit komen waar ze elkaar hadden leren kennen. Ze hoopte stilletjes dat hij al kon vertellen hoe Jacques Picard dacht over hun ontmoetingen. Het was heel eenvoudig geweest om haar eigen vader zover te krijgen dat hij toestemming gaf voor een nieuw afspraakje. 'Aan mij zal het niet liggen,' had hij alleen gemompeld.

Zodra haar moeder na de laatste klant eindelijk de winkel had afgesloten, ging Ida snel op weg naar de universiteit. Boven haar pakten zich donkere wolken samen en ze had er spijt van dat ze in alle haast was vergeten om een paraplu mee te nemen.

Vlak voordat ze arriveerde, kwam ze de zwerver weer tegen. Hij trok zo snel als zijn oude voeten hem konden dragen de ladderwagen met zijn bezittingen achter zich aan. Hij moest blijkbaar met spoed ergens naartoe.

'Goedenavond, monsieur Le Prof,' riep Ida.

'Goedenavond, juffrouw. Ik moet snel een veilig heenkomen zoeken.' Hij wees omhoog naar de dreigende wolkenformaties. 'We zullen het niet lang drooghouden.'

'Pas goed op uzelf!' raadde Ida hem aan en ze zwaaide naar hem. 'Een fijne avond verder.'

'U ook,' hoorde ze hem nog zeggen. 'En doe de jonge monsieur Picard de groeten van me, mocht u hem weer zien.'

Ida gniffelde. Binnen een paar seconden zou ze hem weer zien.

En daar was hij. Hij zat op 'hun' bankje en keek haar glimlachend aan. Net als altijd wanneer ze Lucien zag kreeg ze kriebels in haar buik. Dat gevoel werd sterker toen hij overeind kwam, haar stralend tegemoet liep en haar hand kuste.

'Je moet de groeten hebben van monsieur Le Prof. Hij...' begon Ida, maar op dat moment merkte ze dat Lucien voor haar op de knieën ging. Het duurde een fractie van een seconde voordat ze de reden daarvan doorhad. Ze ademde hoorbaar in toen hij een klein fluwelen doosje opende waarin een sierlijke, smalle ring fonkelde.

'Lieve Ida van me,' zei Lucien met hese stem en hij sloeg aangedaan zijn ogen naar haar op. 'Zou je mij de buitengewone eer en het grote geluk willen bewijzen om mijn vrouw te worden?'

Ida vocht tegen de tranen van ontroering en was zo overweldigd dat ze eerst vergat om te antwoorden. Uiteindelijk merkte ze zijn verwachtingsvolle blik op. 'Ja, dat zal ik doen, ik bedoel, ja, ik wil! En of ik dat wil!' stamelde ze met vochtige ogen.

Hij kwam overeind, streek teder een haarlok uit haar gezicht. Zo meteen zou hij haar kussen! Haar aanstaande, dacht Ida verlangend. Ze werd echter teleurgesteld.

'We kunnen het beter maar meteen verder afhandelen, of niet?' vroeg hij op zachte toon.

Ze keek hem niet-begrijpend aan. 'Wat bedoel je?'

'Nou, naar mijn familie gaan en het hun vertellen?'

'Nu gelijk al?' vroeg ze overrompeld. Waarom had hij opeens zo'n haast?

'Om half acht nemen mijn ouders met René en zijn vrouw meestal nog een drankje bij de open haard,' legde Lucien uit.

'Nou, prima,' zei Ida onbehaaglijk.

Terwijl de donkere wolken er steeds dreigender uitzagen, gingen ze op weg naar de Münsterwijk. Ida was met haar gedachten alleen maar bij de op handen zijnde ontmoeting met Luciens familie en om niet nog zenuwachtiger te worden zocht ze afleiding door over iets anders te beginnen.

'Ik heb monsieur Le Prof al voor de tweede keer vlak bij de universiteit gezien. Hij lijkt heimwee te hebben naar zijn vroegere werkplek,' vermoedde ze.

'Of naar zijn vroegere thuis,' dacht Lucien en hij wees naar rechts, naar de overkant van de rivier de Ill. 'Hij heeft me een keer verteld dat hij daar verderop in de Duitse wijk heeft gewoond.'

'De Duitse wijk?' herhaalde Ida verwonderd. 'Dat daar is toch het nieuwe stadsgedeelte?'

'Precies, en de Fransen noemen het daarom ook de Duitse wijk. Wel altijd een beetje minachtend. De Duitsers wilden de oppervlakte van Straatsburg drie keer zo groot maken. Ze hebben buiten de oude binnenstad nog een kern aangelegd om de strategisch belangrijke vesting te beschermen – en daar moest ten noordoosten van het stadseiland het nieuwe stadsgedeelte komen. Huizen met vier of vijf verdiepingen met mooie voortuinen werden daar neergeplant. In de protserige architectonische stijl van keizer Wilhelm. Op elke verdieping stromend water en gas. Een paar van mijn nogal nationalistische medestudenten zijn daar minder enthousiast over en hun vaders, die in de oorlog hebben gestreden, nóg minder.'

'Heeft het de inwoners dan niet verbroederd dat de Duitsers zo veel hebben gebouwd?' vroeg Ida bedrukt. Het cynisme in Luciens woorden wekte bij haar de angst op dat ook hij in haar op een gegeven moment niet langer zijn grote liefde zou zien, maar een Duitse, een vijand.

Lucien haalde zijn schouders op. 'Nou ja, het is maar hoe je het bekijkt. Want Straatsburgers moesten voor de kosten opdraaien. De nieuwbouw heeft meer dan zeventien miljoen rijksmark gekost. Tien jaar lang moest de bevolking bijspringen voor dat ongelofelijke bedrag.'

'Dan is het des te verbazingwekkender dat monsieur Le Prof uitgerekend daar heeft gewoond,' zei Ida.

'Ja, ik wilde hem een keer vragen wat de reden daarvan was,' bevestigde Lucien. 'Maar ik was bang dat het hem te veel zou aangrijpen als hij over zijn vroegere leven zou gaan vertellen, toen hij nog een dak boven zijn hoofd had.'

Uiteindelijk durfde Ida het aan om te vragen. 'Haat jij ons Duitsers ook niet een beetje, omdat jouw landgenoten door ons zo moesten boeten?'

Hij bleef staan en keek haar vragend aan. 'Jullie Duitsers? Wat heb jij daar dan mee van doen, lieverd?' Hij streelde haar wang en ze kuste opgelucht zijn hand, waarna ze verder liepen.'Ik vind die huizen wel mooi, ook al hebben de Duitsers ze in de eerste plaats gebouwd om hun nationalistische overtuigingen te versterken. Nationalisme is in mijn ogen volkomen stompzinnig. Ik geloof alleen in vegetatiegrenzen, de door de mens bepaalde grenzen veranderen tenslotte voortdurend. De biologie trekt zich nooit iets aan van onze nationale afsluitingen. Wetenschappers uit de hele wereld zijn op zoek naar de waarheid over het leven op onze planeet, samen en over alle grenzen heen.'

Ze waren pas midden op de brug over de Ill toen het opeens hard begon te regenen. Ida kon een geschrokken kreet niet onderdrukken.

Lucien pakte haar hand en ze renden zo hard als Ida's jurk het toeliet. Haar kapsel raakte echter in een mum van tijd helemaal los. Langs haar gezicht bungelden steeds meer haarlokken. Haar jurk plakte op sommige plaatsen onaangenaam vochtig tegen haar huid. Ook Luciens haar hing in natte pieken in zijn gezicht.

Hoewel ze allebei buiten adem waren nadat ze eindelijk een luifel hadden bereikt, moesten ze lachen.

'Zo kan ik jouw familie onmogelijk onder ogen komen,' zei Ida.

'Dan verzetten we dat naar morgenavond,' stelde Lucien glimlachend voor.

Petrus gunt me nog wat uitstel, dacht ze opgelucht. Of was het een slecht voorteken? Voordat ze er verder nog over kon nadenken, nam Lucien teder haar gezicht tussen zijn handen en kuste haar liefdevol op de mond. De hartstocht die zijn kus bij haar opwekte bood geen plaats meer aan zorgelijke gedachten. Op dat moment bestonden alleen zij tweeën.

Ook op vrijdagochtend stroomden de klanten binnen in de patisserie. Ida was moe, want ze had die nacht lang wakker gelegen. Gisteren hadden Lucien en zij nog in een innige omstrengeling onder de luifel gestaan totdat de stortregen minder was geworden. Door de avondschemering had Lucien zijn verloofde naar huis gebracht en haar onder dekking van de duisternis in de hal opnieuw uitvoerig gekust. Nadat hij was vertrokken, had Ida's jubelstemming plaatsgemaakt voor een grote innerlijke onrust. Dat Lucien haar wilde voorstellen aan zijn familie en daarbij ook nog hun verloving bekend wilde maken zou de zaak beslist niet eenvoudiger maken.

In de middagpauze ging ze naar de bakkerij. De geur van vers gebak die hier altijd hing gaf haar houvast en vertrouwen, net als de aanblik van alle bakvormen van keramiek en brons, die netjes op een rij aan de muur hingen. Dit was een voorspelbare wereld met producten die de mensen uiteindelijk altijd gelukkig maakten. En Ida was van plan om Lucien binnenkort als verlovingscadeau de gekonfijte bloesem te geven. Maar voordat ze daarmee aan de slag ging, wilde ze eerst nog controleren of er ingrediënten ontbraken die misschien bezorgd moesten worden. Ze pakte het 'heilige boek' dat in haar vaders ogen van de kleine kast in de bakkerij een schatkist maakte.

'Is alles goed met je?' klonk op dat moment een stem bij de deur, die Ida deed opschrikken uit haar gedachten.

Het was Hélène, die haar glimlachend aankeek. De eenentwintigjarige collega uit de winkel was een goede vriendin en vertrouweling geworden. Mooi dat ze uitgerekend nu kwam.

'Beter kan het niet met me gaan, en tegelijkertijd ben ik zo zenuwachtig als maar zijn kan,' gaf Ida toe. En vervolgens luchtte ze haar hart. Ze gaf hoog op van Luciens romantische huwelijksaanzoek en de kus in de stromende regen, hoewel ze ook vertelde over haar angst voor de komende avond.

'Misschien is het wel beter dat dat snel moet. Dan heb je het maar gehad,' zei de verkoopster. 'Als zijn vader jullie relatie definitief verbiedt, dan weet je dat in elk geval meteen. Hoe langer je wacht, hoe meer je gewend raakt aan jullie verloving en hoe pijnlijker het is als jullie uit elkaar moeten gaan.'

'Uit elkaar gaan?' herhaalde Ida ontsteld. 'Ik laat Lucien niet gaan, ook al verbiedt zijn vader dat keer op keer.'

'Misschien moet je je daar toch op voorbereiden,' gaf de altijd wat serieuze en voorzichtige Hélène in overweging. 'Als student is Lucien natuurlijk wel afhankelijk van hem.'

Ida huiverde. Nu voelde ze nog meer druk over de ontmoeting van die avond. Het was waarschijnlijk fout geweest om troostende woorden te verwachten van haar collega. De verkoopster kon af en toe zo pessimistisch zijn. Het was voor Ida heel gewoon om Hélène op te vrolijken, haar te laten zien dat het leven mooi en gevarieerd was. Daarom veranderde ze nu ook van onderwerp.

'De zoon van de rechter komt elke ochtend op hetzelfde tijdstip, is jou dat ook opgevallen?' vroeg ze samenzweerderig. 'En hij glimlacht altijd zo vriendelijk naar je.'

'Die meneer Schneidewind? Och, die glimlacht toch naar iedereen,' zei Hélène met een wegwerpgebaar.

'Glimlach eens een keer terug,' drong Ida aan. 'Volgens mij stond hij een paar keer op het punt om je mee uit te vragen.'

'Jij kunt altijd heel goed aan mensen zien wat ze voelen. En meestal heb je dan ook gelijk,' gaf Hélène toe. 'Maar het idee om alleen te zijn met een man trekt me niet zo. Mannen zijn altijd zo luidruchtig en lomp. Als de heren der schepping bezig zijn met een of ander spel, dan krijg je meestal de indruk dat ze elkaar willen vermoorden.'

Ida dacht na. Zo had ze het nog nooit bekeken en in veel gevallen klopte dat zeker. Wat had ze een geluk dat haar Lucien zo'n fijnzinnig iemand was.

'Ik denk niet dat er ooit oorlogen zouden zijn geweest als er op de wereld vrouwen in de regering zouden zitten,' zei Hélène.

Ida zuchtte. Oorlog. Daar had je het weer, haar zorgen over de verbitterdheid van Jacques Picard.

10

Die avond ging het stel met bonkend hart naar patisserie Goldschmidt. Lucien pakte Ida's hand en kneep er bemoedigend in.

'Ze gooien me er meteen weer uit,' zei ze met zachte stem.

'Dat denk ik niet,' antwoordde haar verloofde en hij opende de deur naar het trappenhuis. 'Je zult hun hart stormenderhand veroveren.'

Net als elk huis had ook dat van de familie Picard een heel eigen geur. Anders dan het trappenhuis, waar net als bij de Tritschlers een mengeling van bijenwas- en bakluchtjes hing, rook het in de woonkamer op de eerste verdieping naar koffie en zeep.

Aan de muren in de gang, die waren opgesierd met koningsblauw brokaatbehang met gouden ornamenten, hingen olieverfschilderijen van landschappen, waarschijnlijk van tante Marie.

Lucien opende de deur naar de salon, waar twee mannenstemmen te horen waren. Jacques Picard zat met een glas cognac in een van de leren oorfauteuils, René hing onderuitgezakt op de bank.

'Een goedenavond,' zei Lucien.

Zijn vader rechtte zijn rug en liep rood aan toen hij constateerde dat zijn zoon niet alleen was gekomen, maar werd vergezeld door de dochter van zijn aartsvijand. Met een klap zette hij zijn glas neer, waardoor het goudbruine vocht over de rand gutste en een glimmend plasje achterliet op het tafelblad. René ging grijnzend rechtop zitten. Allebei staarden ze Ida aan.

'Goedenavond,' fluisterde ze nauwelijks hoorbaar.

Vervolgens gaf ze zichzelf een uitbrander. En nu moet je je vermannen, je praat toch ook luid en duidelijk met iedere klant! Daardoor wist ze een glimlach te produceren. 'Wat fijn u te leren kennen,' zei ze goed hoorbaar.

Vader en zoon reageerden met een ijzig stilzwijgen. Verlegen draaide Ida haar hoofd naar Lucien toe.

'Waar is maman?' informeerde haar verloofde, die al net zo hulpeloos overkwam als zij zich voelde. Misschien, dacht Ida, hoopte hij in haar een bondgenoot te vinden.

'Die is op bezoek bij tante Marie in Weghäusel, die terug is uit Parijs,' zei René, zonder daarbij zijn blik van Ida af te wenden.

Geïrriteerd sloeg ze haar ogen neer. Waarom moest hij haar zo aanstaren!

'Zou je je betoverende gezelschap niet eens aan ons voorstellen?' vroeg René laatdunkend.

'Uiteraard,' zei Lucien en hij haalde diep adem. 'Nou, pa, René, dit is Ida Tritschler.' En na een korte pauze liet hij de bom barsten. 'Mijn verloofde.'

Jacques en René keken hem allebei verbijsterd aan.

'Jullie zijn verloofd?' vroeg de vader en het klonk als een dreigement.

'Tritschler?' zei René bijna gelijktijdig en niet minder ontdaan.

'Ja,' antwoordde Jacques met een stem die trilde van woede. 'Je hebt het goed gehoord. Dit is de dochter van onze nieuwe concurrent. Van alle vrouwen in Straatsburg kiest die broer van je uitgerekend haar.'

'Ja, inderdaad,' barstte Lucien uit, die nu zelf ook ziedend was, terwijl Ida zich hulpeloos te midden van de drie nijdige mannen bevond. 'Ze zeggen toch dat concurrentie de zaken nieuw leven inblaast? Doen we het echt zo slecht dat je dusdanig onbeleefd moet zijn tegen Ida? Denk je dat we failliet gaan, alleen omdat er een banketbakkerij bij is gekomen in Straatsburg?'

Zijn vader kwam driftig overeind. 'Die patisserie zal me een worst wezen!' riep hij. 'Dat kleine hok met zijn slechte imitaties zal nooit aan ons kunnen tippen.'

'Maar waarom dan die haat?' wilde Lucien weten. De belediging van zijn vader aan het adres van Ida's familie negeerde hij.

'De kameraden van Franz Tritschler hebben de dood van mijn beste vriend op hun geweten – en hij zelf is de schuld van mijn armprothese!' brulde zijn vader. 'Reden genoeg?'

Ida en Lucien wisselden een verbijsterde blik.

'Dat kan toch helemaal niet?' mompelde Ida, terwijl Lucien zijn vader ongelovig aankeek.

'Als jij trouwt met die vrouw, dan hoef je niet meer thuis te komen,' zei zijn vader kil en hij maakte aanstalten om de salon te verlaten. 'Dan ben je per direct onterfd en krijg je geen cent meer van me.'

Met die woorden begaf hij zich naar de deur, waarbij hij vlak langs het jonge paar moest lopen. Bij het zien van de pure haat in zijn ogen deinsde Ida geschrokken achteruit.

Lucien legde troostend een hand op haar schouder. 'Het spijt me, daar wist ik niets van. De bijzonderheden over de oorlog heeft hij ons nooit verteld.'

'O, juffrouw Tritschler, u moet u de woorden van mijn vader niet al te veel aantrekken,' zei tot hun verbazing de jongere broer, terwijl hij nog een glas cognac voor zichzelf inschonk. 'Het is een generatie die blaft, maar bijten doen ze zelden. Er komt een moment dat hij zal begrijpen dat u niet verantwoordelijk bent voor de daden van uw vader.'

Lucien en Ida keken hem verbluft aan. Van René hadden ze geen van beiden bijval verwacht. 'Da... dank u,' stamelde Ida.

'Kom mee, dan geef ik u een kleine rondleiding,' bood hij aan en hij stak haar zijn arm toe. 'De woning heeft drie verdiepingen, die moet u echt bekijken. Wil je ons dus even verontschuldigen, lieve broer van me? Je verloofde moet zien dat wij Picards wel degelijk gastvrij zijn.'

Ze keek vragend naar Lucien, die knikte.

'Dan ga ik nog even met pa praten,' kondigde hij aan.

Dat is een heel goed idee, dacht Ida en ze liet zich door Luciens broer meevoeren. Weliswaar voelde zijn nabijheid net zo vervelend aan als zijn brutale blikken, maar ze wilde haar kansen bij dit naaste familielid niet meteen vergooien. Daarom schikte ze zich in haar lot en concentreerde zich erop om het huis van haar verloofde zo goed mogelijk te bekijken. Het was tenslotte ook een gelegenheid om de kamers te zien waar hij dagelijks was.

Naast de salon bevond zich een groot vertrek met hoge ramen en planken van weelderig versierd mahonie die vol stonden met boeken.

'Dit is de bibliotheek. Onze pa leest niet veel, maar hij omringt zich graag met waardevolle spullen,' legde René fijntjes glimlachend uit.

Ida slaagde er niet in om te lachen om het grapje. 'Heel mooi.'

'Kom, dan gaan we een verdieping hoger!'

Op de tweede verdieping rook het anders, een mengeling van parfum en fris, schoon wasgoed.

'Hier hebben mijn vrouw Denise en ik onze slaapkamer,' vervolgde hij en hij schonk Ida opnieuw die aanstootgevende grijns die ze zo onaangenaam vond. 'Pal daarnaast is de kinderkamer van onze kleine stamhouder.'

Nu lukte het Ida wel om te glimlachen. 'Ja, Marcel is een lief en slim ventje. Ik heb al kennis met hem gemaakt.'

De grijns op Renés gezicht verflauwde. 'O, echt waar? Is dat zo?'

Ze beet op haar lip zodra het tot haar doordrong dat ze Lucien door haar onnadenkende opmerking waarschijnlijk in de problemen had gebracht. René zou het beslist niet goed vinden dat zijn broer de kleine Marcel stiekem in contact bracht met de dochter van de aartsvijand. Ze zocht nog naar woorden om alles te kunnen uitleggen toen hij opnieuw haar arm pakte. Dit keer voelde het bijna ruw aan.

‘Kom mee!’

Hij dwong haar om een kantoor binnen te gaan.

‘Zo, dit is de werkkamer van mijn vader. Daar voorin achter het schilderij zit een kluis. Als plaatsvervanger heb ik natuurlijk ook een sleutel. Ik zorg er door succesvolle transacties voor dat er geld binnenkomt. In tegenstelling tot die beste brave Lucien. Zijn studie biologie kost ons alleen maar geld.’ Hij keek haar strak aan en zijn groene ogen fonkelden. ‘Zonder het familievermogen zou hij natuurlijk allesbehalve een goede partij zijn, moge dat duidelijk zijn!’

‘Dat maakt mij helemaal niets uit. Wij...’ begon ze verontwaardigd.

Hij onderbrak haar op koele toon. ‘Dus, hoeveel?’

‘Wat bedoelt u?’ vroeg ze niet-begrijpend.

‘Hoeveel geld moet ik nu uit de kluis pakken? Honderd mark? Tweehonderd? Vijfhonderd?’ vroeg hij provocerend. ‘Hoeveel moet het kosten om u weer uit Luciens leven te laten verdwijnen?’

Woedend schudde ze zijn arm van zich af. ‘Laat me onmiddellijk los!’

‘U gedraagt zich dommer dan ik u had ingeschat.’ zei René met spottende blik. ‘U zult hem sowieso kwijtraken. U bent nu nog in de gelegenheid om ervoor te zorgen dat dat niet met lege handen gebeurt.’

‘Het zal toch niet waar zijn!’ Lucien stond buiten zichzelf van woede in de deuropening. Blijkbaar had zijn vader geweigerd om met hem in gesprek te gaan. Hij zette dreigend een stap naar zijn broer toe, boven wie hij een stukje uitstak.

‘Broertje van me, neem maar van mij aan dat dat het beste is, voor jullie alle twee,’ antwoordde René en hij deinsde iets terug.

‘Alsof jij enig idee hebt wat goed voor ons is,’ bromde Lucien en hij sloeg beschermend een arm om de schouders van zijn verloofde. ‘Laat Ida voortaan met rust, anders kan het nog weleens zeer pijnlijk voor je worden.’

René haalde zijn schouders op, maakte spottend een buiging voor Ida en vertrok.

'Ik vind het echt heel vervelend dat ik je in deze situatie heb gebracht,' zei Lucien en hij trok haar naar zich toe. 'Ik had niet zo moeten doorzeuren.'

Ida knikte. 'Waarom was er toch opeens zo'n haast bij?'

'Ik... ik was jaloers,' gaf Lucien gegeneerd toe. 'Toen ik zag hoe vertrouwelijk je omging met die bakker uit Stuttgart, werd ik bang dat een ander je vóór mij ten huwelijk zou vragen.'

Zijn eerlijkheid vertederde Ida net zo veel als zijn jaloezie. 'Het maakt niet uit wie mij ten huwelijk zal vragen. Er is er maar één van wie ik hou.'

'Maar één?' vroeg hij glimlachend. 'Ik hoop dat ik hem ken.'

'Dat lijkt me wel,' verzekerde ze hem. 'Je ziet hem elke dag in de spiegel, denk ik.'

Hij kuste haar zachtjes en ze vond het moeilijk om zijn kus te beantwoorden in deze vijandige omgeving.

'Wat moeten we nu in vredesnaam doen?' vroeg ze op serieuzere toon.

'We luisteren naar je moeder. We geven niet op. Ik weet niet waar pa is, ik kon hem daarnet niet vinden. Maar ik zal nog een keer met hem praten. Mijn moeder heeft verteld dat hij vlak voor de capitulatie van Straatsburg in 1870 nog werd geraakt door een kanonskogel. Hoe kan hij nou zo zeker weten dat het jouw vader was? Je kunt toch onmogelijk zien wie er achter zo'n kanon staat?'

Daar had Ida nog niet over nagedacht. Jacques Picards uitlating was inderdaad niet erg plausibel.

'Ik zal ook nog eens bij mijn vader informeren,' stelde ze voor. 'En hem vragen hoe het was in de tijd dat de Duitsers Straatsburg belegerden.'

Er klonk gerinkel, alsof er glas was gesprongen. Ida kromp ineen van schrik, bleef staan en luisterde. Kwam het uit de bakkerij?

Nadat ze met een bezorgde, maar daardoor niet minder innige kus afscheid had genomen van Lucien, was ze via het trappenhuis onderweg naar boven geweest toen het geluid haar uit haar gedachten deed opschrikken. Haar vader of Kurt zou op dit late tijdstip toch niet meer in de bakkerij bezig zijn? Met een onbehaaglijk gevoel en zich volledig bewust van het gevaar sloop ze de trap weer af, opende voorzichtig de verbindingsdeur naar de bakkerij en tuurde naar binnen. Er brandde geen licht. In het zwakke maanlicht zag ze wel dat iemand het raam naar de binnenplaats had ingeslagen. Dat had het gerinkel dus veroorzaakt.

Vanuit de winkel drong een flikkerend licht door. Ida's hart bonsde. Een inbreker! Dus toch! Ze dacht koortsachtig na wat ze moest doen. Ze kon proberen de deur tussen de winkel en de bakkerij op slot te doen. Dan zou de inbreker een van de etalageruiten helemaal moeten vernielen om naar buiten te kunnen. Maar toen ze voorzichtig bijna naar de deur was geslopen, stond de indringer opeens pal voor haar. Ze onderdrukte een kreet en herkende de man. Het was de broer van mademoiselle Nanty. Hij schrok net zo als zij. Hun blikken kruisten elkaar als degens, een bankbiljet dwarrelde op de grond vanuit een stapel in zijn handen. Ida reageerde bliksemsnel. Ze duwde haar armen tegen zijn borst. Hij wankelde naar achteren en viel. Monsieur Nanty vloekte, en afgaande op de geur van zijn adem was hij niet nuchter meer. Ida gooide de deur dicht en wilde die snel op slot doen, maar haar vingers trilden zo dat haar inspanningen tevergeefs waren. Ze riep luidkeels om hulp. En net op het moment dat Charles Nanty overeind was gekrabbeld, lukte het haar om de sleutel om te draaien. Ze hoorde hem opnieuw vloeken. Geschrokken kwam haar broer de bakkerij in gestormd.

'Ida! Hoorde ik je om hulp roepen?'

Ze wees paniekerig naar de stukgeslagen ruit. 'Hij wilde ons geld stelen. Ik heb hem opgesloten in de winkel.'

'Wie?' vroeg Oskar van zijn stuk gebracht.

'De broer van mademoiselle Nanty,' riep Ida opgewonden.

'Hè?' klonk het ontzet bij de deur.

Ida en Oskar draaiden zich om.

Monsieur Leroc stond in zijn ochtendjas bij de toegang naar de bakkerij, met naast zich Antoinette Nanty.

'Mijn broer heeft geprobeerd om geld te stelen?' vroeg ze hortend.

'We moeten hem opsluiten voordat hij de etalageruit inslaat en ontsnapt,' stelde Oskar voor en hij richtte zich tot zijn zus. 'Was hij gewapend?'

Op dat moment maakte de ontzetting van mademoiselle Nanty plaats voor een niet te onderdrukken woede. Zonder aarzeling maakte ze de deur naar de winkel open en stormde naar binnen.

11

Ida, Oskar en de kok liepen snel achter de huisdame aan naar de winkel. Daar troffen ze Charles Nanty voor de etalage aan, met een stoel in de aanslag. Hij stond op het punt om hem tegen de ruit te slingeren toen zijn zus hem van achteren vastpakte en het meubelstuk uit zijn handen sloeg, dat vervolgens met veel kabaal op de grond viel. Antoinette Nanty gaf haar broer een flinke draai om de oren.

'En je laat nu onmiddellijk al dat geld zien!' snauwde ze hem toe, terwijl Leroc en Oskar hem de weg versperden.

Met een vuurrood hoofd scharrelde de man bankbiljetten en munten op uit zijn broekzakken en hij overhandigde het geld aan zijn zus.

'Is dat alles?' vroeg ze scherp.

'Ik weet het niet.' Hij wees naar de deur naar de bakkerij. 'Het kan zijn dat ik daar wat verloren heb.'

Mademoiselle Nanty haastte zich naar de aangegeven plek en bukte zich om een bankbiljet op te pakken dat ze daar ontdekte.

'Gaan we naar de politie?' vroeg de kok.

'Kunnen we dat mademoiselle Nanty wel aandoen?' vroeg Ida zo zacht mogelijk.

'Ik weet het niet,' vond Oskar. 'Misschien moeten we het eerst aan pa vragen?'

Blijkbaar had de huishoudster bij de deur naar de bakkerij toch wat van het gesprek meegekregen. 'Natuurlijk halen we de politie erbij. Meteen!' riep ze over haar schouder naar de anderen.

'Prima. Ik fiets ernaartoe en breng hen op de hoogte,' zei Oskar. Allereerst wilde hij er echter zeker van zijn dat zijn zus en de twee anderen veilig waren. Op het moment was de broer van mademoiselle Nanty dan wel heel gedwee en kalm, maar dat kon veranderen zodra hij weg was, dacht hij. Daarom opende Oskar de bezemkamer en commandeerde de man naar binnen te gaan. 'U gaat daarin!'

'Maar...' begon Charles Nanty, hij werd echter onderbroken door zijn zus.

'Je doet nu ogenblikkelijk wat er van je wordt gevraagd. Zonder tegenspraak,' eiste ze bars en ze duwde hem naar het kamertje toe.

De inbreker deed schuldbewust wat hem werd opgedragen en sjokte met het hoofd omlaag naar de minuscule kast.

'Waarom, Charles? Waarom?' vroeg mademoiselle Nanty, met haar hand op de deurklink.

'Ik heb weer verloren,' mompelde hij. 'Mijn schuldeisers zitten me op de hielen. Ik begrijp ook niet waarom ik nu alweer zo veel pech heb.'

'Zo veel péch?' herhaalde zijn zus. 'Waarom laat je dat spelen nu eindelijk eens voor wat het is?'

Hij sloeg zijn ogen neer. 'Dat kan ik niet.'

'Ik geef je de rente terug die je me opgedrongen hebt,' zei mademoiselle Nanty op resolute toon. 'Maar dat is het dan. Als je weer vrijkomt, wil ik je niet meer zien. Door jou telkens geld te geven ben ik medeschuldig. Vergeet dat je een zus hebt.' Na die woorden gooide ze de deur met een klap dicht en deed hem haastig op slot.

Ida besefte na de woorden van de huisdame dat monsieur Leroc haar over zijn ervaringen met zijn alcoholische vader had verteld. Blijkbaar had mademoiselle Nanty daar nu tot haar verdriet haar consequenties uit moeten trekken.

'Ik vind het zo erg,' fluisterde de vrouw.

‘Daar kunt u toch niets aan doen?’ vroeg Ida.

Maar die woorden waren niet toereikend om de huisdame te troosten. Ida begreep dat ze treurde om haar broer, van wie ze nu afstand had genomen. De tranen stroomden over het gezicht van mademoiselle Nanty en met een broze, trillende stem vroeg ze Oskar of ze naar boven mocht gaan. ‘Ik wil er niet bij zijn als ze hem komen halen.’

‘Natuurlijk,’ zei hij vol medelijden.

Terwijl Oskar naar buiten ging om zijn fiets te pakken, holde mademoiselle Nanty de trap op. Ida en monsieur Leroc keken haar meelevend na.

Na een beduusde stilte verscheen Franz Tritschler in de bakkerij. ‘Wat doen jullie in vredesnaam hier?’ vroeg hij verbaasd toen hij de kok en Ida zag staan.

Ze vertelde haar vader snel wat er was gebeurd. Het hoofd van de grootbakker werd vuurrood van woede. ‘Nou, dan zal ik hem eens flink de waarheid vertellen,’ brieste hij en hij stormde naar de bezemkamer.

Ida hield hem echter tegen. ‘Niet doen! Wie weet maakt die vent nog gebruik van de geopende deur en brengt hij ons in gevaar. De politie komt zo. Hij krijgt de straf die hij verdient.’

Franz knikte. ‘Je hebt gelijk. Na afloop zal ik een hartig woordje spreken met mademoiselle Nanty. Het kan natuurlijk niet zo zijn dat zij dit soort misdadigers ons huis binnensmokkelt.’

Opnieuw probeerde Ida haar vader te kalmeren. ‘Dat is haar helemaal duidelijk. De hele kwestie is voor haar al pijnlijk genoeg. Bovendien heeft ze net alle banden met haar broer verbroken en het gaat helemaal niet goed met haar. Als wij haar dan ook nog verwijten gaan maken, is dat gewoon te veel.’

‘Wat heb ik toch een goedhartige dochter,’ bromde Franz.

Op dat moment mengde monsieur Leroc zich in het gesprek, die er tot nu toe stilzwijgend bij had gestaan. ‘Als u het goed vindt, ga ik even kijken hoe het met mademoiselle Nanty is.’

Hij maakte zich merkbaar zorgen om de huisdame en leek blij te zijn dat de heer des huizes zijn dochter nu kon bijstaan bij het bewaken van de gevangene in de bezemkamer.

'Ga maar,' zei Franz. 'Ik zal hier met Ida de wacht houden.'

De kok bedankte hem en haastte zich naar het trappenhuis.

'Beloof je me dat je mademoiselle Nanty niet gaat uitfoeteren?' vroeg Ida aan haar vader.

Hij zuchtte gelaten. 'Nou, goed dan.'

'Dus ik kan tegen haar zeggen dat jij haar niet verantwoordelijk houdt voor de daden van haar broer?' voegde ze er voor alle zekerheid aan toe.

'Dat is goed,' bevestigde hij glimlachend. 'Je kunt er nog altijd niet tegen als iemand verdrietig is, of wel?'

Ida schudde haar hoofd.

'En, hoe is het met Lucien en jou?' wisselde Franz abrupt van onderwerp.

Ze slaakte een zucht. 'Je had gelijk. Zijn vader dreigt hem te onterven. Zo erg haat hij je.'

Franz knikte ernstig.

Ida aarzelde even, maar besloot om de gelegenheid toch aan te grijpen. 'Hij beweert dat jij de kanonskogel hebt afgevuurd,' flapte ze eruit. 'De kogel waardoor hij zijn arm verloor. Dat kan hij toch helemaal niet weten?'

Franz rimpelde zijn voorhoofd. 'Dat klopt. Bij zo'n wapen kun je de vijand vanaf de kant van de tegenstander hoogstens zien door een verrekijker. En zelfs als dat zo was, dan wist hij niet wie ik was.' Hij zweeg peinzend voordat hij verderging. 'Het is allemaal zo lang geleden. Bijna drieëntwintig jaar...'

'Heb je überhaupt ooit achter een kanon gestaan?' vroeg Ida.

'Aan het eind wel,' vertelde haar vader. 'We dienden destijds onder de Pruisische generaal August von Werder. Op 23 augustus gaf hij het bevel om de stad te bestoken. Dat heeft grote schade veroorzaakt, ook aan de kathedraal. Ik vond dat echt vreselijk.

We moesten de stad dan wel veroveren, maar niet verwoesten. Ik raakte toen zelf ook gewond en kwam in het veldhospitaal terecht.'

'Heb je daar je vinger verloren?'

'Inderdaad. Gelukkig hoefde ik daarna nooit meer terug naar het kanon. Een kameraad van me werkte als ordonnans. Van hem hoorde ik wat er allemaal gebeurde. De bisschop van Straatsburg vroeg Von Werder om het vuren te staken, wat eerst werd geweigerd. En er werd beweerd dat de burgers de generaal honderdduizend frank wilden betalen, voor elke dag dat hij de stad niet zou bombarderen.'

'En na het einde van de oorlog ben jij in Straatsburg gebleven,' wist Ida.

'Ja, ik was helemaal weg van de stad,' herinnerde Franz zich weemoedig, 'en wilde helpen bij de wederopbouw.'

Op dat moment kwam Oskar met een politieagent en diens meerdere de bakkerij in.

'Dit is wachtmeester eerste klasse Breinlinger,' zei Ida's broer.

'Goedenavond samen,' begroette de politiebeambte hen, een kleine man met een enorme grijze snor. 'Waar is de boosdoener?'

Terwijl Charles Nanty werd gearresteerd, dacht Ida aan het relaas van haar vader. Ze was blij dat hij zo open met haar had gesproken, maar een verklaring voor Picards beschuldiging was er nog steeds niet. Hoe kon hij weten dat uitgerekend haar vader achter het kanon had gestaan op de dag dat hij zijn arm had verloren?

Toen de gearresteerde man was afgevoerd, ging Ida naar de keuken om te kijken hoe het met mademoiselle Nanty was. Daar trof ze echter alleen Gaston Leroc aan. Astro lag spinnend op zijn schoot en de kok was hem in gedachten verzonken aan het aaien.

'Hoe gaat het met haar?' vroeg Ida vol medeleven.

'Ze ligt op bed,' zei de kok met een beteuterd gezicht. 'Ze is helemaal kapot van de breuk. Ik zou voor haar zo graag alle pijn op een afstand houden.'

'Dat begrijp ik maar al te goed,' zei Ida ernstig en ze nam ook plaats aan de tafel. 'Helaas kan dat niet altijd.'

'Hoe is het eigenlijk met uw jonge bewonderaar?' informeerde Gaston Leroc.

'Hij heeft me ten huwelijk gevraagd. Vervolgens heeft zijn vader gedreigd om hem te onterven als we ook echt gaan trouwen,' vatte Ida de situatie samen.

'Wat erg voor u,' antwoordde de kok oprecht. 'En nu?'

'We geven het niet op,' zei Ida overtuigend. 'Dat kan gewoon niet.'

'Bewonderenswaardig,' vond monsieur Leroc. 'Was ik maar zo moedig.'

'Bedoelt u met mademoiselle Nanty?' vroeg Ida. 'Het is nooit te laat om moedig te zijn.'

'Dat klopt,' zei de gezinskok. 'Maar als het niet wederzijds is, raak ik misschien een prachtige jarenlange vriendschap kwijt.'

'Dat denk ik niet, ik zie toch hoe liefdevol mademoiselle Nanty altijd naar u kijkt.'

Eigenlijk was het verbazingwekkend dat de kok haar dit allemaal toevertrouwde. Niet alleen omdat ze de dochter van zijn baas was, ook omdat de meeste mannen over het algemeen niet graag over hun gevoelens praatten, vooral niet met een jongere vrouw.

Ida had iets over zich wat de mensen ertoe bracht om zich open te stellen en ze vond het altijd fijn als ze kon helpen. Bovendien was ze van mening dat Gaston Leroc en Antoinette Nanty uitstekend bij elkaar pasten. 'Zou ze u tegen de verwachting in afwijzen, dan zal jullie vriendschap dat zeker overleven. Die is daar sterk genoeg voor,' zei ze om de kok moed in te spreken.

'Hm, ja. Ik weet alleen niet zeker of ík sterk genoeg ben voor een afwijzing,' antwoordde monsieur Leroc gegeneerd.

Lucien zat met zijn schoonzus in de kamer van zijn neefje, die op zijn schoot in slaap was gevallen. Voorzichtig legde hij de jongen in zijn bedje en dekte hem toe. Denise glimlachte dankbaar naar haar zwager. Ze had hem weer eens om hulp gevraagd met het ventje, nadat ze tevergeefs had geprobeerd om hem zover te krijgen dat hij ging slapen – eerst met overredingskracht en vervolgens met kinderachtige dreigementen, waarvan de jongen de ernst blijkbaar had betwijfeld.

Bij Lucien was Marcel echter al na een kort verhaaltje in dromenland.

'Het is echt fascinerend hoe goed jij met hem omgaat,' zei ze somber. 'Mij lukt dat helaas niet. Ik ben gewoon geen goede moeder.'

'Dat is helemaal niet waar,' sprak hij haar halfhartig tegen, want ze had tenslotte gelijk. Denise leek gewoon niet in staat te zijn om een band op te bouwen met haar kind. Hij dacht dat dat te wijten was aan het feit dat ze zo veel te stellen had met zijn broer.

Ze gingen naar de speelkamer en tussen de houten paardjes en knuffeldieren vertelde Lucien haar over zijn zorgen. Aan de ene kant om haar af te leiden, aan de andere kant omdat ze echt goed kon luisteren en haar mening veel voor hem betekende. Hij zei ook dat hij betwijfelde of je vanuit de stad kon zien wie van de belegeraars een kanon afvuurde. 'En zelfs als dat zo was, dan kende hij zijn naam helemaal niet.'

'Jullie vader moet hebben nagevraagd wie er die dag dienst hadden,' vermoedde Denise. 'Maar ik weet niet of je dat naderhand nog kunt achterhalen.'

Lucien knikte nadenkend. 'Op de een of andere manier moet hij daar toch in zijn geslaagd. Hij is er zó van overtuigd.'

'Heb je het er al met je moeder over gehad?' vroeg Denise. 'Die staat tenslotte het dichtst bij je vader. Misschien weet zij meer.'

Dat overtuigde Lucien. 'Mocht pa weigeren om er met mij over te praten, dan vraag ik het haar meteen als ze terug is uit Weghäusel.'

'O, ze is er al,' zei zijn schoonzus. 'Ze is kort nadat je vader naar bed ging thuisgekomen. Ze zit volgens mij nog in de bibliotheek.'

Lucien kwam overeind. 'Dan ga ik even bij haar langs. Ik moet haar tenslotte ook nog vertellen dat haar oudste zoon zich heeft verloofd.'

Even later zat Lucien bij zijn moeder voor de open haard en ze vertelde hem over de avonturen die haar schoonzus Marie had beleefd tijdens haar laatste reis naar Parijs. Ze had daar eindelijk kennisgemaakt met haar favoriete schilder Camille Pissarro. Lucien bedacht dat hij Ida binnenkort wilde voorstellen aan zijn tante. Ze kon dan niet alleen het atelier bezichtigen, iets wat ze graag wilde, maar ook uit de eerste hand alle verhalen horen over de fascinerende kunstwereld.

'Maman, ik moet je nog iets vertellen,' begon hij ten slotte. 'Pa is woedend op me.'

'Waarom dan?' vroeg Claire verwonderd. 'Ik dacht dat hij eindelijk vrede had met je studie.'

'Dat wel. Maar ik heb me in een opwelling verloofd.'

'*Mon dieu!*' Zijn moeder keek hem verbluft aan. 'Jij? Hoe komt dat dan opeens? Tot nu toe was er nooit iemand goed genoeg.'

'Ida is wél goed genoeg. Voor mij is ze de allerbeste. En wat nog veel belangrijker is, ik ben goed genoeg voor háár.'

'Als het standhoudt, ben ik blij voor je,' zei Claire voorzichtig. 'En je vader is er woedend over? Is ze van lage afkomst?'

Lucien schudde zijn hoofd. 'Nee, helemaal niet. Maar ze is Duitse.'

'O jee, vóór je vader was ik ook een keer verliefd op een Duitser. Zoiets gaat nooit goed,' waarschuwde Claire. 'We waren gewoon te verschillend.'

'Wij hebben meer met elkaar gemeen dan je denkt,' antwoordde Lucien. 'Haar vader is ook een succesvol patissier. Hij bezit winkels in Stuttgart en heeft hier in Straatsburg nu de vierde geopend.'

Ze verstijfde. 'Toch niet Franz Tritschler?'

'Jawel. Ik ben verliefd geworden op zijn dochter Ida.'

'Maar...' stamelde Claire ontdaan.

Lucien schrok. Zo van slag had hij zijn altijd zo zelfbewuste moeder nog nooit meegemaakt.

‘Je kunt niet met haar trouwen,’ wist ze hortend uit te brengen. ‘Je vader haat Franz Tritschler.’

‘Dat weet ik. Dat is nu juist het probleem. Maar waarom dan, maman?’ riep Lucien vertwijfeld. ‘Hij kan toch onmogelijk weten wie destijds dat kanon heeft afgevuurd?’

‘Neem me niet kwalijk, Lucien,’ zei Claire als verdoofd. ‘Ik voel me niet goed, ik moet even gaan liggen. We praten morgen verder.’

Met die woorden verliet ze de bibliotheek.

Lucien begreep er niets van. Waarom choqueerde het nieuws over zijn verloving met Ida Tritschler zijn moeder zo? Bij haar had hij niet op problemen gerekend. De weg die naar Ida leidde was zo mogelijk nog steiler en moeizamer dan hij had verwacht.

12

Het was voor april een verbazingwekkend warme ochtend. Er waren die dag nog geen colleges aan de universiteit en Oskar speelde voor de lunchroom ontspannen op zijn accordeon. De mensen die in de banketbakkerij hun inkopen voor het weekeinde deden wierpen hem door al die vrolijke dansmelodietjes welwillende blikken toe. Vooral een vaste klant, de vrouw van zeepmaker Seefeldt, glimlachte dankbaar naar hem.

'Een goed weekeinde toegewenst, beste mevrouw Seefeldt,' riep hij naar haar.

'U ook, meneer Tritschler junior,' antwoordde de veertigjarige vrouw, die weerbarstige kastanjebruine krullen had.

Twee vrouwelijke klanten schudden hun hoofd en begonnen gepikeerd te fluisteren. Hun hatelijke gedrag ontging mevrouw Seefeldt niet en ze liep met neergeslagen ogen snel weg. Oskar perste vol weerzin zijn lippen op elkaar. Hij had het al vaker meegemaakt dat er over mevrouw Seefeldt geroddeld werd.

'Dames, ik wens u ook een mooi weekeinde,' riep hij luid en provocerend naar de twee roddeltantes. De vrouwen krompen geschrokken ineen en maakten dat ze wegkwamen.

Uiteindelijk kwam de mooie Amélie de lunchroom uit en keek Oskar stralend aan, waardoor er een weemoedige steek door hem heen ging. Wat had hij die vrolijke meid graag beter leren kennen.

'Waren ze weer aan het kletsen over mevrouw Seefeldt?' vroeg ze.

Oskar knikte. 'Je krijgt echt medelijden met haar.'

'Je weet wat ze over haar zeggen?'

'Ja, blijkbaar bedriegt ze haar man met een jongere vent,' zei hij onverschillig.

Ze nam hem goedkeurend op. 'En jij doet toch aardig tegen haar.'

'Wie ben ik om haar te veroordelen?' zei hij gekscherend. 'Als ik met een kleine zeephandelaar zou zijn getrouwd die ruim honderd kilo weegt, geen haar meer op zijn hoofd heeft en altijd chagrijnig is, misschien zou ik dan ook vreemdgaan.'

Amélie begon te lachen. 'Ja, je weet maar nooit. Jij hebt echt een goed hart, Oskar Tritschler.'

Hij krabde verlegen op zijn achterhoofd. 'Dat zit in de familie. Ida en mijn moeder zijn precies zo.'

Ze wees naar zijn accordeon. 'Je moet hier vaker spelen. Volgens mij waren er daardoor vandaag nog meer klanten dan anders.'

'Ik betwijfel of dat de werkelijke reden van alle toeloop is,' zei Oskar. 'Ik heb mijn familie zo vaak met dat ding geteisterd. Ze vinden dat mijn spel meer geschikt is om de mensen te verjagen in plaats van ze hiernaartoe te lokken.'

'Ik vind dat je talent hebt. Je slaagt erin om met dat instrument de stemming te verhogen,' vond Amélie.

Oskar glimlachte verguld. 'Als dat zo is, dan heb ik dat te danken aan mijn muziekleraress in Stuttgart. Zij is een muzikaal genie en ze had het nodige geduld.' Met een zweem heimwee dacht hij terug aan die tijd. 'Na het oefenen zat in altijd nog met haar en haar medebewoonster in de woonkamer aan een kop chocolademelk. Ze hadden een geweldig uitzicht over het keteldal van Stuttgart – en ontelbaar veel katten.'

'Dat klinkt gezellig,' zei Amélie. 'Dan was ze niet getrouwd, zeker?'

'Nee,' antwoordde Oskar. 'Haar medebewoonster en zij vormden een stel.'

'O,' reageerde Amélie verbaasd. 'En dat stoorde jou niet?'

Oskar schudde zijn hoofd. 'Absoluut niet. Ik begreep het als klein jongetje al en vond het daarom heel normaal. Het is natuurlijk niet ongevaarlijk, maar die twee waren gelukkiger met elkaar dan heel veel getrouwde mensen die ik ken. En dat is tenslotte het belangrijkst.'

Amélie keek hem nadenkend aan. 'Mooi dat je er zo tegenaan kijkt.'

'En waar ben jij naar onderweg?' vroeg hij.

Ze begon te glimlachen en liet haar stem samenzweerderig zakken. 'Ik hou vandaag wat vroeger middagpauze. Ik denk dat ik eens bij de concurrentie ga spioneren en een stuk taart of zo ga eten in patisserie Goldschmidt daar verderop. Heb je zin om mee te gaan?'

Hoewel Oskar dat aanbod heel graag had aangenomen, sloeg hij het toch af. 'De kans is te groot dat de oude Picard me herkent. En dat zal voor tumult zorgen. Natuurlijk hoor ik achteraf graag van je hoe het bij hen smaakt.'

'Doe ik,' beloofde Amélie.

Oskar keek haar na en zag dat ze in snel tempo naar de concurrentie liep. Vervolgens tilde hij zijn accordeon op en begon een weemoedige melodie te spelen.

Aan het eind van de middagpauze nam Ida afscheid van haar moeder, die op bezoek ging bij een vriendin in Kehl. Huisbediende Castanet zou de koets mennen. Ze zou pas de volgende dag in de loop van de ochtend terugkomen, want ze hadden elkaar zo lang niet gezien en er was zo veel te bespreken, legde Elise uit aan haar dochter. Door die reisplannen had Ida besloten haar moeder pas over de verloving te vertellen als ze weer terug was. Nu, tussen neus en lippen door, was het geen goed moment voor een belangrijke mededeling. Bij het vertrek van de koets speelde Oskar 'Muss i denn, muss i denn zum Städtele hinaus' op zijn accordeon.

Ida wilde de patisserie net weer openen toen ze zag dat Amélie naar haar, Helène en Oskar toegesneld kwam.

'Hoe was het op vijandelijk gebied?' informeerde Oskar nieuwsgierig nadat de mooie verkoopster zich bij hen had gevoegd.

'Vijandelijk gebied?' herhaalde Ida niet-begrijpend.

'Ik heb bij Goldschmidt een stuk taart gekocht,' vertelde Amélie.

Ida keek haar verbluft aan. 'En hoe... smaakte dat?'

'Het was eetbaar. Hoewel het natuurlijk niet kan tippen aan die van ons. Ik heb die vervelende Picard een beetje gefopt.'

'Hoe dan?' vroeg Ida geschrokken. Ze wilde koste wat kost voorkomen dat de situatie nog gespannener werd. Luciens vader was weliswaar na de opening niet meer in de lunchroom van de Tritschlers geweest, maar stel dat hij toch wist dat Amélie bij hen werkte? Uiteindelijk zou hij nog denken dat Ida haar had aangezet tot dat bezoek. Hij had toch al gesuggereerd dat ze spioneerde.

'Ik heb hem van tevoren gevraagd of het een lekkere taart was,' zei de verkoopster grijnzend. 'Hij zei trots dat zelfs keizer Wilhelm hem zeven jaar geleden tijdens zijn bezoek had gegeten. Waarop ik zei: "Gadsie, is hij al zo oud?"'

Hélène giechelde. Het viel Ida opnieuw op dat de anders zo serieuze jonge verkoopster in het bijzijn van de onbevangen Amélie altijd uitstekend gehumeurd was.

'Hij ging het nog controleren ook!' grinnikte ze. 'Zelfs toen ik uitlegde dat het een grapje was, lachte hij niet. Maar zijn personeel wel. Volgens mij stond hem dat niet bepaald aan.'

Ida schudde lachend haar hoofd. 'Je bent me er een!' Ze was opgelucht. Ze had liever gezien dat Amélie die grap en het bezoek achterwege had gelaten, maar zo erg als ze eerst had gevreesd was het tenminste niet verlopen.

'Dat kleine mannetje daar heeft ook boodschappen gedaan bij Picard, het schijnen oude bekenden van elkaar te zijn,' zei de verkoopster en ze wees met haar kin naar een man die met zijn kale hoofd naar beneden en een papieren zak in de hand vanuit de winkelstraat het Münsterplein op kwam.

Ida zag dat het de koster van de kathedraal was. 'Dag, meneer Busch,' riep ze opgewekt.

Hij kromp ineen en liep vervolgens met tegenzin naar de jonge mensen toe. Ida kon zich niet aan de indruk onttrekken dat hij hen opzettelijk had willen negeren. Toen hij Oskar zag, die net de deur naar het trappenhuis had geopend om zijn accordeon naar boven te brengen, leek hij vreemd genoeg ook nog te schrikken.

'Hoe is het met u?' vroeg Ida voorzichtig.

'Goed, goed,' beweerde de kerkbeheerder, terwijl hij eerst zenuwachtig naar de nog gesloten winkel keek en vervolgens naar de kathedraal. 'Hoe is het met de kleine Astro?'

Bij de gedachte aan het lieve katertje gleed er een glimlach over Ida's gezicht. 'Hij groeit flink. Hij beschouwt ons huis als zijn speeltuin.'

'Dat doet me deugd. De andere hebben ook een nieuw thuis. Twee zijn er ondergebracht bij een boer in de omgeving, de drie andere zijn naar een gezin in Kehl,' liet de koster weten. 'Iedereen kan tevreden zijn.'

Ida begon te glimlachen. 'Dat hebt u geweldig gedaan.'

'Nou, doe de groeten aan onze gemeenschappelijke vriend, de jonge monsieur Lucien,' zei de koster en hij leek al op het punt te staan om verder te lopen. 'Ik hoop dat het goed met hem gaat.'

'Eh, ja,' zei Ida vaag.

'Het zal wel héél goed met hem gaan,' mengde Amélie zich nu brutaalweg in het gesprek. 'Hij heeft zich tenslotte verloofd met de liefste vrouw van de wereld!'

'Is dat zo? Daar… heb ik nog helemaal niets over gehoord,' stamelde Busch en hij richtte zich behoedzaam tot Ida. 'Bent… bent u de gelukkige?'

'Ja,' antwoordde Ida en ze glimlachte. 'Ja, dat ben ik.'

'Dan is híj de gelukkige,' vond de kerkbeheerder, die wat leek te ontdooien. 'Daar ben ik heel blij om. Is er al een huwelijksdatum bekend?'

Ida schudde verdrietig haar hoofd. 'Zijn vader is er helaas op tegen.'

'O,' zei de koster.

'Kunt u niet een goed woordje voor Ida doen?' flapte Amélie eruit en Ida schrok. 'Picard en u lijken het goed met elkaar te kunnen vinden.'

'Nou ja, dat wel…' stamelde de koster beduusd.

Ida keek hem hoopvol aan. 'O, zou u dat willen doen, meneer Busch?'

'Goed dan,' zei hij uiteindelijk en hij probeerde te glimlachen. 'Het is tenslotte duidelijk hoe gelukkig u zijn zoon maakt.'

Ida straalde. 'Hartelijk dank, meneer Busch.'

'Nu moet ik echt gaan,' zei hij gehaast en hij snelde in de richting van de kathedraal.

'Nou, dat klinkt goed, toch?' merkte Amélie tevreden op.

'Amélie, je kunt toch niet zomaar dat soort persoonlijke dingen over onze Ida doorvertellen?' wees Hélène haar op strenge toon terecht.

'Laat maar, Hélène,' zei Ida met een afwijzend gebaar. 'Misschien levert het iets goeds op. Ik zal het Lucien in een brief laten weten. Redden jullie het zonder mij?'

'Natuurlijk, Oskar is tenslotte gestopt met spelen. Dan zal de stroom klanten wel snel minder worden,' grapte Hélène.

Ida schonk haar een dankbare glimlach, deed haar schort af en holde naar boven.

'*Merde*!'

Ida was de woning op de eerste verdieping net binnengestapt of ze hoorde al dat er in de keuken flink werd gevloekt.

Ze opende de deur, die op een kier stond, ging naar binnen en trof een vertwijfelde kok aan. Monsieur Leroc stond woedend voor zijn werktafel, waarop hij deeg had uitgerold. Blijkbaar wilde hij een preitaart maken, want die groente lag al klaar.

'Monsieur Leroc, wat is er aan de hand?' informeerde Ida voorzichtig.

De kok zuchtte. 'Nou, ik wilde een quiche lorraine maken voor Antoinette en nu heeft Astro de blokjes spek opgevreten. En ik kom sowieso al tijd te kort.'

Ida sloeg schuldbewust haar hand voor haar mond en hoopte dat ze niet in de lach zou schieten. 'O, dan wil ik graag mijn verontschuldigingen aanbieden voor mijn kat, ik vind het heel vervelend. Ik ga snel even naar slager Keller om nieuw spek te kopen.'

'Dat hoeft niet,' wimpelde Gaston haar beduusd af. 'Dat ontbreekt er nog maar aan, dat u voor mij boodschappen gaat doen.'

'Het is tenslotte mijn schuld, of liever gezegd die van mijn kat,' beargumenteerde Ida. 'Ik sta erop en ga meteen op pad. U zei toch zelf al dat u in tijdnood zit.'

'Klopt,' gaf Gaston Leroc toe. 'En ik moet me ook nog op tijd omkleden.'

'Omkleden?' vroeg Ida verwonderd.

'Ja. Ik wil tenslotte op een stijlvolle manier met Antoinette... praten. Met haar lievelingsgerecht en in gepaste kleding.'

'Gaat u haar ten huwelijk vragen?' vroeg Ida.

Gaston sloeg verlegen zijn ogen neer en bevestigde het op zachte toon.

Ida constateerde opgetogen dat hij daarbij aandoenlijk begon te blozen.

'Lieve hemel, wat romantisch,' zei ze enthousiast. 'Ik zal haast maken met dat spek, beloofd.'

'*Merci beaucoup.*' Hij knikte haar dankbaar toe en richtte zich weer op het deeg.

Ida was blij dat het vanwege de warmte nu minder druk was in de patisserie dan voor de middag en ze zich met een gerust geweten naar slager Keller kon haasten. Heel even dacht ze aan de brief die ze

Lucien had willen sturen. Dat moest dan maar wachten. Gaston en zijn geplande huwelijksaanzoek gingen voor.

Op het moment dat ze bijna bij de slagerij was gearriveerd stond er opeens een jongetje voor haar.

'Ida! Ida!' riep hij enthousiast en hij klemde zich vast aan haar benen.

'Hé, Marcel,' zei ze blij toen ze het neefje van haar verloofde herkende, 'wat doe jij nou hier?'

'Ik mag altijd mee naar de slager,' vertelde het ventje. 'En dan krijg ik een plakje worst van mevrouw Keller.'

Hij stak haar zijn handjes toe, waarin hij een stukje worst met een hap eruit had.

'Ben je op pad met je maman?' informeerde Ida.

'Nee, met mademoiselle Girod.' Marcel wees naar een gedrongen vrouw van begin veertig met een zwart knotje, die ongeduldig op hem leek te wachten. 'Denise heeft nooit tijd.'

'Bonjour, mademoiselle,' begroette het kindermeisje de haar onbekende Ida onzeker. 'Kom nu maar, monsieur Marcel. We moeten naar huis.'

'Daar heb je Denise!' schreeuwde de jongen plotseling opgewonden. En hij holde meteen weg.

'Monsieur Marcel! Hier blijven!' riep het kindermeisje vermoeid.

'Denise, Denise! Kom mee, dat is Ida!'

Marcel trok een elegante jonge vrouw met grote ogen en opgestoken goudblond haar uit de mensenmenigte. De vrouw liet zich dat met tegenzin welgevallen.

'Dit is Denise,' zei het ventje nadat ze bij Ida en het kindermeisje waren gearriveerd. Ida vroeg zich af waarom Marcel zijn moeder vreemd genoeg bij de voornaam noemde.

'Dit is Ida,' legde de jongen uit. 'De vriendin van oom Lucien.'

Waarom stuurde Denise Picard haar jonge zoon eigenlijk met het kindermeisje naar de stad om boodschappen te doen als ze daar zelf ook naartoe ging?

Toen Luciens schoonzus begreep wie Ida was, begon ze uiterst charmant te stralen. 'Ah, juffrouw Tritschler? Wat leuk om eindelijk kennis met u te maken,' zei ze oprecht. 'Mijn zwager prijst u de hemel in. En de kleine ook.'

'Aangenaam, madame Picard. Uw zoon is echt geweldig,' antwoordde Ida.

'Jammer dat ik er niet was tijdens uw bezoek,' zei Denise. 'Dan zou het hopelijk wat hartelijker zijn verlopen.'

'Wat aardig van u,' vond Ida. 'Wilt u Lucien de groeten van me doen? En hem laten weten dat koster Busch zijn vader graag wil spreken?'

Denise knikte. 'Dat doe ik met alle liefde.'

Marcel trok Ida's aandacht door aan haar mouw te trekken. 'Kom je een keer bij ons op bezoek?'

Ida dacht dat dit door de gevoelens die Marcels opa voor haar en haar familie koesterde niet zo'n goed idee was. 'Ik weet niet...'

Tot haar verbazing kwam Denise met een voorstel. 'Als u dat wilt en tijd hebt, ga dan gewoon met ons mee. Mijn zwager is op dit moment alleen thuis en aan het studeren. Monsieur Picard is er niet. Die is met mijn man en madame Picard in Colmar bij een wijnhandelaar. Lucien zal beslist heel blij zijn met dat onverwachte bezoek.'

Wat een geweldige kans, dacht Ida opgetogen. Nu kon ze haar geliefde zelfs persoonlijk op de hoogte stellen van het voornemen van meneer Busch en hem vragen hoe hij over die kwestie dacht. Tenslotte kende hij zowel de koster als zijn eigen vader veel beter. Of had meneer Busch zijn belofte om een goed woordje te doen bij de verbitterde Picard alleen maar gedaan omdat Amélie daarop had aangedrongen? En zou door zijn bemoeienis misschien juist het tegenovergestelde worden bereikt?

'Prima,' zei ze. 'Ik moet alleen nog even snel naar huis om onze kok zijn spek te brengen. Hij heeft het nodig voor een huwelijksaanzoek.'

Denise begon te lachen. 'Spek voor een huwelijksaanzoek? Wat ongewoon.'

‘Monsieur Leroc ís ook ongewoon,’ bevestigde Ida. ‘Verfrissend ongewoon.’

‘Bij u lijkt de verlovingskoorts om zich heen te grijpen,’ grapte Denise.

Ida knikte glimlachend.

‘Dan lopen we gewoon met u mee als dat mag,’ stelde Denise voor.

‘Graag,’ zei Ida.

‘Mag ik… hebt u er iets op tegen als ik al terugga naar huis?’ mengde het kindermeisje, dat op een halve meter afstand had gestaan, zich timide in het gesprek. ‘Ik ben bang dat ze in de keuken al reikhalzend uitkijken naar de boodschappen.’

‘Nou, eigenlijk…’ begon Denise en haar blik gleed naar haar zoon, alsof ze het niet fijn vond om zonder het kindermeisje met hem op pad te zijn, zoals Ida verwonderd vaststelde. De woorden van Marcel die daarop volgden leken haar gevoel te bevestigen.

‘Ida kan ook op me passen,’ zei het ventje en hij pakte haar hand vast.

Merkbaar opgelucht ging Denise ermee akkoord dat mademoiselle Girod met de boodschappen naar het huis van de Picards ging. Ida kocht in de slagerij snel het spek voor monsieur Leroc en liep vervolgens met Denise en haar zoon naar patisserie Tritschler. Marcel pakte instinctief Ida’s hand weer, wat haar tot nadenken stemde. Hoe blij ze ook was met het vertrouwen van de jongen, het was beklemmend om te zien dat er tussen moeder en zoon blijkbaar iets niet klopte. Natuurlijk, veel welgestelde ouders lieten de opvoeding over aan minnen en kindermeisjes, anderen vonden discipline volstaan, maar Denise leek tegenover haar zoontje onzeker en bijna angstig.

‘Ik vind het echt heel vervelend dat mijn schoonvader het u zo moeilijk maakt,’ zei Denise, waardoor Ida opschrok uit haar gedachten. ‘Mijn zwager heeft een goed hart en verdient het om gelukkig te zijn. En als hij het over u heeft, straalt hij zo dat ik er zelf gewoon blij van word.’

'Ik ben over twee minuten weer terug,' zei Ida toen ze bij het huis van de Tritschlers aangekomen waren.

Maar Marcel bleef haar vasthouden aan haar mouw. 'Laat je het katje aan me zien?'

'O ja, dat had ik je beloofd,' schoot het Ida te binnen en ze richtte zich tot Denise. 'Komt u ook even mee naar boven?'

'Graag,' glimlachte Luciens schoonzus en ze liet haar blik dwalen over het gebouw met de patisserie en lunchroom op de begane grond. 'Uw huis heeft dezelfde bouw als het onze.'

'Nou ja, wij hebben niet zo veel mooie schilderijen,' zei Ida en ze ging met moeder en zoon naar het trappenhuis.

'Ja, tante Marie schildert werelden waar je graag naartoe zou willen vluchten,' mompelde Denise.

Ida hoorde de serieuze ondertoon en keek Luciens schoonzus van opzij aan. Het was duidelijk hoe ongelukkig de jonge vrouw was met René Picard. Geen wonder, het moest echt vreselijk zijn om getrouwd te zijn met een man die ondanks zijn huwelijk met andere vrouwen flirtte en duidelijk autoritair en dominant was.

Ida liep snel naar de keuken om de even dankbare als zenuwachtige monsieur Leroc het spek te brengen. Vervolgens wijdde ze zich weer aan haar bezoek. Zoals verwacht was Marcel helemaal weg van Astro, die van zijn kant graag wilde spelen met het ventje.

'We moeten nu naar oom Lucien toe,' bracht Denise hem uiteindelijk in herinnering.

'Astro kan met ons meegaan in een mandje, dan kunnen jullie daar verder spelen,' stelde Ida voor, waarop Marcel enthousiast reageerde.

Na een korte wandeling arriveerde het drietal bij het trappenhuis van het Picard-gebouw, waar het middageten een heerlijke geur verspreidde. Ze waren net boven of het jongetje liet Astro al uit de mand. Terwijl het diertje aarzelend maar nieuwsgierig rondsnuffelde in zijn nieuwe omgeving, riep Denise haar zwager. 'Lucien, ik heb een verrassing voor je!'

Even daarna kwam hij vanuit de bibliotheek tevoorschijn, op zijn pantoffels, met een gewone broek aan en een wijd opengeknoopt overhemd. Bij het zien van Ida keek hij eerst verbouwereerd, daarna begon zijn hele gezicht te stralen.

Hij rende bijna naar haar toe en kuste haar zachtjes op haar voorhoofd. 'Ida, lieverd van me,' fluisterde hij en de klank van zijn stem maakte duidelijk dat hij haar graag op een andere manier had gekust en zich inhield met het oog op zijn schoonzus en neefje. 'Wat fijn. Wat brengt jou hier?'

'We hebben elkaar toevallig ontmoet voor slagerij Keller,' antwoordde Ida. 'Denise nodigde me spontaan uit. Dat kwam mij heel goed uit, ik heb namelijk goed nieuws. Dat wilde ik je per brief laten weten, maar dit is natuurlijk veel beter.'

'Dat vind ik ook,' mompelde hij vol verlangen. 'Waar gaat het over?'

Voordat Ida kon reageren, kwam er een magere, lange vrouw van halverwege de veertig de keuken uit.

'O,' zei ze, bij het zien van Ida. 'U hebt een gast. Zal ik nog een couvert dekken?'

'Wat vind je daarvan, Ida?' vroeg Lucien.

'Ik wil geen onnodige drukte maken,' begon ze verlegen.

'Madame Rolland heeft vandaag een nieuw recept voor karper met frites uitgeprobeerd. Dat móét je proeven, neem dat maar van me aan,' zei hij uitbundig.

Ze zag de verwachtingsvolle blik van de kokkin en glimlachte. 'Daar ben ik heel benieuwd naar.'

Korte tijd later zaten ze in de woonkamer bij elkaar en genoten van de gebakken karper op Elzassische wijze. Zelfs voor Astro bleven er een paar stukjes vis over, die hij gulzig naar binnen werkte.

Ze vertelde Lucien dat koster Busch met zijn vader wilde praten. Tot haar opluchting liet haar verloofde weten dat de koster een man van zijn woord was en daadwerkelijk grote invloed had op zijn vader.

Toen madame Rolland binnenkwam om te informeren of alles naar wens was, was iedereen vol lof.

'Ik plof bijna,' zei Marcel en ze begonnen allemaal te lachen.

In vergelijking met haar eerste bezoek vond Ida het dit keer heerlijk harmonieus in de woning van de Picards. Ze vroeg de trotse kokkin welke kruiden ze had gebruikt en in een mum van tijd kwam er een gesprek op gang over culinaire hoofdgerechten. Tijdens het gesprek stelde Lucien aan madame Rolland voor om bij hen aan tafel plaats te nemen.

'Maar dat kan toch helemaal niet, monsieur,' zei de kokkin. 'Uw vader zal dat nooit goedkeuren.'

Pas toen het gesprek met Ida steeds langer duurde – en nadat Lucien haar drie keer had aangespoord – ging madame Rolland dan toch op een stoel zitten.

Ze praatten zo geanimeerd met elkaar dat het geluid van een sleutel die in het slot van de voordeur werd omgedraaid hun ontging. Opeens werd de deur opengegooid en René Picard stapte de kamer binnen.

De kokkin sprong als door een wesp gestoken overeind. Maar René keurde haar geen blik waardig.

'Wat is dat hier voor een samenscholing?' wilde Luciens jongere broer weten.

Op het moment dat hij Ida ontdekte, die tot overmaat van ramp net zijn kleine zoon op schoot had genomen, vernauwden zijn van haat vervulde groene ogen zich tot spleetjes.

13

'Wat doe jij nu al hier?' vroeg Lucien, verbaasd over de onverwachte terugkomst van zijn broer. 'Jullie zouden toch bij die wijnboer overnachten, of niet?'

'Wat moet dát hier, Lucien?' snauwde René als reactie. 'Pa heeft zich toch in niet mis te verstane bewoordingen uitgedrukt. Dat je dat mens van Tritschler vervolgens achter zijn rug om hiernaartoe brengt is een grove schending van zijn vertrouwen.'

Nu werd het voor Lucien te gortig. 'Doe niet zo dwaas, René! Wat pa in de oorlog ook heeft meegemaakt met Ida's vader, dat is niet haar schuld. En jij hebt volstrekt het recht niet om zo onbeleefd te doen tegen mijn verloofde.'

'Mademoiselle Tritschler was heel erg aardig tegen...' probeerde Denise het dapper op te nemen voor haar zwager en diens verloofde, maar ze werd ruw onderbroken door haar man.

'En hoe peins je erover om onze zoon aan die vrouw toe te vertrouwen?'

Voordat Denise kon antwoorden, kreeg René een hevige niesbui. Telkens als hij probeerde iets te zeggen, kreeg het weer vat op hem en begon hij luid te proesten. Uiteindelijk haalde hij snotterend en met tranende ogen een zakdoek tevoorschijn en snoot zijn neus. Ida's hoofd stond niet naar lachen, maar het tafereel had iets heel komisch. Opeens viel Renés blik op het katertje dat op het dure Perzische tapijt een stukje karper aan het eten was.

'Waar komt dat smerige rotbeest verdomme vandaan?' vroeg hij woedend.

'Astro is van Ida,' riep Marcel, die blijkbaar niet geïntimideerd was door het gedrag van zijn vader.

René wierp haar opnieuw een vernietigende blik toe.

Ze pakte het diertje snel op en bracht hem in veiligheid in zijn mand.

'Hij is op bezoek bij mij. Samen met Ida. Dat wilde ik heel erg graag,' legde de jongen ondertussen aan zijn boze vader uit.

'En waarom sta jij dat toe, Denise?' snauwde René zijn vrouw opnieuw toe. 'Wil je me dood hebben? Je weet heel goed dat ik ademhalingsproblemen krijg van kattenhaar.'

Denise keek haar opgewonden echtgenoot schuw aan.

'Ik moet nu echt terug naar de winkel,' zei Ida gejaagd en ze richtte zich tot de kokkin, die bangig naast de deur stond. 'Hartelijk dank, madame Rolland, de karper was heerlijk.'

'Wacht eventjes,' zei Lucien. 'Ik kleed me even om en loop met je mee.'

'Tot ziens, Astro,' zei Marcel triest en hij keek nog een keer door het getraliede deurtje naar het jonge dier. Ida had het ventje maar al te graag willen beloven dat hij het beestje binnenkort weer zou zien, maar in het bijzijn van de woedende René Picard durfde ze dat niet.

Terwijl ze samen met Lucien de woonkamer verliet, zag ze vanuit haar ooghoeken nog net dat René Denise ruw bij haar arm pakte en haar dwong om op te staan.

'Jij komt met mij mee! Wij hebben het een en ander te bepraten.'

Op de overloop hoorde ze René tegen zijn vrouw schreeuwen.

'Heb je nu helemáál je verstand verloren?'

Ze wierp Lucien een geschrokken blik toe. Die ademde hoorbaar uit, maar mengde zich er niet in.

'Die arme Denise,' zei Ida met schorre stem nadat ze het huis hadden verlaten. 'Hoe houdt ze het in vredesnaam uit met René?'

'Dat is in de eerste plaats uit dankbaarheid. Hij heeft om het zo maar te zeggen haar leven gered. Denise is van heel eenvoudige komaf. Haar vader was mijnwerker en is omgekomen bij een ongeluk in de groeve toen zij vijf was. Haar jongere zusje is overleden aan de mazelen. Haar moeder en zijzelf wisten zich er als naaisters doorheen te slaan, hoewel ze vaak armoede leden. Een jaar of vijf geleden was Denise door de honger erg ziek. Ze had de opdracht gekregen om de baljurk van een rijke klant te vermaken. In die jurk is ze vervolgens naar een feest gegaan om haar maag een beetje te vullen. Daar ontmoette ze mijn broer. Toen ze later haar armoede bekende, was hij al tot over zijn oren verliefd op haar. Uiteraard zou het maatschappelijk gezien moeilijk zijn geweest om een eenvoudige naaister voor te stellen als zijn toekomstige vrouw. Maar als René zich iets in het hoofd heeft gezet, dan krijgt hij het ook.'

'Hoe is hem dat gelukt?' vroeg Ida.

'Haar meisjesnaam is Schneegans en in Parijs is er een rijke lakenkoopman met die naam,' vertelde Lucien. 'Daarom beweerde René bij feesten simpelweg dat zijn verloofde tot die familie behoorde.'

'Was ze dan wel goed genoeg op de hoogte van de etiquette om geloofwaardig over te komen?' informeerde Ida verwonderd.

'Och, sommige dingen heeft ze tijdens haar naaiwerk afgekeken van rijke klanten. En Denise is een snelle leerling.'

'Dan moet René destijds toch wel echt verliefd zijn geweest op haar. Daar is nu niets meer van te merken.'

'De ellende begon toen ze niet zwanger werd. René was erdoor geobsedeerd om mijn vader als eerste een stamhouder te geven. Telkens als een vrouw geïnteresseerd was in mij, raakte hij in paniek.'

Ida voelde een steek door zich heen gaan bij het idee dat Lucien met een andere vrouw een kind zou krijgen. Hij merkte het niet en vertelde verder over zijn broer.

'Hij maakte Denise het verwijt dat ze onvruchtbaar was. Nadat onze dokter Montiage tegen hem had gezegd dat het uitblijven van kinderen ook aan hem kon liggen, begon mijn lieve broer allerlei verhoudingen met andere vrouwen. Daar kreeg die arme Denise lucht van. Maar wat kon ze doen? Als René haar eruit had gegooid, dan zou ze misschien opnieuw in het armenhuis belanden. Zo leed ze stilletjes. Pas toen ze zwanger werd, ging het met die twee weer bergopwaarts. René had weer alles voor haar over.'

Ondertussen waren ze aangekomen bij het huis van de Tritschlers en bleven staan.

'Omdat het een problematische zwangerschap was, heeft hij voor haar en haar gezelschapsdame zelfs een verblijf in een kuuroord in Niederbronn-les-Bains betaald,' vervolgde Lucien. 'Daar kwam haar kindje ook ter wereld, veel te vroeg, maar het was kerngezond. Jammer genoeg werd in dat kuuroord haar trouwring gestolen. Naderhand beschouwde ze dat als een slecht voorteken. Maar toen ze thuiskwam met de kleine Marcel, was de hele familie dolblij. Alleen Denise zelf kwam merkwaardig onverschillig over.'

'Dat is mij vandaag ook opgevallen,' zei Ida. 'Ze laat de jongen het liefst aan een ander over, zelfs aan mij. En we kennen elkaar natuurlijk pas heel kort.'

Lucien knikte ernstig. 'Eigenlijk heeft madame Girod ondertussen veel meer de moederrol op zich genomen dan mijn schoonzus. Denise krijgt gewoon geen band met de jongen. Terwijl ze verder zo meelevend en hartelijk is.'

'Dat is ze echt, ja,' bevestigde Ida. Luciens schoonzus had haar onbevooroordeeld en hartelijk ontvangen. 'Denk je dat René je vader zal vertellen over mijn bezoek?'

'Dat zal hij zeer zeker doen. Maar ik laat me de wet niet voorschrijven. En hopelijk zal meneer Busch hem binnenkort de les lezen.'

Ida glimlachte. 'Tot gauw,' zei ze en ze kuste hem zachtjes op zijn wang.

'Ik tel de seconden af,' antwoordde Lucien teder.

Ida keek hem nog even na door het kleine raam in het trappenhuis en zag hem het Münsterplein oversteken. Wat zag hij er imposant uit! Haar verloofde!

Toen ging ze het huis binnen en hoorde in de keuken iemand zingen. Het was de stem van monsieur Leroc, die een oud Frans lied ten beste gaf.

'*Plaisir d'amour ne dure qu'un moment. Chagrin d'amour dure toute la vie.*'

Het huwelijksaanzoek! Dat was ze helemaal vergeten. Opgetogen ging Ida de keuken binnen en op de manier waarop de kok, die met haar broer aan tafel zat, haar stralend aankeek, wist ze het antwoord eigenlijk al op de vraag die ze hem vervolgens stelde.

'Monsieur Leroc, hoe is het etentje verlopen?'

'Geweldig!'

'Dus ze heeft ja gezegd?'

'Ja, inderdaad,' antwoordde de kok, terwijl Oskar, die duidelijk al op de hoogte was, breed grijnsde.

'O, wat fantastisch! De liefde overwint toch altijd,' riep Ida vol nieuwe hoop. 'Is er al een datum bekend?'

Gaston Leroc schudde zijn hoofd. 'Nog niet. Antoinette is op 4 juli jarig, een dinsdag. Dat is hier in de Elzas de traditionele dag om te trouwen. Maar misschien komt dat te snel. Ik ben tenslotte protestants en zij katholiek. Dan is het misschien wat ingewikkelder om alles te organiseren.'

'Dat is niet zo,' zei Oskar. 'In de Elzas komt het wel vaker voor, de geestelijken hebben er dus al ervaring mee.'

'Hoe weet jij dat?' vroeg zijn zus zich af.

'Nou ja, als het met Amélie iets was geworden…' mompelde Oskar met neergeslagen ogen.

Het was Ida opgevallen dat hij nog altijd heel vaak en zeer verliefd naar Amélie keek. De stakker had het dit keer echt flink te pakken. Tot nu toe was een huwelijk nog nooit in het hoofd van haar broer opgekomen tijdens al dat gescharrel van hem. Hij vermande zich en glimlachte dapper naar de kok. 'In elk geval van harte gefeliciteerd, monsieur Leroc. Wat mooi als de liefde wederzijds is. Mademoiselle Nanty is een geweldige vrouw en u bent ook uit het goede hout gesneden. Jullie verdienen elkaar.'

'Hartelijk dank, monsieur,' antwoordde Gaston en Ida meende tranen in zijn ogen te zien.

Hij schraapte verlegen zijn keel. 'Wilt u misschien een stuk quiche lorraine?' vroeg hij haastig.

Ida bedankte, want ze zat nog vol van de gebakken karper van madame Rolland, maar Oskar nam een groot stuk mee naar de eettafel in de salon.

Zijn zus hield hem gezelschap.

'Over verlovingen gesproken,' begon ze ten slotte aarzelend. 'Lucien Picard heeft me ten huwelijk gevraagd.'

Oskars vork bleef halverwege zijn mond steken.

'Jeetje! En je hebt ja gezegd?' vroeg hij. 'Wanneer ga je het pa en ma vertellen?'

'Ik zal het morgen tegen maman zeggen. Maar ik weet niet of het er ooit van komt om te trouwen. Niet alleen Luciens vader haat me. Bij zijn broer is het nog erger.'

'Nou, het ziet ernaar uit dat wij Tritschler-kinderen flink wat talent hebben als het op de liefde aankomt,' zei Oskar bitter.

Om middernacht was het Ida nog steeds niet gelukt om in slaap te vallen, omdat het onweerde, erger dan op de avond waarop ze in Straatsburg waren gearriveerd. Astro leek niet onder de indruk van de bliksem en het gerommel van de donder. Hij lag vredig te dutten aan het voeteneinde van haar bed. Ze kreeg trek in een kop chocolademelk en trok haar ochtendjas aan.

Op de gang gilde ze het bijna uit, want verlicht door de bliksem zag ze een gestalte bij de voordeur staan. Hij stond met zijn rug naar haar toe. Een inbreker? Opgelucht zag ze echter dat het haar vader was. Maar waarom had hij het licht niet aangedaan? Waarom had hij in het holst van de nacht zijn zondagse pak aan? En waarom lag hij eigenlijk niet gewoon in bed? Normaal gesproken was hij op dit tijdstip allang diep in slaap. Bovendien maakte hij de indruk dat hij naar de voordeur was geslopen om door niemand te worden opgemerkt.

Voorzichtig opende Franz de deur en liep de trap af. Ida volgde hem heel zachtjes. Even later zag ze vanuit de bakkerij licht doordringen naar het trappenhuis. Wat had hij daar te zoeken in zo'n net pak?

Stilletjes ging ze naar beneden. Ondanks het harde gekletter van de regen hoorde ze daarbinnen een vrouwenstem.

'Dank je wel dat je me wilde ontmoeten.'

De deur naar de bakkerij stond nu op een kier, haar vader kon haar niet zien, maar in de weerspiegeling van de ruit meende ze de vrouw te herkennen. Het was Luciens moeder! Waarom had Franz Tritschler hier stiekem afgesproken met Claire Picard? En dan ook nog eens op dit spookuur?

'Ik weet eerlijk gezegd niet wat je bedoeling is met deze ontmoeting, Claire,' hoorde ze hem op gedempte toon zeggen. 'Als Jacques het te weten komt, dan zijn voor ons allebei de rapen gaar.'

'Dat is nu ook al zo,' antwoordde Claire Picard. 'Dat mijn zoon uitgerekend voor jouw Ida moest kiezen. De meisjes zaten in rijen van drie achter hem aan.' Na een korte stilte voegde ze eraan toe: 'Net zoals destijds bij jou het geval was.'

'Nou ja, voor mij telde er maar één,' bromde Franz. 'En die heeft me in de steek gelaten.'

Er kwam een gedachte bij Ida op, die werd bevestigd door Claires antwoord.

'Neem je me dat nog altijd kwalijk?'

'Nee, ik kan het wel begrijpen. Mijn bakkerij was net failliet gegaan, Jacques had succes,' zei Franz cynisch.

Zijn dochter merkte dat hij na al die jaren nog steeds gekwetst overkwam. Was haar moeder voor hem slechts tweede keus geweest? Ida's hart kromp samen.

'Het is duidelijk dat hij een betere leidinggevende was dan ik voor de patisserie van je vader.'

'Maar dat was niet de reden waarom ik voor hem heb gekozen,' zei Luciens moeder nauwelijks hoorbaar. 'Ik was toen gewoon helemaal in de war.'

'En daarom heb je die brief geschreven en niet persoonlijk een punt gezet achter onze relatie?' vroeg Ida's vader.

'Ik wist dat ik, als we elkaar nog een keer zouden ontmoeten, weer van gedachten zou veranderen en toch bij je zou blijven,' gaf Claire toe. 'Mijn vader was destijds heel ziek door de overvallen. Zijn dokterskosten liepen op, de winkel moest goed lopen.'

Ida vroeg zich af wat voor overvallen op Claires vader dat dan waren geweest.

'Om boven op al die haat ook nog met een Duitser te trouwen, daar zag ik toen gewoon te veel tegen op,' zei Claire met schorre stem. 'Maar ik wil je wel zeggen dat ik nog nooit zoveel spijt heb gehad van iets.'

Ida was verontwaardigd en doodongerust. Werd ze er hier nu getuige van dat het huwelijk van haar ouders werd bedreigd?

'Hoe kun je daar nu spijt van hebben? Je hebt je bekeerd tot het christendom, hebt twee zonen en een kleinkind,' bracht Franz haar in herinnering. 'De patisserie van je vader is een succes.'

'Dat geldt ook voor jouw banketbakkerijen. Het is allemaal natuurlijk goed afgelopen. Toch ben ik onze tijd samen nooit vergeten.

'Ik ook niet,' bekende Franz, 'maar ik hou van Elise. Daar kom ik heel eerlijk voor uit.'

Ida slaakte een zucht van verlichting.

'Daar twijfel ik niet aan. Ze is ook erg mooi,' antwoordde Claire bitter. 'Maar je bent akkoord gegaan met een ontmoeting. En je bent netjes gekleed.'

'Inderdaad,' gaf Franz na een korte stilte betrapt toe. 'Jammer genoeg ben ik niet zo mooi oud geworden als jij. Ik wilde jouw herinneringen aan onze tijd samen niet helemaal tenietdoen.'

Claire lachte geamuseerd. 'Je humor ben je in elk geval niet kwijtgeraakt. Zeg eens eerlijk, waarom ben je akkoord gegaan met een ontmoeting?'

'Omdat ik hoopte dat jij misschien een idee hebt hoe we onze kinderen kunnen helpen,' legde Franz uit.

Ida was buitengewoon opgelucht en tegelijkertijd ontroerd. Haar vader was dus niet van plan om haar moeder te bedriegen, maar deed dit allemaal alleen voor haar. Toch moest ze het feit dat Franz en Claire blijkbaar ooit een stelletje waren geweest eerst verwerken. En ze vond het gedrag van Luciens moeder schandalig, want zij voelde blijkbaar geen enkele remming om haar man te bedriegen.

'Hoe kunnen we die Jacques van jou die idiote haat tegenover mij uit het hoofd praten?' wilde Franz weten. 'Hoe kan hij in godsnaam beweren dat hij destijds gewond is geraakt door uitgerekend mijn kanonskogel?'

'Ik heb geen idee,' zei Claire Picard tot Ida's teleurstelling. 'Hij praat met mij nooit over de oorlog. Bovendien vergis je je als je denkt dat alleen Jacques iets in te brengen heeft. Ik ben ook tegen het huwelijk van onze kinderen.'

'Maar waarom dan?' Haar vader klonk ontgoocheld. 'Jij haat me toch niet?'

'Precies. En daarom zou het een kwelling voor me zijn om je continu te moeten zien als schoonvader van mijn zoon. In wat voor situatie komen we dan elke keer terecht?'

'O,' zei Ida's vader een beetje hulpeloos.

'Misschien heb je gelijk,' zei Luciens moeder vervolgens. 'We moeten het verleden laten rusten.'

Bij Ida begonnen alle alarmbellen te rinkelen. Zo meteen zou haar vader met Claire Picard naar de uitgang gaan. Ze sloop snel de trap weer op om ongezien het huis binnen te vluchten.

Onderweg naar boven hoorde ze nog dat Claire Picard in het trappenhuis "adieu" fluisterde en dat haar vader de voordeur achter zich op slot deed.

Ida wankelde als verdoofd haar kamer in. Haar vader en Claire hadden een liefdesrelatie gehad. En Luciens moeder was ook tegen hun verloving.

14

Tijdens de zondagsdienst in de protestantse Saint-Thomas-kerk keek Ida haar vader peinzend van opzij aan, terwijl de dominee vanaf de kansel preekte. 'Ik zal mijn schapen uit hun mond redden, ze zullen ze niet meer eten!'

Ida kon daar weinig mee en haar gedachten dwaalden af. Zou Franz haar moeder vertellen over de ontmoeting met Claire Picard? Ze merkte dat ook haar broer niet naar de kansel keek. Ze volgde zijn blik en ontdekte Amélie. Ida hoopte dat Oskar snel op een ander meisje verliefd zou worden, want het was duidelijk aan hem te zien dat hij er nog steeds onder leed.

Na de dienst, bij het verlaten van de vijfschepige hallenkerk, kwam Amélie naar hen toe. Ze begroette hen en ging bijna terloops naast Oskar staan.

'Heb je goed geslapen?' vroeg ze. 'Zelf was ik heel bang voor het onweer.'

'Dat past helemaal niet bij jou, dat je ergens bang voor bent,' antwoordde Oskar grijnzend.

Maar Amélie was ongebruikelijk serieus. 'Ik heb er slechte ervaringen mee. Als kind was ik een keer met mijn oma tijdens onweer met een aangelijnde koe onderweg naar ons weiland. Daar werd het dier getroffen door de bliksem. Dat verblindende licht, die ongelooflijk harde inslag, zoiets vergeet je niet.'

'Lieve hemel, heeft de koe het overleefd?' wilde Oskar weten.

Amélie schudde verdrietig haar hoofd. 'Het arme dier was meteen dood.'

Oskar keek haar vol medelijden aan. 'Wat verschrikkelijk! Nu begrijp ik waarom je onweer vervelend vindt.'

Ida vermoedde dat haar broer zijn vlam maar al te graag troostend tegen zich aan getrokken had.

'Hoe is het verder eigenlijk op de boerderij van je ouders?' hoorde ze hem in plaats daarvan vragen.

Amélies familie leverde tegen een goede prijs fruit aan patisserie Tritschler, dat had Oskar geregeld met zijn vader.

'April was ongewoon koel, er was nachtvorst. En we hebben de ijsheiligen natuurlijk nog niet eens gehad. Mijn vader maakt zich zorgen over de bloesem van de fruitbomen.'

Ida wist dat boeren de dagen tot half mei, als er vaak nog sprake was van vorst aan de grond, ijsheiligen noemden. Deze laatste plaagstoten van de winter waren genoemd naar een aantal heiligen, de laatste dag, 15 mei, naar de heilige Sophia. Een klant uit Beieren had Ida die boerenwijsheid ooit verteld. Volgens haar kon de 'koude Sophie' alles ruïneren.

Ze merkte dat ze daarom een beetje inzat over de dakloze clochard Le Prof. Ze had hem al een tijdje niet gezien en de arme man zou zeker last hebben van de kou.

'Goedemorgen, Ida,' hoorde ze naast zich opeens een vertrouwde stem.

Ze draaide zich om en zag het glimlachende gezicht van haar verloofde.

'Ik hoopte al dat ik je hier zou treffen,' zei hij. 'Hoe is het ermee?'

Ida was blij dat haar vader en ook Oskar, die nog altijd druk in gesprek was met Amélie, niet hadden gemerkt dat ze was blijven staan. 'Je raadt nooit wie er gisteravond bij mijn vader in de patisserie was,' fluisterde ze tegen haar verloofde. Ze vertelde hem zachtjes over de ontmoeting tussen zijn moeder en haar vader – en over het explosieve onderwerp van hun gesprek.

Nadat ze haar relaas had beëindigd, keek Lucien haar verbluft aan. 'Maman heeft verteld dat ze voordat ze met mijn vader trouwde verliefd was op een Duitser, maar dat die relatie ongelukkig was geeindigd,' herinnerde hij zich. 'Dat moet dan inderdaad jouw vader zijn geweest. Hoe is het mogelijk!'

'We moeten nu al onze hoop vestigen op meneer Busch,' zei Ida triest. 'Hij is de enige die nog voor ons wil opkomen.'

'Dat was ook de reden waarom ik naar je op zoek was, om je het goede nieuws te brengen,' zei Lucien troostend. 'Ik heb vanmorgen gehoord dat René tegen mijn vader zei dat de koster vanmiddag om twee uur op bezoek wil komen.'

'Wat geweldig,' zei Ida blij.

'Kom vanavond om half acht naar de noordelijke ingang van de kathedraal,' stelde Lucien voor. 'Dan vertel ik je hoe het is gegaan.'

Oskar keek Amélie met een hunkerende blik na. Ze woonde bij haar tante op een zolderkamer in een huis aan het Münsterplein en ze hadden net voor patisserie Tritschler afscheid van elkaar genomen. Er ging altijd een steek door hem heen als Amélie wegging, er ging ook altijd een steek door hem heen als hij haar weer zag. Onbeantwoorde liefde was pijnlijk en vermoeiend. Dat ze met hem bevriend wilde blijven maakte het er voor hem eigenlijk nóg moeilijker op. Want elk gesprek wekte nieuwe hoop en elke keer vond hij haar weer aardiger. Haar brutale manier van doen, dat ze altijd openlijk zei wat ze dacht, dat ze af en toe gewoon lak had aan de etiquette. Hij had nog nooit een meisje als zij ontmoet.

Toen hij het pand van de Tritschlers binnen wilde gaan, kwam de familiekoets er net aan. Op de bok zat de huisbediende, die het rijtuig met vaste hand tot stilstand bracht. Oskars moeder stapte uit en hij begroette haar met een kus op de wang.

'En is er tijdens mijn afwezigheid nog iets bijzonders gebeurd?' informeerde Elise.

'Monsieur Leroc heeft mademoiselle Nanty een aanzoek gedaan en ze heeft ja gezegd,' vertelde haar zoon glimlachend.

'Wat geweldig, dan moeten we dus binnenkort een trouwerij organiseren,' zei de bakkersvrouw opgetogen. 'Je bent even een dagje weg en je mist zomaar een verloving.'

'Eentje?' flapte haar zoon er per ongeluk uit.

Elise keek hem wantrouwend aan. 'Wat bedoel je daarmee?'

Hij probeerde de blik van zijn moeder te ontwijken. 'O, niks, hoor.'

'Oskar Tritschler, ik weet precies wanneer jij iets voor me achterhoudt,' waarschuwde ze op strenge toon.

Hij zuchtte. 'Nou, goed dan…'

Nadat Ida twintig minuten na haar familie thuis arriveerde en het trappenhuis beklom, kwam er boven uit het huis al een verleidelijke geur. Ganzenleverpastei op Elzassische wijze. Al zou het nog wel even duren voordat ze konden genieten van het eten dat monsieur Leroc aan het bereiden was. Ida was van plan om van die tijd te profiteren. Ze begaf zich op weg naar de lege bakkerij, deed een schort voor en pakte het boek van madame Martinet. Vandaag wilde ze eindelijk de gekonfijte bloesem maken voor Lucien. Ze was in opperbeste stemming nu ze hem had gezien. En vanavond zou ze hem alweer ontmoeten en misschien had hij dan positief nieuws voor haar.

'Ga je wat lekkers maken, lieverd?' hoorde ze haar moeder zeggen. Ida draaide zich om en zag haar in de deuropening staan. Elise moest tijdens de kerkdienst zijn thuisgekomen.

'Wat fijn dat je er weer bent,' zei Ida en ze omhelsde haar hartelijk. Maar meteen voelde ze zich schuldig. Door wat ze te weten was gekomen was het alsof ze haar moeder voor de gek hield.

'Heb je zin om met mij de bruiloft voor te bereiden?' vroeg Elise, waarna Ida haar geschrokken aankeek.

'De… bruiloft?' Hoe was haar moeder haar plannen te weten gekomen?

'Nou, mademoiselle Nanty en monsieur Leroc hebben toch gisteren besloten om te gaan trouwen? Wil jij me helpen om het feest voor hen te regelen?'

'O ja, dat zou heel leuk zijn,' riep Ida even enthousiast als opgelucht.

'Je vader heeft me boven net verklapt dat hij die twee in culinair opzicht een heel bijzondere feestdag wil aanbieden,' vertelde Elise. 'Ik heb ook meteen even een praatje gemaakt met het gelukkige stel.'

'Weten ze al wie ze voor de trouwerij willen uitnodigen?' informeerde haar dochter.

'Wat familie betreft alleen de vader van mademoiselle Nanty uit Weghäusel. Jij hebt hem natuurlijk al ontmoet, hij moet heel aardig zijn. Monsieur Leroc wil niets meer te maken hebben met zíjn vader en verder heeft hij geen familie. Zijn beste vriend is monsieur Castanet, en als onze huisbediende zal hij natuurlijk sowieso aanwezig zijn.'

'We zouden Lucien Picard kunnen uitnodigen, met hem kunnen mademoiselle Nanty en monsieur Leroc het allebei heel goed vinden,' stelde Ida geforceerd terloops voor.

'Nou ja, hij is je verloofde,' antwoordde haar moeder grijnzend, 'dan is het niet meer dan normaal dat hij er ook bij is.'

'Hè? Je...' stamelde Ida. En opeens drong het tot haar door wie haar moeder deelgenoot moest hebben gemaakt. 'Oskar! Wat een kletskont is hij toch. Ik wilde het zelf aan je vertellen.'

'Je moet hem geen uitbrander geven,' zei Elise. 'Hij deed zijn uiterste best om het voor me te verzwijgen. Maar daar slagen jullie allebei eigenlijk nooit in. Hij vertelde me hoe romantisch Lucien je om je hand heeft gevraagd, hoewel hij daardoor kan worden onterfd. Heb je je mouwen zo omlaaggetrokken omdat je de verlovingsring wilt verbergen?'

Ida bloosde, schoof de zoom van haar blouse omhoog en liet het sieraad zien.

'Wat prachtig,' riep haar moeder en ze pakte de hand van haar dochter om de ring wat beter te kunnen bekijken. 'Wanneer ga je het je vader vertellen?'

Ida aarzelde. Ze vroeg zich af wanneer Franz zijn vrouw zou vertellen over het gesprek dat hij met zijn vroegere liefje Claire Picard had gehad.

'Nou?' drong haar moeder aan.

'Dat kan ik maar beter nu meteen doen,' zuchtte haar dochter en ze besloot om de gekonfijte bloesem voor Lucien een andere keer te maken. 'Voordat Oskar me wéér voor is.'

'Hij is in zijn werkkamer,' antwoordde Elise.

Toen Lucien opgewekt het ouderlijk huis binnenging, hoorde hij geroezemoes in het kantoortje van zijn vader. De deur stond open en hij liep naar binnen. Tot zijn verbazing waren daar behalve Jacques ook René, diens vrouw Denise en zijn moeder Claire aanwezig en ze hadden zich rond de eikenhouten secretaire verzameld.

'Wat is hier aan de hand?' informeerde hij.

'Het schrijfmeubel van pa is opengebroken,' zei René boos en hij wees op een openstaande lade.

Jacques bromde ontstemd. 'Iemand heeft de dagopbrengst van donderdag uit het kistje gestolen.'

Vervolgens bleef hij zijn oudste zoon doordringend aankijken. 'Je broer vertelde dat jij gisteren de brutaliteit had om die meid van Tritschler mee naar huis te nemen.'

'En meteen is er geld weg. Wat een merkwaardig toeval!' voegde René er met een valse grijns aan toe.

Lucien begon te lachen. 'Ida's familie heeft zelf genoeg geld, ze hebben personeel en ook een eigen koets, net als wij.'

'Maar behalve wijzelf en het personeel heeft er niemand toegang tot het huis,' volhardde René. 'Wie zou je die diefstal in de schoenen willen schuiven? Madame Rolland? Mademoiselle Girod? De huisbediende? Het kamermeisje?'

'Natuurlijk niet,' riep Lucien woedend. 'Misschien was jíj het wel.

Door de manier waarop je je gedroeg tijdens het bezoek van juffrouw Tritschler ga ik ervan uit dat jij alles zult aangrijpen om haar zwart te maken.'

'Dat heb ik helemaal niet nodig, grote broer van me,' antwoordde René. 'Als pa zegt dat die van Tritschler hier niets te zoeken heeft, dan is dat zo.'

'Maar zij kan het niet geweest zijn,' mengde Denise zich ook voorzichtig in het gesprek. 'Wij zijn toch de hele tijd met haar samen geweest?'

René werd rood van woede en keek zijn vrouw met fonkelende ogen aan.

'Hoe het ook zit, dat zal de politie moeten ophelderen,' zei Jacques met een afwijzend gebaar. 'Ik zal wachtmeester Breinlinger laten komen.'

Met die woorden gooide de patriarch de lade van zijn secretaire dicht en hij verliet de werkkamer.

René pakte zijn vrouw bij de arm en trok haar mee het vertrek uit. Lucien bleef achter met zijn moeder en er viel een pijnlijke stilte.

'Jongen, je moet een eind maken aan dat avontuurtje met dat meisje,' verbrak ze uiteindelijk de stilte. 'Hoe langer je wacht, hoe moeilijker het wordt.

Lucien weifelde even of hij zijn moeder een dergelijke persoonlijke vraag kon stellen en besloot om het toch te doen. 'Ida's vader was de Duitser op wie je verliefd was, of niet?'

Claire leek te schrikken, maar na een paar tellen herstelde ze zich.

'Ja, en ik heb er bijtijds een punt achter gezet, omdat het gewoon niet goed kon gaan,' benadrukte ze met een openheid die haar zoon verbaasde. 'Het zou ons allebei kapot hebben gemaakt. Daarom moest een van ons gewoon verstandig zijn.'

Lucien wist waar ze op doelde. 'En nu wil je graag dat ík verstandig ben?'

Claire knikte. 'Waar wil je van leven als je vader je onterft? Een meisje als zij vindt zo weer iemand die bij haar past. Je moet geen egoïst zijn. Je verwoest hierdoor ook haar leven!'

Lucien was des te geschokter door die harde woorden omdat hij, ondanks zijn heftige verliefdheid, zelf vreesde dat er een sprankje waarheid achter schuilging.

Ida had herhaaldelijk in de spiegel haar uiterlijk gecontroleerd voordat ze stipt op tijd om kwart over zeven op weg ging naar de noordelijke ingang van de kathedraal.

Onderweg kwam ze de clochard met zijn ladderwagen tegen. Ze constateerde bezorgd dat hij hoestte. Toch glimlachte de oude man blij toen hij haar opmerkte.

'Mademoiselle Tritschler, wat fijn u te zien.'

'Goedenavond, monsieur Le Prof,' begroette ze hem. 'Hebt u kougevat?'

'Och, dat heb ik meestal tot aan de koude Sophie. Maar daarna gaat het ook weer voorbij. Waar gaat u op dit late tijdstip nog naartoe?'

'Ik heb een ontmoeting met monsieur Picard junior,' legde ze uit.

'Doe hem dan de hartelijke groeten van me.'

Nadat ze de zwerver een fijne avond had gewenst en zich weer op weg had begeven, hoorde Ida hem in de verte opnieuw hevig hoesten.

Haar zorgen om de oude man verdwenen zelfs niet toen ze Lucien zag en hem een behoedzame kus op zijn wang gaf. En hoewel ze stond te popelen om te horen wat hij haar te vertellen had, moest eerst de ongerustheid over monsieur Le Prof haar van het hart. 'Waar zou hij slapen?' vroeg ze bedrukt nadat ze de groeten had overgebracht en hem had verteld over het hevige hoesten van de dakloze man.

Lucien probeerde haar gerust te stellen. 'Ik heb gezien dat hij een keer de nacht doorbracht onder een brug, toegedekt met kranten en dekens. Het zag er eigenlijk lekker warm uit. Ik heb hem al dikwijls gevraagd of hij hulp nodig heeft, maar dat weigert hij altijd. Ik weet zeker dat hij sterk is, al heb ik natuurlijk makkelijk praten met mijn warme bed. Maak je geen zorgen, hij overleeft ook dit voorjaar wel.'

Ietwat gerustgesteld bracht Ida de reden van hun ontmoeting ter sprake. 'Hoe is het afgelopen met meneer Busch?'

'Mijn vader heeft de afspraak helaas afgezegd,' vertelde haar verloofde somber. 'Er is bij ons ingebroken. Iemand heeft de dagopbrengst van donderdag uit het kistje in zijn secretaire gestolen.'

Hij hield Renés beschuldiging voor zich, om haar niet nóg ongeruster te maken.

'Dat moet dan iemand geweest zijn die weet dat daar geld ligt,' zei Ida peinzend.

'Maar dat houdt niet automatisch in dat diegene bij ons woont,' antwoordde Lucien. 'Je kunt vanuit het huis aan de overkant met de verrekijker zijn kantoor zien.'

Ida dacht na. 'Hm...'

'Verdenk jij iemand?' vroeg haar verloofde.

'De broer van mademoiselle Nanty heeft toch geprobeerd om bij ons uit de winkel geld te stelen en wij hebben hem daarbij betrapt. Hij heeft een speelverslaving. Ik dacht eigenlijk dat hij in de gevangenis zat, de politie heeft hem meegenomen. Maar we zouden aan mademoiselle Nanty kunnen vragen of zij daar meer over weet.'

Het jonge stel besloot om de huisdame meteen op te zoeken om het na te vragen.

'Ik heb vandaag mijn vader trouwens verteld over onze verloving,' zei Ida onderweg naar patisserie Tritschler.

'En hoe reageerde hij?'

'Hij bleef heel rustig en denkt dat jouw vader sowieso nooit toestemming zal geven.'

'Iets in die aard heeft hij mij ook al meegedeeld,' moest Lucien bekennen. 'Toch geef ik het niet op.'

'Heeft jouw familie er echt niets op tegen als ik mee naar boven ga?' vroeg hij voor alle zekerheid toen ze eenmaal bij de zijingang van het pand van de familie Tritschler waren aangekomen.

Ida schudde haar hoofd. 'Die zijn veel te druk met het regelen van de trouwerij van mademoiselle Nanty en onze kok.'

Ze troffen de huisdame in de keuken. Ze zat gebogen over haar lijstjes met de eindafrekening voor de maand april. Ze was heel blij om Lucien weer te zien. 'Monsieur Picard, wilt u misschien een stuk quiche? Onze kok heeft gisteren veel te veel gemaakt. Er is nog flink wat over.'

Ida moest bij zichzelf lachen toen ze dacht aan het verhaal over het ontstaan van de hartige taart en het doel ervan.

Lucien had inderdaad honger als een paard en hij was ingenomen met het gastvrije aanbod. 'Daar zeg ik geen nee tegen.'

'Hoorde ik daar het woord quiche vallen?' klonk vanuit de deuropening de stem van Ida's broer.

Even later vielen Lucien en Oskar aan op de opgewarmde, verleidelijk geurende quiche lorraine. Oskar vertelde dat hij had gehoord dat er als gevolg van het onweer een overstroming was geweest in het souterrain van de universiteit, waar zich ook de laboratoria bevonden. En passant gooiden de twee jonge mannen wat stukjes spek onder de tafel naar katertje Astro. Ondertussen informeerde Ida zo terloops mogelijk bij mademoiselle Nanty of ze iets had gehoord over de verblijfplaats van haar broer.

'Hij heeft onderdak gevonden op een boerderij voor verslaafden in Frankfurt. Mijn vader heeft een plekje voor hem geregeld,' vertelde ze stralend. 'We hebben goede hoop dat hij daar met succes kan worden behandeld tegen zijn verslaving.'

'Is hij daar al?' vroeg Ida.

'Ja, hij is donderdag vertrokken,' antwoordde de huishoudster.

Als dat klopte, dacht Ida, dan kon Charles Nanty niet de dief zijn.

Lucien ging pas na tien uur op weg naar huis. Hij had met Oskar, Ida en de huisdame van de Tritschlers geanimeerd zitten praten in de keuken. Bij de voordeur vatte Ida in het kort haar bevindingen samen. 'Het is zeer onwaarschijnlijk dat Charles Nanty meteen is teruggekeerd uit Frankfurt en is teruggevallen in zijn oude gewoontes, dus kan hij niet degene zijn geweest die bij jullie heeft ingebroken.'

Lucien bedacht niet voor de eerste keer dat zijn jongere broer er zeker toe in staat zou zijn om Ida de diefstal in de schoenen te schuiven, maar hij hield die verdenking opnieuw voor zich om haar niet te kwetsen. In plaats daarvan beloofde hij zijn verloofde dat hij een ontmoeting tussen zijn vader en koster Busch zou afdwingen. Daarna nam hij afscheid met een ingetogen nachtzoen en begaf zich op weg naar de patisserie van zijn familie. Daar aangekomen kromp hij geschrokken ineen. Achter in de winkelruimte flakkerde een lamp. Buitenstaanders konden niet weten dat het wisselgeld voor de volgende dag in de achterkamer lag. Maar de dader had al eerder laten zien dat hij uitstekend de weg wist bij de Picards. Nu sloeg hij blijkbaar opnieuw zijn slag. Lucien besloot hem in de kraag te vatten.

15

Om geen enkel geluid te maken opende Lucien voorzichtig de deur en sloop de bakkerij in. Vanuit het kantoortje klonk een zacht gekraak en geritsel. Het hart bonsde hem in de keel. Stel dat de ander sterker was dan hij? Of gewapend was? Koortsachtig ging hij op zoek naar iets om zich mee te verdedigen. Hij stootte met zijn heup tegen een opscheplepel die op de tegelvloer kletterde. Hij onderdrukte een verwensing, pakte de lepel, hield die in een stevige greep en stormde vervolgens koelbloedig naar de achterkamer. Hij moest nu snel zijn, want de dader was tenslotte gewaarschuwd. Maar toen hij een paar seconden later bij het vertrek arriveerde, was daar niemand meer.

Lucien foeterde zachtjes. Hij had het verprutst. Vloekend inspecteerde hij de winkelruimte en de lunchroom. Er was niemand te bekennen. Met gefronst voorhoofd controleerde hij de deuren en ramen en constateerde dat die allemaal op slot zaten. Hoe was de vreemdeling er dan in geslaagd het huis te verlaten?

Op dat moment hoorde hij achter zich een geluid en hij draaide zich met een ruk om. Dreigend hield hij de lepel in de lucht, maar liet die meteen opgelucht zakken. Het waren René en zijn vader maar, die met gespannen gezichten het vertrek binnenkwamen.

'We hoorden gekletter,' zei zijn broer. 'Was jij dat?'

'Ja,' antwoordde Lucien. 'Ik zag van buitenaf dat er hier iemand met een lantaarn rondspookte. Nadat hij me in de bakkerij hoorde, ging het licht uit. En nu is hij verdwenen.'

'Merde!' vloekte zijn vader. Gevolgd door zijn twee zoons liep Jacques naar de achterkamer en opende de muurkast. 'Het wisselgeld voor morgen is weg!' riep hij woedend.

'Kon je zien wie het was?' wilde René van zijn broer weten.

Lucien schudde zijn hoofd. 'Nee, ik zag alleen dat licht. Omdat er hier helemaal geen braaksporen zijn, kan dat maar één ding betekenen: de inbreker moet een sleutel hebben.'

Jacques fronste peinzend zijn voorhoofd. 'Hm.'

Lucien keek hem vragend aan. 'Waar zit je aan te denken?'

'Dat ik niet voor honderd procent zeker weet of ons vroegere personeel alle sleutels heeft ingeleverd,' zei zijn vader.

'Dat klopt, in de loop der jaren zijn er een paar vertrokken. Ze trouwden of vonden een andere baan,' herinnerde René zich.

'En de sloten zijn nooit vervangen,' vulde de patriarch aan.

'Dan kunnen we dat misschien nu beter wel doen,' zei Lucien.

'Ook wil ik een wachtpost in dienst nemen,' voegde Jacques er vastberaden aan toe. 'Er wonen hier tenslotte ook vrouwen en een kind.'

Op de ochtend van 1 mei 1893 stapte Franz Tritschler in de koets waarmee huisbediende Castanet naar de boerderij van Chabas, de fruitleverancier van de patisserie, zou rijden. Aansluitend wilde hij doorreizen naar Stuttgart om daar poolshoogte te nemen. Ida en Oskar waren hun vader naar buiten vergezeld om hem uit te zwaaien en vroegen hem om hun opa de groeten van hen te doen. Nadat de koets om de hoek was verdwenen begaf Oskar zich op weg naar de universiteit en Ida liep naar de keuken. Ze had mademoiselle Nanty aangeboden om vandaag de inkopen te doen en wilde haar om het boodschappenlijstje vragen.

'Monsieur Oskar is zijn lunchpakket vergeten,' beklaagde de huisdame zich.

Ida glimlachte. Om nostalgische redenen vond haar broer het heerlijk om ook nu nog, terwijl hij studeerde, zijn twaalfuurtje door monsieur Leroc te laten klaarmaken, net als vroeger toen ze nog in de schoolbanken zaten. 'Geen probleem,' zei ze. 'Dan loop ik via de markt snel naar de universiteit, dan haal ik hem misschien nog wel in.'

Ze haastte zich naar het nieuwe stadsgedeelte, tot ze bij de oprit van een huis iemand zorgwekkend hoorde hoesten.

Ze had een vaag voorgevoel, liep voorzichtig naar de in het half-donker bij een ladderwagen liggende man en zag haar vrees bewaarheid. Het was monsieur Le Prof, die zich met kranten en dekens provisorisch tegen de kou had beschermd.

Geschrokken stelde Ida vast dat de ogen van de oude man koortsachtig glommen.

'Is het hoesten erger geworden?' vroeg ze bezorgd.

'Dat is niet het ergste,' hijgde hij. 'Ik voel me zo zwak en hongerig.'

'Hier, eet u eerst dit brood maar op, ik haal nog meer en medicijnen,' zei Ida en ze holde weg.

Ze rende weg en stormde de winkel van de patisserie binnen, waar haar moeder en Hélène waren.

'Mama, ik heb iets te eten nodig voor een vriend,' wist ze buiten adem uit te brengen. 'Mag ik een paar pretzels voor hem meenemen?'

'Natuurlijk,' zei Elise.

'Heb je misschien ook geld voor me om een hoestdrankje te kopen?' vroeg haar dochter.

Haar moeder keek haar wantrouwend aan. 'Wat is dat dan voor vriend, lieverd?'

'De dakloze hoogleraar over wie ik je verteld heb.'

Elise zuchtte. 'Je kunt niet de hele wereld redden, Ida.'

Met die woorden overhandigde ze haar dochter een bankbiljet. Ida straalde en kuste Elise op de wang. 'Dank je, mama.'

Nog geen minuut later stapte ze de apotheek aan het Münsterplein binnen.

'Goedemorgen, juffrouw Tritschler,' begroette apotheker Hummel haar, een slanke man met een kaal hoofd en een gedraaide donkere snor. Hij was een van hun vaste klanten. 'Als ik u zie, dan krijg ik onmiddellijk trek in een petitfour.'

Ida glimlachte. Op sommige dagen kocht Hummel vijf van die kleine gebakjes bij haar. Blijkbaar had de lange, magere man een goede stofwisseling, want al die culinaire versnaperingen waren hem niet aan te zien.

'Waar kan ik u mee van dienst zijn?' vroeg hij.

'Ik heb een hoestdrankje nodig voor een vriend,' antwoordde ze.

'Dan bent u bij mij aan het juiste adres. Zeg ook tegen hem dat hij veel moet drinken. Water, maar het is absoluut noodzakelijk om dat eerst te koken.'

'Dat zal ik doen,' verzekerde Ida hem, 'dank u wel.'

Met een lepel, die ze uit voorzorg uit de lunchroom had meegenomen, diende Ida de zwerver korte tijd later de eerste dosis van het hoestdrankje toe.

'Zo, en daar moet u drie keer per dag een lepel van innemen,' droeg ze hem op.

De oude man glimlachte dankbaar. 'Meisje, u bent echt een engel.'

'Ida!' riep iemand, en op het moment dat ze zich omdraaide zag ze Lucien staan, die op een drafje naar hen toe gelopen kwam. 'Het was dus echt jouw stem,' zei hij blij. Maar zijn blik versomberde meteen toen hij de clochard herkende die als een hoopje ellende op de grond lag.

'Het gaat slechter met hem,' legde Ida uit.

Haar verloofde keek schuldbewust. 'Sorry dat ik je bezorgdheid niet serieus heb genomen.'

'Eerlijk gezegd heb ik er door uw lieve en goede zorgen al veel meer vertrouwen in,' zei de oude man op geruststellende toon. 'Hoestdrank heb ik al zeker tien jaar niet meer gehad. Ik kom er wel weer bovenop.'

En terwijl monsieur Le Prof aanviel op de meegebrachte bakkerijproducten, vertelde Lucien over de nieuwe diefstal. 'Dit keer achter in de winkelruimte. Mijn vader wil op zoek gaan naar een wachtpost.'

Dat leek inderdaad zinvol, dacht Ida, en opeens kreeg ze een idee.

'Luister, monsieur Le Prof, u kunt toch goed overweg met een sabel?'

De man knikte en slikte snel zijn eten door voordat hij verderging. 'Ja, dat moest ik in de oorlog noodgedwongen leren.'

'Durft u het aan om patisserie Goldschmidt te bewaken?' vroeg Ida.

Lucien keek haar twijfelend aan. 'Ida, ik weet echt niet of mijn vader...'

'Nou, monsieur Le Prof heeft tegen de Duitsers gevochten,' drong zijn verloofde aan. 'Dat moet jouw vader toch wel aanstaan?'

De zwerver sprong voor Lucien in de bres. 'Volgens mij bedoelt de jonge monsieur Picard dat mijn uiterlijk niet geschikt is voor een kennismakingsgesprek.'

Maar Ida wuifde dat bezwaar met een handgebaar weg. 'Ach, uiterlijkheden kun je makkelijk veranderen. U bent ongeveer even lang als mijn broer. Hij heeft verschillende pakken. En de vader van een van onze verkoopsters is barbier.'

De clochard fronste. 'Nou, of die nu echt op mij...'

'Ik ben bang dat het zinloos is om tegen Ida in te gaan als ze zich iets in het hoofd heeft gehaald,' zei Lucien lachend.

'Nou, goed dan,' zei de oude man. 'Dan onderwerp ik me aan de heerschappij van de vrouwen.'

Oskar was meteen laaiend enthousiast toen Ida hem die avond vertelde over haar idee om de zwerver te helpen. Hij zocht direct een compleet herenkostuum, sokken en schoenen uit.

'Zo, dit krijgt hij van me cadeau,' zei haar broer de volgende ochtend en hij overhandigde haar de kledingstukken met een zwierig gebaar.

Ida bekeek ze wat nauwkeuriger. 'Misschien is het vest een beetje te krap,' constateerde ze kritisch. 'Bij zijn middel is monsieur Le Prof wat dikker dan jij.'

'Dan vragen we toch aan Lucien of hij er eentje wil schenken. Hij is dan wel niet dikker dan ik, maar wel een stukje groter,' stelde Oskar voor.

'Nou, goed, dan ga ik nu eerst kijken hoe het vandaag met monsieur Le Prof gaat,' zei Ida, die de vorige avond nog bij de dakloze man langs was geweest om hem een warme deken te brengen. Gelukkig was het in de loop van de dag zonnig en wat warmer geworden.

'Als je het goed vindt, ga ik met je mee,' zei haar broer.

'Prima. Lucien wacht bij de kathedraal op ons.'

Toen het drietal bij monsieur Le Prof arriveerde, bleek het die ochtend inderdaad stukken beter met hem te gaan. Hij zat rechtop op zijn deken en vertelde dat hij zijn hoestdrankje al had ingenomen.

'Vindt u het goed om voor het kennismakingsgesprek andere kleren aan te trekken?' informeerde Ida voorzichtig.

De oude man aarzelde en vermande zich vervolgens. 'Ik heb het tenslotte beloofd,' bromde hij. 'En aan je beloftes moet je je houden.'

'Ja, probeert u zich er maar overheen te zetten!' zei Lucien en hij gebaarde met een knipoog naar zijn verloofde. 'Anders zou Ida zeer teleurgesteld zijn. En onze familie kan de bescherming van een oudgediende huzaar echt gebruiken.'

Ida glimlachte, trots op Luciens inlevingsvermogen. Zelf schatte ze monsieur Le Prof ook in als een man die er moeite mee had om aalmoezen aan te nemen, maar een verzoek om hulp niet zou afwijzen.

'Ik moet me wel eerst wassen,' gaf hij sceptisch in overweging.

'Dat kunt u bij ons doen,' verzekerde Oskar hem. 'Mijn vader is in Stuttgart. En tijdens zijn afwezigheid ben ik de heer des huizes,' voegde hij er met een van trots opgezwollen borst aan toe.

De dakloze liet zich eindelijk overtuigen om met hen mee te gaan naar het huis van de familie Tritschler. Daar aangekomen duwde Ida voor de deur van de badkamer een stuk zeep in zijn hand. Op zijn vraag of dat niet te kostbaar was antwoordde Ida dat hij met alle plezier het hele stuk mocht opgebruiken. Het was een geschenk van een klant en die gaf er geregeld een paar cadeau.

De oude man liet zich de goede zorgen welgevallen en nam de tijd om zich uitgebreid te wassen. Ida, Lucien en Oskar glimlachten naar elkaar toen ze Le Prof in de badkamer hoorden zingen en fluiten.

Uiteindelijk kwam hij naar buiten, gekleed in Oskars pak en Luciens vest en geurend naar zeep. De drie jonge mensen bekeken hem verbaasd toen hij verscheen.

'O, monsieur Le Prof, wat een vlotte vent bent u,' zei Ida opgetogen.

'Nu moeten we alleen nog iets doen aan uw haar, anders gaan we nog denken dat u de grote Nicolaas bent,' grapte Oskar. 'Die ons in een grote inktpot doopt voor onze zonden,' voegde hij eraan toe, verwijzend naar het kinderboek *Piet de Smeerpoets*, dat zijn zus en hij als kind met een mengeling van fascinatie en angst hadden gelezen.

Ida keek haar broer met boos fonkelende ogen aan. De zwerver had toch niet expres een onverzorgde lange baard? Ze vond Oskars grapje tactloos en vernederend. En uit Luciens blik maakte ze op dat hij dat ook vond. Gelukkig leek de oude man te druk bezig met zichzelf in de spiegel te bekijken om zich gekwetst te voelen door Oskars woorden.

'De barbier wacht al op u, monsieur Le Prof,' zei Ida.

Barbier Aubert zorgde niet alleen voor een keurig kapsel voor de dakloze, hij maakte er met een krulijzer ook nog elegante golven in. Ida, Oskar en Lucien stonden uiteindelijk met een deftige oudere heer voor patisserie Goldschmidt.

'Hoe moet ik u eigenlijk voorstellen aan mijn vader, monsieur Le Prof? Ik weet niet eens wat uw echte naam is,' schoot het Lucien te binnen.

'Ik heet Fouché, Maximilien Fouché,' zei de man, alsof hij de naam van een lang vergeten vriend uitsprak.

'Veel succes, monsieur Fouché,' wenste Ida hem hartelijk.

Hij keek haar verbaasd en ook een beetje teleurgesteld en bang aan. 'Gaat u niet mee?'

'Wij Tritschlers zijn bij monsieur Picard niet zo'n goede aanbeveling voor u,' zei Oskar, om er geen misverstanden over te laten bestaan. 'Maar we wachten hierbuiten tot u klaar bent en zullen voor u duimen.'

Ida knikte Maximilien Fouché bemoedigend toe, die diep ademhaalde en vervolgens naast de vol vertrouwen glimlachende Lucien de patisserie binnenstapte.

'Dus u hebt in de oorlog tegen de Duitsers gevochten?' begon Jacques Picard meteen na de begroeting in de lunchroom. Samen met Lucien en diens broer zat hij tegenover Maximilien Fouché aan een van de tafels.

De veteraan antwoordde bevestigend. 'Hoog te paard, net als onze tegenstander, generaal Von Werder. Maar uiteindelijk heeft het helaas weinig uitgehaald.'

'Eerst belooft Von Bismarck ons allerlei grondgebied, zodat we ons niet aansluiten bij Oostenrijk en dan tart hij ons net zo lang tot hij ons kan afschilderen als aanvaller,' bromde Picard. 'En uiteindelijk pakken die Pruisische honden de Elzas van ons af.'

'Schandalig,' bevestigde Fouché. 'Vooral door alles wat er destijds aan mensenlevens, gebouwen en kunstwerken is verwoest.'

Lucien besloot om het gesprek weer op de eigenlijke reden van hun ontmoeting te brengen. 'Monsieur Fouché weet ook nu nog uitstekend zijn mannetje te staan tegenover onfrisse types,' zei hij prijzend. 'Ik heb het met eigen ogen gezien voor het universiteitsgebouw. Er zijn er niet veel die zo goed met een sabel kunnen omgaan als hij.'

Zijn vader fronste. Lucien hield zijn adem in. Zo meteen zou Jacques zijn besluit meedelen, dat misschien de toekomst van Maximilien Fouché zou bepalen.

16

'Volgens mij bent u de juiste man voor dit werk,' zei Jacques Picard nadat hij heel even had nagedacht.

Lucien was opgelucht, maar zijn broer vond het nodig om zich te laten gelden.

'Meer dan een mark per dag kunnen we u echter niet bieden,' zei hij.

Bij het horen van dat bedrag viel Maximiliens mond letterlijk open. 'Eén mark? Per dag?'

Lucien profiteerde van het moment dat het zijn vader en broer nog niet duidelijk was of monsieur Fouché het door René voorgestelde loon schandalig weinig vond of onverhoopt veel. Dat laatste was bij daklozen het geval, maar dat hoefden de anderen natuurlijk niet te weten. 'Dan moeten we hem wel op zijn minst gratis kost en inwoning verschaffen,' eiste Lucien snel. 'Hij komt tenslotte van buiten.'

'Dat lukt wel,' bromde de patriarch. 'Laat hem de kamer van de oude Sarraut zien. Daar kan hij zijn intrek nemen.'

Monsieur Sarraut was de tweede huisbediende van de Picards geweest. Sinds zijn pensioen een half jaar geleden woonde hij in Bretagne en voor hem was er niemand in de plaats gekomen, waardoor de kamer leegstond.

Toen Lucien aan Maximilien Fouché de sobere kamer liet zien

waarin hij voortaan zou wonen, zag hij tranen glinsteren in de ogen van de man.

Beschaamd draaide hij zijn hoofd weg. Wat een dankbaarheid toonde Fouché voor iets wat voor hem, Lucien, meer dan vanzelfsprekend was. 'Het is heel klein,' mompelde hij.

De oude man leek hem echter niet eens te horen en liet zijn blik vol verbazing door het vertrek dwalen. 'Een echt bed,' prevelde hij hunkerend.

'Onze huisbediende zal het beddengoed nog brengen. Maakt het u zich eerst maar eens gemakkelijk,' stelde Lucien voor. 'Mijn vader verwacht u dan over een uur beneden in de patisserie. Ik zal Ida en Oskar even laten weten dat het is gelukt. En dan zullen we nog meer kleding voor u laten komen.'

Broer en zus Tritschler vlogen Lucien spontaan om de nek van blijdschap nadat hij hun had verteld over het succesvol verlopen sollicitatiegesprek. Maar terwijl zij nog in allerlei bewoordingen uiting gaven aan hun enthousiasme, zag Ida dat het gezicht van haar verloofde opeens verstrakte. Ze volgde zijn blik en zag dat zijn moeder in snel tempo op hen kwam aflopen.

Ze was nog eleganter gekleed dan anders en haar donkere ogen fonkelden geheimzinnig. Het stond buiten kijf dat Claire Picard een klassieke schoonheid was en ze kwam zo jong en levenslustig over dat iemand die haar niet kende nooit zou denken dat ze twee volwassen zoons had.

Toen ze Lucien, Ida en Oskar voor de patisserie zag staan, begon ze te fronsen.

'Maman, mag ik je voorstellen aan mijn verloofde, Ida Tritschler?' vroeg Lucien. 'Jullie hebben elkaar natuurlijk al een keer in de winkel ontmoet.'

'Wat fijn u weer te zien, madame,' zei Ida en ze maakte beleefd een reverence. 'Nogmaals bedankt voor het brood en het zout. Het heeft ons geluk gebracht.'

Maar Claire Picard knikte alleen even en kreeg Oskar in het vizier. 'U bent haar broer?' vroeg de bakkersvrouw.

'Inderdaad. Het verheugt me buitengewoon om kennis met u te maken, madame,' antwoordde hij en heel even dacht Ida in zijn blik iets van een fonkeling te zien die voor het overige alleen voor de mooie Amélie was weggelegd.

Ook Claire Picard leek gebiologeerd te zijn door de jonge man. De reden daarvan werd duidelijk. 'U ziet er precies zo uit als uw vader twintig jaar geleden.'

Oskar deed haar dus denken aan haar verleden met Franz Tritschler. Opnieuw merkte Ida dat haar keel dichtgesnoerd leek bij de gedachte aan de relatie tussen haar vader en Luciens moeder. Ze wisselde een zorgelijke blik met Lucien, terwijl Claire Oskar openlijk aanstaarde. Het was belachelijk! Op het moment dat Claire Picard werd voorgesteld aan haar toekomstige schoondochter had ze alleen oog voor haar broer omdat hij haar deed denken aan hun vader, op wie ze lang geleden verliefd was geweest.

Eindelijk leek Claire erin te slagen zich los te rukken uit haar herinneringen en ze richtte zich met een strenge blik tot haar zoon. 'Ben je nu al klaar op de universiteit, Lucien?'

'Onze hoogleraar is ziek,' antwoordde hij. 'Daarom kon ik bij het sollicitatiegesprek van onze nieuwe wachtpost zijn.'

En als op bevel kwam Maximilien Fouché met zijn sabel het gebouw uit en hij nam zijn positie in.

'Hier zal niemand meer inbreken,' zei Lucien overtuigd.

Ida was ingenomen met de tevreden – en ook een beetje trotse – glimlach van de voormalige dakloze.

'Dan zal ik onze nieuwe wachtpost eerst even begroeten,' zei Claire Picard en ze wenste Oskar een fijne dag, negeerde zijn zus en liep naar monsieur Fouché toe.

Ida balanceerde tussen verontwaardiging en onthutsing dat Luciens moeder haar zo geringschattend behandelde. Ze merkte dat haar broer Claire gefascineerd nakeek.

'Potverdorie, Lucien, jouw moeder heeft blijkbaar een verjongingskuur ondergaan,' zei Oskar stralend. 'Ik dacht dat het je zus was.'

'Dat hebben al heel wat klanten gezegd,' bevestigde Lucien. 'Over zussen gesproken. Ida, ik wil je zondag voorstellen aan de zus van mijn vader. En oma heeft ook al laten vragen wanneer we weer bij haar op bezoek komen.'

'Dat lijkt me heel leuk,' zei Ida blij.

Ze hoopte alleen dat Luciens broer of zijn ouders niet zouden opduiken in Weghäusel.

'Ida! Mooie, lieve Ida!'

Marcel had de verloofde van zijn oom nog maar net in het oog gekregen of hij rende op zijn korte beentjes naar haar toe en stak zijn armen naar haar uit, waarna Ida op haar hurken ging zitten. Het ventje klemde haar stevig vast en leek haar niet meer te willen loslaten.

'Marcel, wat fijn,' zei Ida en ze nam hem op haar arm. 'Ik heb een paar van mijn eigen kinderboeken meegenomen. Die kan ik je voorlezen als ik het atelier van je oudtante Marie heb bezichtigd. Wat vind je daarvan?'

'O ja,' riep de jongen enthousiast. 'Voorlezen is leuk.'

'Nou, laten we dan maar snel instappen, des te eerder zijn we er,' stelde Ida voor.

Tijdens dit zondagse uitstapje naar Weghäusel reed ze officieel mee in de koets van de Picards. Een rookgordijn zoals de vorige keer hadden ze laten varen.

Ze waren tenslotte nog verloofd. Ondanks alle weerstand. En misschien zou alles binnenkort tot een goed einde komen, want tijdens de rit vertelde Lucien zachtjes aan Ida wat zich die ochtend in zijn ouderlijk huis had afgespeeld.

'Vanochtend is meneer Busch toch nog langsgekomen bij mijn vader. Die twee waren al twee uur in de bibliotheek met elkaar in gesprek toen ik wegging. De koster heeft me beloofd dat hij een lans zal breken voor onze verloving.'

'Neemt meneer Busch een lans mee naar opa?' vroeg Marcel bezorgd.

Ida en Lucien begonnen te lachen. 'Nee, wees maar niet bang, opa is niet in gevaar,' stelde Lucien hem gerust en hij richtte zeer weer tot Ida. 'Dat pa hem er niet meteen uit gegooid heeft en ze nog steeds zitten te praten is misschien een goed teken.'

Door dit verheugende nieuws was Ida in een opperbest humeur toen de koets stilhield voor de houtvesterswoning bij het nachtwoud.

'We verwachten u vanavond om acht uur terug, monsieur Rumann,' sprak Lucien af met de koetsier.

Het volgende ogenblik kwam de van blijdschap stralende oma Bernadette naar hen toe via de tuin, die was veranderd in een bonte bloemenzee. Ze omhelsde hen alle drie hartelijk. 'Om half een is er *tarte flambée*. Maar nu zit Marie in haar atelier op jullie te wachten.'

'En na het eten leest Ida me voor,' benadrukte Marcel onderweg naar het huis.

Het atelier van Marie was op deze ochtend in mei zonovergoten, het rook er naar verf en thinner. Ze troffen de drieënveertigjarige vrouw aan bij haar schildersezel en Ida constateerde dat ze eruitzag als een jongere versie van haar moeder Bernadette. Bij haar heupen was ze wat voller, haar vlasblonde haar was samengebonden in een knotje, maar ze hadden dezelfde stralende glimlach. Over haar zwarte jurk droeg Marie een met verf besmeurde schilderskiel en in haar hand had ze een palet en een penseel. Ze legde die allebei weg om hen te begroeten.

'Wat fijn om kennis met u te maken, lieve Ida,' zei de kunstenares hartelijk. 'Ik heb alleen maar goede dingen over u gehoord.'

Ida glimlachte. 'Ik heb ook veel goede dingen over u gehoord. Ik vind uw schilderijen prachtig en was zo benieuwd naar uw atelier.'

Ze bekeek het schilderij waar Marie op het moment mee bezig

was. Daarop was de vier jaar geleden geopende Eiffeltoren te zien, het meer dan driehonderd meter hoge ijzeren bouwwerk in het centrum van Parijs.

'Dat moet heel indrukwekkend zijn, als je ervoor staat,' zei ze.

'Ja, dat is zeker zo,' antwoordde Marie enthousiast met haar verbazingwekkend rauwe stem. 'Het is net een enorm klimrek dat tot aan de hemel van Parijs reikt.'

Met die voorstelling van zaken kon ook de kleine Marcel wel iets. 'Dan wil ik daar weleens op klimmen,' verkondigde hij.

Terwijl oma Bernadette weer in de keuken verdween om zich bezig te houden met het bereiden van de hartige taart, pakte Lucien een schetsboek en een kleurpotlood. 'Kom, we gaan naar de tuin om een dikke vette kever te zoeken,' zei hij tegen de jongen. 'Dan gaan we proberen om die te tekenen en dan kijken we of Ida en tante Marie hem mooi vinden.'

'O ja,' riep het ventje opgetogen en hij stormde naar buiten. Marie en Ida keken de twee glimlachend na.

'U doet hem goed,' zei Marie dromerig.

'Hij mij ook,' verzekerde Ida haar en ze overwoog even of ze de problemen met Luciens vader ter sprake zou brengen. Misschien had de sympathieke Marie wel een goed advies voor hen? Maar eerst liet de kunstenares haar nog een paar andere schilderijen zien. 'Je kunt in al deze bontgekleurde landschappen heerlijk wegdromen,' zei Ida uiteindelijk peinzend. 'En van deze aanblik krijg ik zelfs kippenvel.' Ze wees op een doek waarop onweer boven een woelige zee was afgebeeld. 'Daar zie je hoe machtig de natuur is,' zei ze gefascineerd.

'Ja, het was een heel bijzondere middag toen ik de inspiratie daarvoor kreeg,' herinnerde de schilderes zich. 'Ik werd kletsnat en moest door één grote modderpoel naar huis rennen. Ik heb me vrijwel nooit zo vol leven gevoeld.'

Zou Marie van haar kunst kunnen leven? Dat verdiende ze zeker, maar vooral vrouwelijke kunstschilders hadden het zwaar, dat wist

Ida van een galeriehouder die klant was geweest van hun banketbakkerij in Stuttgart.

Daarna liet Marie Ida een schilderij zien dat aanmerkelijk vreedzamer overkwam. Het was een zonsondergang in een bos vol bonte herfstbladeren. Marie wees naar het midden van het tafereel. 'Dat is de jachtkansel waar mijn vader is overleden,' legde ze uit. 'Misschien een beetje macaber, maar ik vind dat papa een mooi vertrekpunt heeft uitgekozen voor de grote reis.'

'Inderdaad,' bevestigde Ida zachtjes. 'Drie jaar geleden is mijn oma van moederskant gestorven. Hoeveel pijn dat ook deed, het had ook iets troostends. Oma Nägele hield van het Meer van Konstanz en op een dag is mijn moeder er met haar naartoe gegaan. Volgens maman sloeg ze daar vanaf het terras van hun hotel vol enthousiasme drie amazones op witte paarden gade aan de oever. En daarbij is ze vredig glimlachend ingeslapen, zonder waarschuwing vooraf, zonder pijn.'

Marie knikte. 'Ook een prachtige voorstelling. Witte paarden bij een groot meer, boodschappers uit een andere, mystieke wereld.'

'Denise zei dat u omgevingen schildert waar je graag naartoe zou willen vluchten,' zei Ida. 'Zo voel ik het ook.'

'Dank u! Denise heeft alle reden om te willen vluchten. Het is beslist niet eenvoudig om samen te zijn met mijn jonge neef,' prevelde Marie met een sombere gelaatsuitdrukking. 'René wordt verteerd door ambitie. Toen het zo lang duurde voordat ze zwanger werd, deed hij uiterst onaangenaam tegen haar. En ik ben bang dat geen enkele vrouw veilig is voor hem. Het overlijden van zijn opa heeft hém nog wel het meest aangegrepen. Hij ging vaak mee op jacht. En in tegenstelling tot Lucien had hij er ook geen probleem mee om dieren te doden. Sinds de dood van mijn vader vijf jaar geleden voelt hij zich blijkbaar onder tijdsdruk staan. Dat alles van het ene op het andere moment afgelopen kan zijn, dat besef heeft René heel erg veranderd.'

Dat kon Ida zich goed voorstellen. Iedereen reageerde anders op zo'n verlies. Zelf had ze na de dood van haar oma besloten om zinloze onenigheid uit te praten en nog meelevender te luisteren naar de zorgen van mensen.

Toen ze dat tegen Marie zei, keek de schilderes haar glimlachend aan. 'Vaak is het niet voldoende om je bezig te houden met de problemen waarover de mensen vertellen. Soms ligt de sleutel in de dingen die ze verzwijgen.'

Die zin deed Ida direct denken aan de haat van Jacques Picard tegenover haar familie en aan zijn oorlogservaringen die hij niet met hen wilde delen.

Marie leek haar gedachten te raden. 'Lucien heeft me verteld dat mijn broer uw vader de schuld geeft van het verliezen van zijn arm.'

Ida knikte, blij dat Marie nu uit zichzelf over het onderwerp begon. 'Vandaag is koster Busch bij hem. We hopen dat hij hem ervan kan overtuigen ons een kans te geven.'

'Als er iemand is die een positieve invloed zou kunnen hebben op Jacques, dan is het inderdaad Wolfgang Busch wel. Hij heeft tenslotte het leven van mijn broer gered.'

'Echt waar?' vroeg Ida verbaasd. Daar had Lucien haar nog niets over verteld.

'Ja,' bevestigde Marie. 'Dat verhaal heb ik een keer aan Jacques weten te ontlokken. Nadat zijn arm was geamputeerd, had hij lange tijd koorts en was hij in levensgevaar. In het veldhospitaal voor gevangenen waakte Wolfgang Busch destijds bij hem. Hij heeft de arts er ook op gewezen dat hij een bloeding had, waaraan mijn broer bijna was gestorven. Toen hij na dagenlange bewusteloosheid weer bij kennis kwam, werd hem meegedeeld dat hij zijn leven uitgerekend te danken had aan een Pruis, Wolfgang Busch.'

'Uw broer zegt dat zijn toenmalige beste vriend is omgekomen tijdens de beschietingen door de Pruisische troepen,' herinnerde Ida zich.

'Ja, dat was mijn verloofde,' zei Marie triest. 'Édouard.'

Ida was geschokt. Ook dat had Lucien haar niet verteld. 'Wat... wat vreselijk,' stamelde ze gegeneerd. 'Daar had ik geen idee van.'

'Édouard Bour woonde in de wijk in Straatsburg waar mijn broer als bakkersleerling begon,' vertelde Marie schor. 'Hij werd al snel zijn beste vriend. Vlak voor het uitbreken van de oorlog ging ik op bezoek bij Jacques en nadat hij me had voorgesteld aan die goedhartige man, kregen we het allebei lelijk te pakken. Ik was voor de allereerste keer tot over mijn oren verliefd, ook al was hij pas zeventien en ik ruim drie jaar ouder. Dat hij was omgekomen bij het bombardement, hoorde ik pas bijna twee maanden na zijn dood. Weghäusel was op dat moment al veroverd en je kon Straatsburg niet in of uit. Daardoor heb ik natuurlijk ook de begrafenis gemist. Een graf om te bezoeken is er niet. Net als zo veel anderen werd Édouard begraven in de Botanische Tuin.'

'Dan hebt u nog meer reden dan uw broer om ons Duitsers te haten,' zei Ida met trillende stem.

Maries woorden stelden haar echter gerust. 'Zinloze haat en machtswellust hebben Édouard het leven gekost. Ik krijg hem niet terug door te blijven haten.'

Ida vroeg zich af of zij ook zo ruimhartig zou zijn als Lucien door iemand werd vermoord. Het was bij een dergelijk verlies vast en zeker heel verleidelijk om een schuldige te zoeken. Marie was echt een geweldige vrouw, dacht ze bewonderend. Waarom had zo'n fantastisch persoon nooit een nieuwe liefde gevonden? Was de wond die was veroorzaakt door het verlies van haar verloofde ook na ruim twintig jaar nog niet geheeld?

Marie toverde een schilderij tevoorschijn waarop een lachende jonge man met strohoed te zien was. Op de achtergrond herkende Ida het Münsterplein, badend in het zonlicht. Dat moest Édouard zijn.

'Wat een lieve glimlach,' zei ze schor.

Marie knikte weemoedig. 'Op deze manier blijf ik me hem herinneren.'

De kunstschilderes probeerde de stemming wat luchtiger te maken. 'Wat mijn broer ook beslist, hier bij mijn moeder en mij in Weghäusel zult u altijd welkom zijn, Ida.'

'Dank u wel,' antwoordde Ida geroerd.

De hartige taart met spekjes en prei smaakte uitstekend en tot Ida's verrassing had de oude madame Picard ook Gustave uitgenodigd, de vader van mademoiselle Nanty. De huisdame van de Tritschlers was zelf druk met de voorbereidingen voor haar huwelijk.

'Antoinette en Gaston gaan in een katholieke kerk trouwen,' vertelde de oude man goedgemutst en hij liet door Bernadette Picard een derde stuk taart op zijn bord schuiven. 'Gaston wordt volgende week gedoopt door de katholieke geestelijke, dan kunnen ze elkaar al op 23 mei het jawoord geven, lang voor de verjaardag van Antoinette.'

Dat zou een dinsdag zijn. Ida wist natuurlijk al van monsieur Leroc dat grote trouwfeesten in de Elzas traditiegetrouw op die dag van de week plaatsvonden.

Alle aanwezigen leken blij te zijn voor het paar dat elkaar zo laat in hun leven nog had gevonden.

'Bruiloften zijn leuk,' benadrukte zelfs Marcel.

Ida en Lucien wierpen elkaar een blik vol verlangen toe. Wat hadden ze het ventje graag nóg een leuke trouwerij in het vooruitzicht gesteld.

Toen de twee na hun terugkeer uit Weghäusel een bezoek brachten aan Wolfgang Busch in zijn kosterswoning bij de kathedraal om te horen hoe het gesprek met Luciens vader was verlopen, had die echter geen goed nieuws voor hen.

'Jacques heeft daadwerkelijk uitgezocht wie er destijds dienst had. Daarom weet hij zeker dat Franz Tritschler schuldig is aan het verlies van zijn arm,' zei de koster. 'Hij zal nooit akkoord gaan met uw huwelijk, vrees ik. En dat ik dat onderwerp ter sprake heb gebracht heeft zijn humeur er alleen maar slechter op gemaakt. Ik vind het heel erg dat ik geen beter nieuws heb. Mochten de problemen met uw vader de komende tijd nog hoger oplopen, dan kunt u altijd bij mij uw toevlucht zoeken. Hoewel de kosterswoning eenvoudig is, is er ruimte genoeg.'

Wolfgang Busch kwam uitgesproken terneergeslagen over. Blijkbaar vond hij het heel verdrietig dat hij niet kon bijdragen aan het geluk van het jonge stel.

Triest gaf Ida een kneepje in Luciens hand. Ze hadden hun hoop te veel gevestigd op het gesprek van de koster met de patissier.

Maar het werd nog erger. 'Uw vader was sowieso al in een zeer slecht humeur,' ging Wolfgang Busch verder. 'Tijdens ons gesprek voegde uw moeder zich namelijk bij ons. Ze vertelde Jacques dat er waardevolle sieraden waren verdwenen uit haar ladekast. Hij werd razend en wilde zijn wachtpost op straat zetten.'

'Wat?' riep Ida ontdaan.

Vijf dagen lang was alles goed gegaan. Geen inbreker had zich in de buurt van patisserie Goldschmidt gewaagd sinds die werd bewaakt door Maximilien Fouché. En nu had die onbekende weer toegeslagen? Ontslag zou voor de voormalige hoogleraar zeker betekenen dat zijn net opgebouwde nieuwe leven werd verwoest.

'Dat mogen we niet laten gebeuren!'

17

'Wanneer heb je die sieraden dan voor het laatst gedragen?' vroeg Lucien aan zijn moeder.

Eenmaal weer thuis was hij op zoek gegaan naar zijn ouders, die met René in de bibliotheek zaten. Marcel was tot zijn spijt achter hem aangelopen. Hij had de jongen het gesprek graag bespaard, omdat hij bang was dat zijn neefje zich thuis niet meer veilig zou voelen als hij wist van de inbraken. Maar er was geen oppas voor het ventje, het kindermeisje had haar vrije dag en Denise was op pad in de stad.

'Dat moet tijdens het bal op oudejaarsavond zijn geweest,' beantwoordde Claire de vraag van haar oudste zoon. 'Vanochtend wilde ik mijn garderobe bij elkaar zoeken voor de receptie van de burgemeester. En toen viel me op dat er juwelen ontbraken.'

'Met andere woorden, de sieraden kunnen al bij de eerste twee inbraken zijn gestolen. Inmiddels zijn de sloten vervangen,' vatte Lucien het samen. 'Maar wij weten natuurlijk dat de inbreker daarvóór vrije toegang moet hebben gehad.'

'Wat maakt het nou uit wanneer de sieraden zijn gestolen?' wilde zijn broer weten.

'Het tijdstip zegt iets over het feit of monsieur Fouché echt iets te verwijten valt. Het is onrechtvaardig om hem de verdwijning van de juwelen aan te wrijven. We mogen hem in geen geval ontslaan,' beklemtoonde Lucien. 'Dan zijn we niet meer beschermd tegen het opnieuw binnendringen van de inbreker.'

'Hij heeft gelijk,' was zijn moeder het met hem eens. 'Het kan inderdaad zo zijn dat de juwelen al langer weg zijn. En ik voel me met een wachtpost gewoon veiliger.'

'Nou, goed dan, wat mij betreft kan Fouché vooralsnog blijven,' bromde zijn vader uiteindelijk.

Lucien probeerde zijn enorme opluchting te verbergen. 'Dan kan ik hem dat beter meteen laten weten, voordat hij een ander aanbod accepteert,' zei hij zo terloops mogelijk. 'Weten jullie waar hij nu is?'

'Boven in zijn kamer,' wist René. 'Hij pakt zijn spullen.'

Nadat Lucien op de deur van de zolderkamer had geklopt, duurde het een hele tijd voordat er een vermoeid 'Binnen' klonk.

'Monsieur Fouché, u mag blijven,' riep Lucien nadat hij de deur had geopend. Zijn glimlach stierf echter weg toen er een alcoholwalm naar hem toe dreef.

Fouché had een vuurrood hoofd, zijn koffer met daarin zijn tweede kostuum was nog open. 'Echt waar?' vroeg hij voor alle zekerheid.

'Ja, ik heb mijn vader ervan weten te overtuigen dat de juwelen naar alle waarschijnlijkheid al bij een eerdere inbraak zijn gestolen,' antwoordde Lucien en hij zette een stap het vertrek in.

'Dat is geweldig,' zei de wachtpost op verdacht onduidelijke toon.

Lucien zag nu in de koffer naast de pantalon van het pak een halflege fles brandewijn liggen. 'U hebt gedronken,' zei hij en in zijn stem klonk de teleurstelling duidelijk door.

Maximilien Fouché sloeg zijn ogen neer en knikte. 'De gedachte om alles weer te verliezen, was zo onverdraaglijk.'

'Maar… dat heeft toch geen nut.' Lucien wees naar de fles.

'Ik wilde alles even vergeten,' mompelde Fouché. 'Ik heb misbruik gemaakt van uw vertrouwen. Daarom kan ik toch maar beter gaan. Ik leefde niet voor niets op straat. Ik ben gewoon niet te vertrouwen.'

'Ik vertrouw u wel. Misschien kunt u dat zelf dan ook?' zei Lucien. 'Mijn familie heeft uw bescherming nog steeds nodig.'

De oude man keek hem weifelend aan.

Zoals afgesproken had Ida voor het huis van de Picards staan wachten om van Lucien te horen of alles goed was verlopen. Toen hij eindelijk naar buiten kwam, was ze tot op het bot verkleumd. Het was 's avonds nog flink koud.

'Is het gelukt?' vroeg ze bibberend.

Lucien trok onmiddellijk zijn jasje uit en sloeg het liefdevol om haar schouders. 'Nou ja, mijn vader ging er wel mee akkoord, maar...'

Op dat moment kwam monsieur Fouché met zijn sabel het huis uit om te beginnen met zijn wacht.

'Dus toch!' riep Ida blij.

'Monsieur Picard, dank u wel dat u moeite voor me hebt gedaan. Maar ik wil u toch iets in overweging geven,' zei de man nadat Ida hem opgelucht had begroet. 'Bij de eerste twee inbraken was uw moeder thuis. Is het niet erg onwaarschijnlijk dat niemand heeft gemerkt dat de juwelen uit haar kamer werden gestolen?'

'Dat zou betekenen dat de sieraden toch pas later werden gestolen,' zei Ida en ze knikte peinzend. 'De inbreker moet daarom ook na het verwisselen van de sloten toegang hebben gehad tot jullie woning.'

'Zou het dan toch een van onze bedienden zijn?' vroeg Lucien. 'Dat kan toch niet.'

'Soms is je vertrouwen misschien te groot,' vond monsieur Fouché.

Ida schonk hem een geïrriteerde blik. Ze merkte dat hij aangeschoten was en hoopte dat Luciens vader hem niet in die toestand zou betrappen. Dan was monsieur Fouché zijn baan beslist voorgoed kwijt.

'Wie hebben er allemaal toegang tot jullie woning?' vroeg ze aan Lucien. 'Jullie kokkin en het kindermeisje...'

'... en onze jonge bediende, monsieur Rumann,' vulde Lucien aan. 'Verder het kamermeisje Bärbel. Ze woont dan wel bij haar ouders, maar ze heeft ook een sleutel. Hm, van Rumann weet ik eigenlijk het minst. Die is pas sinds een half jaar bij ons in dienst en hij zegt niet veel.'

‘Misschien moet u een oogje in het zeil houden,’ stelde Maximilien Fouché voor. ‘Of iemand opeens dure dingen koopt die hij zich normaal gesproken niet kan veroorloven.’

‘Of zíj, het kan natuurlijk ook om een van de vrouwelijk personeelsleden gaan,’ zei Lucien. ‘Ik zal mijn schoonzus Denise deelgenoot maken. Zij kan dan iedereen in de gaten houden als ik op de universiteit ben en u voor het huis op wacht staat.’

‘Ik duld geen tegenspraak,’ bulderde Franz Tritschler en hij keek zijn kok streng aan.

Ida was via de open deur van het kantoor bij de winkel getuige van het gesprek. Monsieur Leroc was net teruggekomen van de notaris, waar hij samen met mademoiselle Nanty het huwelijkscontract had ondertekend, toen zijn werkgever hem bij zich had ontboden.

Nu stond de kok bijna geïntimideerd voor de patriarch, terwijl het eigenlijk om iets prettigs ging: de bruiloft zou traditiegetrouw plaatsvinden op de boerderij van mademoiselle Nanty’s vader in Weghäusel en de grootbakker stond erop de kosten daarvan op zich te nemen. Dat was zijn cadeau aan het bruidspaar.

‘Misschien kunt u dan tenminste iets op mijn loon inhouden?’ vroeg de trotse kok, maar Franz Tritschler schudde heftig zijn hoofd.

‘Nee, nee, nee, beste man. Daar wil ik helemaal niets van horen. Ik ben u nog wat verschuldigd.’

Monsieur Leroc keek zijn broodheer vragend aan.

‘Zonder u en uw aanstaande vrouw had ik nooit vier goedlopende banketbakkerijen kunnen openen,’ legde Franz uit. ‘U was er beiden altijd dag en nacht voor mijn gezin. Wat zou ik voor baas zijn als ik u daarvoor niet zou bedanken met een mooi feest? Ik weet dat u uw trots hebt, Gaston, maar wilt u mij alstublieft voor deze ene keer de mijne laten behouden?’

Ida besloot om tijdens de middagpauze langs te gaan bij mademoiselle Nanty om haar te feliciteren met de ondertekening van het huwelijkscontract.

Ze trof de huisdame aan in de keuken, waar ze de voorraden controleerde en een boodschappenlijstje maakte.

'Ik ben zo blij dat uw huwelijkscontract nu getekend is,' zei Ida hartelijk.

De oudere vrouw glimlachte. 'Bij ons ging het allemaal veel eenvoudiger dan bij u en Lucien het geval zal zijn.'

Ida knikte. 'Geen vader met wie u overhoop ligt,' zei ze zuchtend.

'O, dat bedoel ik helemaal niet,' antwoordde de aanstaande bruid. 'Door onze leeftijd zijn voor ons gewoon een aantal tradities niet van toepassing. Maar bij u en Lucien wel.'

Ida keek haar nieuwsgierig aan.

'Nou, eerst onderhandelen de twee gezinshoofden langdurig en stroef over wie wat inbrengt in het huwelijk. Soms worden die onderhandelingen afgebroken. Dat is voor de helft serieus en gedeeltelijk voor de grap.'

'O,' zei Ida en ze stelde zich voor hoe Jacques Picard en haar vader aan één tafel zaten en onderhandelden over wie het meest aan de uitzet moest bijdragen. Als het toch ooit zover kwam... In hun geval zou dergelijke onenigheid waarschijnlijk alle perken te buiten gaan, en grappen zouden er zeker niet worden gemaakt.

'Als ze het dan eindelijk eens zijn, worden de huwelijkse voorwaarden op papier gezet. En de bruid weigert dan eerst een keer om het te ondertekenen.'

'Waarom dat dan?' vroeg Ida verbaasd, terwijl ze plaatsnam op een keukenstoel.

'Om de spanning op te voeren,' antwoordde de huisdame grijnzend. 'Ze loopt dan weg en de bruidegom gaat achter haar aan. Hij biedt geld en dan tekent ze. Gelukkig wil Gaston afzien van dat gebruik.'

Ida moest glimlachen bij het idee dat de kok mademoiselle Nanty achternazat. Zou Lucien misschien ook staan op die rituelen als bij hen op een dag alles toch nog in orde kwam?

'Als alle voorbereidingen erop zitten, is er in de periode voor de ceremonie een overvloedig diner, waarvoor ook de geestelijke wordt uitgenodigd. Voor het bruiloftsmaal zelf wordt dan vee geslacht en de trouwkleding moet worden gemaakt. Hier in de streek krijgt de bruid behalve de trouwjurk zo'n twintig tot veertig rode, blauwe en groene jurken.'

'Zo veel?' vroeg Ida verbaasd. 'Dat is genoeg voor een heel leven.'

'Als ze tenminste niet zwaarder wordt,' zei de huisdame glimlachend en ze keek omlaag. Ze was niet dik, hoewel ze in de loop der jaren rond haar heupen wel wat voller was geworden. 'Ik ga 's zondags al naar Weghäusel. Hoewel Gaston en ik veel van de normale gebruiken laten varen, blijven er nog wel een paar over,' vertrouwde ze Ida toe.

'Er zijn er nóg meer?' vroeg ze.

'O ja. Je zou er een heel boek over kunnen schrijven,' zei mademoiselle Nanty vrolijk. 'Alleen al het uitnodigen van de gasten is heel omslachtig. Voor elk afzonderlijk huis van de genodigden wordt een pistoolschot afgevuurd. Die zogeheten bruiloftsnodigers dragen blauwe jassen en hoeden, die de bruid vooraf versiert met bloemen.'

'En wordt er dan ook voor ons huis geschoten?' vroeg Ida.

De huishoudster schudde haar hoofd. 'Nee, van die traditie zien wij af. Het zal tenslotte geen enorme trouwerij worden. Maar het is gebruikelijk dat de bruid op de avond voor de huwelijksvoltrekking gebak brengt naar de buren en de pastoor. Uw vader staat erop om alles in hoogsteigen persoon te bakken.'

'Ik ben zo blij dat u na de bruiloft bij ons blijft werken,' zei Ida aangedaan. Gewoonlijk stopten vrouwen met werken als ze trouwden.

'Och, ik denk niet dat er in ons geval nog kinderen komen,' grapte de huisdame. 'Bovendien kan ik me een leven zonder u allemaal helemaal niet meer voorstellen.'

'U hoort natuurlijk gewoon bij de familie,' zei Ida en opeens brak haar stem.

Op haar beurt werd het de huisdame ook even te veel en ze pakte ontroerd de hand van het meisje dat ze al op schoot had genomen om haar te troosten toen ze nog maar vier jaar oud was. Daarna keek ze Ida bijna verlegen aan en vroeg: 'Wilt u me de eer bewijzen om mijn bruidsmeisje te zijn?'

Ida had de nacht voor het huwelijk doorgebracht op de boerderij van de familie Nanty in Weghäusel. Ze was al kort na het eerste kraaien van de hanen opgestaan en was blij dat de wolkeloze hemel hoop gaf op koninklijk weer voor het bruidspaar. Bij wijze van uitzondering hielp zíj vandaag haar vroegere kindermeisje bij het aankleden en het in model brengen van haar haar.

'U ziet er prachtig uit,' vond Ida nadat ze klaar was met haar werk.

Omdat Ida als bruidsmeisje ook op een speciale manier moest worden gekleed en Antoinette Nanty zich niet meer al te veel mocht bewegen, nam Luciens oma die taak op zich. Nadat Bernadette het meisje liefdevol had geholpen met haar kleding en kapsel werd Ida opgehaald door Gustave, de charmante vader van mademoiselle Nanty. De grijze man glimlachte naar Luciens oma en Ida zag de vertrouwelijkheid tussen de twee.

Gustave hielp haar in de met bloemen versierde paard-en-wagen en legde met haar de korte weg naar de pastorie af. Traditiegetrouw brachten de vader van de bruid en het bruidsmeisje de geestelijke op de ochtend van het huwelijk een opkikkertje. Ida en Gustave hadden een mand met de bruidssoep, waarin een royaal stuk rundvlees lag, en daarbij witbrood. In de pastorie overhandigde monsieur Nanty de geestelijke ook nog een zakdoek waarin een tak rozemarijn was gewikkeld. Ook dat was traditie, had hij Ida onderweg verteld. 'Dat ik dit nog mag meemaken,' had hij voor de zoveelste keer ontroerd gemompeld. 'Nu gaat mijn meisje toch nog trouwen.'

Ida zei haar ingestudeerde spreuk op. 'Het bruidspaar is gereed voor de kerk.'

‘Moge meneer de pastoor zich het meegebrachte ontbijt eerst goed laten smaken,’ vulde monsieur Nanty aan.

De katholieke geestelijke, die op Ida aanmerkelijk goedmoediger overkwam dan hun pastoor in de stad, glimlachte welwillend. ‘Dat zal ik doen, kindje. Dat zal ik doen.’

18

Toen Lucien in de koets van de Picards de kleine katholieke plattelandskerk naderde, keek hij vol voorpret uit naar het feest en de ontmoeting met zijn oma, tante Marie en natuurlijk vooral Ida. Hij was nog maar net uitgestapt of de klokken begonnen te luiden. De pastoor verscheen om het bruidspaar naar de kerk te begeleiden. Antoinette Nanty zag er in haar trouwjurk en met het mutsje op haar hoofd werkelijk betoverend uit. Haar toekomstige man, monsieur Leroc, kwam in zijn zwarte trouwpak uiterst elegant over. Achter het bruidspaar ontdekte Lucien de bruidsmeisjes, eerst zijn tante Marie en daarna Ida. Door haar aanblik begon zijn hart sneller te kloppen. Net als de bruid had ze een mutsje op dat eruitzag als een gouden kroon, waar een rood lint omheen was gewikkeld. Op haar voorhoofd had ze een prachtige tiara van parels en gouddraad.

Op het moment dat Ida Lucien naast zijn oma ontdekte verscheen er een gelukkige glimlach om haar lippen. Telkens opnieuw kruisten hun blikken elkaar terwijl ze onder klokgelui naar de kerk schreden.

Bij de deuren stond een handjevol grimmig kijkende herderinnen, die de bruid de toegang versperden. Ze eisten geld van haar vader. Ida keek geschrokken naar Lucien. De vrouwen waren toch niet op het idee gekomen om de mooie dag van het stel te bederven? Maar aan de geamuseerde gezichten van de omstanders zag Ida dat ook dit blijkbaar traditie was.

Ik moet nog veel leren voordat ik met Lucien ga trouwen, dacht ze. Als het ooit een keer echt zover komt.

Daarna begon de kerkdienst. De preek van de pastoor was buitengewoon ontroerend, vond Ida, die telkens weer Luciens kant op keek. Aan de hunkering in zijn ogen zag ze dat ook hij in gedachten voor zich zag dat zíj tweeën hier vandaag het jawoord gaven. In zijn blik las ze de belofte dat zij vroeg of laat ook daar vooraan zouden staan. Hij was er al mee bezig om zijn voornemen te realiseren. Al een tijdje was hij op zoek naar werk in een laboratorium, dat hij naast zijn studie kon uitvoeren. Een huwelijk tegen de wil van zijn vader zou uiteindelijk pas mogelijk zijn als Lucien in staat was om zonder de hulp van de verbitterde Jacques Picard voor Ida en een eventueel kind te zorgen.

Nadat het bruidspaar elkaar het jawoord had gegeven en de ringen waren uitgewisseld, klonk voor de kerk een donderend geweersalvo. Ida kromp geschrokken ineen, maar ook dit leek normaal te zijn. De schoolmeester uit een naburig dorp speelde op het orgel. Buiten werden de bruiloftsgasten onthaald op nog meer geweerschoten en vrolijke muziek.

Nu kon Ida eindelijk naar Lucien gaan. Wat had ze hem graag met een kus begroet, maar dat durfde ze niet. Ze had sowieso een wat onbehaaglijk gevoel, tenslotte verschenen ze vandaag voor het eerst als verloofd stel in het openbaar en ze wisten allebei dat ze zich daarmee de woede van Jacques Picard op de hals zouden halen.

'Als je vader dit hoort...' fluisterde ze tegen hem.

'Och, tante Marie en oma zullen het voor zich houden. En verder is natuurlijk alleen jouw familie hier. Die zullen het beslist niet aan mijn vader verklappen.'

Ida knikte, hoewel haar blik zenuwachtig ronddwaalde. Ze kromp ineen toen ze een magere man van midden veertig in een donker pak en met een nette scheiding in zijn haar ontdekte, die naar de mensenmassa voor de kerk slenterde. 'Kijk, dat is de broer van mademoiselle Nanty!' siste ze tegen Lucien. 'Hopelijk zorgt hij niet voor problemen.'

Charles Nanty, die er die dag ongewoon verzorgd uitzag, hield zich echter op de achtergrond en keek telkens schichtig naar het pasgetrouwde stel, dat zich voor het minieme kerkje had opgesteld om alle gelukwensen in ontvangst te nemen. Blijkbaar durfde hij het niet aan om hen te feliciteren. Uiteindelijk vermande hij zich toch.

'Ik wens jullie vanuit het diepst van mijn hart alle goeds, Netty,' zei hij oprecht.

'Fijn dat je de lange reis hiernaartoe hebt gemaakt,' antwoordde ze terughoudend, maar toch met een liefdevolle blik. 'Hoe gaat het in Frankfurt?'

'De boerderij voelt als een nieuw thuis,' zei Charles stralend. 'Net als al mijn kameraden daar heb ik de drank volledig afgezworen en het spelen al helemaal.'

Omdat hij er zo verzorgd uitzag, was ook Ida geneigd om de voormalige speelverslaafde te geloven. Hij was inderdaad al die tijd in Frankfurt geweest en viel daarmee definitief af als verdachte voor de diefstallen in het huis van de Picards.

'Als dat zo is, dan ben je natuurlijk ook weer welkom bij mij op de boerderij,' bromde Gustave Nanty, die naast zijn dochter stond.

'Dank je, pa,' zei Charles ernstig. 'Ik zal je niet teleurstellen.'

De bruid glimlachte opgetogen en haar bruidsmeisje was blij voor haar. Nu heet mademoiselle Nanty dus madame Leroc, dacht Ida. Daar zou ze eerst wel aan moeten wennen.

Een half uur later arriveerde de trouwstoet bij de boerderij van de familie Nanty, die Bernadette Picard met hulp van de vader van de bruid had veranderd in een ware bloemenzee. Pas nu zag Ida hoe prachtig het allemaal was geworden. Die ochtend was ze veel te onrustig geweest om er goed op te letten. De bloemen uit Bernadettes tuin tooiden ook de pronkkamer van de boerderij. Midden in de bloemenzee stonden de aantrekkelijk uitziende kunstwerkjes uit de patisserie opgesteld.

'Wat prachtig,' fluisterde Antoinette Leroc geroerd toen ze aan de arm van haar bruidegom de pronkkamer uit haar jeugd binnenstapte. Ida, die de hele ochtend nog niets had gegeten, merkte bij het zien van al het lekkers dat ze erge trek had en ze was het liefst meteen aangevallen op de gerechten. Tot haar verbazing leek niemand van de andere gasten zelfs maar te denken aan eten. Het duurde een hele tijd voordat iedereen had plaatsgenomen.

'Waarom duurt dat nou toch zo lang?' vroeg ze zachtjes aan Lucien, die als haar verloofde naast haar aan de feestelijk gedekte tafel mocht zitten.

'Niemand wil de eerste zijn,' zei hij. 'Dat zou onbeleefd zijn.'

Ida moest glimlachen. En kort daarop werd ze dan toch eindelijk verlost van haar honger. Nadat iedereen een toost had uitgebracht op het bruidspaar en hun een goede gezondheid en een lang leven had toegewenst, werd het middageten geserveerd door meisjes uit het dorp. Er was soep met grote stukken rundvlees en op dikke lagen zuurkool en spinazie lagen forse stukken varkensvlees, met daaromheen braadworsten en mergballetjes. Daarna werden pasteitjes met gevogelte en kalfsvlees geserveerd en bovendien gebraden varkensvlees met salade.

'En, heb je nog steeds honger?' vroeg Lucien grijnzend nadat iedereen zich uiteindelijk met tevreden smakgeluiden tegoed had gedaan aan het eten.

Ida schudde uitgeput haar hoofd. 'Ik heb nog nooit van mijn leven zo veel gegeten,' kreunde ze. 'Hopelijk heeft iedereen nog een plekje over voor ons gebak.'

'Maak je maar geen zorgen,' lachte hij. 'Wij Elzassers hebben een grote maag.'

Na het middageten hadden de gasten de gelegenheid om de benen te strekken. Ida's broer Oskar had een verrassing in petto voor het pasgehuwde stel. Samen met drie studiegenoten wilde hij dansmuziek ten beste geven.

Hij nam het woord. 'Lief bruidspaar,' begon hij. 'Mijn studiegenoot Gottfried hier komt uit Oostenrijk en hij heeft ons de schrammelmuziek geleerd. Hij is tegenwoordig onze muzikaal leider.'

De genoemde Gottfried speelde viool, Oskar zijn geliefde accordeon, een andere studievriend gitaar en de vierde speelde klarinet. De stralende monsieur Leroc leidde zijn bruid naar de dansvloer om het bal te openen. Ida glimlachte toen ze zag hoe de twee in gelukkige harmonie in driekwartsmaat op de muziek wegzweefden.

Na de bruidswals speelden Oskar en zijn vrienden een populair dansnummer dat onder de aanwezigen voor een uitstekende sfeer zorgde.

Lucien maakte een buiging voor Ida. 'De volgenden die aan de beurt zijn, zijn traditiegetrouw de bruidsmeisjes,' zei hij. 'Mag ik daarom deze dans van jou?'

Het voelde geweldig om zijn armen om zich heen te hebben en mee te deinen op de maat van de muziek. Ida nestelde zich dicht tegen hem aan.

Het bruidspaar danste eveneens goedgehumeurd verder en ook de rest van het gezelschap sloot zich bij hen aan. Zelfs de oude Gustave Nanty en Bernadette Picard hadden de eer.

Vervolgens voegde Antoinettes broer zich bij hen en feestte vrolijk mee, maar hij hield woord. Charles Nanty dronk geen druppel alcohol.

Na vier nummers verlieten Lucien en Ida de dansvloer voor een korte pauze. Ze pakte een puits d'amour om die te delen met haar verloofde. Ze was gek op de ronde lekkernij van bladerdeeg, boter, poedersuiker en jam, vooral de naam van het gebakje – bron van liefde – vond ze heel romantisch.

'Hieraan heb ik zelf meegebakken,' fluisterde Ida terwijl ze aan hun tafeltje gingen zitten. 'En daarbij dacht ik aan jou.'

Hij keek stiekempjes om zich heen en toen hij vaststelde dat op dat moment niemand naar hen keek, kuste hij haar voorzichtig op de lippen.

'Je smaakt suikerzoet,' constateerde hij.

Ze glimlachte en streelde zijn hand.

Even later zaten ze in harmonieus stilzwijgen bij elkaar en lieten zich het zoete gebak goed smaken.

'Hoe is het eigenlijk met monsieur Fouché?' informeerde ze uiteindelijk. Door alle voorbereidingen voor de bruiloft had ze de afgelopen dagen helemaal geen tijd gehad om de voormalige dakloze tijdens zijn werk te bezoeken.

'Stukken beter. Volgens mij heeft hij niet meer gedronken,' zei haar verloofde. 'En er is ook niets meer gestolen.'

Ida haalde opgelucht adem.

Het was al na tien uur 's avonds toen Lucien aan het eind van het heerlijk vrolijke feest aankondigde dat ze naar huis moesten. 'Het lijkt er niet op dat het kwartet nog gaat spelen, in ieder geval is je broer al een tijdje verdwenen.'

Ida keek zoekend om zich heen. 'Dat klopt, dat was me nog niet eens opgevallen,' zei ze. De andere muzikanten waren er nog wel en namen het er goed van, maar Oskar ontbrak.

Ze keek glimlachend naar haar verloofde. 'Zonder muziek en zonder partner kan ik sowieso niet dansen, daarom breng ik jou vandaag als geleide tot aan je voordeur. Dan kan ik monsieur Fouché ook meteen feliciteren met de twee weken zonder inbraken.'

Onderweg naar de boerderij hoorde ze zachte stemmen die vanaf het zitje links van de ingang tot hen doordrongen. Amélie en Oskar! Ida bleef staan om te luisteren en legde haar vinger tegen haar lippen.

'Ik heb advies nodig van een slimme vriend,' hoorde ze het winkelmeisje ongewoon ernstig zeggen. 'Kunnen we elkaar morgen na sluitingstijd ergens ontmoeten?'

Ida was blij. Misschien was er ook voor haar broer en Amélie nog hoop.

Monsieur Fouché was verbaasd én enthousiast toen hij Ida en Lucien ontdekte, die hand in hand naar patisserie Goldschmidt slenterden. 'Is de bruiloft al voorbij?' vroeg hij.

'Zo goed als,' antwoordde Lucien.

'We wilden ons niet tegoed doen aan allerlei lekkers en u hier honger laten lijden,' zei Ida en ze overhandigde de oude wachtpost plechtig een kleine mand vol zoete lekkernijen en een halve hartige taart.

'U bent altijd zo aardig voor me, mademoiselle,' zei monsieur Fouché ontroerd. 'Ik sta diep bij u in het krijt.'

'Onzin,' zei Ida met een afwijzend gebaar. 'Ik help u maar een heel klein beetje. En dat hebt u echt verdiend.'

Ze nam met een kus afscheid van Lucien, die vervolgens zijn ouderlijk huis binnenstapte.

Onderweg naar haar eigen woning hoorde ze op een oprit plotseling een vrouw in het Frans sissen.

'Nu is het genoeg! Laat me eindelijk met rust!'

Dat was toch Denises stem! Ida zette een stap naar voren en zag dat het daadwerkelijk om Luciens schoonzus ging. De persoon tegen wie ze het had stond echter in de schaduw en was niet te onderscheiden. Ida vroeg zich af of het René was die Denise daar lastigviel. Maar ze zou toch nooit op die manier tegen haar man praten?

'Dat zou jou wel goed uitkomen,' antwoordde een vrouwenstem, ook in het Frans. 'Ik heb recht op een stuk van de taart. En jij hebt nog altijd een grote voorsprong op mij, lieve schat.'

'Praat toch wat zachter!' smeekte Denise op nadrukkelijke fluistertoon. 'Laten we wat naar achteren lopen!'

Ida kon de twee niet meer zien of horen. Een beetje teleurgesteld liep ze verder.

Wat een eigenaardig gesprek, dacht ze. Wie kon Denises gesprekspartner nou toch zijn? Ze besloot om Lucien bij de eerstvolgende gelegenheid over de merkwaardige ontmoeting te vertellen.

19

Oskar was net zo ongedurig als bij zijn allereerste afspraakje met een meisje. Dat Amélie hem wilde ontmoeten had hem verrast en hij was er blij om. Maar het zette hem ook onder druk. Als er één mogelijkheid was om het innemende winkelmeisje voor zich te winnen, dan was het vandaag wel. Daarom had hij zijn beste pak aangetrokken en zijn haar gefatsoeneerd voor de spiegel.

Ze hadden afgesproken in restaurant Zuem Strissel, niet ver van de kathedraal. Toen Oskar iets te vroeg bij het smalle gebouw arriveerde, zat Amélie al in haar eentje buiten aan een tafeltje. Op een rood-wit geruit tafellaken stond een kaars en het rook er heerlijk naar de uientaart waarvan Oskar sinds hij in Straatsburg was komen wonen geen genoeg kon krijgen. Net als van Amélie, die er in het kaarslicht gewoon prachtig uitzag.

'Goedenavond,' zei ze toen hij naar het tafeltje liep en ze kwam op hem vreemd genoeg nog zenuwachtiger over dan hij zelf was. 'Wat fijn dat je tijd kon vrijmaken.'

'Zo'n gelegenheid laat ik toch zeker niet aan me voorbijgaan?' antwoordde Oskar met een even scheve als onzekere grijns terwijl hij plaatsnam op de donkere houten stoel en daarbij tegen de tafelpoot stootte. Hij negeerde de pijn en keek Amélie stralend aan. 'Ik was ontzettend blij met je voorstel.'

Hij constateerde verwonderd dat haar handen trilden. Wat was er met haar aan de hand? Tot nu toe was ze in zijn bijzijn altijd uiterst zelfverzekerd overgekomen. 'Het is een geweldig idee om elkaar een keer buiten de lunchroom te ontmoeten,' zei hij om het gesprek op gang te brengen.

Nadat ze hadden besteld – hij uiteraard uientaart en zij traditionele gehaktkoekjes – keek Oskar haar nieuwsgierig aan. 'Wat wilde je me vertellen?'

Ze keek even om zich heen. De enige andere gasten zaten aan een van de kleinere tafeltjes dichter bij de ingang en daarmee buiten gehoorsafstand.

'Ja, nou, eh, ik hoop dat we hierna vrienden kunnen blijven,' begon Amélie aarzelend. 'Maar ik ken niemand die zo open is als jij. Je wijst nooit met je vinger naar anderen. En je was niet beledigd dat het tussen ons natuurlijk niets kon worden.'

'Nou ja, dat was niet aan me te zien,' grapte hij en hij merkte dat er bittere teleurstelling in hem opwelde. 'Dat het tussen ons natuurlijk niets kon worden,' had ze gezegd. Dat klonk onherroepelijk en niet alsof hij weer hoop kon koesteren.

'Ja, humor heb je ook,' zei ze glimlachend. 'Daarom had ik graag verliefd op je willen worden. Want eigenlijk ben je een droomvent. Maar het gaat gewoon niet – en dat maakt misschien meteen ook het grote probleem dat ik met je wil bespreken duidelijk.'

Oskar was zo in de war dat hij zelfs zijn teleurstelling vergat. 'Wat... wat bedoel je?'

'Ik hoop zo dat je nog met me wilt praten als ik het je vertel,' zei ze ongewoon verlegen.

Er moest iets vreselijks zijn gebeurd. Opeens schoot hem te binnen dat Amélie pas geleden een kijkje had genomen in patisserie Goldschmidt en dat daar volgens Ida geld en sieraden waren verdwenen.

'Heb je... iets gestolen?' vroeg hij aarzelend.

Ze keek hem geschrokken aan. 'Nee, zoiets is het niet.' Ze haalde diep adem voordat ze verderging. 'Ik ben verliefd geworden, vrees ik.'

Oskar voelde een pijnlijke steek. Hij had haar liever een diefstal horen bekennen. Sinds ze hem op de bruiloft om een ontmoeting had gevraagd, was hij zielsgelukkig geweest bij het idee dat hij haar misschien eindelijk in zijn armen kon nemen om haar te kussen. En nu dit! Zijn maag kromp samen bij het idee dat hij Amélie misschien binnenkort met een andere man zou zien. 'Maar dat is toch juist fijn voor je,' wist hij dapper uit te brengen.

'Ja, maar...' ging ze weifelend verder, 'in mijn geval is het niet zo simpel. Ik ben verliefd geworden op... op een... vrouw.'

Nu stond Oskar helemáál perplex. Daar had hij geen moment rekening mee gehouden. 'O,' was het enige wat hij over zijn lippen kreeg.

'Ik dacht dat ik het jou wel kon vertellen omdat je zo hartelijk over je muzieklerares en haar partner vertelde,' fluisterde ze en ze keek hem smekend aan. 'Ik had gehoopt dat jij me niet zou veroordelen.'

Wat moest hij daarop zeggen? 'Weet die vrouw ervan?'

Amélie knikte. 'Ja, en ik heb de indruk dat zij hetzelfde voelt.'

'Hm, dan is er in ieder geval hoop,' zei hij mat.

'Maar je keurt het niet goed,' stelde ze met schorre stem vast.

Hij probeerde zijn gevoelens onder controle te krijgen en slaagde erin om te antwoorden. 'Hoezeer ik het je ook gun om net zo gelukkig te worden als mijn muzieklerares, ik maak me ook zorgen om je. En ik moet je eerlijk bekennen, zelf zou ik waarschijnlijk te laf zijn voor een dergelijke relatie. Ik zou bang zijn dat ik daarmee mijn toekomst zou vergooien. De mensen drijven de spot met je en zijn wreed als ze iets niet kennen.'

'Dat klopt,' zei Amélie ernstig. Waarschijnlijk waren dat soort gedachten bij haar ook al opgekomen.

'Hm, goed, dan kan ik er beter nog even over nadenken,' mompelde ze met een trieste blik in haar ogen. 'Dank je wel voor je openheid. Hoe is het verder met je?'

Hij wilde haar niet lastigvallen met de teleurstelling die hem overspoelde op het moment dat hij had moeten vaststellen dat ze nóg onbereikbaarder voor hem was geworden. Niet in de laatste plaats omdat hij daarvoor ook te trots was. Daarom besloot hij om het over iets anders te hebben. 'Ik maak me zorgen over mijn zusje. Lucien Picard is haar grote liefde.'

Amélie glimlachte. 'Dat valt moeilijk over het hoofd te zien.'

'Het vervelende is alleen dat ik het heel goed begrijp,' zei Oskar. 'Hij is echt een aardige vent, ik kan heel goed met hem opschieten. Maar hoe langer het allemaal duurt, hoe meer Ida eronder zal lijden als ze uit elkaar gaan. En dat zal gebeuren. Geen twijfel mogelijk. Zonder de steun van zijn vader kan Lucien tenslotte niet voor haar zorgen.'

Amélie zuchtte. 'Waarom zijn er in de liefde toch altijd zo veel obstakels?'

Oskar zuchtte gelaten. Dat vroeg hij zich ook af.

Het was donderdagochtend en Ida hielp madame Seefeldt, de van ontrouw beschuldigde vrouw van de notoir slechtgehumeurde zeephandelaar. Net als anders roddelden een paar klanten over de dame met de kastanjebruine krullen of ze bestraften haar met stilzwijgen of misprijzende blikken. Net als altijd was Ida daarom extra vriendelijk tegen haar. Waarom moesten de mensen altijd kletspraat verkopen? Ze konden zich beter met hun eigen zaken bemoeien. Nadat madame Seefeldt met gebogen hoofd met haar pretzels de banketbakkerij had verlaten, hoorde Ida opeens een stem die haar bekend voorkwam. Die stem behoorde aan een jonge vrouw met rood haar die bij Hélène een ijstaart had besteld. Ida fronste. Ze wist zeker dat ze haar nog nooit had gezien. Ze wist echter ook zeker dat ze die stem kende.

Pas toen de vrouw had betaald en de winkel had verlaten, drong het tot haar door. Het was de vrouw die dinsdagnacht ruzie had gehad met Luciens schoonzus.

'Ik moet even weg,' riep ze naar de verbaasde Amélie en ze vloog de winkel uit. Buiten keek ze snel om zich heen, maar de vrouw was al opgegaan in de menigte.

'Verdorie,' vloekte Ida zachtjes en ze ging terug naar de winkel, waar Amélie, die vandaag wonderlijk stil was, haar gelukkig niet met vragen bestookte. Ida wist dat Lucien op de universiteit was. Ze besloot hem in de middagpauze een bezoek te brengen om hem te vertellen over het merkwaardige gesprek van Denise met de roodharige vrouw.

Toen ze even na twaalven naar de universiteit liep, merkte ze dat een van de voorbijgangers was blijven staan en haar aanstaarde. Ze draaide zich om en herkende de gespierde student rechtswetenschappen die een paar weken eerder de destijds nog dakloze monsieur Fouché had bedreigd en die ze met een zware tak op zijn achterhoofd had geslagen. Dat hij zich haar ook herinnerde bleek overduidelijk uit zijn blik vol haat. Met een onbehaaglijk gevoel haastte ze zich verder. Ongerust stelde ze vast dat ook de jonge man zich weer in beweging had gezet en haar volgde. Het was glashelder dat hij haar angst wilde aanjagen en daar slaagde hij in. Ida raakte in paniek en ging nog sneller lopen. Omdat het plein voor de universiteit uitgestorven was, holde ze de trap naar de ingang van het gebouw op. Ze hoopte dat ze binnen zo snel mogelijk andere studenten zou aantreffen. De stappen van haar achtervolger kwamen steeds dichterbij, maar tot haar opluchting kwamen twee oudere mannen, waarschijnlijk hoogleraren, het gebouw uit. De gespierde jongen bleef staan en Ida maakte van de gelegenheid gebruik om vóór hem door de open deur de universiteit binnen te vluchten.

Ze wist de route nog die Lucien bij haar eerste bezoek had gevolgd om bij het laboratorium te komen. Daar stuitte ze tot haar blijdschap ook daadwerkelijk op haar verloofde.

'Ida,' zei hij stralend toen ze voor hem stond. Omdat er verder niemand in het laboratorium was, kon ze hem ter begroeting een kus geven. Om hem niet ongerust te maken verzweeg ze dat ze was achtervolgd en vertelde hem in plaats daarvan alle bijzonderheden over het merkwaardige gesprek tussen Denise en de jonge roodharige vrouw.

‘Hm, wij hebben natuurlijk ook een paar klanten met rood haar,’ zei Lucien peinzend. ‘En de naaister van mijn moeder heeft dat ook… Het is het beste om het rechtstreeks aan Denise te vragen. René is nog een paar dagen in Freiburg en mijn ouders gaan vanavond bij burgemeester Back op bezoek. Dat duurt altijd behoorlijk lang.’

Ida aarzelde. ‘Ik weet niet of dat wel zo slim is,’ gaf ze in overweging. ‘Er is natuurlijk een reden voor dat Denise haar op een donkere oprit ontmoette. Waarschijnlijk zal ze ons er niet zo makkelijk iets over willen vertellen.’

‘Op mij komt het eerder over alsof ze hulp nodig heeft,’ zei Lucien. ‘Denise en ik vertrouwen elkaar.’

‘Was ze dan niet allang naar je toe gekomen?’

Lucien schudde zijn hoofd. ‘Ook al kunnen we goed met elkaar overweg, Denise is erg schuw en het duurt altijd lang voordat ze haar mond opendoet. Laat het maar aan mij over. Ik ken mijn schoonzus.’

‘Moet ik er dan wel bij zijn?’ vroeg Ida voor alle zekerheid. ‘Met mij heeft ze natuurlijk geen vertrouwensband.’

‘Denise mag jou,’ stelde hij haar gerust. ‘En bovendien was jij er getuige van. Het is beter als je erbij bent dan dat ik zeg dat jij hebt gezegd…’

‘Prima,’ zei Ida. ‘Anders zou het misschien lijken alsof ik haar verraden heb. En ik wil haar echt niet tegen me in het harnas jagen, ze is tenslotte het enige lid van jouw familie dat het beste met me voorheeft.’

‘Dat is niet zo,’ zei Lucien glimlachend. ‘Marcel is gek op je. En ik ook.’

Ida moest lachen. ‘Stel dat je ouders en René…’ begon ze, maar hij onderbrak haar.

‘Die komen niet eerder naar huis. Als we om zeven uur afspreken, dan is het absoluut veilig. Bovendien vind ik het gewoon veel te leuk als je bij mij thuis bent. En als Marcel dan nog wakker is, is het ook voor hem een feest.’

‘Goed dan,’ zei Ida. ‘Dan wagen we het erop.’

De avond in huize Picard begon heel harmonieus, ondanks Ida's onderhuidse angst dat de patriarch van de familie en zijn vrouw toch vroeger zouden terugkomen van hun bezoek aan de burgemeester. Marcel was inderdaad nog op en stond erop dat zijn nieuwe 'knuffeltante Ida' hem voor het slapengaan een verhaaltje voorlas.

Nadat hij in slaap was gevallen, zat ze met Lucien en zijn schoonzus met een kop thee in de kamer bij de haard.

'Zeg, Denise, Ida vertelde me dat ze je pas met een vrouw met rood haar had gezien. Het leek erop dat je werd bedreigd,' begon Lucien uiteindelijk zo terloops mogelijk aan het onderwerp dat zijn verloofde en hem van het hart moest. 'Was dat onze naaister?'

Denise verschoot van kleur en sloeg haar ogen neer. 'Eigenlijk wilde ik jou daar niet mee lastigvallen,' prevelde ze en ze keek op. 'Dat was Natalie Berger.'

'O,' was de reactie van Lucien. Hij leek geschokt. Bloosde hij nou?

'Wie is die Natalie?' wilde Ida weten.

'Ze komt net als ik uit Sainte-Marie-aux-Mines,' vertelde Denise, 'we kennen elkaar uit het armenhuis. Tijdens mijn zwangerschap heeft ze me gesteund en was ze mijn gezelschapsdame. Ze is na de bevalling naar Parijs vertrokken.'

Ida merkte hoe onaangenaam Lucien het onderwerp leek te vinden.

'En waarom is ze weer terug?' vroeg hij ontstemd.

'Ze zegt dat René haar heeft uitgenodigd,' antwoordde Denise. 'Hij heeft ook voor een week een hotelkamer voor haar geboekt.'

Lucien keek haar niet-begrijpend aan. 'Waarom dat dan?'

'Nou ja,' zei Denise en ze gebaarde met haar kin naar Ida.

'Je bedoelt dat het expres was?' vroeg Lucien met ontzetting in zijn stem.

'Wat was expres?' riep Ida van haar stuk gebracht. 'Wat heeft dat met mij te maken?'

'Nou, die Natalie Berger probeerde me in die tijd overduidelijk te versieren,' gaf Lucien toe. 'Het leek haar wel wat als de vrouwen uit het armenhuis in Sainte-Marie-aux-Mines allebei een Picard zouden weten te strikken.'

Ida had het gevoel dat haar maag in brand stond. 'En jij hebt haar gevoelens niet beantwoord?' vroeg ze met schorre stem.

Lucien schudde zijn hoofd. 'Nee, ik vond haar eerlijk gezegd een beetje onheilspellend.'

'En waarom wilde René volgens jou dat ze terugkwam naar Straatsburg?' vroeg Ida.

'Ik denk dat hij het ook wel een goed idee vond als mijn jeugdvriendin en Lucien een stel werden,' vermoedde Denise.

'En nu wil hij waarschijnlijk dat ze Lucien afleidt.' Ida werd rood van kwaadheid.

'Wees maar niet bang, dat zal hem met geen enkele vrouw lukken met wie hij me wil opschepen,' verzekerde haar verloofde en hij streelde teder haar hand.

'Ik vraag me af waarom René me zo haat,' zei Ida verontwaardigd. 'Hij heeft tenslotte niet de oorlog als smoes, zoals je vader.'

'Ik heb wel een idee waar hij bang voor is,' zei Denise langzaam.

'En dat is?' vroeg Lucien.

'Jij bent natuurlijk de oudste,' legde ze uit aan haar zwager. 'Op dit moment heb je er aantoonbaar geen belangstelling voor om de patisserie te leiden, maar bij de volgende generatie kan dat natuurlijk anders zijn. Als jij een zoon krijgt, dan heeft die meer recht op de nalatenschap van jullie ouders dan Marcel. En van Natalie weet hij dat ze absoluut geen kinderen wil. Als jij met haar zou trouwen, dan blijft onze zoon dus de enige troonopvolger. Daarover ging de ruzie met haar. Ze vroeg me een goed woordje voor haar te doen bij jou. Dat heb ik natuurlijk geweigerd.'

Ida zag dat Lucien zijn vuisten balde.

'Zodra die smeerlap terugkomt, zal ik hem eens precies zeggen waar het op staat,' bromde hij.

'Doe dat alsjeblieft niet,' riep Denise smekend.

Lucien keek haar aan en het begon hem te dagen. 'Je bedoelt… dat

René dan denkt dat ik het van jou heb gehoord?'

Zijn schoonzus knikte bang. 'En dan zal hij me daarvoor laten boeten.'

Dat wilde Ida in geen geval en daarom probeerde ze haar verloofde te kalmeren. 'Ik geloof je als je zegt dat hij met die Natalie zijn doel niet zal bereiken.'

Vervolgens kuste ze hem zachtjes op zijn wang en onmiddellijk ontspande zijn gezicht een beetje.

'Ik moet nu echt gaan,' zei Ida met een blik op de staande klok. 'Stel dat je ouders of René toch eerder terugkomen. En bij mij thuis zullen ze me inmiddels ook missen.'

Opeens stond Marcel met een betraand gezicht in de deuropening. 'Oom Lucien, ik heb eng gedroomd.'

'Dan breng ik je naar bed en blijf bij je tot je weer slaapt,' bood Ida's verloofde aan en hij nam het ventje op zijn arm.

'Kun je zo lang wachten?' vroeg hij. 'Dan breng ik je naar huis.'

'Die paar stappen lukken nog wel in mijn eentje,' zei Ida glimlachend. 'Ik ben tenslotte al groot.'

In het trappenhuis dacht ze na over het merkwaardige gedrag van Denise. Ze liet liever de vriendin van haar zwager alleen naar huis gaan dan dat ze zelf haar door een nachtmerrie geteisterde zoontje troostte.

Ida had het huis net verlaten toen ze ruw tegen de muur werd geduwd door een donkere gestalte. Ze slaakte een kreet van schrik, maar haar belager legde hardhandig zijn hand over haar mond. Heel even dacht ze dat Jacques Picard haar had ontdekt en zijn zelfbeheersing had verloren. Nu zag ze echter tot haar ontzetting dat het om iemand anders ging. Het was de gespierde student die ze met een tak op zijn hoofd had geslagen en die haar die middag had achtervolgd.

'Zo, kreng dat je bent, nu zal ik je eens laten zien wat een echte man is,' hijgde hij akelig dicht bij haar gezicht.

Ze vocht verbeten, probeerde zich los te rukken uit zijn greep, wilde hem bijten of krabben, maar het had geen zin. Hij was sterker dan zij.

'Hoe meer je je verzet, hoe meer pijn het doet, rotwijf,' dreigde hij terwijl hij een prop in haar mond stopte en met grove bewegingen haar kleren kapotscheurde.

Ida huilde, maar haar gesnik werd gesmoord door de stof in haar mond. Terwijl hij haar overstelpte met de meest smerige verwensingen, had ze het gevoel dat ze geen lucht meer kreeg. Verlekkerd graaide de man met één hand naar haar inmiddels ontblote borst, terwijl hij met de andere probeerde het onderste deel van haar jurk los te rukken. Ida's ogen waren wijd opengesperd van paniek, want ze wist dat hij zich aan haar ging vergrijpen en dat zou voor altijd een streep halen door een huwelijk. Als hij haar al in leven liet…

20

Totaal onverwacht werd haar belager echter bij haar weggetrokken. De man begon geschrokken te schreeuwen en ging verbazingwekkend snel tegen de grond. Bij zijn keel glinsterde een sabel. Verstijfd van angst bleef hij kermend op de grond liggen.

'Monsieur Fouché!' riep Ida opgelucht.

Haar jurk was kapotgescheurd, ze trilde als een espenblad en de tranen stroomden over haar gezicht terwijl ze beschaamd probeerde haar naaktheid te bedekken.

'Bent u gewond, mademoiselle Tritschler?' informeerde Maximilien Fouché bezorgd, zonder de punt van de sabel weg te halen bij de keel van de student.

'Nee,' zei Ida zachtjes.

Een jonge man op een fiets reed langs en de voormalige dakloze riep naar hem. 'Meneer, kunt u ons helpen?'

De jongen naderde aarzelend en kwam abrupt tot stilstand. 'Ida!' riep hij. 'In 's hemelsnaam! Wat hebben ze met je gedaan?'

'Kurtle!' mompelde Ida en ze wilde wel door de grond zakken van schaamte.

'Zou u alstublieft de politie willen halen, jongeman?' vroeg Fouché. 'We hebben hier iemand die zich aan deze dame wilde vergrijpen.'

'De politie?' herhaalde Ida geschrokken. 'Maar als die mij zo zien...'

'Nou, ú hebt geen enkele reden om u te schamen,' bromde de oude man.

'Ik ga nu meteen,' beloofde Kurtle en hij zette zich in beweging.

'Monsieur Fouché, wilt u alstublieft niets tegen Lucien en zijn familie zeggen,' fluisterde Ida tegen hem, terwijl ze zich eindelijk met knikkende knieën losmaakte van de muur en met een boog om de op de grond liggende man liep, alsof hij een gifslang was die elk moment kon toeslaan. Ze wist niet waarom ze zich zo schaamde, ze had tenslotte geen schuld aan de overval. Of toch wel? Was ze te onbezonnen geweest? Ze had Luciens aanbod om haar te vergezellen aan moeten nemen. Wat een dwaas ben ik, foeterde ze tegen zichzelf.

Maximilien Fouché leek haar gedachten te raden. 'Een vrouw die wordt aangerand mag zichzelf nooit iets verwijten. Nóóit!' benadrukte hij. 'Maar als u dat liever hebt, zal ik niets zeggen over de overval.'

Ida besloot om Kurtle hetzelfde te vragen. Als deze kwestie haar vader ter ore kwam, zou hij het puur uit bezorgdheid niet meer toestaan dat ze eropuit ging. Ze vertrouwde erop dat de jonge bakker bereid was om gevolg te geven aan haar verzoek om geheimhouding. Dan was verder alleen te hopen dat de politie niet op het idee kwam om haar familie te informeren.

Wachtmeester Breinlinger en een van zijn agenten waren verbazingwekkend snel ter plaatse. Kurtle moest echt met gevaar voor eigen leven hebben gereden.

'Aha, daar hebben we Folkwein,' zag de wachtmeester, wiens enorme grijze snor zelfs gegroeid leek te zijn, en hij bekeek de vent aandachtig. 'Deze jonge man heeft blijkbaar nog steeds moeite om zijn temperament in toom te houden.'

De functionaris kende de gespierde man dus al.

'Hup, opstaan, Folkwein!' gebood de wachtmeester bars en de aanrander krabbelde met een vuurrode kop overeind. 'Dit keer kom je er niet met een waarschuwing vanaf.'

Vervolgens richtte hij zich tot Ida. 'Heeft hij u verwond, juffrouw?'

Ida schudde haar hoofd. 'Dat heeft monsieur Fouché bijtijds weten te voorkomen,' verzekerde ze hem en ze probeerde om haar stem niet te laten trillen.

'Wat een geluk dat Picard u heeft ingehuurd,' zei Breinlinger. 'Als u het niet erg vindt, dan gaan we nu. De jonge meneer Folkwein staat een gezellige kleine cel te wachten.'

De student wierp Ida nog een blik vol haat toe. Zo makkelijk kom je niet van me af, leek hij te willen zeggen. Ik krijg je nog wel.

Ze huiverde.

Toen de politieagenten de aanvaller hadden afgevoerd, bedankte Ida Maximilien Fouché opnieuw voor zijn reddingsactie en voor zijn discretie.

Kurtle bood aan om haar te vergezellen en dit keer accepteerde ze het aanbod dankbaar. Hij sloeg zorgzaam zijn jas om haar schouders. Ida was blij dat ze de scheur in het bovenstuk van haar jurk kon verbergen. Ze hoopte alleen dat Lucien niet toevallig op dit moment uit het raam zou kijken. Dat de bakker op wie hij toch al jaloers was haar nu naar huis bracht en ze zijn jas droeg – nadat ze eerst had geweigerd dat híj haar zou begeleiden – zou onmogelijk uit te leggen zijn zonder de overval te noemen.

Pas nu merkte ze dat Kurt heel bleek zag. 'Gaat het echt goed met u, juffrouw Ida?' vroeg hij. 'Als ik hem te pakken krijg... Niemand mag u een haar krenken!'

Zijn bezorgdheid ontroerde Ida. 'Gelukkig is er niets gebeurd,' verzekerde ze hem en ze keek hem van opzij indringend aan. 'Mag ik je iets vragen?'

'Wat u maar wilt,' zei hij plechtig. 'Dat weet u toch.'

'Wil je alsjeblieft tegen niemand zeggen wat er is gebeurd? Vooral niet tegen mijn vader.'

'Maar...' protesteerde hij en ze zag aan hem dat hij zich blijkbaar verplicht voelde zijn baas er melding van te maken.

'Alsjeblieft!' herhaalde ze nadrukkelijk.

'Nou, goed dan,' mompelde hij uiteindelijk ongemakkelijk. 'Maar u moet mij beloven dat u 's avonds niet meer alleen in het donker over straat gaat.'

'Dat beloof ik,' zei Ida, wat ze na dit incident sowieso al niet meer van plan was.

'Waar kwam je zo laat nog vandaan, Kurtle?' vroeg ze vervolgens op een zo luchtig mogelijke toon.

'Ik was bij meneer Toursel, de wijnhandelaar, en heb een bestelling opgegeven voor uw vader. Hij kreeg namelijk een telegram,' wist de roodharige jongen te vertellen. 'Vrijdag komt uw opa op bezoek.'

Ida kreeg meteen tranen van blijdschap in haar ogen, wat bewees hoezeer de poging tot verkrachting haar had aangegrepen. Wat zou het haar goeddoen om opa Albert weer te zien!

De aankondiging van het bezoek van Albert Tritschler had iedereen in de bakkerij, winkel en lunchroom in een vrolijke, opgewonden stemming gebracht. De zaken in Stuttgart liepen onder zijn leiding nog steeds uitstekend en hij had in zijn telegram met de hem zo kenmerkende ironie beweerd dat hij nu 'ook in Straatsburg een oogje in het zeil moest houden'.

Alleen Ida's moeder maakte vandaag een wat afwezige indruk, alsof ze er met haar gedachten niet bij was en zich maar vaag bewust was van het bericht over de komst van haar schoonvader.

Oskar informeerde het pasgetrouwde echtpaar Leroc over het komende bezoek toen ze met huisbediende Castanet in de keuken aan het avondeten zaten.

'Nou, madame Leroc, dan kunt u beter uw boodschappenlijst voor het weekeinde even flink onder handen nemen,' grapte de magere man met het kale hoofd. 'Monsieur Tritschler senior heeft tenslotte een zeer gezonde eetlust.'

Oskar knikte grijnzend. 'Dat zeker. Mijn vader heeft Kurtle er al op uit gestuurd om wat edel vocht te bestellen.'

Het personeel begon allerlei anekdotes over de oude Albert te vertellen en Oskar besloot naar bed te gaan. Op de gang hoorde hij de stem van zijn moeder door de deur naar de woonkamer, die op een kier stond.

'Ik weet dat mevrouw Holder een kletskous is. Toch zou zelfs zij zich niet zomaar aan zo'n bewering wagen. Jij laat 's avonds na sluitingstijd de vrouw van Jacques Picard binnen. Dat is zo absurd dat je je afvraagt hoe ze zoiets verzint.'

Oskar achtte de vrouw van schoenmaker Holder in staat tot wat voor lasterpraat ook, maar nu hoorde hij hoe zijn vader het nauwelijks hoorbaar toegaf.

'Ze liegt niet. Claire Picard was hier.'

Oskar bleef verbluft staan om verder te luisteren naar het gesprek, wat beslist niet in zijn aard lag.

'Wat moest ze van je?' vroeg zijn moeder op ongewoon kille toon.

'Mij laten weten dat ook zij tegen Ida's relatie met haar zoon is.'

'Zo laat op de avond?' vroeg Elise sceptisch. 'Je moet niet denken dat ik achterlijk ben, Franz. Ze wilde je al spreken voordat je hier arriveerde. Toen bestonden de verlovingsplannen van de kinderen nog helemaal niet. Was Claire Picard de geliefde uit Straatsburg over wie je ooit hebt gesproken, de geliefde die zo abrupt een einde maakte aan jullie relatie?'

Oskar moest goed luisteren om het beteuterde antwoord van zijn vader te kunnen verstaan. Hij hapte geschrokken naar lucht. Claire, die mooie Claire en zijn vader…

'En waarom heb je me dat nooit verteld?' vroeg Elise boos. 'Dat jullie ooit een stel waren en dat jullie elkaar hier 's avonds ontmoeten als ik er niet ben?'

'Ik wilde het je vertellen,' zei Franz. 'Maar er kwam iedere keer iets tussen, het was gewoon te onbelangrijk.'

'Te onbelangrijk?' riep Elise. 'Je spreekt midden in de nacht stiekem af met je oude geliefde en noemt dat onbelángrijk?'

'Lieverd,' smeekte hij zachtjes. 'Als ik het echt geheim had willen houden, dan zou onze eigen bakkerij toch wel de slechtste plek zijn voor zo'n ontmoeting, of niet?'

'Maar jij schijnt voor haar nog wel iets te betekenen. Ze stond hier de eerste dag al voor de deur met brood en zout, terwijl je er nog niet eens was,' antwoordde Elise. 'Hoe wist ze eigenlijk dat je naar Straatsburg zou komen?'

'Nou, van mijn vriend Bertrand Strohmeier, neem ik aan,' zei Oskars vader. 'Hij werkt bij hen. Ik heb het haar in ieder geval niet verteld, als je dat bedoelt. Ze heeft destijds toch voor Jacques Picard gekozen.'

'Misschien heeft ze daar ondertussen spijt van,' zei Elise.

De stem van Franz werd nu luider. 'En als dat zo is, dan kan dat mij niets schelen. Jíj bent mijn vrouw. En je maakt van een mug een olifant.'

'Dat is vaak zo met de muggen die worden verzwegen,' antwoordde zijn vrouw cynisch.

En voordat Oskar ook maar de gelegenheid had om zich uit de voeten te maken, werd de deur van de woonkamer opengegooid en kwam zijn moeder naar buiten gestormd.

'Goe... goedenavond, ma,' stamelde hij.

Ze liep echter zonder een woord te zeggen langs hem heen naar de slaapvertrekken.

Op dat moment kwam Ida de woning binnen. Ze werd vergezeld door Kurtle en had vreemd genoeg diens jas om zich heen geslagen. Heel even laaide in Oskar het vermoeden op dat niet alleen zijn vader er geheime contacten op na hield.

'Ida, kan ik je even spreken?' vroeg hij aan haar.

'Natuurlijk. Maar ik wil me eerst even wassen en omkleden,' zei ze op een toon die geen tegenspraak duldde.

Een half uur later lag Oskar aan het voeteneinde van het bed van zijn zus, zoals hij in hun jeugd zo vaak had gedaan. Nadat hij haar had verteld over het gesprek van hun ouders, bekende ze tot zijn verbazing dat ze die avond heimelijk getuige was geweest van het gesprek tussen hun vader en Claire Picard. Terwijl Ida de inhoud ervan aan haar broer vertelde, was hij opgelucht dat hun vader wat dat betrof niet had gelogen. Aan de andere kant was hij verontwaardigd dat zijn zus het hem niet eerder had verteld. En hij schaamde zich een beetje omdat Claires charme ook op hem zijn uitwerking had.

'En zoiets belangrijks verzwijg je voor me?' beklaagde hij zich.

Ida ging niet in op het verwijt, maar bleef haar vader verdedigen. 'Hij heeft haar toenaderingspogingen afgewezen en benadrukt dat hij nu van mama houdt. Ik weet alleen niet wat er zou zijn gebeurd als hij bereidwilliger was geweest. Ik kan me zo voorstellen dat Claire Picard echt haar huwelijk op het spel zou hebben gezet.'

'Wat is dat nou voor een mens?' zei Oskar boos. 'Ze gunt jullie geen huwelijk en in dat van onze ouders zit ze te stoken. Iemand moet haar echt een keer zeggen waar het op staat.'

De gedachte aan die stiekeme schoonheid in de armen van zijn vader maakte Oskar razend van woede.

'Ik zal met mama praten,' besloot Ida. 'Ik zal tegen haar zeggen dat hij voor haar koos.'

'Goed idee,' vond Oskar. 'Ik zag net dat ze naar de logeerkamer ging. Ze schijnt echt flink boos te zijn op pa.'

'Waarom heb je dat niet eerder tegen me gezegd?' vroeg Elise ontgoocheld toen haar dochter haar de inhoud van het afgeluisterde gesprek had verteld.

Nadat ze een paar keer op de deur van de logeerkamer had geklopt en een reactie was uitgebleven, was Ida uit eigen beweging naar binnen gestapt en had naast haar moeder op de rand van het logeerbed plaatsgenomen. Ze had meteen verteld wat ze op haar hart had.

'Ik wilde papa de kans geven om het zelf aan jou te vertellen,' legde Ida uit. 'En dat had hij ook zonder die lasterpraat van dat valse mens van Holder zeker gedaan. Wees alsjeblieft niet boos op mij.'

'O, ik ben niet boos. Eerder teleurgesteld. Ik dacht dat een van de sterke punten van onze familie onze openheid was.'

'Dat is nu nog steeds zo,' antwoordde Ida vol vertrouwen.

'Hm,' zei Elise twijfelend. 'Als die Claire ook tegen jouw relatie met Lucien is, is het er voor jou alleen maar moeilijker op geworden.'

Het was kenmerkend dat haar moeder haar eigen verdriet zo snel vergat en zich de zorgen van een ander aantrok, dacht Ida liefdevol. Ze zuchtte.

'Zeker weten. Soms vraag ik me af waarom uitgerekend hij door het toeval in mijn leven moest komen.'

'Nou ja, zo toevallig was jullie ontmoeting ook weer niet,' zei haar moeder. 'Je bent in Straatsburg omdat je vader zulke mooie herinneringen heeft aan deze stad. En ook al beseft hij dat zelf misschien niet eens, wellicht komt dat ook door de mooie herinneringen aan Luciens moeder.'

21

'Opa!'

Met een enthousiaste kreet vloog Ida Albert om de nek, die plotseling midden in de winkel stond toen ze terugkwam van de markt.

'Kunnen jullie deze jongedame even missen?' vroeg de oudere man aan zijn schoondochter Elise en verkoopster Hélène, die achter de toonbank stonden en die hij kort daarvoor uitgebreid had begroet.

Even later zat Ida met haar opa aan een van de tafeltjes in hun lunchroom. 'Je moeder heeft me verteld dat er problemen zijn met je verloofde, of liever gezegd, met zijn familie. Vertel je opa maar eens precies hoe dat allemaal zit.'

Dat liet Ida zich geen twee keer zeggen. Ze luchtte haar hart en vatte alles een half uur later samen. 'Al met al is een oorlog waarvan Lucien en ik weinig benul hebben de schuld van de hele situatie. Niemand die die tijd heeft meegemaakt praat er graag over.'

Ida wist dat ook haar opa, die destijds veertig was, eind augustus 1870 was opgeroepen als hulp in het veldhospitaal voor de veldtocht naar Frankrijk. Ze keek hem vragend aan.

'Het is geen wonder dat we niet graag over die tijd praten,' zei Albert ongewoon zachtjes. 'We hebben onze reputatie bepaald geen goed gedaan in Frankrijk.'

'Zou je me precies kunnen vertellen wat je daar allemaal hebt meegemaakt?' Ida keek hem smekend aan. 'Misschien begrijp ik het dan beter.'

De oude Tritschler zuchtte. 'Goed dan. Voor mijn geliefde kleindochter wil ik dat wel doen. En het is ook echt belangrijk dat je er meer van weet om alles beter te begrijpen.'

Hij streek over zijn plotseling heel vermoeid aandoende gezicht en begon. 'In de zomer van 1870 kwam ik vanuit Stuttgart terecht in de bergen van Pfettisheim. Daar werkte ik in een veldhospitaal met tien bedden onder ene dokter Metz uit Bruchsal. Er was in het begin gelukkig geen direct gevaar voor het medisch personeel, we werden alleen aangevallen door boosaardige steekmuggen.'

Ida moest glimlachen om de droge humor van haar opa.

'Ter bescherming tegen die beesten trok ik mijn soldatensjaal tot over mijn neus en oren en gebruikte een paar sokken als handschoenen tot aan mijn ellebogen. Anders kreeg je nog geen kwartier slaap, zo erg werd je gestoken. Mijn achterwerk was bezaaid met rode bultjes, die kreeg je bij... bepaalde bezigheden.'

Hij keek zijn kleindochter met een schittering in de ogen aan. 'Jij wilde alles precies weten. Dan vertel ik alles ook heel precies. In het begin was het geen zware tijd. Het enige wat ik moest doen was van 's ochtends tot 's avonds voor de zieken zorgen, daar zaten eerst nog geen zware gevallen bij. Maar al snel waren de kanonnen die op Straatsburg gericht stonden overdag én 's nachts onophoudelijk te horen. Zelfs vanaf die grote afstand trilden onze ramen door de enorme mortieren.'

Ida huiverde. Als je het getril op drie kwartier afstand nog voelde, hoe erg was het dan wel niet geweest voor de inwoners van Straatsburg om zo heftig te worden gebombardeerd?

'Die muggenbeten bij mij begonnen al snel te ontsteken. Ze begonnen te etteren en ik kreeg last van een klierontsteking aan mijn rechteronderkaak,' zei haar opa opeens.

Ida moest zich vermannen om niet in de lach te schieten door die abrupte verandering van onderwerp, wat totaal ongepast zou zijn geweest. Op de een of andere manier was ook dat karakteristiek voor haar opa.

'Destijds dachten we dat we Straatsburg in tien dagen konden bezetten,' ging haar opa verder. 'Op 15 september 1870 kregen we Pruisische soldaten als versterking, honderdtwintig man plus een kapitein. Toch werd je er van lieverlee al een beetje murw van. Vaak werden we 's avonds om elf uur gealarmeerd, dan moesten we tot vijf uur in de ochtend met gezadelde paarden wachten op het bevel voor de aftocht – en dan werd de waarschuwing ingetrokken! We bleven dus waar we waren, hoewel we natuurlijk niets aan onze nacht hadden.'

'Maar op een gegeven moment gingen jullie dan toch richting Straatsburg?' zei Ida.

Albert knikte. 'Rondom de stad lag een zone van stellingen. Overal dreunde en bulderde het, de stad brandde op twee plaatsen. Op het vuur van ons geschut werd amper gereageerd. Toch maakte ik me zorgen om je vader, die in het voorste deel van de belegeringsring streed. De linietroepen stuitten al snel op een Franse mijn. Die hebben ze tot ontploffing gebracht, waardoor er grote vernielingen werden aangebracht in de wallen en muren. De hele nacht klonk er een donderend kabaal links en rechts van het mooie landhuisje waarin ik was ondergebracht. Op ongeveer tien minuten van mijn nachtkwartier sloeg een tienponder in, op nog geen vijf passen afstand van een van onze posten. In de ochtend zoemden er allerlei projectielen gierend over het huis. De hospita braadde een duif voor me, die at ik om tien uur. Lekker was dat.'

Natuurlijk, dacht Ida, zelfs tijdens de ergste veldslag moest je tenslotte een keer eten. Dat zag je natuurlijk niet op de schilderijen met beeltenissen van de grote oorlogen. En ook de muggenbeten op iemands achterste werden niet afgebeeld.

Ondertussen was het gaan regenen. De mensen op het Münsterplein liepen gehaast en zochten snel een veilig heenkomen. Ida moest er onwillekeurig aan denken dat de inwoners van deze stad zich een kleine drieëntwintig jaar geleden ook in veiligheid hadden moeten brengen, maar toentertijd voor het Duitse geschut.

Haar opa ging verder met zijn verslag. 'Om half vijf werd het vuur vanuit de vesting heviger. Er werd echter niets geraakt, blijkbaar schoten de Straatsburgers in het wilde weg. Die ochtend waren we tot aan de voorstad Meinau gemarcheerd. Jammer genoeg werden twee van onze mannen vermoord: de een werd neergestoken door een Franse soldaat en een ander werd vanuit een huis neergeschoten. De daders werden meteen afgemaakt, dat kun je je wel voorstellen.'

Dat kon Ida zich inderdaad. En de beelden in haar hoofd waren allesbehalve mooi.

'Tegen half zes 's avonds vielen er geen schoten meer. De onderhandelingen waren begonnen. Je kon het door je veldkijker zien: aan de kathedraal van Straatsburg wapperde de witte vlag. Toch was het sein veilig nog niet gegeven. Pas op 29 september kwam 's ochtends eindelijk het bericht dat we om elf uur via de Porte d'Austerlitz konden binnenmarcheren. De militaire kapel speelde trots. Maar in plaats van de stad die ik in tijden van vrede had leren kennen, en waarvan ik was gaan houden, werden we nu verwelkomd door puinhopen, het werk van onze artillerie. Alles was vernield. Bloemenwinkels, bakkerijen, schoolgebouwen… En ook de mooie kathedraal was zwaar getroffen.'

Ida liet dat beeld van verwoesting tot zich doordringen. In die stad was Jacques Picard dus ontwaakt uit zijn narcose. Zonder zijn linkeronderarm. Kon je zoiets eigenlijk wel vergeven?

Toen zijn college handelsrecht die vrijdag was afgelopen, ging Oskar op weg naar huis.

Op andere dagen zou hij hebben genoten van de zonnige dag en de stralend blauwe lucht, maar vandaag had hij geen oog voor al het moois in de stad, zijn knorrende maag zette hem aan om regelrecht naar huis te gaan. Terwijl Oskar patisserie Goldschmidt naderde, schoot Luciens moeder hem weer te binnen, en meteen maakte zich een vaag gevoel van irritatie van hem meester. Hij keek of hij de vrouw in de winkel kon ontdekken, maar zag alleen twee heel jonge verkoopsters achter de toonbank staan.

Afgeleid als hij was liep hij bijna een vrouw omver die voor de etalage stond te wachten.

'Pas op!' riep ze en ze beschermde zichzelf door haar hand tegen zijn borstkas te duwen.

'O, neem me niet kwalijk,' stamelde Oskar gegeneerd en hij keek recht in het mooie gezicht van niemand minder dan Claire Picard. Dit kon toch niet waar zijn?

Ook zij leek geschrokken, waarschijnlijk vanwege de gelijkenis met de jongere versie van zijn vader.

'Goed uitkijken!' zei ze nu met een glimlach, die, dat moest hij toegeven, uiterst charmant was. 'Wat fijn u te zien, meneer Tritschler. Alles goed met u?'

Oskar was niet in de stemming voor een onschuldig kletspraatje. 'Eerlijk gezegd ben ik boos,' zei hij daarom.

'Aha. En waarom?' informeerde ze.

'Dat komt door u,' zei hij zonder omhaal. 'Ik wil u dringend verzoeken om u verre te houden van onze familiezaken.'

Ze trok verbaasd haar wenkbrauwen op. 'Heb ik me daar dan op een ongepaste manier in gemengd?'

Hij keek om zich heen en zei op gedempte toon. 'Wilt u mijn vader niet opnieuw om een ontmoeting vragen om de verloving van mijn zus te saboteren?'

'Dat houdt in dat u vóór die verloving bent?' maakte ze op uit zijn verzoek.

'Ja, waarom niet?' antwoordde Oskar. 'Lucien is een aardige vent.'

'Als hij vasthoudt aan die verloving, dan is hij wel een árme aardige vent,' vond Claire.

'Als u uw man tot rede weet te brengen, dan hoeft dat niet te gebeuren,' antwoordde Oskar.

‘En wat houdt dat precies in? Dat ik hem opdraag om zijn oorlogsverwondingen te vergeten?’ vroeg ze peinzend. ‘Om dat voor elkaar te krijgen zou ik moeten toveren.’

Het schoot Oskar te binnen dat madame Picard – ook al was dat haar echt niet aan te zien – in 1870 een jaar of zeventien moest zijn geweest, wat betekende dat ook zij de bezetting van Straatsburg heel bewust had meegemaakt.

‘Hebt u zelf dan ook slechte herinneringen aan de oorlog?’ vroeg hij minder onvriendelijk.

Ze knikte. ‘Destijds waren er matrozen uit Marseille in Straatsburg gestationeerd. Een van hen was mijn eerste liefde. We kenden elkaar nog geen twee weken toen hij door de Duitsers werd gefusilleerd. Het was sowieso een zware tijd. Mijn vader en ik leden honger, bovendien was hij gewond. Sommige klanten wilden hun schulden niet meer aflossen. En ze dachten vlak voor het begin van de oorlog dat het een simpele oplossing zou zijn om hem dood te knuppelen.’

‘O, wat erg,’ zei Oskar aangedaan. Hij vond het opvallend dat ze zo open met elkaar praatten. Hij had haar zijn boosheid naar het hoofd geslingerd en zij vertelde zonder omhaal over haar familieachtergrond en haar oorlogservaringen.

‘Ik kwam destijds toevallig nog net op tijd langs op het kantoor van mijn vader,’ ging Claire verder. ‘De schuldenaars wilden hun werk in het bijzijn van een vrouw waarschijnlijk niet afmaken en gingen ervandoor. Maar mijn vader was al meer dood dan levend. De artsen slaagden er weliswaar in om hem te redden, werken kon hij echter nog amper.’

Oskar wist dat veel joden werkzaam waren geweest als kredietverstrekker. Daarmee waren ze ook hier in Straatsburg belangrijk voor de economie van de stad, maar net als elders werden ze om die reden door de inwoners scheef aangekeken. Oskar vond dat onrechtvaardig. Om te worden beschermd door de stad moesten de joden namelijk enorm veel belasting betalen. En om dat klaar te spelen waren mensen als Claires vader gedwongen hun manier van zakendoen daarop aan te passen en meer rente te vragen, en dat werkte op zijn beurt de haat van de bevolking in de hand, en dan vooral van de schuldenaars. Een vicieuze cirkel.

'Dat we na de aanval überhaupt genoeg geld hadden om in leven te blijven kwam door één enkele schuldenares. Een oudere dame was hem dankbaar voor het geld dat hij haar telkens opnieuw had geleend. Ze heeft toen haar banketbakkerij op zijn naam gezet om haar laatste schulden te vereffenen. Alleen kon mijn vader daar in zijn toestand niet zelf in werken,' vertelde Claire. 'En door alle onzekerheid die de Duitse bezetting met zich meebracht wilde destijds ook niemand de winkel van ons kopen.'

'Daarom bent u met Jacques Picard getrouwd,' vermoedde Oskar. 'Zodat hij de zaak kon beheren voor uw familie?'

'Nee, er was ook al sprake van liefde. Dat hij daadwerkelijk op een dag aan het hoofd zou staan van onze patisserie stond in het begin allesbehalve vast. Hij was tenslotte de zoon van een houtvester. Toen ik hem leerde kennen, was hij dan wel bakkersknecht, maar hij vertelde me dat hij liever handelaar in wild wilde worden. Pas later heeft hij besloten om voor mij en mijn vader toch in het bakkersvak te blijven. En vervolgens heeft hij van onze zaak een groot succes gemaakt.'

'Ik begrijp het,' mompelde Oskar. 'En alleen op die manier kon uw arbeidsongeschikte vader het overleven.'

Claire knikte. 'Daarom wil ik natuurlijk niet dat mijn zoon Lucien ooit in zo'n zelfde hachelijke situatie terechtkomt als mijn vader en ik, voordat Jacques ons te hulp schoot. Dat mijn vader nog steeds in het land der levenden is hebben we ook aan de patisserie te danken.'

'Hoe oud is uw vader nu?' informeerde Oskar.

'Drieënzestig al,' antwoordde Claire glimlachend. 'Hij is vaak ziek en ik maak me geregeld zorgen om hem, hoewel hij zich er tot nu toe dapper doorheen slaat.'

'Daar ben ik blij om,' zei Oskar oprecht.

Eigenlijk had hij Claire enkel en alleen de mantel willen uitvegen, maar inmiddels was de sfeer totaal anders dan voorzien. Op dat moment stopte er vlak voor hen een koets en een ietwat mollige vrouw met een blonde knot en gekleed in extravagante kleding stapte uit.

'Monsieur Tritschler, ik wil u graag voorstellen aan mijn schoonzus Marie Picard,' zei Claire. 'Marie, dit is Oskar Tritschler.'

'Ah, de broer van die lieve Ida, de geweldige accordeonspeler,' zei Marie opgewekt.

'Bonjour, mademoiselle Picard,' antwoordde hij.

Het leek Claire te verbazen dat Oskar en Marie elkaar kenden. Misschien wist ze niets over het bruiloftsfeest van de huishoudster en de familiekok van de Tritschlers.

'Ik kom Claire ophalen, we hebben afgesproken met mijn leermeester Émile Schweitzer in diens atelier,' legde Marie uit.

'Als ik denk aan het prachtige schilderij dat u het echtpaar Leroc voor hun huwelijk hebt gegeven, dan moet uw leermeester wel héél goed zijn,' zei Oskar vleiend.

'Waarom gaat u niet met ons mee?' stelde de levendige kunstenares spontaan voor. 'Als Claire er niets op tegen heeft natuurlijk.'

Luciens moeder was zichtbaar overrompeld. 'Eh, nou ja.'

'Ja?' maakte Marie daaruit op. 'Fantastisch! En, vindt u dat leuk, monsieur Tritschler?'

Oskar kon een grijns niet onderdrukken. Het was geweldig hoe de ongedwongen Marie de chique madame Picard te snel af was. Het was beslist een beetje sadistisch van hem om de uitnodiging te accepteren, maar hij kon het niet laten. 'O ja, dan ga ik graag mee. Het lijkt me heerlijk om wat kunst te bekijken.'

22

Ida kreeg last van een slecht geweten toen ze vanuit de lunchroom naar de winkel van hun patisserie keek. Er stonden inmiddels behoorlijk wat klanten en haar moeder en Hélène zouden beslist hulp kunnen gebruiken. Maar de verhalen van haar opa, voor wie Amélie net een tweede glas cider had ingeschonken, waren gewoon te spannend. En ze wist natuurlijk niet of hij ooit opnieuw bereid zou zijn om zo gedetailleerd over zijn oorlogservaringen te praten.

'We trokken hier met dertigduizend man binnen, ongeveer eenzelfde aantal inwoners was door de verwoestingen dakloos geworden. Alle kazernes en magazijnen waren beschoten of helemaal uitgebrand. Je kunt je vast wel indenken wat voor chaos het was. Wij werden ingekwartierd in de kazerne St. Nicolas, die was ook behoorlijk gehavend,' ging Albert verder. 'De Franse soldaten hadden hun geweren aan diggelen geslagen en met duizenden tegelijk in het water van de Ill gegooid.'

Ida kon zich daar nauwelijks een voorstelling van maken. De rivier tussen de schilderachtige vakwerkhuizen in Petite France vol wapens...

'De Franse manschappen werden gevangengenomen en afgevoerd,' vervolgde opa Albert. 'De bevolking was blij dat de bombardementen gestopt waren. Je kon zien dat ze door de belegering uitgehongerd waren, er was alleen nog paardenvlees. Aan de andere kant was het zeker niet eenvoudig om na de intocht met óns te leven, omdat we zo veel hadden verwoest. En eigenlijk was er in iedere familie wel een slachtoffer te betreuren. Wij hebben hun begraafplaatsen gevuld,' zei de oude man en Ida merkte dat zijn stem schor klonk. Hij schraapte zijn keel. 'Ik wilde voor je oma Ulrike een foto van mezelf laten maken als herinnering, voor het niet onwaarschijnlijke geval dat mij iets zou overkomen,' ging hij verder. 'Het atelier van de fotograaf was helaas ook in puin geschoten. En toen kwam eindelijk je vader langs in het veldhospitaal. Hij diende tenslotte in een ander bataljon. Ik was natuurlijk ontdaan dat hij een vinger moest missen, maar zo opgelucht dat hij verder gezond was. Franz was er getuige van dat de dood overal aanwezig was op de plek waar ik werkte. Hij zag bij het naar buiten gaan een heftige bloeding bij een gewonde Fransman en waarschuwde mij en dokter Metz. Dat heeft het leven van de man gered.'

Ida knikte bedrukt. Zelfs al zou het haar vaders schuld zijn dat Jacques Picard een arm had verloren, voor een andere man was hij tenminste van levensbelang geweest.

'Dank je wel dat je me dit allemaal hebt verteld,' zei Ida. 'Ik begrijp Luciens vader inmiddels zelfs iets beter.'

'Maar nu is het mooi geweest met die ouwe koek,' zei haar opa uiteindelijk en hij sloeg zichzelf vol ondernemingslust op zijn bovenbeen. 'Wanneer ga je je vlam aan me voorstellen?'

'Dat kunnen we vast en zeker snel regelen,' zei Ida glimlachend. 'Ik wilde sowieso bloesem voor hem konfijten. Als ik die bij hem langsbreng, dan zal ik zeggen dat jij hem graag wilt leren kennen.'

'Heb je al eens eerder bloesem gekonfijt?' informeerde Albert. 'Je moet daarbij namelijk uiterst voorzichtig te werk gaan.'

Ida glimlachte. Ze wist wat er nu ging komen. Haar opa liet geen gelegenheid voorbijgaan om op zijn oude dag de bakkerij in te duiken.

Het atelier van Marie Picards leermeester Émile Schweitzer, die ook tekenleraar was aan het Jean Sturm Gymnasium, bevond zich vlak bij de synagoge in de Helenestraat. De vriendelijke kunstenaar was halverwege de vijftig. Hij had dicht bij elkaar staande, goedige ogen en een volle baard. Hij liet Marie en haar begeleiders Claire en Oskar bereidwillig een paar van zijn schilderijen zien. Het werk dat de meeste indruk maakte op de bezoekers schokte hen ook en zorgde voor grote ontsteltenis. Het was nog niet af – het was een gedeeltelijk ingekleurde potloodschets – wat echter niets afdeed aan het effect ervan. Op de voorgrond pakten katholieke geestelijken een half ontblote, vertwijfelde vrouw met geweld haar baby af om hem gedwongen te dopen. Een ander jong kindje onderging hetzelfde lot. Op de achtergrond van de tekening was een verschrikkelijke massamoord te zien op tientallen burgers die door soldaten werden gedood. Een enorme brandstapel reikte tot aan de stadsmuren van Straatsburg. Talloze mensen kwamen om in die vlammenzee.

'Wat afschuwelijk,' prevelde Oskar ontdaan. 'Wanneer was dat?'

'Ruim vijfhonderd jaar geleden,' antwoordde Émile Schweitzer. 'Jodenhaat was er in de middeleeuwen al. Het was verboden om joods te zijn omdat joden werden beschouwd als wereldsamenzweerders en de moordenaars van Christus. De massale moorden op de joden begonnen in januari 1348 in Frankrijk en sloegen in de herfst over naar Duitstalig gebied. In januari 1349 werden in Bazel en Freiburg joden levend verbrand. Op Valentijnsdag van datzelfde jaar werd de volledige joodse gemeenschap in Straatsburg omgebracht, mannen, vrouwen en ook kinderen. En dat geef ik weer op deze tekening.'

Oskar staarde verbijsterd naar het nog niet voltooide werk.

'Mijn vader vertelde me als kind al dat ze ons joden ook verantwoordelijk hielden voor de pest,' verbrak Claire uiteindelijk de pijnlijke stilte. 'De burgers beschuldigden ons ervan dat we bronnen hadden vergiftigd en eisten openlijk dat we werden verbrand.'

Oskar zweeg in eerste instantie ontredderd. 'Godzijdank zijn die tijden voorbij,' mompelde hij uiteindelijk.

'Denkt u dat echt?' vroeg Claire sceptisch. 'Ik durf te wedden dat wanneer er ergens weer een wereldwijde epidemie uitbreekt het niet lang zal duren voordat de geruchten op gang komen dat de joodse samenzwering er de schuld van is.'

Ze leek zo verdrietig dat Oskar het liefst troostend een arm om haar heen had geslagen. Wat een eigenaardige wending had deze dag genomen.

'Nu moet je snel, maar toch rustig te werk gaan,' benadrukte Albert toen hij korte tijd later met zijn kleindochter in de bakkerij stond. 'En met veel liefde!'

Ida glimlachte. Dat was voor haar niet zo moeilijk.

Voorzichtig pakte ze de ene na de andere pomeransbloem, sneed er onder Alberts strenge blik voorzichtig het groene steeltje en het kelkblad van af, waarna ze de witte bloesem op een brandschoon werkblad legde. Vervolgens woog ze de suiker af, voegde water toe en verwarmde dat boven de vlam.

'Hoelang ben je na de verovering eigenlijk nog hier in Straatsburg gebleven?' vroeg ze terloops aan haar opa.

'Mijn compagnie werd jammer genoeg eind september 1870 weer teruggetrokken. Veel te vroeg naar mijn smaak, het was tenslotte zo dat het schieten was gestopt,' herinnerde de oude man zich met bitterheid in zijn stem. 'Je vader mocht gelukkig nog blijven, dus die was in elk geval in veiligheid.'

'Jijzelf niet dan?' vroeg Ida.

Tritschler senior schudde zijn hoofd. 'Koning Wilhelm wilde destijds dat we doorgingen tot Parijs, om ook daar binnen te trekken. Maar ik wist dat de Franse tegenstand toenam met elke stap die we richting de hoofdstad zetten. We trokken via de Vogezen verder tot aan Dijon, vaak sliepen we in stinkende bedden.' Ida's opa trok zijn neus op, alsof de geur nog altijd in de lucht hing.

'Gelukkig ruikt het hier beter,' zei zijn kleindochter, om hem terug te halen naar het heden en naar het karamelliseren. De verwarmde suiker was inmiddels een stug-romige massa geworden. Ida voegde de bloempjes toe en roerde voorzichtig om de tere blaadjes niet te breken.

'Fijn dat jou destijds niets is overkomen,' zei ze liefdevol.

'Nou ja, het is maar hoe je het bekijkt,' zei haar opa. 'Onderweg moesten we steeds meer mannen missen door Franse kogels en steekwonden, in het veldhospitaal begon het grote sterven. Vaak stuitten we op Fransen van het vrijwilligerskorps, die werden francs-tireurs genoemd. Hoe vermoeider en nerveuzer iedereen werd, hoe meer ongelukken zich voordeden. Door onvoorzichtigheid schoot een van onze eigen soldaten een ander door de borst. Een ander werd geraakt door een kogel in zijn voet, die net daarvoor door het achterwerk van zo'n Franse vrijwilliger was gegaan. Onze artillerie schoot hele dorpen in brand. De Franse linies waren allemaal bewapend met chassepotgeweren.'

'Wat zijn dat?' vroeg Ida, die het woord voor het eerst hoorde.

'Infanteriegeweren met bajonet, die hebben een heel groot bereik. Ik had het in het veldhospitaal verschrikkelijk druk, vaak tot diep in de nacht. Ik heb vingers afgehakt, gehecht, verbonden, kogels eruit gesneden, katheters leeggemaakt, en er waren ook een paar dijbeenamputaties.'

Ida probeerde tevergeefs om dat voor zichzelf niet te visualiseren. De verhalen van haar opa stonden in zo'n groot contrast met hoe deze mooie stad er nu uitzag, met zijn straten vol mensen, en met de zon, die na de regenbui nu weer door het raam van de bakkerij scheen. Het was nauwelijks te bevatten dat alles wat haar opa haar vertelde zich nog maar een jaar of twintig geleden hier had afgespeeld. Dat de nu zo stralende wereld destijds zo akelig was geweest, vol puin en bloed.

Albert leek haar gedachten te kunnen lezen. 'Oorlog is een vreselijk iets.'

Zijn kleindochter knikte bedrukt. 'Hebben jullie ook Franse gewonden gered?'

Haar opa knikte. 'Dat ook, als er tijd over was. Vaak werden de gewonden dan op veewagens met stro naar andere plaatsen vervoerd. Soms bungelden er langs de kant van de weg francs-tireurs – opgehangen door onze mannen.'

Ida huiverde bij het idee. Verdorie! Pas nu merkte ze het: de kleverige vloeistof op het vuur was te taai en te donker geworden, waardoor het konfijten van de tere bloempjes was mislukt. Ze waren stuk. Gefrustreerd haalde Ida de pan van het vuur.

'Blijkbaar ben ik alleen geschikt voor het verkopen van zoete dingen, niet voor het maken ervan,' zuchtte ze. En dat terwijl ze het zich zo mooi had voorgesteld: ze zou Lucien verrassen met bloesem van suiker.

'Ach, geen paniek als er een keer iets mislukt,' zei de oude meester-bakker. 'We waren natuurlijk afgeleid. De echte kunst bestaat eruit om het niet meteen op te geven.'

Niet meteen opgeven, om de een of andere reden liep dat als een rode draad door haar verlovingstijd, dacht Ida. Opeens was het voor haar buitengewoon belangrijk geworden om de test met de gekonfijte pomeransbloesem te doorstaan, want het leek een voorteken voor haar toekomst met Lucien. Niet meteen opgeven, spoorde ze zichzelf aan, opa heeft gelijk. Als het op de ene manier niet lukt, dan moet het op een andere manier wél lukken. Gelukkig had ze nog niet alle bloempjes in de suikermassa gedaan. Ze pakte een uitzonderlijk mooi exemplaar, verwijderde het steeltje en legde het op een dunne snijplank. Daarna begon ze opnieuw met het oplossen van suiker in water. Ze draaide het pannetje boven de vlam totdat de suiker bruin werd en karamelliseerde. Dit keer voegde ze de bloesem niet toe, maar goot de karamel er voorzichtig over, waarbij ze de vorm van het bloemblad volgde. Haar opa keek toe en knikte goedkeurend. Vlak voor haar ogen ontstond een fascinerend geheel. Als een fijn netwerk trokken de draadjes over de witte bloesem. Ida bekeek haar kunstwerk en was meer dan tevreden. En ze was ook een beetje trots dat ze het bijltje er niet meteen bij neergegooid had, maar naar een andere manier had gezocht.

'Nou, zie je wel!' zei haar opa.

'Niet opgeven.' Ida glimlachte naar hem. 'Volhouden, net als jij destijds in Frankrijk.'

'Nou ja, ik verlangde heel erg naar mijn gemoedelijke Stuttgart en naar mijn lieve familie,' bekende Albert. 'Hoe verder we Frankrijk in trokken, hoe moeilijker het werd om huisvesting te vinden. En vanaf eind oktober kwamen daar nog regen en kou bij. We lagen bij elkaar als haringen in een ton en de staf van onze divisie en ons korps maakte het zich ondertussen gemakkelijk.'

'Wat onrechtvaardig,' zei Ida verontwaardigd, terwijl ze haar gekaramelliseerde bloesem voorzichtig in een van de doosjes legde waarin ze altijd het bijzonder tere gebak vervoerden.

De oude man knikte. 'Er ontstond onder ons steeds meer afgunst en woede. Een van onze mannen heeft een bijzonder moedige, getrouwde soldaat eerste klasse neergestoken om een kopje melk. Hij raakte hem in de halsslagader, ik kon de arme kerel niet meer helpen. Hij... bloedde dood in mijn armen.'

Alberts stem stokte en hij wreef over zijn ogen.

Ida kon zich niet herinneren dat ze haar opa ooit eerder had zien huilen. Zelfs niet toen haar oma hem negen jaar geleden had verlaten en hij haar afscheidsbrief had gelezen.

'Op een gegeven moment wisten de Fransen ons af te snijden van onze achterhoede. Je oma en ik konden elkaar dus niet meer per veldpost bereiken. Ik heb destijds allemaal lieve en sentimentele dingen naar haar geschreven,' zei de oude man met een weemoedige glimlach en hij begon een gedicht van Alexander Baumann te citeren.

Ida vroeg zich eens te meer af waarom haar oma de familie zo halsoverkop had verlaten. Zelf was ze toen pas negen geweest en geen van de volwassenen had antwoord willen geven op haar vragen daarover. Het leek alsof haar oma opeens iemand was geworden voor wie je je moest schamen, iemand van wie de naam niet meer mocht worden genoemd.

'Ik verlangde zo naar haar dat ik elke ochtend heel vroeg wakker werd,' herinnerde haar opa zich. 'Doodop en met de dag ouder en beroerder, zo voelde ik me. Ik werd zo gramstorig van die voortdurende gevechten met die francs-tireurs.'

Ida merkte dat haar opa, als hij zo opging in zijn herinneringen, woorden gebruikte die zij niet meer kende. De term 'gramstorig' had ze nog nooit eerder gehoord, maar ze begreep de betekenis ervan.

'Dijon is een oude stad met veertigduizend inwoners. De mensen waren verbazingwekkend vriendelijk, maar het was hun natuurlijk aan te zien dat ze bang waren en soms ook van ons walgden,' vertelde Albert. 'De Franse artsen daar waren hulpvaardig en ze verbonden samen met ons de gewonden, hoewel hun behandelmethode op veel punten verschilde van de onze. Half november kreeg ik zelf hoge koorts, vreselijke pijn in mijn onderrug en gewrichten en een keelontsteking. Die breidde zich uit naar mijn tong. Dat was uitzonderlijk pijnlijk, praten was onmogelijk. Ze stuurden me daarom naar het veldhospitaal van Gray, waar barmhartige zusters me verpleegden. Ik liet je oma's foto aan een van hen zien en ook die van je vader en ze beloofde me te bidden voor mijn familie. Dat leek te werken.'

'Echt waar?' vroeg Ida.

En voor het eerst sinds hij in gedachten was teruggegaan naar de oorlog glimlachte haar grootvader weer. 'Ik mocht op tijd weg om met kerst thuis te zijn, waar ik snel weer opknapte.'

'Gelukkig wel,' straalde Ida en ze doopte voorzichtig haar vinger in de pan met de inmiddels lauwe karamel-pomeransmassa van haar eerste poging. Dat smaakt helemaal niet verkeerd, dacht ze.

'Eigenlijk zonde om dit weg te gooien,' zei ze tegen haar opa.

'Dan maken we er toch een paar snoepjes van,' stelde Albert voor. 'We doen niks weg wat nog goed is.'

Ida knikte enthousiast. De kleine Marcel zou daar beslist heel erg van genieten. En ze kon het sowieso niet maken dat ze zijn oom iets gaf en zijn neefje oversloeg.

Resoluut legde ze vetvrij papier op een snijplank, pakte een spatel, streek de karamelmassa erover uit en liet die afkoelen terwijl ze de bakkerij begon op te ruimen. Haar vader had tenslotte meer dan eens benadrukt hoe belangrijk het was om alles schoon en geordend te hebben. Dat was Ida inmiddels ook duidelijk. Er was niets vervelender dan onvindbare ingrediënten of bakvormen als je haast had en elke seconde belangrijk was. Albert hielp energiek mee.

Ida wilde deze ongewoon openhartige en spraakzame dag met haar opa niet voorbij laten gaan zonder hem de brandende vraag te stellen waar ze al een tijd mee zat. 'Mag ik je nog iets heel persoonlijks vragen?'

Hij haalde zijn schouders op. 'Dat hangt ervan af...'

'Waarom is oma negen jaar geleden weggegaan?' vroeg Ida hortend. 'Terwijl jullie in de oorlog toch altijd zo naar elkaar verlangden...'

'Daar wil ik het niet over hebben,' mompelde hij.

Ida knikte berustend. Dat was een familiegeheim dat deze middag waarschijnlijk niet meer zou worden onthuld.

Nadat ze alles hadden opgeruimd, was de massa hard geworden. Ida sneed er met een groot, scherp mes kleine rechthoekjes van, om vervolgens een van de snoepjes in haar mond te stoppen. Heerlijk! Met een tevreden glimlach zocht ze een tweede doosje en deed het lekkers erin.

Marcels pakketje versierde ze met een blauwe en dat van Lucien met een rode strik.

'En voor wie zijn die snoepjes dan?' wilde haar opa weten.

'Voor Luciens kleine neefje,' zei Ida. 'Hij is pas vier geworden en het is echt een schatje. Ze zullen allebei grote ogen opzetten!'

'Ik heb trouwens een idee hoe de Picards erachter kunnen komen wie er achter die diefstallen in hun huis zit,' vertelde Albert, nu weer met zijn aloude bedachtzame grijns, tot verbazing van zijn kleindochter.

'Hoe dan?' vroeg ze.

'Toen jij vier jaar oud was, is er uit onze bakkerij ook een keer geld verdwenen. We hebben destijds een val gezet voor de dief. Misschien werkt dat bij de Picards ook.'

Ida boog zich naar hem toe. 'Hoe hebben jullie dat aangepakt?'

'Nou, je oma en ik hebben beweerd dat we die nacht een grote som geld in de winkel wilden opbergen. Dat hebben we tegen iedereen gezegd die toegang had tot de zaak. Daarna vertelde ik dat je oma en ik zouden overnachten bij vrienden in Kirchheim. In werkelijkheid heb ik me verstopt in de winkel. Even na middernacht kwam de dief en ik heb hem opgesloten. Het was onze bakkersknecht. Een echte nietsnut.'

'Dat is een geniaal idee, opa,' antwoordde Ida enthousiast. Ze besloot om het die dag nog aan Lucien te vertellen. Misschien zouden de Picards de dief op dezelfde manier in de kraag kunnen vatten.

Buiten klonk het ruisen van de regen, in het laboratorium keek Lucien Picard door een microscoop naar een bacterie om er een tekening van te maken. Het essay daarover zou hij later thuis maken. Toen er op de deur werd geklopt, kromp hij geschrokken ineen. Het was inmiddels al na zevenen in de avond en om deze tijd waren er eigenlijk nauwelijks nog mensen in de universiteit.

'Binnen!' riep hij.

Tot zijn grote genoegen werd de deur van het laboratorium geopend door zijn verloofde, die verlegen naar hem glimlachte. Hij ontdekte dat achter haar de roodharige bakker van de Tritschlers stond, die net als Ida een druipende paraplu vasthield.

Lucien keek een beetje verbouwereerd.

'Hij vergezelt me omdat ik op dit tijdstip niet alleen op pad wil zijn,' legde ze gehaast uit.

'Dat vind ik heel prijzenswaardig,' antwoordde hij en hij richtte zich tot de jongen. 'Goedenavond, Kurt, dat is heel aardig van u.' Vervolgens keek hij Ida weer aan. 'Wat voert jullie hiernaartoe?'

'Ik moet je dringend iets vertellen,' zei ze en ze wierp Kurt een vragende blik toe. 'Onder vier ogen.'

Ietwat geïrriteerd verliet de jonge bakker het vertrek weer en hij zei dat hij op de gang zou wachten.

Ida deed verslag van de leuke dag die ze met haar opa in de bakkerij had doorgebracht en ze overhandigde hem zijn cadeau.

De jonge bioloog was ontroerd toen hij de pomeransbloesem voorzichtig in zijn hand nam. 'Wat mooi en verfijnd,' zei hij verbaasd.

'Volgens madame Martinet brengt die bloesem een jong stel geluk,' vertelde Ida.

'Zoiets moois en persoonlijks heb ik nog nooit van iemand gekregen,' fluisterde hij en hij kuste zijn verloofde teder op de mond.

Daarna bracht Ida Lucien op de hoogte van de manier waarop haar grootvader ooit een val had opgezet voor een dief in hun bakkerij in Stuttgart.

'Wat een geraffineerd plan,' zei Lucien goedkeurend. 'En nu wil je ons adviseren om hetzelfde te doen?'

'Precies,' bevestigde Ida. 'Je moet iedereen die toegang heeft tot jullie woning en winkel vertellen over een verleidelijke som geld. Dat die een nacht in jullie huis wordt bewaard. En die schuilplaats, die je van tevoren hebt verklapt aan alle verdachten, bewaak jij dan, terwijl je beweert niet thuis te zijn.'

'Het is een indrukwekkende lijst, pa, ma, mijn broer en zijn vrouw, de kokkin, het kindermeisje, de huisbediende en het kamermeisje,' mompelde Lucien peinzend. 'Maar het idee is geweldig. Zo zouden we de dader echt kunnen betrappen.'

'Er zit wel een nadeel aan,' zei Ida een beetje bedrukt.

Lucien keek haar vragend aan. 'Wat bedoel je?'

'Monsieur Fouché,' antwoordde Ida. 'Als de dader gepakt wordt, is hij weer werkloos.'

'Hm, dat klopt,' zei haar verloofde. 'We zouden hem misschien een keer kunnen vragen wat hij eventueel verder nog zou kunnen doen.'

Ida keek hem dankbaar aan. 'Goed idee.'

23

Lucien Picards hoogleraar woonde in een van de mooie vakwerkhuizen in de wijk Petite France. Hoewel het sinds de vorige middag pijpenstelen regende, was de biologiestudent op deze zaterdagochtend onderweg om zijn essay in de brievenbus van zijn docent te gooien. De Ill was buiten zijn oevers getreden en bankjes die pal aan de rivier stonden, waren bijna helemaal verdwenen in het water. Lucien hoorde een paar bewoners klagen dat hun kelder opnieuw was ondergelopen.

Bij terugkomst in de patisserie stond tot zijn stomme verbazing de hele familie met het verzamelde personeel voor de toonbank. Het leek wel alsof ze zijn gedachten hadden gelezen.

'Is er iets gebeurd?' vroeg hij verwonderd.

'Monsieur Müller is niet verschenen,' zei Jacques Picard chagrijnig. 'Waarschijnlijk door de overstromingen. Het kanalengebied zou er niet al te best uitzien.'

Lucien wist dat de kelner bijzonder stipt was. In de tien jaar sinds zijn aanstelling had hij zich geen enkele dag ziek gemeld. Als hij niet op zijn werk verscheen, dan moesten de wegen vanuit zijn woonplaats aan het Rhône-Rijnkanaal inderdaad onbegaanbaar zijn. Dat riep natuurlijk de vraag op of en wanneer hij überhaupt weer naar patisserie Goldschmidt zou kunnen komen.

'Wie gaat er dan bedienen in de lunchroom?' informeerde Lucien.

'Daar hadden we het net over. Ik zou kunnen bijspringen,' antwoordde zijn moeder. 'Het is al wel een paar jaartjes geleden, maar vroeger hielp ik natuurlijk weleens in de winkel.'

'We hebben jou hier achter de toonbank van de banketbakkerij nodig,' zei haar man. 'Odile kan namelijk ook niet komen.'

Claire zuchtte. 'En wat doen we dan met de lunchroom?'

Lucien merkte dat zijn schoonzus haar ogen neersloeg. Denise zou wel vermoeden dat het nu haar beurt was om in te vallen. Maar dat leek de verlegen vrouw vervelend te vinden.

'Als u wilt, kan ik het proberen,' zei tot ieders verrassing monsieur Fouché. 'Voordat u in de problemen komt. Als jonge vent heb ik op studentenfeesten geregeld in de bediening geholpen, ik kan me alles nog altijd heel goed herinneren. En de kassa hou ik tijdens het bedienen gewoon in de gaten.'

'Uitstekend, Fouché,' zei Jacques. 'Dan bent u in elk geval tot het Müller lukt om hierheen te komen onze vervangende kelner. Madame Rolland, zou u het andere kelnersuniform willen halen, dat zal hem wel zo ongeveer passen.'

'Dan zal ik zolang als wachtpost fungeren,' bood Lucien aan en hij besloot meteen van de gelegenheid gebruik te maken. 'Maar vanavond heb ik jullie hulp nodig. Ik bewaar het geld voor onze excursie van morgen vannacht in de secretaire in mijn kamer. Het gaat om zeker tachtig mark. Ik moet om acht uur vanavond naar een voorbespreking met mijn hoogleraar en mijn studiegenoten. Dat kan tot in de kleine uurtjes duren. Het zou fijn zijn als iemand erop let dat er niemand mijn kamer binnengaat.'

'Geen probleem, ik blijf tot die tijd wakker,' beloofde Maximilien Fouché meteen.

'Mooi, aan het werk dan allemaal!' gelastte Jacques op afgemeten driltoon.

Hélène schrobde voor de zoveelste keer deze ochtend de tegelvloer van de winkel. Telkens als de deur werd opengedaan, kwam er vies water naar binnen. Bovendien hadden de meeste klanten een paraplu bij zich, waar hele vloedgolven vanaf liepen.

De vloer was net weer enigszins schoon of de deur werd opnieuw opengerukt, waarna de telegrambesteller naar binnen stoof en een modderspoor achterliet op de grond. Het leek wel of Hélène op het punt stond in huilen uit te barsten en Ida kwam uit puur medelijden in de verleiding om de borstel van haar over te nemen om de vloer zelf schoon te maken.

'Goedemorgen, ik heb hier een telegram voor een zekere meneer Albert Tri...' begon de besteller door het vertrek te schetteren. Verder kwam hij niet. Ida's opa, die tot nu toe aan een tafeltje bij de doorloop tussen de winkel en de lunchroom had gezeten, sprong overeind en vloog op de man af.

'Die is voor mij!' riep hij gejaagd.

'Albert Tritschler?' vroeg de man voor alle zekerheid.

'Inderdaad,' bevestigde grootvader ongeduldig en hij griste het telegram naar zich toe. Terwijl hij de tekst las, kwam er een brede grijns op zijn gezicht en hij gaf de telegrambesteller een flinke fooi.

'Dank u wel,' riep de besteller verheugd en hij vertrok weer, de regen in, terwijl Hélène meteen begon met het wegboenen van zijn sporen.

'Nu begrijp ik waarom je de halve ochtend in de lunchroom zat en continu ongeduldig naar de deur staarde,' zei Ida en ze ging aan het tafeltje van haar opa zitten, die inmiddels weer plaatsgenomen had. 'Van wie is het afkomstig?' vroeg ze nieuwsgierig.

'O, zo belangrijk is het niet,' zei haar opa met een afwijzend gebaar.

Ida stak gespeeld dreigend haar vinger op. 'Opa, opa, zeg op!'

'Nou, goed dan,' mompelde hij, waarna hij behoedzaam om zich heen keek en zich over het tafeltje heen boog. 'Het telegram is van... je oma,' fluisterde hij.

'Hè?' riep Ida zo hard dat een paar gasten in de lunchroom en klanten in de winkel hun hoofd omdraaiden.

Haar grootvader zwaaide met zijn handen. 'Sst, niet zo hard.'

'Dat kan toch geen toeval zijn,' ging ze nu op zachte toon verder. 'Gisteren hadden we het voor het eerst in jaren over oma en meteen stuurt ze je een telegram dat...' Ze zweeg nadenkend, totdat het tot haar doordrong. 'Jij hebt haar eerst geschreven, anders kon ze helemaal niet weten dat je in Straatsburg bent.'

'Ja, ik heb haar vanochtend vroeg getelegrafeerd,' gaf de oude meester-bakker op gedempte toon toe. 'Door ons gesprek gisteren dacht ik weer terug aan die mooie tijden met je oma. En hoe ik destijds door de oorlog veranderd was. Vaak schreeuwde ik in mijn slaap en probeerde ik haar zelfs te wurgen... Ik vertrouwde niemand meer en was vaak ronduit onuitstaanbaar. Ze heeft zeker tien jaar gewacht op de terugkeer van de oude Albert. Maar op een gegeven moment gaf ze zich gewonnen.'

Ida was sprakeloos. Daarom was haar oma dus weggegaan. Wanneer een vrouw haar man verliet, dan werd dat als heel erg ongepast beschouwd. De familie had door het vertrek van oma Tritschler heel veel spot te verduren gehad, in het geheim en ook openlijk. Na het schandaal hadden haar vader en opa verzoeken van haar kant om contact te hebben met de kleinkinderen afgewezen. 'En nu heeft ze meteen op je telegram gereageerd?'

Grootvader knikte. 'Blijkbaar heeft ze gewacht op een teken van leven.'

Ida besloot om haar oma ook te schrijven. Voor haar was de verdwijning nog steeds niet helemaal duidelijk. Maar het stond nu wel vast dat de oorlog ook in hun familie iemand volledig veranderd had en daardoor was er een huwelijk verwoest. Onwillekeurig moest ze denken aan Luciens vader en diens verbittering. En ook aan de val die haar verloofde wilde opzetten voor zijn familie en hun personeel. Hopelijk zou hij bij zijn poging om de dader te vinden niet in gevaar komen.

Lucien had zijn jas aangetrokken en hield een paraplu in zijn hand. Het moest er natuurlijk allemaal heel geloofwaardig uitzien. Hij ging de bibliotheek binnen waar zijn moeder bij de haard zat en een boek doorbladerde over de geschiedenis van de schilderkunst.

'Ik ga nu naar mijn hoogleraar en studiegenoten,' zei Lucien.

'Goed, maar niet te veel drinken,' antwoordde Claire met een lach. 'Je moet op de terugweg nog in een rechte lijn kunnen lopen.

'Ik zal mijn best doen,' zei Lucien grijnzend en hij bedacht dat het voor zijn moeder niet nodig was om te stelen. Zijn vader vervulde al haar wensen als het om kleding ging – ook bijzonder dure kleding. En voor haar uitstapjes betaalde hij desgevraagd ook. Eigenlijk kwam ze daardoor niet echt in aanmerking als dader.

Vervolgens wierp hij een blik in de kamer van zijn kleine neefje. Marcel lag vredig te slapen en in een oorfauteuil zat zijn kindermeisje, mademoiselle Girod. De mollige tweeënveertig jaar oude vrouw was blijkbaar zelf in slaap gevallen boven het boek waaruit ze het ventje had voorgelezen. Lucien glimlachte om de harmonieuze aanblik en achtte het kindermeisje evenmin in staat tot diefstal.

Ook bij Denise wilde hij nog even langs. Hij dacht weliswaar dat ze veel te bang was om ooit iets onwetmatigs te doen, maar René was op pad met een paar zakenvrienden en Lucien wilde haar als bode gebruiken. 'Zou je tegen mijn broer willen zeggen dat ik pas in de kleine uurtjes terug ben?' vroeg hij zijn schoonzus nadat ze hem had verzocht binnen te komen toen hij had aangeklopt. Ze lag onder een stapel dekens. Typisch Denise, ze had altijd een beschermende muur om zich heen. 'Ook hij moet zijn oren en ogen openhouden totdat ik er weer ben.'

'Ik zal het tegen hem zeggen. Maar dat geld voor jullie excursie kan hem niets schelen,' zei Denise. 'Hij is alleen geïnteresseerd in geld waar hij zelf echt rijker van wordt.'

'Dat zou kunnen,' antwoordde Lucien. 'Een fijne avond, Denise.'

'Dank je en veel plezier met je medestudenten.'

Vervolgens ging hij naar de keuken, waar madame Rolland, het kamermeisje Bärbel en huisbediende monsieur Rumann bezig waren met het avondeten. 'Ik wil alleen nog even zeggen dat ik dus pas laat terugkom,' zei hij tegen de personeelsleden. 'U hoeft niet op mij te rekenen met het eten.'

'Goed, hoor, monsieur Picard,' zei madame Rolland.

Als laatste ging hij naar zijn vader, die in zijn werkkamer zat. 'Als de oude Fouché voor het gebouw op wacht staat,' zei hij, 'dan kan jullie geld niet eens verdwijnen. Het zal dus niemand van ons zijn geweest.'

'Een fijne avond, pa,' wenste Lucien hem en hij verliet het kantoor. Hij haastte zich naar de voordeur, opende die en deed hem met een klap weer dicht.

Daarna sloop hij snel naar zijn kamer. Hij verstopte zich in zijn kledingkast, waarin hij uit voorzorg een stoel en een fles wijn had gezet. Hier zou hij afwachten of er ook echt iemand in de door hem en zijn verloofde bedachte val zou trappen.

De gedachte dat Lucien door het uitvoeren van hun gezamenlijke plan gevaar liep liet Ida niet los. Ze besloot daarom om monsieur Fouché gezelschap te houden tijdens zijn werk als wachtpost. Monsieur Leroc vulde op haar verzoek een mandje met allerlei lekkers. Gelukkig zat ook Kurt in de keuken.

'Kurtle...' begon Ida, waarop hij zuchtend overeind kwam en grijnsde.

'Ja, ik zal u vergezellen naar de concurrentie,' vatte hij haar verzoek samen, al voordat ze dat had uitgesproken.

Ze glimlachte dankbaar naar hem en de twee gingen op pad naar patisserie Goldschmidt. Het was gelukkig eindelijk opgehouden met regenen, de wolken aan de nachtelijke hemel maakten hoe langer hoe meer plaats voor de maan en de sterren.

Monsieur Fouché, die net als elke avond met zijn sabel voor het gebouw van de Picards op wacht stond, was heel blij met Ida's vraag of ze hem gezelschap mocht houden, en met de smakelijk uitziende inhoud van het mandje. Ida vroeg Kurtle om haar over een uur weer op te halen. Toen ze de voormalige dakloze vroeg hoe zijn dag was verlopen, vertelde hij haar dat hij als gevolg van de overstromingen had gewerkt als vervangend kelner.

'O, hoe is dat gegaan?' vroeg Ida nieuwsgierig.

'Eigenlijk heb ik het er heel goed vanaf gebracht,' vond Fouché. 'Ik kon alle bestellingen onthouden en heb ook niets laten vallen.'

'Geweldig,' zei ze. Kelner! Misschien was dat een mogelijkheid voor hem om te werken, mocht de dief in huize Picard daadwerkelijk worden gepakt.

Maar Maximilien Fouché maakte meteen een eind aan die hoop. 'Alleen zou ik het op de lange termijn niet kunnen. Het is voor mij een te grote beproeving om alcohol te moeten inschenken. Bij elk glas sekt dat iemand in de lunchroom bestelde probeerde ik om niet naar de bruisende drank te kijken. Alleen de geur al... Ik was blij toen het erop zat. Ik weet niet of ik dat op den duur vol zou kunnen houden.'

Ida bewonderde Maximilien om zijn openheid en grote zelfkennis. Veel mensen die ze kende gingen volledig op in zelfbedrog. Maar aan de andere kant wist ze door zijn bekentenis nu niet meer op welk werkgebied voor hem een andere baan kon worden gezocht. Om dit beter te kunnen beoordelen moest ze toch eerst wat meer te weten zien te komen over zijn verleden.

'In welk vak was u vroeger eigenlijk hoogleraar?' informeerde ze.

'Architectuur en bouwkunst,' zei Fouché weemoedig, en hij citeerde onmiddellijk uit een humoristisch gedicht van Wilhelm Busch, dat architecten goed werk verrichten, hoewel het een flinke duit kostte.

Ida moest erom lachen. 'Leuk gedicht.'

'Het is afkomstig uit *Maler Klecksel,*' legde de oude Maximilien glimlachend uit, waarna zijn toon echter ernstiger werd. 'Ik was betrokken bij de bouw van de nieuwe universiteit. Maar aan de voltooiing ging een lange weg vooraf. In de winter van 1870 waren er in mijn huzarenregiment veel sterfgevallen. Toch was het einde van de oorlog toen wel in zicht. Op 26 februari sloten de Franse Republiek en het nieuwe Duitse Rijk in Versailles een voorlopig vredesverdrag. Op 10 mei kwam er in hotel Zum Schwan in Frankfurt officieel een einde aan de oorlog. Door dat verdrag moest Frankrijk afstand doen van grote delen van Elzas en Lotharingen. Net als Straatsburg werden die gebieden kort daarop als het territorium Elzas-Lotharingen onderdeel van het nieuwe Duitse Rijk. De inwoners van de gebieden waarvan afstand werd gedaan, kregen wel toestemming om naar Frankrijk te verhuizen. Hoewel alles in mij ertegen in verzet kwam, ben ik toch teruggekeerd naar mijn stad. Ik wilde helpen om de universiteit en het onderwijs weer op te bouwen, ook al moest ik daarvoor samenwerken met de Duitsers.'

'Dat moet geen makkelijke beslissing zijn geweest,' vermoedde Ida, die van haar broer wist dat de bouw van de universiteit voor zowel de bezetter als de Fransen van enorme betekenis was geweest. De Duitsers wilden daarmee laten zien dat ze niet alleen voor verwoesting zorgden, maar ook tot het ontwerpen en bouwen van grote dingen in staat waren.

'Lucien vertelde dat u zelfs in de Duitse wijk hebt gewoond. Klopt dat?' vroeg Ida.

'Ja, opmerkelijk, nietwaar?' zei Maximilien met een glimlach. 'Eigenlijk hadden ze die mooie huizen vooral voor de vele Duitse functionarissen gebouwd die hier toen naartoe trokken. Ze moesten tenslotte ergens wonen. Stadsbouwmeester Conrath heeft er persoonlijk voor gezorgd dat ik daar ook onderdak kreeg.'

Ida zag hoe trots Maximilien erop was dat hij met die man had samengewerkt.

'Heeft hij dat allemaal gebouwd?' vroeg ze.

'Nee, alleen ontworpen. Jean Geoffroy Conrath heeft eigenlijk het hele gebied eromheen uitgewerkt,' zei Fouché. 'Hij wilde de residentie van de wetenschap verbinden met de macht. Daarom stond een monumentale laan, die van de universiteit tot aan het keizerlijk plein liep, centraal in zijn ontwerp. Daar zijn de belangrijke openbare gebouwen ondergebracht. Vanaf 1875 was Hermann Eggert de bouwkundige van de universiteit en ook mijn collega Otto Warth was erbij betrokken. Het plein werd ontworpen door Conraths opvolger Johann Karl Ott. Het paleis is vervolgens vier jaar geleden officieel geopend door keizer Wilhelm.'

Ida merkte hoe gelukkig Maximilien Fouché leek als hij vertelde. Hoewel al die buitenproportionele bouwprojecten overduidelijk in het teken hadden gestaan van het Duitse nationalisme, leek het monsieur Fouché bij de bouwkunst hetzelfde te vergaan als Lucien bij biologie. Kennis en schoonheid waren belangrijker en duurzamer dan landsgrenzen. Ida wist dat Maximilien de door hem zo geliefde wereld van architectuur, leren en doceren was kwijtgeraakt door de verwoestende kracht van alcohol. Ze vroeg zich af wat de precieze oorzaak daarvan was geweest. Ze wilde het Fouché heel graag vragen, maar durfde het niet.

Hoewel hij er rekening mee had gehouden, kromp Lucien geschrokken ineen toen hij opeens een schuifelend geluid bij de deur van de kamer hoorde. De gedaante die nu voorzichtig binnenkwam had geen lamp bij zich, alleen het licht van de gang viel door de kleine kier van de deur naar binnen. In het halfdonker kon hij de gestalte, die zich nu ook daadwerkelijk naar zijn secretaire begaf, alleen vaag en van achteren zien. De onbekende was kleiner dan Lucien en had een jas aan. Hij moest nú toeslaan. Hij rukte de kastdeur open, wilde eruit stormen, maar bleef met zijn voet achter de poot van een stoel haken en viel languit op de vloer van zijn kamer. De onbekende glipte het vertrek uit en terwijl Lucien vloekend overeind kwam, hoorde hij de voordeur al in het slot vallen. Met een schreeuw van woede rende ook hij naar het trappenhuis, hoewel hij vreesde dat er geen kans meer was om de dief nog in de kraag te vatten. Hij had het verprutst.

Ida en Maximilien waren zo verdiept in hun gesprek over de bouw van de universiteit van Straatsburg dat ze de gedaante in de jas met capuchon, die uit de zijingang kwam gestormd, eerst niet opmerkten. Pas toen ze Lucien in het trappenhuis 'Houd de dief!' hoorden brullen, werd het Ida met een schok duidelijk dat het om dé dief moest gaan, die was gevlucht. Op dat moment kwam Kurtle om Ida zoals afgesproken op te halen.

'Hou hem tegen!' schreeuwde Ida, omdat de vluchtende dief net langs de verbouwereerde bakker wilde rennen.

Met tegenwoordigheid van geest probeerde Kurt de gedaante met de capuchon te laten struikelen. Hij miste bijna, maar de onbekende wankelde en viel toch op zijn knieën. De jonge bakker ging snel naar hem toe en pakte zijn arm vast. Ida kwam met Maximilien toegesneld. Ze verbaasde zich er nog over hoe tenger de dief was, die kronkelde onder Kurts genadeloze greep, en trok vervolgens de capuchon omlaag. Toen ze het gezicht herkende dat tevoorschijn kwam, verstijfde ze.

24

'Denise!' riep Ida geschokt.

Voor haar op de natte kasseien lag Luciens schoonzus met een doodsbang gezicht.

Kurt leek het uitermate gênant te vinden dat hij zo'n mooie jonge vrouw had laten vallen en zo ruw had aangepakt. Hij liet haar meteen los. 'Hebt u zich pijn gedaan?' vroeg hij schuldbewust.

Denise schudde haar hoofd en liet zich overeind helpen door de bakker. Ida bukte zich om een envelop te pakken en gaf die aan haar verloofde, die zich samen met monsieur Fouché bij hen had gevoegd.

'Is dit hem?' vroeg Ida.

Lucien knikte ernstig. 'Ja, dat is de envelop met snippers krant.'

Hij opende de envelop en nu zag iedereen dat die was gevuld met krantenpapier dat was uitgeknipt in velletjes ter grootte van bankbiljetten.

'Het was een val...' besefte Denise met doffe stem.

'Ja, inderdaad,' bevestigde haar zwager verontwaardigd. 'Zou je me misschien willen uitleggen waarom je je eigen familie besteelt?'

Denise barstte bijna in tranen uit. 'Omdat mijn leven is verwoest...'

Ida keek haar vragend aan. 'Waarom dan?'

Denise aarzelde en keek naar Kurt. Blijkbaar geneerde ze zich om te praten in het bijzijn van de haar onbekende jongen.

'Kurtle, dit is een familieaangelegenheid. Zou je ons alleen kunnen laten?' vroeg Ida.

Hij keek haar lichtelijk gepikeerd aan.

'Ik breng Ida daarna veilig naar huis, beloofd,' probeerde Lucien hem te kalmeren.

Kurt knikte wrevelig. Aan zijn lichaamshouding was duidelijk te zien hoe geïrriteerd en gekwetst hij zich voelde. Geen wonder, dacht Ida een beetje schuldbewust. Ze behandelde hem echt als een loopjongen; gebruikte hem om haar te beschermen en stuurde hem dan telkens weg. Ze nam zich voor om de komende tijd aardiger tegen hem te zijn.

Kurt vertrok, maar draaide zich nog wel een keer bezorgd om naar de mooie Denise.

'Kom, dan gaan we naar de lunchroom om daar te praten,' stelde Lucien ondertussen voor aan zijn schoonzus.

Maximilien Fouché bleek over voldoende tact te beschikken om te beseffen dat hij niets te zoeken had bij dat familiegesprek. 'Moet ik voor het gebouw toezicht blijven houden?' vroeg hij.

Lucien wierp hem een dankbare blik toe. 'Ja, graag, doet u dat, monsieur Fouché.'

Even later zaten Ida en Lucien met Denise in de lunchroom van patisserie Goldschmidt, die gesloten was. Ze hadden geen lamp aangedaan, alleen het licht van de gaslantaarns buiten scheen op hun ernstige gezichten.

'Nou?' spoorde Lucien zijn schoonzus aan om zich nader te verklaren.

'Ik word afgeperst,' zei ze hortend. 'Al wekenlang.'

'Door die Natalie?' flapte Ida eruit. Het werd haar nu duidelijk dat haar toekomstige schoonzus maar de halve waarheid had verteld.

Denise keek haar verbaasd aan. 'Hoe weet jij dat nou?'

'Omdat jullie gesprek niet klonk alsof ze alleen jouw hulp wilde om Lucien te krijgen,' zei Ida. 'Het leek er meer op dat ze je afperste en meer geld wilde. Alsof ze vond dat ze daar recht op had.'

‘Dat is ook precies wat ze denkt,’ bevestigde Denise bitter.

Lucien keek haar niet-begrijpend aan. ‘Maar hoe komt ze daar dan bij?’

Na een korte stilte liet Denise de bom barsten. ‘Omdat zij Marcels echte moeder is.’

Ida en haar verloofde keken haar verbijsterd aan.

‘Hè?’ kreunde Lucien.

Denise begon het uit te leggen. ‘Toen ik een kleine vijf jaar geleden eindelijk toch in verwachting leek te zijn, dacht ik dat ik uit de zorgen was. René legde het tenslotte al met andere vrouwen aan, omdat ik in het begin gewoon niet in staat leek om hem de opvolger te geven waar hij zo naar verlangde. Dat maakte me bang. Als hij bij me weg zou zijn gegaan, betekende dat voor mij dat ik terug moest naar het armenhuis. En de zekere dood van mijn moeder. Ik betaalde immers de medicijnen voor haar longziekte.’

Lucien knikte. ‘En toen zei de arts dat je het kind elk moment kon verliezen.’

‘Precies, en dat gebeurde ook,’ gaf Denise nu voor het eerst toe. ‘Maar daar was geen dokter bij aanwezig. Ik werd geholpen door mijn vriendin uit het armenhuis. Natalie was op dat moment ook zwanger, maar ze was ongetrouwd en het kind was niet gewenst. Zij bracht me op een doortrapt idee. Ik moest een kussen onder mijn kleding dragen en naar een kuuroord gaan, als dat kon, zogenaamd om de baby te ontzien.’

‘Dat herinner ik me,’ zei Lucien. ‘René heeft destijds je verblijf in Niederbronn-les-Bains betaald. Hij was zo opgelucht dat je het kind niet had verloren, dat dacht hij althans.’

‘Ja,’ bevestigde zijn schoonzus schuldbewust. ‘En ik mocht Natalie Berger zelfs meenemen om me gezelschap te houden. Niemand had op dat moment het vermoeden dat zij op haar beurt zwanger was. Ze was al in de vierde maand, wat ze echter goed verborgen hield.’

‘En aan het eind van de kuur kwam je weer thuis in Straatsburg. Je beweerde dat het kind van jou was en dat het te vroeg was geboren.’

Lucien wist nog hoe Denise vier jaar geleden was teruggekomen met Natalie en de kleine Marcel. De hele familie en het personeel waren overspoeld door een golf van geluk.

Denise sloeg haar ogen neer. 'Inderdaad, ja...'

'En daar wilde die Natalie flink voor betaald worden,' vermoedde Lucien bitter.

Zijn schoonzus bevestigde dat met een trieste blik. 'Eerst zei ze dat ze het deed om haar reputatie te redden en haar buitenechtelijke kind een veilige toekomst te bieden. Maar in Niederbronn-les-Bains kreeg ze waarschijnlijk de smaak van een luxe leventje te pakken. Er zijn daar twee geneeskrachtige bronnen, de *source romaine* en de *source celtique*, het is er prachtig en het eten is heerlijk. Dat stond haar wel aan. Na de geboorte zei Natalie dat ze voor mijn toekomst helse pijnen had moeten doorstaan. Daarom wilde ze mijn verlovingsring hebben, dat zou een billijke vergoeding zijn. Mijn bezwaren en wat René daarvan zou denken probeerde ze weg te wuiven. Hij zal zo blij zijn dat je met de opvolger komt waar hij naar snakte, dat het hem niets zal uitmaken dat jouw ring is gestolen. Dat zei ze...'

'En daar had ze gelijk in,' herinnerde Lucien zich. 'Dat weet ik nog wel. Je bood vertwijfeld je excuses aan voor je onoplettendheid, maar mijn broer had alleen oog voor de baby. Net als wij allemaal.'

Voor Ida werden een paar dingen nu logischer. 'Vind je het daarom zo moeilijk om Marcel in je armen te nemen?'

Denise knikte. De lunchroom leek een biechtstoel te zijn geworden. Eindelijk stortte Luciens schoonzus haar hart uit. 'Toen Natalie de baby voor het eerst aan me gaf, liet ik hem bijna vallen. Vanaf dat moment was ik continu bang dat ik een fout zou maken, hem pijn zou doen. Maandenlang heb ik gedroomd dat hij door mijn schuld zou overlijden, omdat ik hem door mijn onhandigheid dodelijk verwondde.'

Ida en Lucien keken elkaar bedrukt aan. 'En nu perst die Natalie je opnieuw af?' vroeg Lucien.

'Ja. René weet natuurlijk van niets,' antwoordde Denise. 'Ik denk dat hij haar hier echt naartoe heeft gelokt omdat hij hoopt dat jij voor haar valt en Ida vergeet.'

Lucien fronste. Wat een ingewikkelde situatie! 'En toen ben je begonnen met stelen?'

Denise knikte gegeneerd. 'Ja, ik vond het hartverscheurend. Ondertussen staat er natuurlijk meer op het spel dan alleen mijn toekomst. Als René ooit te weten komt dat Marcel geen druppel Picardbloed heeft, dan zal hij niet alleen mij het huis uit smijten.'

Dat leek Ida een vreselijke en tegelijkertijd volkomen realistische inschatting. 'Maar dan kan ze je voor altijd blijven chanteren. Natalie lijkt niet iemand te zijn die op een gegeven moment genoeg heeft.'

'Hoeveel wil ze eigenlijk van je?' informeerde Lucien met hese stem.

'Honderd mark,' zei Denise gelaten. 'Of dat ik een ontmoeting met jou regel, zodat ook zij een lucratief huwelijk kan sluiten, zoals zij het noemt.'

'Nou, ik kan niet wachten,' zei Lucien spottend. 'Een vrouw die haar kind verkoopt en vervolgens de pleegmoeder afperst!'

Ida werd overmand door vertwijfeling. Die arme Marcel! 'Wat moeten we nu doen? Niemand van ons heeft honderd mark. En als Natalie de waarheid vertelt aan René, dan zal het ventje daar verschrikkelijk onder lijden, dan stort zijn hele leven in.'

De drie jonge mensen staarden radeloos voor zich uit.

Uiteindelijk kreeg Ida een idee. 'Ik weet hoe we in elk geval tijd kunnen winnen.'

Denise en Lucien keken haar vragend aan.

'Maar daar zul jij wel een bittere pil voor moeten slikken,' zei ze tegen haar verloofde.

Hij trok verbaasd zijn wenkbrauwen op. 'Ik? Hoezo?'

'Omdat jij verliefd gaat worden op die Natalie,' zei Ida. 'Denise heeft je verteld dat Natalie weer terug is en jij bent zo enthousiast dat je per se een afspraakje met haar wilt.'

‘Nooit van mijn leven!’ riep Lucien boos.

In tegenstelling tot haar zwager had Denise Ida’s plan al door. ‘Dat is een geraffineerd idee. Het probleem is alleen dat ik Natalie al heb gezegd dat Lucien verliefd en verloofd is en dat ze geen enkele kans maakt.’

Ida maakte een wegwerpgebaar. ‘Ach, dan vertel je gewoon dat jullie hele familie tegen mij is. Dat kun je flink aandikken zonder echt te hoeven liegen.’

Lucien keek zijn verloofde verbijsterd aan. ‘Ben je dan helemaal niet jaloers als je je aanstaande man met een ander ziet?’

‘Och, weet je, jaloezie is in principe altijd angst om te worden vergeleken, dat je ongunstig afsteekt,’ zei Ida. ‘Maar bij zo’n soort vrouw ben ik daar op de een of andere manier niet heel bang voor. Bovendien weet ik hoe verliefd je op me bent en ik vertrouw je.’

Lucien kuste haar zachtjes op de mond. ‘Maar hoe pakken we dat dan aan?’ vroeg hij. ‘Meer dan één of twee keer met haar afspreken kan natuurlijk niet, dan merkt ze dat de schittering in mijn ogen in haar geval geen hartstocht is.’

‘Belangrijk is vooral wat zíj na jullie ontmoetingen denkt,’ zei zijn verloofde. ‘En wat je familie denkt. Als Natalie in alle openheid met jou heeft aangepapt en dat vervolgens niet goed afloopt, dan zal ze beweren dat Marcel haar kind is…’

‘… en zal iedereen denken dat ze het zegt om er geld uit te slaan,’ maakte Denise vol ontzag Ida’s zin af. ‘En omdat mijn naam op de geboorteakte staat, zal René haar waarschijnlijk niet geloven.’

Lucien keek hen allebei verbaasd aan. ‘Als je jullie zo hoort, zou je meteen bang worden voor vrouwen.’

‘In Natalies geval zou dat zeker niet verkeerd zijn,’ antwoordde Ida met een trieste glimlach.

‘In mijn geval ook. Ik splits mijn man het kind van een vreemde in de maag en besteel zijn familie,’ voegde Denise er schuldbewust aan toe.

‘Tot die twee dingen heeft Natalie Berger je overgehaald,’ zei Ida troostend. 'En zij heeft geen straatarme moeder met een longziekte als excuus. Die zogenaamde vriendin van je is alleen op eigen voordeel uit.'

'En uitgerekend die vrouw willen jullie op mij loslaten,' antwoordde Lucien ironisch. 'En ik moet ook nog net doen of ik enthousiast ben. Ik had op school waarschijnlijk vaker moeten meedoen aan toneelvoorstellingen.'

'René en jij pokerden vroeger toch vaak?' vroeg Denise. 'Misschien helpt dat, een pokerface.'

'Tja, ook op dat punt moet ik je helaas teleurstellen,' zei Lucien. 'Je man heeft bijna elk potje van mij gewonnen. Hij kon aan mijn gezicht namelijk zien hoe de vlag erbij hing.'

'Daarom hou ik ook zo van je, omdat je zo'n goed mens bent,' zei Ida en ze kuste haar verloofde teder op zijn wang.

Na de bekentenis leek er een grote last van Denises schouders te zijn gevallen. Ze wreef geroerd een traan uit haar oog. 'Het is zo mooi om jullie zo samen te zien,' zei ze oprecht. 'Ik zal het nooit vergeten dat jullie me niet verraden hebben en me helpen.'

'Je kunt me beter pas bedanken als ik die ontmoeting met Natalie niet verknal,' adviseerde Lucien.

'We moeten nog overleggen wat we voor monsieur Fouché kunnen doen,' zei Ida toen ze door het etalageraam keek en haar blik op de oude man viel. 'We weten nu natuurlijk dat er geen nieuwe diefstal zal komen. Vroeg of laat zal je vader hem dus ontslaan. Dan heeft hij geen werk en geen onderdak meer.'

'In de bibliotheek van de universiteit is binnenkort een vacature,' zei Lucien. 'Monsieur Bauby, de oude bibliothecaris, gaat eind juni met pensioen.'

'Maakt hij daar dan een kans?' vroeg Denise.

'Hij is er in elk geval blijkbaar ooit hoogleraar geweest,' zei Lucien.

'Dat was ook echt zo,' bevestigde Ida. 'En hij heeft zelfs geholpen bij de bouw van de universiteit.'

'We zouden de sollicitatie nu meteen al met hem kunnen bespreken,' stelde Lucien voor.

Opeens werd er buiten op de etalageruit geklopt en de drie jonge mensen krompen geschrokken ineen.

'Kurtle,' zei Ida en ze haalde opgelucht adem.

De jonge bakker maakte met een ernstige gelaatsuitdrukking duidelijk dat ze hem binnen moesten laten.

'Kurtle, is er iets gebeurd?' vroeg Ida nadat Lucien de deur had opengedaan.

'Het liet me niet los, mademoiselle,' richtte hij zich tot Denise en het was hem aan te zien dat hij geplaagd werd door een slecht geweten. 'Heb ik u echt geen pijn gedaan?'

'U hoeft zich geen zorgen te maken, meneer Kurtle!' stelde Luciens schoonzus hem gerust, die inmiddels weer veel meer zichzelf was dan vlak na haar ontmaskering. 'Ik heb me al heel lang niet zó goed gevoeld. Wat aardig dat u het nog even vraagt.'

'Dan zal ik mijn schoonzus eindelijk eens officieel aan u voorstellen, want daarnet kwam het daar niet van,' zei Lucien. 'Dit is dus de vrouw van mijn broer, Denise Picard. In dat opzicht dus in ieder geval een madame, geen mademoiselle. En u hebt vast en zeker ook een achternaam, Kurt.'

'Die heb ik en ik kan er niets aan doen. Het is Teufel,' zei Kurt met een verlegen glimlach. Zijn zomersproeten gaven in de donkere lunchroom bijna licht.

'Aangenaam,' zei Denise en ze stak hem haar rechterhand toe voor een handkus. 'Aan een achternaam kan niemand iets doen. Voor mijn trouwen heette ik Schneegans.'

Kurt moest lachen en Denise deed met hem mee.

'Daar valt Teufel bij in het niet, hè?' grapte ze.

Ida zag de blik die Kurtle de mooie Denise schonk en ze maakte zich een beetje zorgen. Hopelijk raakte niet nog iemand uit huize Tritschler verstrikt in een uitzichtloze liefde met een lid van de familie Picard.

25

Die maandag slaagde Lucien erin om voor monsieur Fouché al voor de volgende dag een sollicitatiegesprek te regelen met de rector van de universiteit, Wilhelm Nowak. Om tien uur 's ochtends, een half uur voor het afgesproken tijdstip, ging Ida's verloofde naar de oude man, die voor patisserie Goldschmidt stond en net in de etalageruit zijn uiterlijk inspecteerde.

'U ziet er prima uit, maakt u zich geen zorgen,' zei Lucien glimlachend tegen de keurig geklede wachtpost. 'Bent u erg zenuwachtig?'

'Een beetje wel,' gaf Maximilien toe. 'Het beveiligen van de patisserie hier was al heel wat. Maar een baan aan de universiteit... er zijn daar zo veel herinneringen. Goede én slechte!'

'U zult zich er met bravoure doorheen slaan,' zei de biologiestudent vol vertrouwen. 'Net als bij het gesprek dat u indertijd met mijn vader had. Ik zal in elk geval voor u duimen en aan u denken.'

Maximilien Fouché keek de jonge man aangedaan in de ogen. 'Duizendmaal dank, monsieur Picard, voor alles,' zei hij met schorre stem. 'Achteraf gezien moet ik er gewoon dankbaar voor zijn dat die drie vreselijke studenten me hebben aangevallen.'

Lucien knikte peinzend. 'Inderdaad, anders had ik misschien ook mijn verloofde niet leren kennen,' antwoordde hij. 'Nou ja, een van die drie is inmiddels weggestuurd van de universiteit. Misschien is dat voor de andere twee een les.'

Hij wenste Maximilien nogmaals veel succes. De oude man haalde diep adem en begaf zich op weg naar de universiteit. Lucien keek hem na. Het ging door hem heen hoe mooi het was dat deze voormalige dakloze zo belangrijk was voor Ida. Net als hijzelf vond zij het belangrijk dat iedereen de kans kreeg om gelukkig te worden. Op dat moment kwam zijn schoonzus haastig aangelopen.

'Ze heeft gehapt,' fluisterde ze opgewonden tegen hem.

'Natalie?' vroeg hij voor alle zekerheid.

Denise knikte 'Ik heb haar verteld over jouw zogenaamde interesse. Haar eis om geld was meteen van de baan. Ze is bereid om je straks te ontmoeten.'

'Vandaag al?' Lucien had het afspraakje graag nog even voor zich uit geschoven.

'Vandaag, absoluut,' bevestigde zijn schoonzus echter. 'Ze moet nog wel weten waar en wanneer.'

Lucien wreef nadenkend over zijn kin. 'Hm, dat weet ik eigenlijk niet goed.'

'René heeft haar boven bodega S'Burjerstuewel ondergebracht. Daar is het gezellig en je zit niet op elkaar gepakt. Ga daar gewoon eten!' stelde Denise voor.

'Nou, goed dan, zullen we het op half een houden?' vroeg hij.

'Geweldig,' antwoordde Denise stralend. 'Ik ga het haar meteen zeggen.'

Lucien zuchtte. Hij had zo gehoopt dat deze beker aan hem voorbij zou gaan.

Het was voor een dinsdagochtend ongewoon druk geweest in patisserie Tritschler. Pas kort voor haar middagpauze vond Ida tijd om op adem te komen en de gebaksvoorraden te controleren. Toen ze Kurt uit de achterkamer zag komen, riep ze hem. 'Kurtle, zou je aan de bakkerij willen doorgeven dat de pretzels op zijn?'

Ze constateerde geïrriteerd dat de jonge bakker totaal niet reageerde, maar in vervoering naar de winkeldeur keek. Ida volgde zijn blik en zag Denise Picard staan, die net de winkel binnenstapte. Ook zij had gezien dat Kurt blij naar haar glimlachte en ze begroette hem met een grijns. 'Voor zo meteen smakelijk eten, meneer Teufel.'

'Smakelijk eten, madame Picard,' antwoordde hij.

'Je zou toch naar de bakkerij gaan om nieuwe pretzels te maken?' herinnerde Ida hem.

Kurt keek haar aan alsof hij net was ontwaakt uit een diepe slaap. 'Hè? O ja... natuurlijk!'

Na de jonge madame Picard nog een keer te hebben toegelachen verdween hij in de bakkerij.

Ida richtte zich tot de schoonzus van haar verloofde. 'Wat kan ik voor je doen?'

'Ik kom alleen even zeggen dat Natalie en Lucien om half een met elkaar gaan eten in de S'Burjerstuewel,' fluisterde Denise, zodat verkoopster Hélène hen niet kon horen.

'O, wat snel al.' Ida merkte dat er nu toch een steek door haar heen ging bij de gedachte dat haar verloofde aan een romantische lunch zat met die intrigante van een Natalie.

'Wat zou ik daar graag stiekem bij willen zijn om mee te luisteren,' zei Denise nu iets luider omdat Hélène naar de lunchroom was gegaan en daar in een geanimeerd gesprek was verwikkeld met Amélie.

'Ik ook,' antwoordde Ida ietwat bezorgd.

'Dan doen we dat toch,' stelde Denise op samenzweerderige toon voor. 'Jij hebt zo meteen tenslotte middagpauze.'

Ida vond het idee om het afspraakje van haar verloofde met die afperser bij wijze van spreken af te luisteren weliswaar uiterst aanlokkelijk, maar ze had een bezwaar. 'Stel dat Natalie ons ziet? Dan loopt de hele boel misschien in het honderd.'

Denise maakte een wegwerpgebaar. 'Ik weet het tafelnummer, ik ken de waard, Eugène Jacquemet, en heb bij hem voor die twee een knus plekje gereserveerd, een beetje verder van alles af. Bovendien weet Natalie toch helemaal niet hoe jij eruitziet?'

'Maar jou kent ze wel, en ook nog eens heel goed,' wierp Ida tegen.

‘Ik heb het afspraakje toch voor hen geregeld? Dan kan het geen kwaad als ze mij ziet,’ vond Denise.

‘Hm,’ mompelde Ida aarzelend. ‘Nou, goed dan. Dan sluit ik snel even de winkel af.’

Stipt om half een zat Lucien in de met hout betimmerde eetgelegenheid S’Burjerstuewel en bladerde zenuwachtig de menukaart door. Hij wist dat eigenaar Eugène Jacquemet de bodega twintig jaar geleden had geopend. Het eethuis was inmiddels uitgegroeid tot dé ontmoetingsplek voor de vooraanstaande personen van Straatsburg. Hier kwamen ze in een gezellige sfeer bij elkaar, dronken wijn, aten typisch Elzassische gerechten, zoals varkenspootjes, preskop, uientaart of gefileerde haring, en filosofeerden over de wereld en het leven. Lucien en Natalie waren hier vandaag echter om andere redenen, ook al kon zij die van hem maar beter niet doorhebben. Helaas kon je vanuit de nis die Denise had gereserveerd de ingang niet zien.

Daarom kromp hij geschrokken ineen toen hij opkeek van de kaart en de breed glimlachende Natalie Berger opeens voor hem stond.

‘Lucien, wat leuk om je weer te zien,’ zei ze.

Hij stond met een gevoel van weerzin op om een vluchtige kus te geven op de handschoen om haar smalle rechterhand.

‘Je ziet er goed uit,’ vond de roodharige vrouw en hij schoof beleefd de stoel voor haar naar achteren, zodat ze op een gemakkelijke manier plaats kon nemen.

‘Wat een mooie jurk,’ zei hij om niet te hoeven liegen. Hij vond Natalie weliswaar knap, maar een inwendig stralen zoals Ida, een echte schoonheid, dat bezat ontbrak volledig bij de vrouw die bij hem aan tafel zat. Daarom leek een compliment over haar – dat moest hij toegeven – adembenemende jurk voor hem een goed compromis. De jurk had een diep bordeauxrode kleur. De rok was gemaakt van stevige tafzijde en het bovenstuk van zacht fluweel. De pofmouwtjes, met aan de uiteinden zwart kant, stonden in een fascinerend contrast met Natalies uitzonderlijk smalle taille. 'Die moet een vermogen hebben gekost, je hebt echt oog voor... het waardevolle.' Hij hoopte dat zijn sarcastische ondertoon niet al te duidelijk naar voren kwam.

'Dat heb ik inderdaad...' zei Natalie weifelend.

'Dat je je zo'n jurk kunt veroorloven,' flapte Lucien eruit, waarmee hij indirect een toespeling maakte op de afpersing. Hij beet op zijn lippen. Hij moest zich beter in toom houden om hun spel niet meteen te laten mislukken.

'Ik heb hem cadeau gekregen van een vriendin,' beweerde ze.

'Wat mooi als je dat soort vriendschappen hebt,' zei Lucien en hij wist een glimlach te produceren waarvan hij hoopte dat die niet zou ontaarden in een grimas.

Natalie veranderde van onderwerp. 'In elk geval hebben we elkaar veel te lang niet gezien,' zei ze met een aanzienlijk professionelere glimlach.

'Ja, vier jaar is een lange tijd,' antwoordde Lucien vaag.

Ze liet er vervolgens geen gras over groeien. 'Denise vertelde me dat je verloving verbroken is?' Vol gespeeld medelijden keek ze hem aan. 'Dat vind ik zo erg voor je,' fluisterde ze.

Hij zou gaan schreeuwen als ze nu ook nog haar hand over het tafeltje zou schuiven om die meelevend op de zijne te leggen, wat precies was wat ze op dat moment deed.

Hij zuchtte. Gelukkig bracht ze dat niet in verband met haar gebaar, maar met zijn op de klippen gelopen verloving.

'Tja, ik werd uitgerekend verliefd op de dochter van de aartsvijand van onze familie,' mompelde hij.

'Net als bij Romeo en Julia. Gelukkig heb jij ervoor gezorgd dat het bij jullie niet zo afliep.'

'Nee, zo erg is het niet afgelopen. Hoewel de problemen wel vergelijkbaar waren.'

'Arme stakker toch,' zei ze en ze gaf opnieuw een kneepje in zijn hand.

Hij wist de impuls om zijn hand weg te halen maar amper te onderdrukken.

'Hoe zeggen ze dat ook alweer zo mooi?' zei ze. 'Andere moeders hebben ook mooie dochters.' Daarna keek ze hem overdreven diep in de ogen.

Ik hou dit niet uit, dacht Lucien. 'Hoe is het nou met jóú? Is er nog geen huwelijkskandidaat opgedoken?' zei hij om haar af te leiden.

'Nee, tot nu toe niet,' beweerde ze en ze keek hem met een zelfvoldane glimlach aan. 'Maar wat niet is, kan nog komen.'

Lucien vroeg zich af of een andere man die geen achtergrondinformatie over Natalie had, zoals hij, zich zou laten beetnemen door haar toneelstukje van de verliefde, preutse maagd.

'Ik vind het zo mooi dat je wacht op de ware,' probeerde hij nu en hij hoopte dat het niet ironisch klonk.

'Ja, dat is voor mij vanzelfsprekend,' beweerde Natalie en ze streek een rode haarlok uit haar gezicht. 'Huwelijk en liefde horen bij elkaar.'

'Ik denk er precies hetzelfde over,' antwoordde Lucien en hij voelde zich nu minder geremd om toneel te spelen. Hij grijnsde veelbelovend naar haar. 'Geduld wordt beslist beloond.'

'Denk je?' Natalie Berger glimlachte weliswaar, maar de belofte dat er in geval van een huwelijk lichamelijk contact zou zijn was voor haar – hoe kon het ook anders? – niet genoeg. Ze begon over zijn financiële toekomst. 'Denise vertelde me dat jij René voorrang hebt gegeven waar het de patisserie betreft. Je studeert nu biologie?'

'Ja, dom van me, nietwaar?' antwoordde Lucien en hij kon niet anders dan opnieuw sarcastisch klinken. Hij had dat verwijt al zo vaak gehoord. Hij hervatte zijn rol echter meteen weer. 'De zaken in de bakkerij gaan zo goed. Als ik op mijn rechten als eerstgeborene zou staan... In elk geval zou dat voor mijn vrouw gunstiger zijn dan wanneer ik zou studeren.'

Natalie straalde. Dat idee leek haar heel erg aan te staan. Dan was niet Denise, maar zij getrouwd met de zoon van de baas. Eén onderwerp moest ze blijkbaar nog afvinken voordat ze Lucien zou accepteren als beloning. 'En kinderen?'

Hij wist dat zijn broer hem onder andere aan Natalie Berger wilde koppelen omdat zij uitdrukkelijk had gezegd geen kinderen te willen. Daarom antwoordde hij strategisch. 'Ik weet echt niet of ik wel een gezin zou willen stichten. Ik heb zo veel over biologie geleerd… het samenzijn van man en vrouw is iets heel magisch. Na het jawoord moet dat niet alleen worden gebruikt voor de voortplanting.'

Die uitspraak paste nu niet bepaald bij een goed christen, hoewel Natalie zich daar volstrekt niet aan leek te storen.

'Lucien, wat ondeugend van je!' zei ze stralend en ze slaakte een gilletje, waarna ze geforceerd erotisch zijn hand streelde. 'Ik ga er helemaal van blozen.'

Hij pakte de menukaart om eindelijk van haar hand verlost te zijn.

Ter compensatie van dat afwijzende gebaar probeerde hij om zelf ook lichtzinnig te klinken. 'Zullen we dan maar iets lekkers uitzoeken?' vroeg hij met hese stem.

Natalie knikte vastberaden. 'Ja, graag,' zei ze en ze giechelde vervolgens iets te hard en te schril. 'Ik verlang ontzettend naar iets mousserends, misschien champagne van weduwe Clicquot?'

Lucien knikte. 'Waarom niet?'

'Ik heb gehoord dat er tegenwoordig ook bruispoeder in papieren zakjes is,' ging Natalie verder en ze was duidelijk trots op dat weetje. 'Is het geen fascinerend idee dat je alleen maar zo'n zakje hoeft open te scheuren om zo'n geweldig parelend drankje te krijgen?'

'Ik vind het eerder verontrustend,' zei Lucien en hij doelde daarmee niet alleen op het feit dat dat soort gas, tot poeder gestampt, zich waarschijnlijk snel in ieders broekzak zou bevinden.

'Ik hou het liever bij sekt,' zei hij en hij dwong zichzelf tot een stralende glimlach. 'Dat past ook veel beter bij deze… bijzondere gelegenheid.'

Ida's hart begon te bonken toen ze met Luciens schoonzus bodega S'Burjerstuewel binnenstapte. Aan de ene kant werd ze geplaagd door de gedachte dat haar verloofde en Natalie haar zouden zien, aan de andere kant was ze bang dat ze er zo meteen getuige van zou worden dat die twee beter met elkaar overweg konden dan verwacht.

'Kom, dan gaan we daar bij die tussenmuur zitten,' fluisterde Denise tegen haar. 'Zij zitten daar pal achter.'

Ida was opgelucht dat ze hen in het gedeelte achter de muur ook echt niet konden zien aankomen. Wel stoorde het haar dat het er zo gehorig leek te zijn. Daar hoor jíj met Lucien te zitten, niet die afperser, schreeuwde het binnen in haar.

De twee jonge vrouwen hadden nog maar net plaatsgenomen of ze herkende Natalies stem aan de andere kant van de tussenmuur. 'Het eten was echt fantastisch! En wat prikt die sekt heerlijk op mijn tong.' Lucien en de afperser leken al aan het eind van hun etentje te zijn aanbeland.

'Wat denk je van een dessert?' hoorde ze de afperser voorstellen.

En daarna hoorde ze Luciens geliefde stem antwoorden. 'Graag. Maar heb je misschien zin om dat bij mij thuis te doen? Ik heb vanochtend bij onze kokkin puits d'amour besteld.'

Opnieuw maakte zich een vlammende jaloezie van Ida meester. Puits d'amour was hún gebak!

'O, wat een geweldig idee!' riep Natalie en ze begon onnozel te grinniken. Ida vermoedde dat ze vooral blij was om het feit dat Lucien haar al meteen bij hun eerste afspraakje wilde meenemen naar zijn familie en niet zozeer om die zoete lekkernij.

'Nou, dan hebben we dat ook maar... zullen we meteen gaan?' stelde Lucien voor.

Ida verkneukelde zich over zijn kleine verspreking. Hij leek het dus niet naar zijn zin te hebben. Wat geweldig!

Toen Lucien en de roodharige vrouw de hoek om kwamen en naar de uitgang liepen, liet Ida zich onderuitzakken op haar stoel en richtte zich met gebogen hoofd op de menukaart. Niet omdraaien, dacht ze, niet omdraaien!

Aan haar smeekbede werd gehoor gegeven. Het stel, dat gelukkig niet echt een stel was, verliet de bodega zonder Denise en haar op te merken.

'Lucien wil het waarschijnlijk zo snel mogelijk achter de rug hebben,' constateerde nu ook zijn schoonzus. 'René zal zo blij zijn als een hond met zeven staarten als zijn broer met Natalie bij ons opduikt.'

'En Luciens vader zal ook zeker dolenthousiast zijn,' vulde Ida triest aan. 'Hij zal denken dat hij eindelijk van me verlost is.'

Opeens zag ze tot haar verwondering mevrouw Seefeldt, een van de vaste klanten van de patisserie, met een kleine reistas vanaf de eerste verdieping, waar zich de hotelkamers bevonden, naar beneden komen. Ida was verbaasd. De Seefeldts hadden toch een groot huis in de Duitse wijk, wat zou ze dan hier te zoeken hebben? En waarom ontweek ze nu gegeneerd Ida's blik nadat die glimlachend naar haar had gezwaaid, en verliet ze met gebogen hoofd de bodega? Vlak na haar kwam een jonge, sportieve zakenman in pak naar beneden. Net als mevrouw Seefeldt keek hij op weg naar buiten behoedzaam om zich heen. Ida begon een vermoeden te krijgen. Was dit de jonge minnaar die haar volgens de geruchten werd toegedicht?

Zonder te kloppen duwde Lucien de deur naar de salon open, waar zoals verwacht zijn moeder, zijn vader en René aan het nagerecht zaten.

'Eet smakelijk allemaal!' riep hij ongewoon afgemeten.

'We zijn zo te zien nog net op tijd voor de legendarische puits d'amour van madame Rolland.'

René sprong enthousiast overeind en kuste de hand van de vrouw aan de zij van zijn broer. 'Natalie! Wat leuk!'

'Pa, ma, jullie kennen mademoiselle Berger nog wel, toch?' informeerde Lucien.

'Jazeker,' zei Jacques bijna euforisch. 'Denises gezelschapsdame. U hebt er destijds mede voor gezorgd dat we een gezond kleinkind kregen.'

En of ze daarvoor gezorgd had, dacht Lucien bitter. Het was voor hem moeilijk om te verbergen hoe woedend het hem maakte dat zijn hele familie deze afperser met alle mogelijke hartelijkheid en beleefdheid behandelde die Ida werd onthouden. Zijn vader ging zelfs staan en stak de roodharige vrouw zijn ongedeerde rechterhand toe.

'Kom zitten!' bood Jacques aan en hij richtte zich tot de jonge huisbediende. 'Rumann, nog twee couverts graag en wilt u madame Rolland vragen om een extra portie puits d'amour!'

René grijnsde uiterst tevreden. 'Wat leuk dat jullie samen op pad zijn. Dat was vast een fijn weerzien.'

'We hebben geluncht in de S'Burjerstuewel. Het was bijzonder smakelijk,' zei Natalie zachtjes en met neergeslagen ogen.

Wat beheerst ze de rol van kuise, verlegen dame goed, dacht Lucien.

'Er zijn nog betere restaurants in Straatsburg en wij Picards kennen ze allemaal,' beweerde zijn broer arrogant. 'Lucien, je moet haar echt een keer meenemen naar restaurant Zum Baeckehiesel. Jullie willen elkaar vast snel weer zien.'

De blik van Natalie en van de anderen aan tafel richtte zich vol verwachting op Lucien.

'Nou ja, eerst moet ik een week lang op excursie,' redde de biologiestudent zich uit de onaangename situatie. 'Maar dat... zal onze volgende ontmoeting des te mooier maken, lieve Natalie.'

Niet alleen zij begon opgelucht te stralen na zijn opmerking, ook Jacques, Claire en vooral René leken heel blij. Wat ontzettend gemeen tegenover zijn geliefde Ida!

26

Oskar was op weg naar een college over het 'laaghartige en Pruisische civiel proces' toen hij een hem welbekende vrouw zag die een rolstoel langs de voorbijgangers loodste waarin een man zat met een volle baard en een keppeltje op zijn hoofd. Spontaan liep hij naar de twee toe.

'Goedemorgen, madame Picard,' begroette hij haar stralend en hij stelde opnieuw vast hoe mooi haar geheimzinnige donkere ogen waren.

Claire Picard leek op haar beurt ook blij om hem te zien. 'O, goedemorgen,' beantwoordde ze zijn groet en glimlach. 'Mag ik u voorstellen aan mijn vader? Dit is Aaron Goldschmidt. Papa, dit is Oskar Tr...'

'Tritschler!' onderbrak de oude man haar grijnzend. 'U moet een zoon van Franz Tritschler zijn. U bent zijn evenbeeld.'

Oskar pakte Aaron Goldschmidts uitgestoken hand. 'Ja, ik ben inderdaad zijn oudste kind en enige zoon. Wat fijn om kennis met u te maken.'

De vriendelijke man leek in een praatgrage bui. 'Mijn dochter is zo lief om met mij naar de horlogemaker te gaan. Mijn oude zakhorloge staat weer eens stil. Ik had allang een nieuwe moeten kopen, maar kan er gewoon geen afscheid van nemen. Misschien krijgt monsieur Jacquot hem nog een keer aan de praat.'

'Dan wens ik u veel succes,' zei Oskar.

Aaron bedankte hem en richtte zijn blik vervolgens weer op Claire.

'Hoe is uw zus eronder?' vroeg ze hem op samenzweerderig gedempte toon.

Oskar keek haar zichtbaar in de war gebracht aan. 'Waaronder?'

'Nou, dat mijn zoon nu met zijn jeugdliefde Natalie samen is,' antwoordde Luciens moeder. 'Ze waren net bij ons voor een dessert.'

'Hè?' riep Oskar geschokt en iets te hard. 'Daar wist ik niets van.'

Claire sloeg gegeneerd haar ogen neer. 'O, ik hoop niet dat ik een fout heb begaan.'

Oskar was woedend. Nadat hij afscheid had genomen van Claire en haar vader, besloot hij om naar patisserie Goldschmidt te gaan om Lucien ter verantwoording te roepen.

Lucien had het gevoel gehad dat er gewoon geen eind kwam aan het voor hem uiterst onaangename nagerecht met zijn ouders en Natalie. Tot zijn opluchting had zijn moeder uiteindelijk gezegd dat ze haar vader moest ophalen omdat ze een afspraak hadden bij een horlogemaker. Lucien zelf had die kans aangegrepen om zich te excuseren vanwege colleges om zo het afspraakje met Natalie officieel te beëindigen. De lessen begonnen eigenlijk pas om vier uur, maar dat wisten de anderen natuurlijk niet en hij wilde niet langer doen alsof. René had tot Luciens genoegen aangeboden om de afperser naar haar hotel te brengen. Waarschijnlijk wilde hij Natalie onderweg advies geven hoe ze Lucien nog verliefder kon maken. Zijn broer had haar tenslotte alleen naar deze stad gehaald om Lucien af te leiden van Ida. René had er nog geen idee van dat de hele onderneming kansloos was, omdat Lucien Natalie in werkelijkheid verachtte, terwijl zijn liefde voor de dochter van de concurrent met de dag toenam. Voordat hij naar de universiteit ging, wilde hij Ida opzoeken in patisserie Tritschler om haar de details van de lunch en het familiegesprek te vertellen.

Bij het verlaten van het huis hoorde hij echter iemand brullen. 'Lucien! Staan blijven!'

Geschrokken draaide hij zich om en zag tot zijn verbazing Oskar Tritschler met een vuurrood hoofd van woede op zich afstormen.

'Oskar, wat...' begon hij, maar hij werd meteen onderbroken.

'Hoe haal je het in je hoofd om op zo'n manier te sollen met de gevoelens van mijn zusje?'

'Waar heb je het over?' vroeg Lucien verontwaardigd.

'Nou, ik kwam net je moeder tegen,' antwoordde Oskar opgewonden, 'en die zei dat je een nieuw liefje hebt! Of liever gezegd, een oude, je jeugdliefde!'

'Nou, nou, dát gaat als een lopend vuurtje,' zei Lucien geïrriteerd.

'Maak je je dáár druk om, dat het wordt dóórverteld?' reageerde Oskar nijdig.

'Luister even naar me!' zei Lucien en hij ging op zachte toon verder. 'Het gaat hier om Natalie Berger, een vriendin van mijn schoonzus. Ida is op de hoogte van die ontmoeting, in feite heeft ze het zelf...'

'Monsieur Picard,' riep opeens iemand.

Het was Maximilien die op de patisserie kwam toegesneld. Zijn vrolijke gelaatsuitdrukking gaf Lucien hoop.

'Monsieur Fouché! Hoe is het gegaan?' informeerde hij nieuwsgierig.

'Rector Nowak heeft me meteen aangenomen,' zei de voormalige professor zoals gehoopt. 'Kunt u zich dat voorstellen, Lucien? Vanaf 1 juli ben ik verantwoordelijk voor al die prachtige boeken. Op de universiteit waar voor mij alles hier in Straatsburg begonnen is.'

'Daar ben ik blij om,' antwoordde Lucien oprecht, 'daar ben ik heel erg blij om.'

'Ik moet nu alleen nog nadenken waar ik moet gaan wonen als ik stop bij uw familie,' zei Maximilien Fouché.

'Daar bedenken mijn verloofde en ik wel wat op,' stelde Lucien voor en hij liet zijn blik even langs de even verbouwereerd als woedend kijkende Oskar glijden. Samen met Ida had hij al zo vaak een oplossing gevonden. 'Ik wilde sowieso net naar de patisserie van haar ouders gaan.'

De toekomstige bibliothecaris glimlachte. 'Doet u haar dan de hartelijke groeten van me.'

Lucien richtte zich tot Oskar, die er tijdens het gesprek met Fouché een beetje hulpeloos bij had gestaan. 'Ga je met me mee? Dan kun je je er gelijk van overtuigen dat tussen je zus en mij alles in orde is. En dan kan Ida je zelf vertellen hoe dat allemaal precies zit met Natalie.'

Oskar stond er hoofdschuddend bij. Het klonk, net als altijd bij die twee, buitengewoon ingewikkeld. En zijn hoofd stond op het moment helemaal niet naar ingewikkelde dingen. Zijn boosheid was echter verdwenen, want Lucien scheen Ida echt niet te hebben ingewisseld. Die twee kwamen er wel uit, dacht hij. 'Ik heb nu college,' bromde hij.

Patisserie Tritschler was nog dicht. Middagpauze. Ida probeerde tevergeefs om zich te concentreren op de inkooplijsten van de bakkerij, maar haar gedachten dwaalden telkens af. Dat het zo'n verdriet had gedaan om Lucien met een ander te zien. Dat het zo pijnlijk was dat hij nu met Natalie bij zijn familie zat. En dat allemaal omdat ze hem er zelf toe had overgehaald!

Op dat moment ging de deur naar de achterkamer open en haar opa stommelde naar binnen.

'Lieve Ida, wil je morgen met me mee naar Zabern?' vroeg hij op samenzweerderige toon.

'Naar Zabern? Wat heb je daar dan te zoeken?' antwoordde ze.

Ze wist uit de krant dat de stad Zabern, die de Fransen Saverne noemden, een kleine veertig kilometer ten noordoosten van Straatsburg lag en dat daar twee bataljons van het Boven-Rijns infanterieregiment waren ondergebracht. Dat de plaats ook aantrekkelijk was voor toeristen was Ida niet bekend.

'Ik wil daar graag het mooie Château des Rohan bezoeken,' zei haar grootvader.

'Jij en een kasteel?' vroeg Ida sceptisch. 'Je hoeft me geen sprookjes te vertellen, opa. Je haat bezichtigingen. Het lukte ons in Stuttgart al niet om je zover te krijgen.'

'Je kent me gewoon te goed,' bromde de oude man en hoewel er verder niemand in de winkel was, ging hij nog zachter praten. 'Je oma is daar.'

Ida kon haar oren niet geloven. 'Echt waar?' fluisterde ze overweldigd.

Albert knikte. 'Ze heeft de afgelopen jaren in Karlsruhe gewoond en na het laatste telegram besloten we om elkaar om het zo maar te zeggen halverwege te ontmoeten, in Zabern.'

'We gaan oma ontmoeten?' herhaalde Ida enthousiast. 'Natuurlijk ga ik mee!'

'Sst,' zei Albert. 'Niet zo hard.'

'Er is hier toch niemand?' stelde Ida hem gerust.

Daar kwam echter meteen verandering in toen buiten tegen de etalageruit werd getikt.

'Lucien!' riep Ida opgetogen en ze haastte zich naar de deur om hem binnen te laten.

Ze was zó blij om hem te zien en toch ook een beetje zenuwachtig. Stel dat haar geliefde de roodharige vrouw toch leuk vond?

'Hoe is het gegaan?' informeerde ze ongeduldig.

'Volgens mij heel goed,' antwoordde hij en hij kuste haar teder op de mond. 'Maar het was afschuwelijk!'

Afschuwelijk! Ida slaakte inwendig een zucht van verlichting.

Inmiddels was grootvader Tritschler ook naar de ingang gekomen. 'Lieve Ida, is die vlotte vent je verloofde?' vroeg hij nadat hij had gezien hoe enthousiast ze had gereageerd op de komst van de jonge man.

'Eh, ja, dit... dit is Lucien Picard,' stamelde Ida. 'Lucien, dit is mijn opa, Albert Tritschler.'

'Aangenaam,' zei haar grootvader en hij stak Lucien energiek de hand toe, die stevig werd vastgepakt. 'U wilt geen bakker worden, heb ik begrepen.'

Lucien schudde glimlachend zijn hoofd. 'Nee, bioloog.'

'Dat zou weleens heel verstandig kunnen zijn,' antwoordde Ida's grootvader, 'dan kun je langer uitslapen.'

Lucien grijnsde. 'Ook biologen moeten soms vroeg opstaan om bepaalde dieren te observeren. Wat fijn met u kennis te maken. Ida heeft alleen maar goede dingen over u verteld.'

'Dat heeft ze over u ook,' zei de oudere man. 'En toch ook dat uw familie unaniem gekant is tegen uw relatie.'

'Dat is jammer genoeg zo,' gaf Lucien met sombere blik toe.

'Wat doet u morgen?' vroeg Albert opeens.

Ida keek hem verbluft aan. Hij wilde toch niet...

'Morgen?' zei de jongere man peinzend. 'Nog niets. Vrijdag ga ik op excursie met de beroemde entomoloog Jean-Henri Fabre, maar...'

'Wat doet een entomoloog?' vroeg de oude man. Ida was blij dat haar grootvader het vroeg, ze wist het zelf namelijk ook niet.

'Dat is een insectenkenner. Jean-Henri Fabre is gepensioneerd hoogleraar aan het Lycée in Avignon en brengt nu een bezoek aan onze universiteit. Omdat onze excursie met hem pas vrijdag begint, zou ik tot die tijd beschikbaar zijn.'

'Mooi. Mijn kleindochter en ik rijden morgen naar Saverne,' verduidelijkte Albert Tritschler.

'Ah, naar Zàwere.' Lucien sprak de naam van de plaats uit in het Elzassisch dialect, wat in Ida's oren klonk als 'Dzjawere'. 'Ik ben er al eens met mijn tante geweest. Ze heeft de twee mooie kastelen daar geschilderd, en de façade daar is geloof ik de langste in heel Frankrijk.'

'Precies,' bevestigde Ida's grootvader. 'Misschien wilt u met ons meegaan? We hebben daar een ontmoeting met mijn vrouw. Als wij een gesprek onder vier ogen voeren, zou u een mooie afleiding zijn voor Ida.'

Lucien keek zijn verloofde vragend aan. Ze had hem verteld dat haar grootmoeder van vaderskant spoorloos verdwenen was. Blijkbaar waren er op dat punt nieuwe ontwikkelingen. 'Graag, als Ida er niets op tegen heeft...'

'Integendeel,' jubelde Ida. 'Ik verheug me er nu al op.'

'Fantastisch,' bromde de oude man tevreden. 'Dan laat ik het jonge stel nu even alleen, voordat de middagpauze erop zit.'

Haar opa had de deur naar het trappenhuis nog maar net dichtgedaan of Lucien nam haar in zijn armen en kuste haar innig. 'Wat heb ik je gemist, mijn lieve Ida,' mompelde hij tegen haar lippen.

'En ik jou ook,' antwoordde ze. 'Al moet ik zeggen dat ik eigenlijk wel een beetje jaloers was.'

'Je hoeft echt geen seconde bang te zijn dat ik jullie met elkaar zal vergelijken,' herinnerde hij haar aan haar eigen woorden. Hij trok haar dichter tegen zich aan. 'We kunnen dat hele gedoe ook afblazen, hoor. Het idee dat jij eronder lijdt is voor mij onverdraaglijk.'

'Dat is niet nodig,' zei Ida snel en ze streelde zijn wang. 'We mogen de toekomst van Marcel niet ruïneren.' En toen vertelde ze hem wat ze met Denise had uitgespookt. 'Ik zat aan het eind van jullie gesprek in de bodega in een nis vlak naast jullie. Denise heeft me overgehaald om daar stiekem naartoe te gaan. Zelf vond ik het eigenlijk te gevaarlijk. Natalie had ons natuurlijk kunnen zien.'

Lucien schudde zijn hoofd. 'Denise en die ideeën van haar...'

Het schoot hem weer te binnen dat de vrouw van Albert Tritschler ter sprake was gebracht. 'En jullie hebben je oma teruggevonden?'

'Ja, mijn vragen over de oorlog hebben bij opa waarschijnlijk gevoelens van vroeger opgewekt,' vermoedde Ida. 'Hij heeft zijn verbittering weten te verkroppen en haar een telegram gestuurd. Nu gaan we haar ontmoeten, stel je voor, ik verheug me er zo op!'

'Wat geweldig! Er is trouwens nog meer goed nieuws. Monsieur Fouché is vanaf juli de nieuwe bibliothecaris van de universiteit.'

Ida klapte van blijdschap in haar handen. 'Wat fantastisch!'

‘We moeten alleen nog bedenken waar hij kan gaan wonen als zijn werk bij ons erop zit,’ zei Lucien.

‘Hm, bij ons in huis kan dat niet,’ zei Ida spijtig. ‘Sinds Kurtle hier woont, zijn alle kamers bezet.’

Lucien knikte. ‘Jammer dat er in de universiteit geen woning voor de beheerder van de bibliotheek is.’

Die opmerking bracht Ida op een idee. ‘Maar die is er wel bij de beheerder van de kathedraal!’ zei ze opgetogen. ‘Meneer Busch bood jou pasgeleden toch aan om bij hem in te trekken, mochten de problemen met je vader te groot worden?’

‘Klopt, hij benadrukte dat hij genoeg ruimte had,’ herinnerde Lucien zich nu ook. ‘Misschien is hij bereid om monsieur Fouché in ieder geval voorlopig onderdak te bieden.’

‘Zullen we meteen gaan kijken of hij thuis is?’ stelde Ida voor.

‘Dat is een prima idee,’ riep hij enthousiast en hij kuste haar op haar voorhoofd. ‘Ik wist wel dat mijn slimme verloofde weer iets zou weten te bedenken.’

De koster was verbaasd toen hij na het horen van de deurbel Ida en Lucien voor zijn deur zag staan. ‘Mademoiselle Tritschler, monsieur Picard, wat een aangename verrassing, kom toch binnen!’

Het rook in het hele huis naar braadvet. ‘Ik heb net een uitsmijter met ham op, hebt u daar ook trek in?’

‘Nee, dank u, doe geen moeite, ik heb net gegeten en voor mijn doen nog veel te uitgebreid ook,’ antwoordde Lucien en ook Ida bedankte.

Ze namen in de woonkamer plaats aan een tafel die voor het grote vertrek minuscuul aandeed. Aan de muur hing een groot schilderij van Jezus en zijn discipelen in een graanveld. Lucien legde aan de kerkbeheerder de situatie uit van hun gemeenschappelijke kennis Maximilien Fouché.

‘Het zal niet voor lange tijd zijn. Als hij eenmaal een tijdje in de bibliotheek heeft gewerkt, vindt hij vast snel een eigen huis,’ vulde Ida aan.

‘Hm, nou ja, waarom niet? Erger dan met dat halve dozijn katten een tijdje geleden zal het waarschijnlijk niet zijn,’ zei de koster glimlachend. ‘En monsieur Fouché is natuurlijk een sympathieke vent. We zullen het vast en zeker prima met elkaar kunnen vinden in onze eigen woongemeenschap voor veteranen. Groot is de kamer niet, misschien wilt u hem voor alle zekerheid even bekijken?’

‘Graag,’ zei Ida. ‘Hoewel ik nu al zeker weet dat monsieur Fouché er helemaal gelukkig mee zal zijn.’

‘Let niet op de rommel, die zal ik natuurlijk nog opruimen,’ zei meneer Busch voordat hij de deur van de kamer opende voor het jonge stel. Het was er inderdaad niet erg ruim, maar ook niet kleiner dan het vertrek dat monsieur Fouché had op de zolder van patisserie Goldschmidt. Wel stond de kamer echt bomvol. Er waren afgedankte meubels, op de vloer lag een opgerold tapijt waarover Ida bijna struikelde en bovendien stond er nog een ernstig beschadigd beeld van een engel. Op een oude houten tafel met slechts drie poten zag ze een open kistje vol met foto’s staan, waarvan er drie op het tafelblad lagen. Ida wierp er een blik op. Het leek vooral te gaan om opnames uit de oorlog. Ze zag een jonge soldaat, wiens gezicht deed denken aan dat van meneer Busch, alleen was de kleine man destijds slanker en had hij blond haar. Toen Ida wat nauwkeuriger keek, verstijfde ze. Een moment lang dacht ze achter de jongere versie van de koster haar broer Oskar te zien. Maar dat kon natuurlijk niet. Het moest haar vader zijn! Waarom had de oude koster oorlogsfoto’s van Franz Tritschler in bezit?

27

'Dat is mijn vader,' zei Ida geëmotioneerd en ze wees naar de man op de foto. 'Hebt u samen gediend?' Ze dacht een zenuwtrekje te zien bij het oog van de koster, maar hij leek zich vrijwel meteen weer te herstellen.

'Dat kan ik u helaas niet vertellen,' beweerde hij. 'Ik ken niet meer alle namen van de kameraden op de foto's. Het waren chaotische tijden toen.'

Ida had de afdruk graag aan haar vader willen laten zien, maar de kerkbeheerder stopte alle foto's koortsachtig in het kistje en deed het deksel met een klap dicht. Blijkbaar werd hij niet graag aan die tijd herinnerd.

'Zoals ik al zei, zal ik alles opruimen,' herhaalde Wolfgang Busch zijn toezegging. 'Zou meneer Fouché zelf even langs kunnen komen om de kamer te bezichtigen?'

'Ik zal het meteen aan hem doorgeven,' zei Lucien blij.

Ida kon haar blik echter niet afwenden van het kistje met de foto's. De hele generatie die de oorlog had meegemaakt, leek alle gedachten eraan weg te stoppen. En toch waren het juist die herinneringen die haar geluk met Lucien dwarsboomden. Gelukkig gunde haar opa haar een hele dag met haar verloofde. Haar humeur klaarde op. Zabern! Ze zou haar oma na ruim negen jaar weer zien.

Lucien kwam goedgemutst thuis. Hij besloot eerst zijn voorbereidingen te treffen voor de excursie met de beroemde insectenkenner. Door het uitstapje met Ida en haar grootvader zou hij daar tenslotte de volgende dag amper de tijd voor hebben. Toen hij binnenkwam, stak zijn schoonzus Denise opgelucht haar hoofd om de hoek van de bibliotheekdeur.

'Fijn dat je er bent,' fluisterde ze en ze gebaarde samenzweerderig dat hij het vertrek binnen moest komen. Nadat ze de deur achter hen had dichtgedaan, ging ze op gedempte toon verder. 'Zou je morgen op Marcel kunnen passen? Madame Girod moet naar Guebwiller om haar zus te helpen, die staat op het punt om te bevallen. En Natalie heeft mij gevraagd of ik de dag met haar wil doorbrengen. We moeten haar natuurlijk te vriend houden totdat jij terug bent van je expeditie. Gelukkig vertrek je in werkelijkheid pas vrijdag en ben je er dus morgen nog.'

Lucien zuchtte. Zijn schoonzus kwam bijna dagelijks met een nieuw probleem op de proppen. 'Dat wel, maar ik ga morgen met Ida en haar opa naar Saverne.'

Denise fronste. 'Hm, kunnen jullie dat niet verzetten?'

Lucien schudde zijn hoofd. 'Dat gaat niet, we hebben met haar oma afgesproken en die is daar maar één dag.'

Na even te hebben nagedacht keek Denise hem stralend aan. 'En als jullie Marcel nou gewoon meenemen? Hij vindt het zo leuk om er met jullie op uit te gaan.'

'Hij mag er dan alleen niemand iets over vertellen. Anders loopt die hele kwestie met Natalie wel heel snel spaak,' antwoordde Lucien. 'Maar verder is het inderdaad misschien beter dat hij met ons meegaat, zodat Natalie hem niet te zien krijgt. Stel dat ze toch nog geïnteresseerd raakt in het ventje. Hij heeft al heel wat harten veroverd...'

Het volgende hart dat Luciens kleine neefje veroverde was dat van Ida's opa Albert. Al snel zat het jongetje bij de oudere man op schoot en liet hem trots zijn uit hout gesneden speelgoedkoe zien.

'En heb je ook biggetjes voor je boerderij?' informeerde Albert.

'Nog niet,' antwoordde Marcel een beetje pruilend.

'Nou, dan zullen we kijken of er in Zabern een speelgoedwinkel is,' stelde Albert voor, 'zodat we een paar varkens voor je kunnen kopen. Anders zal ik er zelf een paar voor je maken.'

'O ja, dat is een goed idee, opa van Ida,' zei het ventje.

Ida kon Marcel haar eigen cadeau ook overhandigen. 'Ik heb onlangs snoepjes voor je gemaakt.' Ze gaf hem het doosje dat ze in haar tas had meegenomen.

'Dank je wel!' riep Marcel enthousiast. Ongeduldig peuterden zijn kleine vingers de strik van het pakje en hij stopte meteen een snoepje in zijn mond.

'Ze zijn heel lekker,' riep hij stralend en met volle mond. 'Dank je wel, Ida!'

'Fijn dat je ze lekker vindt,' zei ze blij.

'Ik wil ook altijd iets maken. Maar mijn papa zegt dan dat de bakkerij niks voor kinderen is.' Ondanks het snoepje in zijn mond kwam het kereltje opeens uitermate verdrietig en eenzaam over.

'Dan kom je toch gewoon een keer bij mij op bezoek!' bood Ida spontaan aan. 'Onze bakkerij is net zo groot. Dan gaan we samen bakken, goed?'

'O ja,' riep de jongen. 'Dan ben ik ook een echte bakker.'

'Volgens mij zijn we er,' zei Lucien, die het gesprek vol genegenheid had gevolgd.

Door het kleine raam van de koetscabine zag ook Ida dat ze stilhielden voor een hotel dat in een schilderachtig vakwerkhuis was gevestigd.

Opa Albert haalde diep adem. 'Goed, ik stel voor dat ik eerst even alleen naar binnen ga om met je oma te praten en dan kom ik jullie ophalen.'

'Prima!' zei Ida en ze gaf bemoedigend een kneepje in zijn hand. Het viel niet te ontkennen hoe opgetogen haar grootvader was.

Lucien tilde zijn neefje uit de koets en ze keken Albert na terwijl hij in het hotel verdween.

'Waarom heeft de opa van Ida de oma van Ida zo lang niet meer gezien?' vroeg Marcel nieuwsgierig. Hij was zachter gaan praten. De kleine leek de plotselinge ernst van de volwassenen te bemerken.

'Ze hadden een beetje ruzie en hadden wat tijd nodig om het weer goed te maken,' zei Ida.

'Ik heb ook vaak ruzie met mijn vriendjes,' gaf Marcel toe. 'Maar niet lang. Algauw spelen we dan weer met elkaar. Dat duurt geen negen jaar.'

Lucien en Ida keken elkaar gniffelend aan.

'Dan moeten we maar hopen dat Ida's opa en oma ook gauw weer met elkaar spelen,' grapte Lucien. 'Jij pakt dat heel goed aan, Marcel, het is beter om het snel goed te maken. Het is zonde van de tijd om op je teentjes getrapt te zijn.'

Op dat moment kwam Albert weer het hotel uit. Er verscheen een verlegen glimlach op zijn gezicht. 'Rickele wil jullie graag zien.'

Rickele, dat was de koosnaam die hij ooit voor zijn vrouw Ulrike had bedacht. Nu ze die in onbruik geraakte, maar vertrouwde naam weer hoorde, moest Ida vechten tegen de tranen van ontroering.

Zenuwachtig liep ze achter haar opa aan het hotel binnen. Lucien, die Marcel op zijn arm had, kneep even in haar hand. Via een lage gang kwamen ze in een ruime gelagkamer. En daar zag ze haar oma Ulrike in een oorfauteuil zitten. Ze strekte haar armen naar haar uit en glimlachte nog net zo lief en vertrouwd als vroeger.

'Oma,' fluisterde Ida en haar stem brak.

Toen ze de grijsblonde vrouw in de armen vloog, vielen de jaren weg. Ze was weer het meisje van negen dat haar oma nooit kwijt wilde raken.

'Lieve Ida, je bent een echte dame geworden,' zei haar oma met ogen die vochtig waren van de tranen.

De twee vrouwen omhelsden elkaar lange tijd. Daarna zette Ida een stapje naar achteren en draaide haar hoofd om naar Lucien die, met de kleine Marcel nog steeds op zijn arm, naast Ida's grootvader stond.

‘Oma, dit is mijn verloofde Lucien Picard,’ zei Ida blij terwijl ze haar oma uit de stoel hielp.

‘Een verloofde! Goeie genade…’ mompelde de oude dame hoofdschuddend. Vervolgens herstelde ze zich en stak Lucien haar hand toe. ‘Neem me niet kwalijk dat ik zo reageerde, maar de laatste keer dat ik Ida zag was ze net negen.’

‘Zelf ben je helemaal niet veranderd,’ constateerde Ida opgelucht.

‘En wie ben jij, jongeman?’ vroeg Ulrike Tritschler aan het ventje, dat ondertussen op de grond was gezet en verlegen Luciens linkerhand vasthield.

‘Ik ben Marcel,’ zei hij schuchter.

‘Aha, die geweldige neef. Ida’s opa vertelde net heel enthousiast over je.’

‘Ik denk dat Lucien en ik even een sigaar gaan roken. De jongen gaat met ons mee, dan kan het vrouwvolk een beetje kletsen.’ Hoewel opa Albert net als altijd zijn best deed om bars over te komen, spraken zijn vochtige ogen een andere taal. Roken, in welke vorm dan ook, stond Lucien weliswaar tegen, maar hij begreep dat de man grootmoeder en kleindochter de mogelijkheid wilde bieden om bij te praten.

Bij het naar buiten gaan kocht Albert bij de waardin een pretzel voor Marcel. Daar at de jongen van terwijl Ida’s opa zenuwachtig probeerde een sigaar op te steken. Lucien hield zijn hand voor de lucifer, waarna het lukte. Zelf bedankte hij echter voor de Cubaanse Romeo y Julieta die Ida’s grootvader hem aanbood.

‘Ik heb denk ik negen jaar van mijn leven verknoeid,’ zei Albert nadat hij een trekje van de sigaar had genomen. ‘Alleen maar omdat ik me op mijn teentjes getrapt voelde.’

Lucien glimlachte. Blijkbaar had Tritschler senior het advies dat hij aan Marcel had gegeven nog meegekregen.

‘Zorg ervoor dat dat ú nooit overkomt, Lucien!’ zei de oudere man nadrukkelijk. ‘Vecht voor uw liefde voor Ida! Ze heeft er alles voor over, dat is een geschenk.’

‘Dat weet ik,’ zei de jongere man glimlachend.

In de gelagkamer van het hotel spraken Ida en haar oma inmiddels over de pijnlijke scheiding. 'Nadat je opa mij in zijn slaap bijna had gewurgd, ben ik naar mijn zus in Karlsruhe gevlucht,' vertelde Ulrike met hese stem. 'Dat adviseerde onze huisarts me. Als angst woont waar liefde moet zijn, dan moet je weggaan, althans tijdelijk. Eigenlijk wilde ik terugkomen.'

Ida slikte. 'Maar opa was te boos?'

Ulrike knikte. 'En je vader ook. Ik had de bakkerij te schande gemaakt. Ik heb er alles aan gedaan om jou en Oskar te mogen zien, dat moet je van me aannemen! Maar dat vonden ze jammer genoeg niet goed. Drie jaar geleden wilde je moeder een geheime ontmoeting met jullie regelen, toen de mannen bij een tentoonstelling voor machines waren. Maar uitgerekend op dat moment kreeg ze de Russische griep.'

'Dat weet ik nog,' zei Ida beduusd. Destijds waren ze bang geweest dat hun moeder, die hoge koorts had, zou bezwijken aan die verschrikkelijke ziekte, die uitgroeide tot een pandemie.

'Toch kreeg ik wel het een ander over jullie mee,' zei Ulrike. 'Bij jullie confirmatie ben ik de kerk binnengeslopen en heb helemaal achterin voor jullie gebeden.'

Ida slaakte een zucht. 'Je was erbij? Dat wilde ik zo graag...'

Het was ook daadwerkelijk zo dat ze vlak voor elk familiefeest stiekem had gehoopt dat haar geliefde oma voor die gelegenheid bij hen terug zou komen. Op een gegeven moment had ze die hoop toch opgegeven.

'Het was moeilijk om mijn familie te zien en niet bij jullie te mogen zijn,' ging Ulrike met trillende stem verder. 'Je kunt een moeder wegduwen uit het leven van haar kinderen, maar de kinderen niet uit haar hart.'

Ida pakte haar hand. 'Daarom laat ik je ook nooit meer los.'

Het was een prachtige dag geweest. Haar grootouders tijdens de gezamenlijke lunch weer samen te zien lachen, was heerlijk. Ida was bang geweest dat ze nooit meer van die aanblik zou kunnen genieten. Toen het laat in de middag tijd werd om te vertrekken, vroeg Albert zijn kleindochter om zonder hem terug te rijden. 'Rickele en ik hebben zo veel te bepraten en in te halen.'

'Oma, je moet beloven dat je ons snel komt opzoeken in Straatsburg,' zei Ida. 'Ik wil je daar alles laten zien.'

'Ja, je móét naar mijn boerderij komen kijken,' viel Marcel haar bij.

Ulrike begon welgemeend te lachen. 'Als dat zo is, dan moeten we heel snel met Ida's vader gaan praten, zodat hij het ook goed vindt dat ik terugkom.'

'Dat komt wel goed,' beloofde Ida. 'Daar zorg ik voor.'

De koets was nog maar net vertrokken naar Straatsburg toen ze het in de verte hoorden donderen.

'Hopelijk krijgen we niet opnieuw van dat noodweer,' zei Ida huiverend. 'Amélie zei dat de boeren dit jaar toch al zo te lijden hebben gehad van alle overstromingen.'

'Ik vind donder leuk,' prevelde Marcel, die al bijna in slaap was gevallen tegen Ida's schouder. 'Mijn knuffeloom zegt dat ik niet bang hoef te zijn voor onweer.'

'Nou, ik hoop niet dat hij zich daarin heeft vergist,' becommentarieerde die zijn eigen woorden.

Ida wierp hem een ongeruste blik toe. De aantrekkende storm liet het rijtuig zo schokken dat ze vreesde dat het zou omvallen.

Ze hadden Zabern al een tijdje achter zich gelaten toen het heel hard begon te regenen. Gelukkig was Marcel inmiddels diep in slaap. Daardoor kreeg het jongetje niet mee dat het landschap, dat steeds modderiger werd, even later fel werd verlicht door een verblindende bliksemflits en dat de donderslag die gelijktijdig te horen was klonk als het breken van een boomstam. Ida onderdrukte met moeite een kreet en ook Lucien kromp ineen. Het paard hinnikte panisch, de koets kwam tot stilstand. Als het tegelijk met de bliksem ook dondert, dan is het onweer pal boven ons, had ze als kind geleerd van haar geliefde grootmoeder. Die wetenschap maakte niet dat ze er geruster op werd.

Xavier Castanet, de huisbediende van de familie Tritschler, verscheen bij het raam. 'Zo kunnen we niet verder naar Straatsburg, het paard zal op hol slaan! Daar verderop is een boerderij, we kunnen het onweer beter daar afwachten.'

'Ja,' zei Ida, 'laten we dat maar doen.'

Castanet reed verder en sloeg af naar het pad van de boerderij, maar dat was nog modderiger dan de landweg naar Straatsburg. Op een gegeven moment kwam de koets vast te zitten. Het trouwe paard trok er tevergeefs aan. Lucien sprong uit de cabine en legde een dikke tak voor de beide wielen. Hij hoopte het rijtuig op die manier uit de modderbrij los te krijgen. Ida aarzelde niet lang en dook ook de stortvloed van regen in om te helpen. Voordat ze achter de koets kon komen, zonk ze echter een paar keer tot aan haar enkels in de blubber. Samen met Lucien duwde ze uit alle macht tegen de koets.

'Dat lukt ons nooit,' steunde Ida, maar op dat moment kwam het rijtuig eindelijk met een ruk los uit de modder. Met een schelle kreet viel ze voorover in de smurrie, haar verloofde landde een fractie van een seconde later met een soppend geluid naast haar. Ze hielpen elkaar overeind en konden niet anders dan in lachen uitbarsten.

Dicht tegen elkaar aan baanden ze zich een weg naar de huisbediende van de Tritschlers die op de bok zat, zodat Marcel binnen in de cabine niet ook vies zou worden. Toen ze bij de boerderij arriveerden, werd er pas na een paar keer kloppen opengedaan door een magere vrouw met een spitse neus.

'Wat moet u?' vroeg ze onvriendelijk. Het Duits was haar na de oorlog blijkbaar opgedrongen, want ze sprak met een Frans accent.

Lucien ging daarom over op zijn moedertaal en vroeg of ze bij haar mochten schuilen tot het noodweer voorbij was. Ze moesten die avond nog terug naar Straatsburg.

De boerin verdween zonder een woord te zeggen naar achteren en kwam even later terug met schone kleren. 'Die zijn bedoeld voor de vogelverschrikkers, maar misschien past het,' zei ze bondig. 'De koets kan in de schuur. Het washok is daar.'

De kleding van Castanet was weliswaar nat, maar nog wel schoon. De weinig spraakzame boerin vond het goed dat hij de eveneens schone en nog altijd slapende jongen naar de woonkamer droeg.

Een half uur later hadden Ida en Lucien hun kletsnatte en vieze kleren uitgedaan, zich grondig gewassen en geprobeerd de uitdossing voor de vogelverschrikkers aan te trekken.

Daarna gingen ze in de koets in de schuur zitten. Ida vond dat ze er in de oude broek en het veel te grote linnen overhemd volslagen belachelijk uitzag; het tweede wambuis dat Lucien had willen aantrekken, was ook te klein geweest, daarom had hij alleen een broek aan.

'Die vrouw is niet bepaald spraakzaam,' zei Lucien.

'Nou ja, ze heeft in ieder geval niet de deur voor onze neus dichtgegooid. En ze heeft ons droge spullen gegeven,' antwoordde Ida en ze merkte dat ze klappertandde.

Het slechte weer had voor een plotselinge afkoeling gezorgd. Lucien legde zorgzaam een arm om zijn rillende verloofde.

Ze wist dat hij door de opening in het te grote hemd haar borsten kon zien. Hij was discreet en wilde haar duidelijk niet in verlegenheid brengen, maar intuïtief voelde ze zijn hartstocht, wat ze als een compliment opvatte. Zij kwam er op haar beurt niet onderuit om zijn gespierde bovenlichaam te bewonderen. Hij was gebouwd als een marmeren standbeeld. Ze schaamde zich dat ze de neiging had zijn borstkas aan te raken en te kussen. Telkens als zijn arm haar huid raakte, voelde ze een prikkeling, en tegelijkertijd voelde het hemels aan. Ze keek in zijn schitterende ogen en kuste hem hartstochtelijker dan ooit tevoren. Hun tongen liefkoosden elkaar verlangend en toen hij zijn andere arm ook om haar heen sloeg en ze zijn sterke lichaam voelde, begon ze hem te strelen. Toen hij hetzelfde bij haar deed, slaakte ze een opgewonden zucht. Vanbinnen zei een stemmetje haar dat als ze nu niet zouden stoppen, er geen weg meer terug zou zijn. Maar zijn onderzoekende hand dwaalde verder en Ida was niet meer in staat om helder na te denken.

28

'Juffrouw Ida?' klonk opeens een mannenstem en het verloofde stel schrok op uit hun vervoering.

Ida trok in paniek haar hemd goed en stapte de koets uit. Lucien maakte ondertussen van de gelegenheid gebruik om zijn broek weer dicht te doen.

Ida zag de huisbediende van de Tritschlers bij de deur van de schuur staan. 'Ja, monsieur Castanet?'

'Het regent niet meer zo hard,' zei hij en hij sloeg bij het zien van haar merkwaardige uiterlijk zijn ogen neer. 'Ik denk dat we het er wel op kunnen wagen om de terugreis te aanvaarden.'

'Geweldig,' zei Ida. 'Dan wachten wij hier in de koets, wilt u Marcel halen?'

Castanet knikte ijverig en haastte zich weg. Blijkbaar was hij blij dat hij kon wegvluchten van haar aanstootgevende aanblik.

'Dat scheelde weinig,' pufte Ida opgelucht toen ze weer bij Lucien in de koets stapte.

Hij knikte ernstig. 'Heel erg weinig.'

Korte tijd later namen ze afscheid van de boerin, nadat Lucien haar een vergoeding had gegeven voor de vogelverschrikkerskleding. Ze wees monsieur Castanet een iets minder modderig pad, vanwaar hij met de koets weer op de weg naar de stad kon komen. Het miezerde alleen nog. Marcel was maar heel even wakker geworden en meteen weer ingedommeld tegen Ida's schouder. Ze benijdde hem een beetje om het feit dat hij zo goed als overal kon slapen.

'We moeten snel gaan trouwen,' doorbrak Lucien uiteindelijk het stilzwijgen in de koets. 'Ik verlang zo naar je en wil je eindelijk eens heel dicht bij me hebben.'

'Dat wil ik ook,' gaf Ida toe en ze pakte zijn hand.

'Na mijn excursie moeten we er werk van maken,' zei haar verloofde. De aanraking wakkerde haar verlangen meteen weer aan.

'Maar hoe dan? Als we dan meteen trouwen, ben jij degene die in de ogen van je familie ongeloofwaardig is, niet Natalie,' zei Ida. 'Dan ontnemen ze niet alleen jou je erfenis en je thuis, ook Marcel heeft dan helemaal niets meer. Hij zal alles kwijtraken, Lucien. Dat mogen we niet laten gebeuren.'

Ze streek vol genegenheid een sliertje haar uit het gezicht van het vredig slapende kind.

'Je hebt de jongen ook in je hart gesloten,' constateerde Lucien ontroerd. Dat feit maakte zijn verloofde voor hem nog sympathieker. 'Er komt een moment dat we een oplossing vinden. Zolang we maar tijd met elkaar kunnen doorbrengen.'

Ida knikte. Ze keek door het kleine raam van de cabine en zag de binnenstad van Straatsburg al. 'O, kijk, daar is Denise.' Ze meende Luciens schoonzus te herkennen, die zich met een paraplu over het Münsterplein haastte.

Hij volgde de blik van zijn verloofde. 'Ik zie haar niet. Eigenlijk kan ze het ook niet geweest zijn.'

'Waarom niet?' vroeg Ida.

'Ze zou de dag doorbrengen met Natalie,' zei hij. 'Dat was ook de reden dat Marcel met ons meeging.'

Toch wist Ida bijna zeker dat ze Denise had gezien. 'Hopelijk hebben ze geen ruzie gekregen.'

'Ik zal het haar vragen zodra ze thuis is,' stelde haar verloofde haar gerust, terwijl de huisbediende het rijtuig voor patisserie Goldschmidt tot stilstand bracht.

'Welterusten, lieverd,' zei Lucien en hij kuste haar teder. 'Dan zien we elkaar maandag weer als ik terug ben van mijn excursie.' Met die woorden nam hij de nog altijd slapende Marcel in zijn armen, pakte zijn vieze kleren en stapte uit. 'Ik tel de uren af,' riep hij van buiten naar haar.

'Ik ook,' fluisterde Ida en ze keek hem dromerig na terwijl hij haastig in het gebouw van de Picards verdween.

Toen Castanet even later met de koets stopte bij patisserie Tritschler, stapte Ida zo snel mogelijk uit de cabine. Ze glipte het huis binnen en haastte zich de trap op. Ze wilde met alle geweld voorkomen dat iemand haar zag in de vogelverschrikkerskleding en met haar haar helemaal in de war. Maar ze had amper hun woning op de eerste verdieping bereikt of de deur van de zitkamer ging open en haar broer stapte de gang in.

'Ida, ik begon me al zorgen te…' begon hij, maar hij viel stil toen hij de uitdossing van zijn zus zag. Hij staarde haar sprakeloos aan. 'Wat krijgen we nou?' flapte hij eruit.

'Ik heb me gekleed volgens de laatste Parijse mode,' antwoordde ze geërgerd. Bij het zien van Oskars onthutste blik moest ze lachen. Hij maakte de indruk dat hij de modeontwerpers uit de Franse hoofdstad inderdaad tot alles in staat achtte. 'Kijk toch niet zo,' zei Ida. 'We kwamen in noodweer terecht.'

Hij grijnsde en gaf een broederlijke stomp tegen haar arm. 'Dat slechte weer hebben we hier ook gehad. Daarom maakte ik me juist zo'n zorgen,' zei hij. 'En waar is opa?'

'Die bleef liever in Zabern.'

'Waarom?'

Ze aarzelde. 'Hij… hij had daar met oma afgesproken.'

Oskar keek haar stomverbaasd aan. 'Hè?'

'Ja, maar niets tegen papa zeggen! Dat wil ik zelf doen,' zei Ida nadrukkelijk.

Op dat moment werd de deur van de woning geopend en kwam Kurt binnen met een gelukzalige glimlach om zijn lippen.

'Goedenavond, Kurtle. Hoe was je vrije dag?' informeerde Ida.

'Heel fijn,' zei de jonge bakker en zijn grijns werd nog breder. Hij ging blijkbaar zo op in zijn aangename herinneringen dat Ida's merkwaardige uitdossing hem niet leek op te vallen.

'Wat heb jij uitgespookt, joh?' wilde Oskar weten.

'O, ik ben de natuur in geweest,' antwoordde hij vaag.

'Je bent helemaal niet nat geworden,' zei Ida verwonderd. 'Heeft het niet geregend op de plek waar jij was? Onderweg vanuit Zabern was het echt noodweer.'

Liep Kurt nou rood aan?

'Jawel, maar ik...' stamelde hij. 'Ik kon ergens schuilen.'

Nadat Kurt zich had verontschuldigd en in de keuken was verdwenen omdat hij een boterham wilde eten, kon Ida eindelijk naar haar eigen kamer gaan. Ze kon niet wachten om zich te ontdoen van die vreselijke kleren. Meteen daarna zou ze op zoek gaan naar haar vader.

Een half uur later nam ze, gehuld in droge kleding en met keurig in model gebracht haar, plaats tegenover Franz, die achter het bureau in zijn werkkamer zat. Ida was behoorlijk zenuwachtig, maar haar vader leek eerder verrast dan boos te zijn dat zijn ouders weer contact met elkaar hadden.

'Hij heeft ma vergeven?' zei hij verbaasd. 'Ze heeft ons destijds onsterfelijk belachelijk gemaakt,' voegde hij er met een wrevelige ondertoon aan toe.

'Maar wat kon ze anders doen dan weggaan?' vroeg zijn dochter. 'Opa leed zo onder zijn onverwerkte oorlogservaringen dat hij in zijn slaap een keer heeft geprobeerd om haar te wurgen.'

'Wat?' Franz maakte een geschokte indruk. 'Dat wist ik niet. Mijn vader sprak nooit over hun huwelijksproblemen.'

'Ja, het was jarenlang heel erg moeilijk voor haar om met hem samen te leven,' benadrukte Ida. 'Ze heeft het alleen voor ons weten vol te houden. Maar vervolgens moest ze voor haar leven vrezen. Van pure angst deed ze 's nachts geen oog dicht. Heb je niet gemerkt hoeveel ze heeft moeten doorstaan?'

Het bedekte verwijt in haar stem was doelbewust. Ida wilde Franz duidelijk maken dat ze er allemaal een beetje schuld aan hadden. En dat ze elkaar moesten vergeven.

'Toen ze wilde terugkomen, mocht dat niet van jullie,' voegde ze er nog aan toe. 'Opa wil het nu weer goedmaken.'

'Ik had werkelijk geen idee,' mompelde Franz gegeneerd. 'Die verdomde oorlog.'

Opeens schoot Ida de foto in de kamer van de koster weer te binnen en de merkwaardige manier waarop hij had gereageerd. 'Vertel eens, papa, herinner je je Wolfgang Busch nog, met wie je in het leger zat?'

'Wolfi Busch, uiteraard, we zaten in hetzelfde regiment,' zei haar vader verbazingwekkend snel. 'Die kleine krullenkop. Hoe kom je nou op hem?'

'Hij is inmiddels koster van de kathedraal hier en is kaal,' antwoordde Ida. 'Ik ontdekte jou op een oorlogsfoto bij hem thuis.'

'Wie bewaart dat soort dingen nou?' vroeg Franz niet-begrijpend. 'Het is beter om die hele periode te vergeten.'

'Jouw naam zei hem niets meer,' antwoordde ze.

'Dat verbaast me, we konden het destijds heel goed met elkaar vinden,' zei Franz. 'Maar iedereen gaat daar waarschijnlijk anders mee om.'

Ida knikte peinzend. De oorlog leek inderdaad bij iedereen die hem had meegemaakt sporen te hebben achtergelaten.

Toen Ida die zondag na de kerkdienst in de salon in een boek over de Vogezen zat te bladeren – de streek waar haar verloofde nog tot de volgende dag op excursie was – werd er bij de voordeur aangebeld.

'Ik ga wel!' hoorde ze haar broer roepen en even daarna: 'Ida, bezoek voor je.'

Ze vroeg zich af wie dat kon zijn. Ze haastte zich naar de gang en zag tot haar verbazing Denise en haar zoon staan. Het ventje holde meteen naar haar toe toen hij haar zag en omklemde haar benen bijna alsof hij naar hulp zocht.

'Goedemorgen,' prevelde Denise bijna bedeesd.

'Is er iets gebeurd?' vroeg Ida, die zich lichtelijk bezorgd maakte om Lucien terwijl ze over Marcels hoofd streek.

'Dat niet,' zei Denise tot haar opluchting, 'maar mademoiselle Girod is nog steeds bij haar zus, de bevalling was waarschijnlijk heel erg zwaar. Claire is met haar vader naar haar schoonmoeder en schoonzus in Weghäusel en nu wil Natalie mij alweer ontmoeten. Je weet hoe belangrijk het op dit moment is om haar te vriend te houden. Daarom wil ik je vragen of je nog een keer op Marcel zou willen letten. Ik ben vanavond om zeven uur weer terug.'

Dat voorstel stond Ida wel aan. Dan kon ze eindelijk haar belofte nakomen om iets met het jongetje te bakken. Tot vannacht drie uur zou de bakkerij toch niet worden gebruikt. Ze hadden genoeg tijd om te experimenteren.

'Heb je zin om vandaag bij mij te blijven?' richtte ze zich tot de jongen, die enthousiast begon te knikken. 'Nou, mooi, dan zien we elkaar vanavond om zeven uur,' zei Ida met een blik op Denise.

Tot haar verwondering vloog Denise haar van blijdschap om de nek en ze gaf haar een kus op de wang. 'Je bent een schat, dank je wel!'

Ida verbaasde zich om de spontane reactie van de anders zo terughoudende vrouw. Zo aantrekkelijk kon het idee om een dag met die Natalie door te brengen toch ook weer niet zijn. Een tel later stond Denise alweer buiten. Ze leek echt haast te hebben.

'Zo, Marcel.' Ida ging op haar hurken voor het kereltje zitten, dat inmiddels was ontdekt door katertje Astro. 'Wat zullen we gaan doen? Vind je het leuk om met mij iets te bakken in de bakkerij?'

'O ja!' riep Marcel buiten zichzelf van blijdschap.

Een half uur later stonden ze naast elkaar in de bakkerij, waar de jongen met grote ogen was binnengestapt. Elise, die net zo gecharmeerd was van Marcel als Ida, had zelfs een klein schort van boven gehaald dat ooit van Ida was geweest en dat ze uit sentimentaliteit had bewaard. Het liefst was ze bij Ida en Marcel gebleven, maar ze voelde zich duidelijk verplicht om Franz te vergezellen, die een wandeling door de Duitse wijk wilde maken.

'Jij mag het daarna proeven,' zei de jongen troostend.

'Daar verheug ik me ontzettend op. Het zal vast heerlijk smaken,' antwoordde Elise en ze gaf hem een zoen.

Ida dacht ontroerd dat ze ooit echt een geweldige oma zou zijn.

In de bakkerij stak ze allereerst de oven aan. 'Dat is niets voor kinderen, je zou je vingers kunnen branden. Je mag hem nooit, maar dan ook nooit aanraken. Goed?'

'Pas als ik groot ben?' vroeg hij.

'Ja, maar ook een volwassene moet altijd oppassen,' zei Ida. 'De oven moet zo meteen, als wij klaar zijn met onze voorbereidingen, de goede temperatuur hebben. Hij mag niet te warm zijn. Als je eieren en suiker mengt, kan dat namelijk gauw verbranden.'

Vervolgens ging ze naast Marcel bij het werkblad staan.

'Waarom zijn die amandelen helemaal bloot?' riep de jonge bakker verbaasd.

Ida lachte. 'Met blote amandelen wordt het deeg lichter, want de amandelen gaan we nu fijnmalen. Als we aangeklede amandelen zouden gebruiken, zou het deeg niet zo mooi wit worden. Door het amandeljasje zou het donker worden.'

De jongen knikte ernstig. 'Dat snap ik.'

De amandelen moesten droog zijn voordat je ze fijnstampte, had ze ooit van haar vader geleerd. Daarom werden de amandelen bij patisserie Tritschler ook altijd een dag van tevoren van hun velletje ontdaan door ze in warm water te leggen. Daarna werden ze afgespoeld met koud water en ontveld, waarna ze vierentwintig uur moesten drogen. Ze moest dus niet vergeten dat ze na het bakken nieuwe amandelen voor morgen moest voorbereiden.

'Dan komt er nu een klusje voor een sterke jongen. Jij bent sterk, toch?'

'Zeker weten,' riep Marcel en hij spande zijn biceps. 'Kijk maar!'

'Poeh,' zei Ida en ze voelde aan de bovenarm van het ventje. 'Dan treffen we het. Want nu moet je de amandelen fijnstampen in deze stenen vijzel tot ze helemaal fijngemalen zijn. Kun je dat?'

'Tuurlijk,' antwoordde Marcel, die op een kruk stond om beter bij het werkblad te kunnen. Met het puntje van zijn tong tussen zijn tanden begon hij vol goede moed aan zijn taak.

Ida splitste ondertussen de eieren en lette erop dat er geen druppeltje eidooier bij het eiwit kwam. Dan, zo had Kurtle haar geleerd, werd het hele beslag onbruikbaar en zouden de macarons in de oven inzakken.

'Wat doe je dat goed,' prees ze de jongen. 'Nu moet je je amandelmeel in deze kom doen.' Voorzichtig voegde ze het eiwit toe en legde hem uit wat ze deed. 'Nu moeten we het eiwit en het amandelmeel door elkaar roeren.'

Nadat alle amandelen waren fijngemalen en gemengd met het eiwit, voegde Ida een half pond suiker toe, die ze in de vijzel ook tot een poederige massa hadden gestampt, gevolgd door de geraspte schil van twee citroenen.

'Nu mag je roeren. Maar voorzichtig!'

Marcel deed in diepe concentratie wat hem was opgedragen.

'Dat doe je echt heel goed. Als je dat leuk vindt, kunnen we ook chocolademacarons maken,' bood ze het ventje aan.

'O ja, chocola,' riep Marcel blij.

'Weet je wat?' stelde Ida voor. 'De ene helft maken we donker en de andere helft laten we licht. Dan hebben we twee soorten macarons.'

Het kereltje knikte enthousiast.

Ida legde een flink stuk chocolade op een metalen plaat. 'Die smelten we nu boven het vuur,' zei ze.

Marcel keek gefascineerd toe hoe de zoetigheid smolt. Ze goot de massa voorzichtig op een bord en verdeelde het beslag in tweeën.

'Hier mag je de chocolade doorheen roeren,' zei ze en ze schoof de ene kom en het bord met de chocolade naar hem toe. 'Maar heel langzaam en voorzichtig!'

Vanuit haar ooghoek zag ze dat het ventje stiekem zijn vinger in de chocolade doopte en aflikte. Ze glimlachte. Zo hoorde het te gaan. Hoe vaak was ze als klein meisje wel niet naar de bakkerij geslopen om van de zoete ingrediënten te snoepen? Marcel bleek er handigheid in te hebben. Hij roerde de vloeibare chocolade door het lichte beslag, totdat er eerst donkere strepen ontstonden en alles vervolgens egaal bruin werd.

'Dat doe je prima,' zei ze weer. 'En nu moeten we alles nog extra veel smaak geven. Ze voegde een theelepel kaneel en een beetje vanille toe.

'Dat ruikt lekker,' stelde Marcel vast. 'Net als met Kerstmis.'

'En dat midden in de zomer. Je merkt nu wel dat je bij het bakken een heel andere wereld kunt maken. Gebakken dromen.'

'Gebakken dromen,' herhaalde Marcel als betoverd.

'Nu moeten we de macarons hun vorm geven,' zei Ida. 'Ik zal het je laten zien.'

Met een spatel pakte ze een klein beetje beslag, schepte het op een speciaal daarvoor neergelegd vel papier en bracht het met een mes wat meer in vorm.

'Nu jij.'

Marcels koekjes werden een beetje scheef, maar daar stoorden Ida en de kleine bakker zich niet aan. Nadat ze de temperatuur had gecontroleerd, schoven ze de plaat met donkere en lichte macarons in de oven.

'Het duurt nu bijna een uur voordat ze klaar zijn,' zei Ida.

'O!' riep Marcel teleurgesteld. 'Zo lang?'

'We kunnen in de tussentijd de vulling maken,' zei Ida. 'Die smeren we op de macarons en dan kunnen we ze aan elkaar plakken.'

‘Ook bruine en witte door elkaar?’ vroeg Marcel hoopvol.

‘Als jij dat wilt, ook bruine en witte door elkaar,’ bevestigde Ida.

Een uur later proefde het jonge banketbakkersstel hun werk en ze waren allebei enthousiast.

‘We hebben er eigenlijk een beetje te veel gemaakt,’ constateerde Ida grinnikend. ‘Wat vind jij, zal ik je die enorme klok in de kathedraal laten zien waar ik Astro toen gevonden heb? Daar wonen twee vrienden van knuffeloom Lucien, dan kunnen we ze meteen van jouw meesterwerk laten proeven.’

Marcel barstte bijna van trots toen ze even later met een mand vol macarons en een andere mand waarin Astro zat op weg waren naar de kathedraal. Ze hadden de bakkerij brandschoon achtergelaten, amandelen voor de volgende dag ontveld en wat koekjes voor Elise en Franz achtergelaten.

Na het bezichtigen van de astronomische klok zaten Ida, Marcel en katertje Astro in de spaarzaam ingerichte woonkamer bij Maximilien Fouché en Wolfgang Busch aan tafel en ze lieten zich de macarons goed smaken. Het ventje werd overladen met complimenten.

‘En die heb je echt zelf gebakken?’ vroeg Maximilien Fouché.

Marcel knikte verwoed. ‘Als ik groot ben, word ik bakker.’

‘Allemachtig,’ riep ook de koster enthousiast. ‘Ik heb nog nooit in mijn leven zulke lekkere macarons gegeten.’

‘En met die legendarische koffie van mij erbij…’ grapte Fouché.

‘Max is een uiterst prettige huisgenoot,’ zei de koster tevreden. ‘Als ik ’s ochtends wakker word, ruikt het al heerlijk naar koffie. Er zijn natuurlijk nogal wat mensen die zeggen dat het slecht is voor je gezondheid, maar dat kan ik me niet voorstellen.’

Daar wist Max Fouché een anekdote over, die hij met een ondeugende glimlach ten beste gaf. ‘Er wordt beweerd dat de Zweedse koning Gustav iii meer dan honderd jaar geleden wilde bewijzen dat koffie giftig was. Hij besloot twee ter dood veroordeelde gevangenen gratie te verlenen als ze meewerkten aan zijn experiment. De een moest dagelijks thee drinken, de ander koffie. Het verhaal gaat dat die twee niet alleen de artsen overleefden die toezicht hielden, maar ook de koning zelf.'

Ze begonnen allemaal te lachen, maar de kleine Marcel vast en zeker meer uit een gevoel van saamhorigheid dan dat hij het verhaal echt had begrepen.

'Nou, dan kan ik met een gerust geweten nog een kop nemen,' zei Wolfgang Busch grijnzend, waarna hij een nieuwe macaron pakte. 'En wat zijn jullie verder nog van plan op jullie zondag samen? De astronomische klok hebben jullie natuurlijk inmiddels gezien.'

'We kunnen de hele dag met Astro spelen,' stelde Marcel voor. 'En we eten alle macarons op.'

'Als dat jullie op een gegeven moment toch gaat vervelen, dan zouden jullie er ook op uit kunnen gaan met een boot,' zei Max met een grijns. 'Het is tenslotte eindelijk weer eens prachtig weer. Een vriend van me organiseert boottochtjes op de Ill.'

'Nou, wat denk jij, Marcel?' richtte Ida zich tot het ventje. 'Heb je zin om met een boot te varen?'

De jongen reageerde enthousiast. 'O ja!'

'Wilt u misschien met ons mee?' vroeg Ida aan de bibliothecaris en de koster.

'Ik moet jammer genoeg hier blijven, de pastoor wil de mis voor morgen bespreken,' zei Wolfgang Busch.

'Ik ga graag mee als dat mag,' zei Max Fouché.

Ida en Marcel waren allebei ondersteboven van de boottocht.

'Wat is de stad mooi vanaf het water,' zei Ida.

'Kijk eens, daar kopen we altijd appels!' riep het jongetje.

'Dank u voor dit geweldige idee, monsieur Fouché,' zei ze.

'Zou u me Max willen noemen?' vroeg de man aarzelend. 'Ik wilde al veel eerder voorstellen dat Lucien en u me tutoyeren. Ik heb zo veel aan u beiden te danken.'

'Graag, Max.' Ze stak de oudere man glimlachend haar hand toe. 'Dan ben ik Ida.'

'Mag ik ook Max zeggen?' vroeg het kereltje.

'Ja, natuurlijk,' antwoordde Max Fouché lachend. 'Als ik Marcel mag zeggen!'

Even later nestelde Marcel zich, moe van alle indrukken van die dag, tegen Ida aan. 'Maman,' mompelde hij en hij keek haar hoopvol aan.

'Maar ik ben je mama toch niet,' zei Ida verbouwereerd. 'Ik ben knuffeltante Ida, jouw mama is toch Denise.'

'Tegen haar mag ik ook geen maman zeggen,' zei het ventje teleurgesteld. 'Ik moet Denise zeggen.'

Toen Ida uit de boot stapte, ging ze nog zo op in haar bezorgdheid over de situatie van de kleine jongen dat ze geschrokken ineenkromp toen vanaf de straat boven de aanlegplaats opeens een harde, bijtende stem klonk.

'Monsieur Fouché!'

Ze keek omhoog en zag een sportieve jonge man in een keurig pak die woedend naar de kade kwam gestormd. Het was René Picard! Ida's adem stokte.

'Wat doet u hier met mijn zoon?' snauwde Luciens broer tegen de arme Max en hij wees met zijn kin afkeurend naar Ida. 'En met die daar?'

Ida sprong voor Max in de bres. 'Daar kan hij niets aan doen. Denise heeft me gevraagd om op de jongen te passen, omdat ze een afspraak met haar vriendin Natalie had.'

René keek haar vol haat aan. 'Dat is dan heel merkwaardig, ik heb Natalie daarnet in Petite France gezien en ze was alleen!'

Voordat Ida deze voor haar verrassende informatie kon verwerken, viel René Picard opnieuw uit tegen Max. 'Monsieur Fouché, u mag blij zijn dat u al ontslag hebt genomen, anders had ík u nú de laan uit gestuurd. Ik zal het nog met mijn vader overleggen, maar wat mij betreft kunt u vanaf juni al wegblijven.'

Vervolgens gebood hij zijn zoon met een bruuske handbeweging naar hem toe te komen. 'Marcel, onmiddellijk hier komen!'

Het ventje klemde zich echter angstvallig vast aan Ida's been. 'Ik wil met Ida naar haar huis en daar op Denise wachten.'

'Je komt nú!' gromde René en hij stormde op Ida en de jongen af. Heel even was ze bang dat hij het ventje zou slaan. Hij pakte het kind bij de arm en trok het weg. De doodsbenauwde Marcel struikelde een paar keer, maar werd door zijn vader aan zijn arm meegesleurd.

Ida keek de twee met tranen in haar ogen na. Waarom moest René uitgerekend op dit moment langskomen? En wat had Denise in haar eentje in de stad te zoeken? Uiteindelijk draaide ze zich naar de ongemakkelijk kijkende Fouché toe.

'Het spijt me ontzettend, monsieur... Max, nu ben je een maand lang werkeloos.'

'Maak je om mij geen zorgen,' stelde de aanstaande bibliothecaris haar gerust. 'Ik heb een beetje gespaard, ik red me wel. Maar dat arme kereltje.'

Ida knikte triest. 'Ja, vreselijk, en ook voor Denise zal er heel wat zwaaien.'

29

Oskar was met Étienne Loubet op weg naar een door de kerkelijke gemeente georganiseerde vlooienmarkt. De bakkerszoon vermoedde dat zijn studiegenoot zich alleen met hem inliet vanwege zijn perfecte Frans. Étienne was namelijk lid van een Frans-nationalistisch studentencorps. Hoewel de meeste leden na de oorlog – en dus als Duits staatsburger – waren geboren, spraken ze onder elkaar Frans, de taal van hun ouders. Daarmee vormden ze echt een uitzondering, want juist voor de jongere inwoners van Straatsburg, die in de regel geen binding meer hadden met Frankrijk, was het bijna een vanzelfsprekendheid om Duits te zijn.

Bij het rondsnuffelen stuitte Oskar op een boek over de geschiedenis van de joden in Straatsburg. 'Sinds wanneer is iemand uit Moffrika geïnteresseerd in de geschiedenis van onze stad?' vroeg Étienne met een spottende grijns onder zijn dunne snorretje.

Oskar negeerde de luchtige belediging. Hij was dat soort dingen gewend van Étienne. Hij wist echter ook dat de jonge Fransman, afgezien van zijn haat tegen de keizer, artistiek was en dat hij bijvoorbeeld ook meespeelde in een studententheatergroep.

'Dat boek is wel iets voor een bekende van me,' zei hij op de terugweg tegen zijn studievriend. 'Het onderwerp is op haar persoonlijk van toepassing.'

'Dan is ze dus zelf joods?' vroeg de Fransman.

'Nee, inmiddels is ze protestants,' antwoordde Oskar. 'Maar haar vader is nog een praktiserend jood. Ik wil haar het boek cadeau doen. Als je het niet erg vindt, ga ik het snel even langsbrengen, ze woont vlak bij het Münsterplein.'

'Nou, dat moet dan wel een heel goede bekende zijn, als je er zo'n haast mee maakt,' zei Étienne grijnslachend.

'Onzin!' riep Oskar iets te snel. 'Ze is de toekomstige schoonmoeder van mijn zus.'

'Hup dan maar! Schoonmoeders moet je altijd te vriend houden,' adviseerde zijn studiegenoot. 'Ik wacht hier op je.'

Onderweg naar patisserie Goldschmidt vroeg Oskar zich af waarom hij zo'n haast had om het boek door de brievenbus van de Picards te gooien. Daar was maar één verklaring voor. Hij hoopte Claire stiekem voor het gebouw aan te treffen. En ook al was het hoogst onwaarschijnlijk dat ze zich uitgerekend op een zondagmiddag voor hun patisserie zou bevinden, het was een fijn gevoel om in de buurt te zijn van de plaats waar die fascinerende vrouw woonde. Hij hoopte echt dat alles nog in orde zou komen met het huwelijk van Ida en Lucien, natuurlijk voor henzelf, maar ook omdat hij Claire een aanwinst vond voor de familie.

Hij naderde de patisserie en kromp ineen toen er voor het gebouw een koets tot stilstand kwam. Terwijl de koetsier de cabinedeur opende, hield Oskar zijn adem in. Zou zíj het kunnen zijn die nu net arriveerde? Zijn wens werd verhoord. Het was Luciens mooie moeder die uit het rijtuig stapte. In haar donkergroene jurk met daaroverheen een elegante bruine jas zag ze er gewoonweg adembenemend uit.

Ze zag dat hij naar haar keek en hoewel ze hem eerst verbluft aanstaarde, begon ze het volgende moment te stralen. 'Ah, meneer Tritschler, wat brengt ú hier?'

Hij kwam aarzelend dichterbij en stelde verwonderd vast dat zijn hart bonkte. Zijn hoofd voelde merkwaardig warm aan. Hij kon alleen maar hopen dat het hem niet aan te zien was.

'Ik heb dit boek op de...' begon hij gejaagd, maar hij riep zichzelf een halt toe. Nee, het feit dat hij het van de vlooienmarkt had, vond hij nu toch te gênant voor een dame van haar kaliber. 'Nou, ik heb het gekocht omdat ik dacht dat u het misschien interessant zou vinden.'

Ze pakte het boek met van verbazing opgetrokken wenkbrauwen aan, las het omslag en bladerde er even in.

'Wat ontzettend aardig,' zei ze glimlachend. 'Het lijkt me inderdaad heel interessant, en dat zal mijn vader ook vinden. Hoeveel ben ik u schuldig?'

'Niets natuurlijk,' zei Oskar snel. 'Het is een cadeau. Bent u op reis geweest?'

'Nee, nee, alleen een kort dagtripje. Ik was met mijn vader bij mijn schoonzus in Weghäusel.'

Opeens leek iets achter Oskars rug haar aandacht te trekken. Hij draaide zich om en zag aan de overkant van de straat een jonge vrouw met een capuchon op gehaast voorbijlopen.

'Denise!' riep Claire.

De vrouw dook als betrapt in elkaar en kwam met zichtbare tegenzin naar hen toe. Dat moest Luciens schoonzus zijn, dacht Oskar, zijn zus en haar verloofde hadden die naam al vaak laten vallen.

'Waar ga jij nou naartoe?' informeerde Luciens moeder.

'Ik wilde nog even naar een vriendin,' zei Denise duidelijk niet op haar gemak.

'En waar is Marcel?' vroeg Claire verwonderd.

Voordat de jongere vrouw kon antwoorden, riep plotseling nog iemand haar naam. 'Denise!'

Een jonge man, ongeveer een kop kleiner dan Oskar maar gespierd en elegant gekleed, kwam op hen afgestormd, met een jongetje met een betraand gezicht op zijn arm. Het viel nauwelijks te ontkennen dat hij buiten zichzelf van woede was. Oskar vermoedde dat het René was, Luciens jongere broer.

'Hoe haal je het in je hoofd om onze zoon toe te vertrouwen aan een bewaker en een Tritschler?' brulde hij midden op straat tegen zijn vrouw.

Zijn vrouw stond er als verlamd bij en keek hem met een blik van pure ontzetting aan. Ook het ventje was doodsbang. De tranen stroomden over zijn gezichtje, maar hij gaf geen kik en huilde stilletjes voor zich uit.

Oskar was verbijsterd.

'Ik...' stamelde Denise, maar haar man onderbrak haar meteen. 'Marcel wordt nu opgesloten in zijn kamer, en jij ook! Ga je nu eindelijk eens als een moeder gedragen, verdomme!'

Hij pakte Denise met zijn vrije hand ruw vast bij haar arm en trok haar mee.

'René!' riep zijn moeder verontwaardigd.

'Hou je hierbuiten, ma!' snauwde hij haar toe.

Nadat haar woedende zoon met vrouw en kind in de woning van de Picards was verdwenen, richtte Claire zich beschaamd tot Oskar. 'Mijn verontschuldigingen dat u dit moest aanzien. Mijn jongste zoon is op het moment helaas een beetje... opvliegend.'

Oskar knikte gegeneerd en wist niet goed wat hij daarop moest zeggen. 'Opvliegend' leek hem wel erg zacht uitgedrukt. 'Ik moet jammer genoeg weer gaan,' zei hij uiteindelijk. 'Een studiegenoot wacht op de vlooienmarkt op me.'

Claire Picard wist moedig een glimlach te produceren en wees op het boek. 'Heel erg bedankt hiervoor, u hebt me er een groot plezier mee gedaan. Ik wens u een fijne avond.'

'Ik u ook, *au revoir*,' zei hij terwijl hij even zijn hand opstak en zich op weg begaf naar de rommelmarkt.

Hij was zo in gedachten verzonken dat hij pas merkte dat er iemand achter hem liep toen hij van achteren werd besprongen. Nog steeds geschokt door de onaangename scène waarvan hij daarnet getuige was geweest, hapte hij geschrokken naar lucht. Zijn belager liet hem los. Oskar draaide zich met een ruk om en keek in het grijnzende gezicht van hun bakker, Kurt Teufel.

'Kurtle!' riep hij geïrriteerd. 'Is het nou echt nodig om me zo te laten schrikken?'

'Joh, stel je niet zo aan,' zei Kurt, terwijl hij hem een stomp tegen zijn arm gaf. Oskar had er voor het eerst spijt van dat hij zo'n kameraadschappelijke band had opgebouwd met de vroegere knecht van zijn vader. Het was voor hem lastig om te wennen aan zijn rol als zoon van de baas en om de wereld in rangen en standen onder te verdelen. Het verging zijn vader niet anders, met name omdat hij zelf ooit een eenvoudige knecht was geweest. Oskar dacht soms dat zijn pa er wel nooit aan zou wennen dat hij nu tot de bourgeoisie behoorde.

'En, wat was dat nou net met jou en die vrouw van Picard?' wilde Kurt weten.

'Ik heb haar alleen een boek over het jodendom in Straatsburg gebracht,' antwoordde Oskar wrevelig.

'O ja, klopt, ze was ooit joods,' zei Kurt.

Oskar keek hem wantrouwend aan. 'Hoe weet jij dat nou?'

Kurt liep rood aan. 'Dat heb ik een keer gehoord,' mompelde hij en hij zong nu duidelijk een toontje lager.

'Er was net een vervelende ruzie,' vertelde Oskar. 'De jongste zoon stond voor de winkel te schreeuwen tegen zijn vrouw. Hij wilde haar en hun zoon opsluiten, blijkbaar kijkt Denise Picard niet genoeg om naar het jongetje.'

'Opsluiten?' riep Kurt ontsteld. 'Wat is die vent toch een ongelooflijke rotzak!'

'Je zou bijna denken dat je hem kent,' zei Oskar. Vervolgens ging hij over op een wat luchtiger onderwerp. 'Wat heb je vandaag gedaan?'

'Ik ben...' begon de jonge bakker aarzelend, 'even buiten de stad de natuur in geweest.'

'Zonder je geliefde fiets?' vroeg Ida's broer verbaasd. Zelfs tweedehands fietsen waren duur en sinds Franz Tritschler er een ter beschikking had gesteld aan Kurt was hij apetrots op zijn stalen ros.

'Ja, dit keer lopend,' bromde Kurt. Oskar kon zich niet aan de indruk onttrekken dat de jonge bakker iets voor hem verzweeg.

De volgende dag kon Ida het niet laten om voortdurend zenuwachtig op de klok te kijken die in de winkel van patisserie Tritschler hing.

Dat ontging haar moeder Elise niet. 'Nou, vandaag komt hij eindelijk terug, toch?' vroeg ze uiteindelijk glimlachend.

Ida knikte gegeneerd. 'Ja, we hebben meteen na sluitingstijd afgesproken in de kathedraal. Ik heb hem zo veel te vertellen.'

'Ga anders wat eerder,' bood Elise aan. 'Lucien zal vast ook te vroeg zijn.'

'Dank je, mama, je bent een schat,' jubelde Ida. Ze vloog haar moeder om de nek en deed vervolgens haar schort af. 'Dan ga ik me snel even omkleden.'

'Er gaat niets boven de liefde,' merkte Oskar op, die net het vertrek binnenkwam om een pretzel te bietsen.

Er kwam een bode de lunchroom binnen. 'Een telegram voor Kurt Teufel!'

'Kurtle?' riep moeder Elise vragend in de richting van de bakkerij.

Met een vragend gezicht stapte de roodharige jongen samen met zijn chef de winkel binnen.

'Ja?'

'Er is een telegram voor je,' wees Elise naar de bode.

'Voor mij?' vroeg Kurt verwonderd en ook zijn baas keek verbaasd.

De jonge bakker las het telegram snel en zijn gelaatsuitdrukking versomberde onmiddellijk.

'Slecht nieuws?' vroeg Oskar.

Maar Kurt leek te veel van slag om de vraag te horen. Hij richtte zich met schorre stem tot Franz Tritschler. 'Zou ik vandaag wat eerder weg mogen, baas?'

Die haalde zijn schouders op. Zoiets had Kurt nog nooit gevraagd. 'Nou, wat mij betreft is dat prima,' zei hij joviaal.

Kurt bedankte hem, hing zijn muts en bakkerskiel in de kast en vloog naar buiten de straat op.

Oskar besloot hem te volgen. Gedeeltelijk uit nieuwsgierigheid, gedeeltelijk uit oprechte bezorgdheid.

'Dan ga ik ook maar eens,' zei hij en ook hij verliet de winkel en liep snel achter de bakker aan. Hij wilde zich net bij hem voegen toen hij verbaasd constateerde dat Kurtle linea recta op patisserie Goldschmidt afstevende. Oskar besloot om hem vooralsnog heimelijk te volgen. Kurt verdween in de hal van het pand van de Picards, maar toen zijn achtervolger daar arriveerde, was de jonge bakker spoorloos verdwenen. Oskar krabde verwonderd op zijn hoofd. Had iemand Kurt binnengelaten in het trappenhuis?

Uitgerekend op dat moment kwamen twee mannen naar buiten via de ingang van de patisserie. Het waren René en Jacques Picard! Ze gingen aan een van de vrije tafeltjes voor de lunchroom zitten. In een opwelling verstopte Oskar zich achter een pilaar van de bogengalerij tegenover de woning.

'En dan investeren we het geld winstgevend,' hoorde hij René tegen zijn vader zeggen. Oskar luisterde de rest van het gesprek af, dicht tegen de huizen gedrukt.

Even later kwam Lucien met een kleine koffer aangesneld, klaarblijkelijk vanaf het station.

'Ah, meneer de bioloog, ook weer in het land?' begroette René hem spottend.

Lucien reageerde niet op die opmerking. 'Hier, breng deze even naar boven, René,' zei hij in plaats daarvan en hij zette zijn koffer neer voor zijn jongere broer. 'Ik moet meteen door, ik heb nog een afspraak.'

'Nou, dat is wel het toppunt! Ik ben je...' begon René verontwaardigd, maar Lucien luisterde al niet meer. Hij was al weggerend.

Oskar wilde net van de gelegenheid gebruikmaken om te verdwijnen uit zijn schuilplaats toen een roodharige jonge vrouw in allerijl kwam aanlopen vanuit de richting waar Lucien daarnet was gekomen. Ze leek heel veel haast te hebben en rende op haar beurt naar de kathedraal toe.

René kende de vrouw blijkbaar. 'Kijk eens aan, daar hebben we Berger,' zei hij grijnzend. 'Luciens afspraak.'

'Maar waarom doet die jongen zo geheimzinnig?' vroeg Jacques Picard zich af. 'Hij had toch gewoon tegen ons kunnen zeggen dat hij heeft afgesproken met die prachtige Natalie?'

Natalie? Oskar keek haar na. Dat was dus die vrouw over wie Claire Picard het had gehad. De vrouw die Lucien blijkbaar ging ontmoeten. Maar hij had hun toch verzekerd dat er niets was tussen hem en die Natalie?

'Pa, wil je me heel even excuseren?' vroeg René en hij stond op van zijn stoel. 'Ik wil met Natalie praten. Die dochter van Tritschler en onze wachtpost Fouché waren met mijn zoon op pad, zogenaamd omdat Denise had afgesproken met Natalie. Maar die had ik kort daarvoor in haar eentje rond zien lopen. Misschien kan zij me vertellen wat Denise in werkelijkheid uitspookte.'

Met die woorden liep hij snel de richting op waarin eerst Lucien en daarna Natalie waren verdwenen. Nu de Picards waren afgeleid, maakte Oskar van de gelegenheid gebruik om eindelijk zijn schuilplaats te verlaten. Hij wist echter nog steeds niet waar Kurt Teufel zo snel gebleven was.

Ida was de kathedraal nog maar net binnengegaan of ze zag haar verloofde al bij de trap voor het altaar staan. Lucien spreidde stralend zijn armen uit en ze liet zich gelukzalig door hem omhelzen.

'Lieverd, eindelijk,' fluisterde hij en ze kusten elkaar teder.

'Hoe was het met die beroemde bioloog? Hoe heet hij ook alweer? Faber?' vroeg Ida.

'Fabre. Het was heel boeiend. Ik ken niemand die zo veel over insecten weet als die beste man. Ik verslond zijn boeken als kind al, ze zijn zo ontzettend levendig geschreven. Hij is al negenenzestig en heeft altijd een zwarte hoed op. En waarschijnlijk heb ik op hem ook een beetje indruk gemaakt. Aan het eind bood hij me namelijk aan om hem te vergezellen op een ontdekkingsreis van vier maanden. Naar het zuidwestelijke deel van het Centraal Massief.'

Ida keek hem geschrokken aan. Ze wist dat dit deel van Frankrijk zo'n achthonderd kilometer van Straatsburg verwijderd was.

'Wees maar niet bang, ik hou het nog niet eens een weekeinde uit zonder jou,' stelde hij zijn verloofde glimlachend gerust.

'O, Lucien, er is zo veel gebeurd.'

Ze wilde net gaan vertellen over de problemen met René en Marcel of er klonk een harde en scherpe vrouwenstem die weergalmde in de kerk: 'Lucien!'

Natalie liep naar het paar toe, dat innig omstrengeld bij de trap naar het altaar stond, en bleef met woedende blik voor hen staan. Haar lippen beefden van boosheid. 'Je ziet dat mens van Tritschler dus toch nog?'

'Uiteraard, daar komt ook geen verandering in, ik hou van haar,' zei Lucien en het voelde voor hem als een bevrijding om dit hardop uit te spreken.

'Waarom ging je dan met mij uit eten?' snauwde Natalie. 'En waarom heb je me voorgesteld aan je familie? Dat is misselijk en gemeen!'

'Weet je wat ik misselijk en gemeen vind?' antwoordde hij en hij kon zijn woede niet meer in bedwang houden.

'Lucien, niet doen!' zei Ida zachtjes, maar hij was niet meer te stoppen en maakte zijn zin af.

'Het is misselijk en gemeen om Denise te chanteren.'

De roodharige vrouw begon spottend te lachen. 'Heeft ze dat beweerd?'

'Bespaar me nog meer van die leugens van je!' riep Lucien wrevelig. 'We weten dat ze haar kind heeft verloren en dat jij haar destijds hebt overgehaald om net te doen alsof Marcel van haar was. Maar dat het ventje bij ons een goede toekomst kreeg was voor jou niet voldoende. Je hebt Denise gedwongen om te beweren dat haar verlovingsring gestolen was, zodat jij hem kon verkopen.'

'En dat was voor u nog steeds niet genoeg,' zei Ida, die nu haar terughoudendheid liet varen. Haar geraffineerde plan was dan wel mislukt, maar daar was nu sowieso niets meer aan te veranderen. ‘Puur uit hebzucht hebt u Denise gedwongen om te stelen van haar eigen familie.’

Natalies gezicht was inmiddels verwrongen van haat. ‘Ze heeft alles verteld? Dan zal ik haar man eens duidelijk maken dat ze hem niet heeft opgescheept met de opvolger waarnaar hij zo snakte, maar met een koekoeksjong.’

‘We zullen nooit toestaan dat jij het leven van de kleine Marcel ruïneert,’ zei Lucien driftig. ‘Ondertussen heb je je met mij in het openbaar vertoond. Je probeerde me wijs te maken dat je maagdelijk was. Als je nu opeens gaat beweren dat je Marcels moeder bent, zal iedereen denken dat je alleen op geld uit bent, omdat het tussen jou en mij niet ging zoals je wilde. Niemand van de familie zal je geloven.’

‘Ik wel,’ klonk op dat moment een stem rechts van hen. Een jonge man in een chic pak kwam tevoorschijn van achter de wenteltrap naar de kansel.

‘René!’ riep Lucien verbijsterd.

Hoeveel had hij meegekregen van hun ruzie met Natalie? Hij keek het drietal zo buiten zichzelf van woede aan dat hij alles gehoord moest hebben! Tot Ida’s ontzetting had hij zelfs tranen in zijn ogen. Het kon niet anders of Renés leven stond op zijn kop nu hij had gehoord dat zijn zoon niet zijn zoon was.

‘Ze gaat eraan,’ wist hij uiteindelijk uit te brengen en hij stormde de kathedraal uit.

‘Ik hoop dat hij haar te pakken krijgt,’ zei Natalie giftig.

Maar Ida en Lucien schonken geen aandacht aan haar. Ze wisselden alleen een ontzette blik. Denise was nu misschien echt in levensgevaar. En wat moest er van de kleine Marcel terechtkomen?

‘We moeten erachteraan,’ riep Ida ontredderd. ‘Anders gaat er iets heel ergs gebeuren.’

30

Ida en Lucien stonden buiten adem voor de woning van de Picards op de eerste verdieping van het patisseriegebouw. De deur stond op een kier. Blijkbaar was René in zijn woede vergeten hem dicht te doen.

Ida aarzelde om achter haar verloofde aan te lopen. 'Is het echt wel verstandig als ik ook naar binnen ga?' fluisterde ze. 'Ik wil hem niet nog meer provoceren.'

'Misschien heb ik een getuige nodig,' zei Lucien, en daarom stapten ze samen het huis binnen. Een paar seconden later vloog de deur van de kinderkamer open en René stoof vloekend naar buiten. 'Ze is er niet, dat verrekte kreng is hem gesmeerd!' tierde hij en hij banjerde de slaapkamer in die hij met Denise had gedeeld. Zijn broer en diens verloofde negeerde hij in zijn razernij. Ida maakte van de gelegenheid gebruik om de kinderkamer binnen te glippen om te kijken of Marcel daar was. Zoals ze al had gevreesd zat hij doodsbang en met een betraand smoeltje op zijn hurken achter zijn bed. Ida liep snel naar hem toe en hij vloog onmiddellijk in haar armen.

Buiten kwam René inmiddels weer uit zijn slaapkamer gestormd. 'Madame Rolland,' brulde hij en de magere kokkin kwam geïntimideerd de keuken uit.

'Ja, meneer?'

'Wie van jullie heeft mijn vrouw geholpen met inpakken?'

'Nie... niemand van ons, wij...' stamelde ze.

'Er ontbreken twee grote koffers,' onderbrak René haar. 'Die kan ze met geen mogelijkheid zelf hebben gedragen. En wie heeft überhaupt haar deur opengemaakt?'

'Hou verdomme je bek eens even!' hoorde Ida haar verloofde tussenbeide komen. Ze richtte zich fluisterend tot het ventje, dat haar nog steeds naar hulp zoekend omklemde. 'Marcel, weet jij hoe Denise hier uit gekomen is?'

'Een man heeft de deur opengemaakt,' fluisterde het jongetje nu tot haar verbazing. 'En hij zei dat ze het snel moesten doen. Met de kleren en de koffers. Denise zei dat ze op reis ging.'

'Hoe zag die man eruit?' vroeg Ida.

'Hij had een broek aan. Die was bruin,' vertelde het jongetje en hij stak zijn rechterhand omhoog. 'En hij was zo groot.'

Ondanks de ernstige situatie moest Ida glimlachen om die beschrijving. Door de deuropening werd ze nu getuige van iets onverwachts: René liet zich in de rococostoel bij de garderobespiegel vallen en begroef zijn gezicht in zijn handen. Tot haar verbijstering meende Ida hem te horen huilen. Marcel had het gesnik van zijn vader blijkbaar ook opgemerkt, want hij maakte zich los van Ida en stapte naar de deur toe.

'Marcel, niet doen!' fluisterde Ida, die doodsbenauwd was dat het kereltje weer in de vuurlinie van de driftige man zou komen. Maar de jongen stond al op de gang en streek timide over de hand van de man van wie hij dacht dat het zijn vader was. 'Papa, niet huilen!'

René kromp door de aanraking ineen en ging zo abrupt met zijn bovenlichaam opzij dat het jongetje geschrokken naar achteren wankelde.

'Raak me niet aan! Raak me nooit meer aan!' gromde hij.

Marcel deed totaal verdwaasd en als verlamd een stap bij zijn vader vandaan. Lucien nam het kind voorzichtig op zijn arm, waarna zijn broer zich met rode ogen en met onaangenaam harde stem tot hem richtte: 'Lucien, zorg ervoor dat dat hoerenjong uit ons huis verdwijnt! Anders sta ik niet voor mezelf in.'

Lucien keek hem verwijtend aan. 'Maar je kunt toch niet zomaar...'

'Anders gooi ik hem eigenhandig het raam uit, dat zweer ik je,' onderbrak René hem dreigend.

Ida slaakte een verschrikte kreet en voelde nu bij zichzelf woede opborrelen. Hoe kon je zo'n afschuwelijk dreigement uiten in het bijzijn van een hulpeloos kind?

Lucien schudde gelaten zijn hoofd. Hij ging met Marcel de kinderkamer binnen en deed zachtjes de deur achter zich dicht.

Ida liep snel naar hem toe en streelde het geschokte ventje vol medelijden over zijn wang. Wat zou er in dat arme kind omgaan? De man die hij als zijn vader beschouwde dreigde hem uit het raam te gooien en de vrouw van wie hij dacht dat ze zijn moeder was had zich nog nooit als een moeder gedragen...

'Ik hou zo veel van je, Marcel,' wist ze vertwijfeld en met haperende stem uit te brengen.

'Wat moeten we nu doen?' zei Lucien hulpeloos tegen zijn verloofde.

Ida dacht koortsachtig na. Hoe konden ze het ventje nu het beste helpen?

'Wat vind je ervan als we eerst maar naar Weghäusel gaan,' stelde ze voor.

'Goed idee!' vond Lucien. 'Misschien is Denise daar ook wel naartoe gevlucht.'

Ida richtte zich tot Luciens neefje. 'Marcel, heb je zin om met mij en Lucien bij overgrootmoeder Bernadette en oudtante Marie op bezoek te gaan?'

'Mag Astro dan mee?' vroeg het kind met een schor stemmetje.

'Ja, natuurlijk kunnen we hem meenemen,' zei ze meteen.

Ze was zielsblij dat ze Marcel in elk geval op één punt een plezier kon doen. Misschien zou het uitstapje de jongen een beetje afleiden van zijn grote verdriet.

Toen Ida het huis op de eerste verdieping van patisserie Tritschler binnenstapte om Astro op te halen, hoorde ze de stem van haar vader vanuit de woonkamer komen, waarvan de deur op een kier stond.

'En je weet dat echt helemaal zeker?' hoorde ze hem zeggen.

'Ja, meneer,' hoorde ze Kurtle nu zeggen. 'Hoe mooi het hier in Straatsburg ook is...'

Ida opende de deur en ging de salon binnen.

'Lieve Ida, moet je nou toch eens horen, Kurtle wil ons verlaten,' zei haar vader tegen haar. 'Hij wil op 1 juli terug naar Stuttgart gaan.'

'Wat?' ontglipte het Ida. 'Bevalt het je niet meer bij ons?'

'Ja, natuurlijk wel. Maar ik...' stamelde Kurt en hij zocht hulpeloos naar de juiste woorden.

'Vertel het haar toch gewoon, Kurt!' drong Franz aan, maar hij ging vervolgens zelf verder. 'Hij heeft een liefje in Stuttgart. En hij mist haar.'

'Echt waar?' vroeg Ida. Het deed haar een beetje pijn dat hij haar daarover niets had gezegd. En om de een of andere reden bekroop haar ook het gevoel dat er iets anders achter zat. Want waar kwam die geliefde zomaar opeens vandaan? Kurt was tenslotte de afgelopen tijd niet in Stuttgart geweest en als hij haar al voor zijn verhuizing had gekend, dan zou hij zijn geboortestreek toch helemaal niet hebben verlaten? Bovendien was hij tot voor kort nog onmiskenbaar verliefd geweest op háár. Hoe blij ze ook voor hem was dat hij daar blijkbaar overheen was, ze voelde zich ook gekwetst dat hij haar niet in vertrouwen had genomen. Maar kon ze hem dat kwalijk nemen? De laatste tijd had ze vaak misbruik van hem gemaakt door hem als haar lijfwacht te laten fungeren, zonder hem deelgenoot te maken van de dingen die hij daarbij had opgevangen. Dan was het toch geen wonder dat hij privézaken voor haar verzweeg? In elk geval gunde ze hem zijn geluk.

'Uiteraard kun je dan in ons huis in Stuttgart gaan wonen. In plaats van één zolderkamer krijgen jullie er dan twee, jij en je geliefde,' zei haar vader zoals altijd genereus. 'Wie weet wanneer er kinderen komen.'

Bij die woorden werd de jonge bakker nog roder.

'Mijn vader is weer terug in Stuttgart. Ik zal hem een telegram sturen en alles met hem regelen,' voegde Franz eraan toe.

'Ik ben heel blij voor je, Kurtle, echt waar,' verzekerde Ida hem.

Het lukte hem niet om zelfs maar te glimlachen. Het leek wel alsof hij zijn verhuisplannen en het feit dat hij een geliefde had pijnlijk vond. Had hij het idee dat hij hen in de steek liet? 'Dank u, juffrouw Ida,' zei hij zachtjes.

Ida besloot om nog een keer met hem te praten als haar vader er niet bij was. Maar eerst moest ze Astro halen om met Lucien en de arme Marcel zo snel mogelijk naar Weghäusel te rijden.

Ida en Lucien zaten met Marie en Bernadette Picard in de huiskamer van de houtvesterswoning, waar ze hen over de dramatische gebeurtenissen van de afgelopen uren vertelden. Ze spraken op gedempte toon, omdat Marcel voor de tegelkachel met Astro zat te spelen. Ida stond er versteld van hoe snel het ventje van de schrik bekomen leek te zijn. Maar hij was tijdens de rit dan ook door Lucien en haar overstelpt met lieve woordjes en genegenheid, en na aankomst had zijn overgrootmoeder hem een kop chocolademelk en een stuk taart gegeven.

'Het is eigenlijk goed te begrijpen van Denise,' vatte Luciens moeder alles op trieste toon samen. 'René stond tenslotte al op het punt om bij haar weg te gaan toen ze niet zwanger werd.'

Haar dochter Marie knikte. 'Als ze had gezegd dat ze het kind had verloren, zou het er voor haar heel slecht hebben voorgestaan, net als voor haar zieke moeder.'

'Eigenlijk had ik gehoopt dat Denise hiernaartoe was gevlucht,' zei Lucien. 'Kunnen we de jongen vooralsnog bij jullie laten?'

'Natuurlijk,' antwoordde Bernadette onmiddellijk. 'We zullen lief voor hem zijn en hem flink verwennen.'

Lucien drukte haar dankbaar de hand. 'Dat weet ik. Er is geen plek waar hij beter af is dan hier bij jullie.'

'Ik zal contact opnemen met mademoiselle Girod,' zei Marie. 'Zij is een belangrijke vaste waarde voor Marcel. René zal haar zonder meer ontslaan, dan kan zij ook hier bij ons wonen.'

'Wat een geweldig idee,' vond Ida.

Lucien wilde nog blijven geloven in het goede in zijn broer. 'Ik geef de hoop niet op dat René Marcel toch nog als zijn kind accepteert als de eerste woede eenmaal is bedaard.'

Ida wist niet of zíj dat ook echt hoopte. 'Ik zal mijn katertje hier achterlaten voor de jongen als jullie dat goed vinden,' stelde ze voor en ze keek hoe Marcel en Astro samen speelden. 'Dat zal hem zeker goeddoen.'

'Prima, dat zal hij geweldig vinden,' zei Bernadette blij.

'En jij hebt een smoes om zo vaak als je kunt hier langs te komen als Astro hier is,' voegde Marie er glimlachend aan toe.

Ida stond op en liep naar de tegelkachel, waar ze op haar knieën ging zitten bij de jongen en het katertje.

'Marcel, je ziet dat het Astro hier op het platteland veel beter bevalt dan in een huis in de stad,' begon ze voorzichtig. 'Zou jij op hem willen passen zolang ik in de bakkerij moet werken? Je moet goed voor hem zorgen, denk je dat je dat kunt?'

Het ventje stelde haar gerust. 'Dat kan ik heel goed, niet bang zijn.'

Ida omhelsde hem snel, zodat hij haar tranen niet zag.

Tijdens de terugreis zat ze bij Lucien op de bok. Er werd niet veel gezegd. Ze waren allebei uitgeput door alle gebeurtenissen en waren er in gedachten voortdurend mee bezig.

Toen Lucien de koets tot stilstand had gebracht voor de patisserie richtte hij zich een beetje schuchter glimlachend tot zijn verloofde. 'Het wordt er niet makkelijker op met mij, hè?'

'Het zou pas echt zwaar zijn zónder jou,' antwoordde ze.

'Zullen we morgenavond naar Weghäusel gaan als je klaar bent met werken?' stelde hij voor.

'Dat zou fijn zijn!' Ida kuste hem zachtjes op de wang en sprong van de koets.

De volgende ochtend zat Ida met Oskar en hun vader aan het ontbijt. Hun moeder Elise was samen met Hélène al druk bezig in de winkel en vanwege zijn op handen zijnde afscheid had Franz Kurt Teufel gevraagd om bij hen aan te schuiven. Kurt bleek een uitstekende eetlust te hebben.

'De oude madame Martinet en het bakkersgilde organiseren een bakwedstrijd,' vertelde Ida's vader goedgehumeurd. 'Zaterdag over een week kunnen alle banketbakkerijen die dat willen in Maison Kammerzell hun gebak aan een jury presenteren.'

'Mooi, dan ben ik er nog om te helpen,' antwoordde Kurt.

'Ja, we zullen die Picard voor eens en voor altijd laten zien wie de beste patissier is,' zei Franz.

Ida rolde met haar ogen. Daar had je die aloude vete weer.

Gelukkig veranderden de mannen snel van onderwerp en ze begonnen over hoe de zaken er volgens opa Albert voor stonden in hun hoofdbakkerij in Stuttgart en de filialen daar. Ze bespraken hoe fijn het was dat oma Rickele met hem mee daarnaartoe was gegaan. Ida merkte dat Kurt een belegd broodje en een hardgekookt ei in zijn servet wikkelde toen hij zich onbespied waande. Ze trok verbaasd haar wenkbrauwen op, maar zei niets. Het vage gevoel dat er iets met Kurt aan de hand was en dat er achter zijn afscheid meer zat dan 'gewoon' een liefje in Stuttgart werd sterker. Toen haar vader het ontbijt voor beëindigd verklaarde en aan Kurt vroeg om met hem naar zijn werkkamer te gaan om hun bijdrage aan de wedstrijd te bespreken, zag Ida dat de jongen het brood en het ei zo onopvallend mogelijk in de zak van zijn jasje liet verdwijnen.

Hij had nog maar net met Franz het vertrek verlaten of Oskar richtte zich fluisterend tot zijn zus. 'Zeg, is het jou ook opgevallen dat Kurtle eten heeft gegapt?'

'Ja, vreemd. Hij kan toch gewoon naar de keuken gaan als hij honger heeft?' vroeg Ida zich verwonderd af.

'Gisteren bij het avondeten zag ik ook al dat hij een stuk taart in zijn jasje stopte,' zei Oskar.

Opeens vielen Ida de schellen van de ogen. 'Ik heb een vermoeden,' fluisterde ze tegen haar broer. 'Ik zou heel graag een kijkje willen nemen in zijn kamer.'

'Nou, dan doen we dat toch,' zei Oskar.

'Eigenlijk hoort dat natuurlijk niet,' vond Ida.

'Och, als hij ons betrapt, zeg ik gewoon dat ik naar Leroc wilde, maar dat ik nogal een kluns ben,' zei haar broer grijnzend. 'Dat nemen ze meteen van me aan.'

Even later stonden broer en zus voor de kamer van de bakker op de zolderverdieping van het huis en Ida klopte voorzichtig op de deur. Geen reactie. Dat was ook niet te verwachten, omdat Kurt natuurlijk met hun vader de bijdrage voor de taartenwedstrijd moest bespreken. Het was het personeel niet toegestaan om hun kamers op slot te doen. Daarom kon Oskar de deur simpelweg openen. Terwijl ze de kamer in keken, ontdekte Ida een schaduw achter de deur. Omdat ze daar op had gerekend en ook vermoedde aan wie die toebehoorde, was ze niet bang. Ze liep om de deur heen en keek de persoon die daar tegen de muur gedrukt stond recht in de ogen.

31

'Denise!'

Wat Ida al had vermoed werd nu ook voor Oskar duidelijk. 'Luciens schoonzus! U bent Kurts geheime liefde? Op zijn vrije dagen was hij met u op pad?'

Denise knikte gegeneerd. 'We konden het vanaf het eerste ogenblik heel goed met elkaar vinden.'

'Dan moet híj jou hebben bevrijd uit die kamer en je hebben geholpen met je koffers,' zei Ida.

'Ik heb madame Rolland moeten smeken om mijn telegram naar hem te versturen en hem vervolgens het huis binnen te laten,' gaf Denise beteuterd toe.

'Maar wat ben je dan nu van plan? Wil je Kurt hier echt in meesleuren? Je bent tenslotte nog getrouwd en als René dit hoort...' antwoordde Ida doodongerust.

'Ze sleurt me nergens in mee,' klonk op dat moment een stem achter hen.

Ida en Oskar draaiden zich geschrokken en met een ruk om en keken in het ongebruikelijk vastberaden gezicht van Kurt Teufel. 'Het was mijn idee om Denise in Stuttgart in veiligheid te brengen,' zei hij met een nieuwe zelfverzekerdheid die Ida verblufte. 'Ik hou van haar en zal nooit toestaan dat die vent ook nog maar bij haar in de buurt komt.'

Om Denises mond verscheen een tedere glimlach. Ze liep schuchter langs Ida en pakte Kurts hand. 'Hij heeft er zelfs voor gezorgd dat mijn zieke moeder met ons mee kan gaan naar Stuttgart,' zei ze ontroerd.

'En hoe moet dat dan met Marcel?' riep Ida. 'Jullie kunnen dat kereltje toch niet wegsleuren van alles waar hij van houdt!'

'Natuurlijk niet. Met mij heeft de jongen ook helemaal geen band. En ik weet dat dat mijn schuld is,' gaf Denise toe. 'Maar hij is zo slim. Hij heeft toch allang zelf zijn ouders uitgezocht.'

Met die woorden keek Luciens schoonzus smekend naar Ida.

'Maar... maar hoe dan?' stamelde Ida. Door alle nieuwe ontwikkelingen duizelde het haar.

'Als jullie trouwen, kunnen jullie hem officieel adopteren,' zei Denise. 'Er zijn geen betere ouders voor de jongen dan jullie twee. Als je je hart volgt, dan weet je dat jij dat ook wilt. En voor Lucien geldt hetzelfde.'

'Een adoptie..' prevelde Ida.

Denise knikte heftig. 'Volgens de geboorteakte blijven René en ik de ouders. Ik zal mijn schriftelijke toestemming geven. En het zal Lucien vast en zeker lukken om zijn broer ervan te overtuigen om dat ook te doen, zodra hij een beetje is bedaard.'

Ida probeerde alle nieuwe ontwikkelingen te verwerken. Haar verloofde en zij als ouders?

'Ik moet Lucien spreken. Nu onmiddellijk!'

Hoe dichter ze bij patisserie Goldschmidt kwam, hoe meer het idee Ida aanstond om samen met Lucien de kleine Marcel te adopteren. Ze liep linea recta de winkel in. Ze was zó boos op de broer van haar verloofde dat haar angst om het gebouw binnen te gaan erdoor was verdwenen. Hoe kon hij een kind zo bang maken!

'Ik wil monsieur Lucien Picard graag spreken,' zei ze op zelfverzekerde toon tegen de haar onbekende verkoopster achter de toonbank.

De jonge vrouw keek haar gepikeerd aan. 'Hij is niet aanwezig en ik weet niet waar hij nu is,' antwoordde ze stijfjes.

Maar Ida had geluk. Achter de vrouw dook Bertrand Strohmeier op, de meester-bakker van de Picards en de vriend van haar vader.

'Goedemorgen, Ida,' zei hij, zichtbaar verheugd haar te zien. 'Ik weet waar Lucien is. Monsieur Fouché heeft vandaag afscheid genomen. Hij kan al eerder aan zijn nieuwe baan beginnen. Lucien vergezelt hem, hij wil een kijkje nemen in Fouchés bibliotheek. Als je snel bent, kun je hen misschien nog wel inhalen. Ze zijn net pas weg.'

Dat liet Ida zich geen twee keer zeggen. Ze bedankte hem gehaast, stormde de winkel uit en liep zo snel mogelijk naar de universiteit.

Buiten adem arriveerde ze in de universiteitstuin en daar waren ze. Lucien en Max stonden naast een klein borstbeeld en waren verwikkeld in een geanimeerd gesprek. Het deed Ida goed hen zo te zien. Vriendschap kende geen leeftijd.

De oudere man zag Ida als eerste en maakte Lucien glimlachend attent op haar. Haar verloofde begon te stralen en kuste haar ter begroeting.

'*Ma chérie*, wat een geweldige verrassing!' zei hij. 'Max laat me net zien waar hij werkt.'

'Goedemorgen, Max,' groette Ida en ze wees op de kleine buste naast de beginnende bibliothecaris.

'Maar dat is Goethe,' constateerde ze verbaasd.

'Ja,' bevestigde Max Fouché. 'Die hebben ze hier zes jaar geleden neergezet.'

'En op de toren van de kathedraal heeft hij zichzelf vereeuwigd,' herinnerde Ida zich van hun gezamenlijke eerste uitstapje met Lucien.

'Dat was ruim honderdtwintig jaar geleden en Goethe was destijds nog een jonge vent,' zei Max. 'Hij heeft toen een semester lang in onze mooie stad gestudeerd.'

'Hij zou hier zelfs *Faust* hebben voorbereid,' voegde Lucien eraan toe. 'En bovendien richt hij in zijn autobiografische werk

Verdichting en waarheid een monument op voor Straatsburg. Ik vind het indrukwekkend dat hij ook een veelzijdig natuuronderzoeker was.'

Ida dacht aan haar lievelingsgedicht van de hand van Goethe, dat ging over de liefde, en ze begon de achtregelige tekst spontaan te citeren. De tekst kwam erop neer dat de liefde het nooit mis kon hebben, ook al zag alles er nog zo somber uit. Het gedicht eindigde met

Onmogelijk lijkt altijd de roos
Onbegrijpelijk de nachtegaal

Uit Luciens ontroerde gelaatsuitdrukking maakte Ida op dat ook hij in het gedicht hun eigen situatie herkende. Eigenlijk zou dit een goed moment zijn geweest om hem te vertellen wat er was gebeurd, maar ze wilde Max niet beroven van zijn moment. Hij leek zo trots dat hij alles kon laten zien. Daarom besloot ze om hen eerst te vergezellen en Lucien later onder vier ogen in te lichten over haar plan.

'De hernieuwde oprichting van de universiteit had destijds een nieuw begin moeten zijn,' zei Maximilien terwijl ze door de gangen naar 'zijn' bibliotheek liepen. 'De meeste Elzassers, vooral de intellectuele bourgeoisie, wilden echter niets te maken hebben met de nieuwe overheid. De meeste Franse professoren gingen naar de universiteit in Nancy.'

'Klopt, dat heeft mijn hoogleraar verteld. De Franse regering riep Nancy uit tot een soort Straatsburgse universiteit in ballingschap,' herinnerde Lucien zich.

'En ik was bijna meegegaan,' vertelde Max. 'Al die burgers die waren omgekomen, vreselijk… Hoe barbaars mensen kunnen zijn, wordt ook duidelijk als ze elkaars culturele erfgoed verwoesten. Straatsburg was ooit de stad van de boekdrukkunst,' zei de bibliothecaris op gesmoorde toon. 'Tijdens mijn eigen studie bezocht ik vaak de bibliotheek in de voormalige Dominicanenkerk. Daar bevonden zich ongelooflijke schatten. Onder andere het eerste manuscript ooit dat door een vrouw is geschreven. De *Hortus deliciarum* van abdis Herrad von Landsberg. Een encyclopedie over de kennis van de nonnen, ruim zevenhonderd jaar oud. Het omvatte meer dan driehonderd stukken perkament en was voorzien van prachtige miniaturen. En toen werd het gebouw getroffen tijdens het Pruisische bombardement. Alles ging verloren. Alles. De grootste en oudste klassieke bibliotheek van Europa lag in de as. Mijn hart brak bij de aanblik van de verkoolde ruïne.'

Inmiddels waren ze gearriveerd bij de plaats waar Maximilien zijn nieuwe werkzaamheden zou verrichten. Er stond een indrukwekkende verzameling boeken, de schappen reikten tot aan het hoge plafond. Ida en haar verloofde keken geïmponeerd om zich heen en de bibliothecaris glimlachte trots.

'Wat goed dat er mensen zoals jij waren,' zei Lucien waarderend. 'Jij bent na de oorlog teruggekomen en hebt geholpen bij de wederopbouw.'

'Ach, ik was natuurlijk niet de enige,' zei Max en hij liet zijn hoofd zakken, verlegen onder het compliment. 'Veertien van de in totaal negenenvijftig docenten uit de Elzas zijn gebleven. En onze nieuwe Duitse overheersers behandelden me niet allemaal slecht. Veel van hen hebben zich echt ingespannen en voor de opening in augustus 1871 een enorm aantal waardevolle boeken verzameld om de bibliotheek weer op te bouwen. Alleen al vanuit het Pruisische staatsarchief in Königsberg kwamen er zeventigduizend boeken.'

Zijn blik dwaalde liefdevol over de ruggen van de boeken.

'Het is een plek van de Duits-Franse verzoening geworden. En nu mag ik hier werken.'

'Ik vind het geweldig dat iemand hier vol liefde al die kennis beheert,' zei Ida. 'Volgens mij is het zo dat hoe meer mensen hun verhaal vertellen, hoe beter nieuwe oorlogen kunnen worden voorkomen.'

'En ik zal mijn verhaal nooit vergeten,' antwoordde de voormalige zwerver ernstig. 'Aan wie ik mijn terugkeer naar deze plek te danken heb.'

Bij het verlaten van het gebouw kon Ida Lucien eindelijk deelgenoot maken van Denises idee. Tot haar verontrusting reageerde hij minder enthousiast dan ze had gehoopt.

'Hm...' bromde hij.

'Staat het idee je niet aan?' vroeg ze teleurgesteld.

'Met jou trouwen en voor Marcel zorgen?' zei hij. 'Natuurlijk zou ik dat geweldig vinden. Ik kan me niets mooiers voorstellen.'

Ida slaakte een zucht van verlichting, maar wat Lucien vervolgens zei was ontnuchterend.

'Ik denk alleen niet dat de goedkeuring van Denise en René voldoende zal zijn voor Marcels veiligheid.'

'Hoe bedoel je?' vroeg Ida.

'We hebben dan alleen de goedkeuring van de vermeende ouders die op Marcels geboorteakte staan. Maar niet die van zijn biologische moeder. En Natalie heeft al eens bewezen dat ze bereid is om levens te ruïneren.'

Daar kon Ida helaas niets tegen inbrengen. 'Wat wil je dan doen?'

'Het liefst zou ik met haar in gesprek gaan. Haar een officiële verklaring laten ondertekenen. Dat haar bewering dat ze de moeder van Marcel is een leugen is.'

'Zoiets zal haar dan wel flink wat moeten opleveren,' vreesde Ida.

'Dan betaal ik haar gewoon,' zei Lucien vastberaden. 'Ik heb er graag al mijn spaargeld voor over als we dan voor altijd af zijn van die heks.'

'Misschien is ze nog in de S'Burjerstuewel. Volgens Denise heeft René haar daar voor langere tijd ondergebracht,' bedacht Ida opeens.

'Ja, goed, laten we er dan maar meteen vaart achter zetten zolang ze nog daar is,' stelde Lucien zuchtend voor. 'Dan weten we in elk geval wat het me gaat kosten.'

Even later stonden Ida en Lucien bij de receptie van de S'Burjerstuewel, waar vandaag de waard zelf, Eugène Jacquemet, dienst had.

'Ja, die kennis van u is nog hier,' bevestigde hij glimlachend. 'Ik hoop dat de lunch vorige week dinsdag u allebei heeft gesmaakt.'

Lucien trok verbaasd zijn wenkbrauwen op. Jacquemet leek zijn reputatie eer aan te doen. Hij wist altijd precies wie er bij hem te gast was.

'Ja, het was heerlijk,' antwoordde hij snel. 'Zou ik heel even naar boven mogen gaan? Het moet een verrassing zijn voor mademoiselle Berger.'

'Natuurlijk,' zei Jacquemet. 'Kamer drie, direct aan de linkerkant op de eerste verdieping.'

'Zal ik hier wachten?' fluisterde Ida.

Lucien dacht even na en stemde daar vervolgens mee in. 'Dat is misschien beter, ja, dan kan ze in elk geval geen toneelstukje opvoeren en kan ik sneller ter zake komen.'

Ida zag haar verloofde de trap op gaan, maar al na twee minuten kreeg ze een onrustig gevoel. Ze besloot om Lucien toch achterna te gaan. Tot haar verbazing stond op de eerste verdieping de deur van kamer drie open. Ida keek naar binnen en slaakte een gil die door merg en been ging. Nathalie lag op de grond en haar verloofde zat op zijn knieën naast haar met zijn hand tegen haar hals. Ze zag merkwaardig bleek, de blik in haar ogen was star.

Lucien draaide zich bij het horen van Ida's gil met een ruk om. Van zijn gezicht was pure paniek af te lezen.

'Ida, ze is dood,' bevestigde hij haar vreselijke vermoeden.

Haar ademhaling ging zo snel dat ze amper kon praten. 'Wat is er gebeurd?' vroeg ze hijgend.

'Ze reageerde niet op mijn kloppen en toen zag ik dat de deur op een kier stond. Dus ging ik naar binnen en zag haar op de grond liggen. Ik heb haar pols gevoeld. Niets. Ida, ik voelde niets. Maar ze is nog warm.'

Ze liet alle lucht ontsnappen. Dus daarom had hij zijn hand tegen haar hals. Hoe had ze ook maar een seconde aan hem kunnen twijfelen!

Op dat moment verscheen, waarschijnlijk gealarmeerd door Ida's gil, Jacquemet op de overloop, samen met een jonge serveerster. Hij sloeg bij de aanblik van Natalie vol ontzetting zijn handen voor zijn mond en ademde hoorbaar uit.

'Wat is hier in vredesnaam aan de hand?' vroeg de waard. 'Is ze...'

Ida knikte stilletjes.

Wachtmeester Breinlinger arriveerde al snel met twee agenten.

'Ik wil niet vooruitlopen op de bevindingen van mijn collega's,' zei hij tegen Ida en Lucien na een eerste ondervraging op de gang. 'Maar het lijkt erop dat mevrouw Berger achterover met haar hoofd tegen de zijkant van het nachtkastje is gevallen. De vraag is alleen: waarom? Dat wijst wel heel sterk op invloeden van buitenaf.'

Ida zag er blijkbaar zo meelijwekkend uit dat Breinlinger vroeg: 'Wilt u een glas water, juffrouw Tritschler?'

Ze knikte verdoofd en de wachtmeester liep naar de serveerster toe, die net door een van de agenten werd ondervraagd. Ida merkte tot haar grote ongerustheid dat de agent en vervolgens ook het jonge personeelslid op Breinlinger inpraatten en telkens weer naar hen keken.

'Die jonge vrouw daar was de serveerster toen Natalie en ik hier vorige week hebben gegeten,' fluisterde Lucien, wat Ida nog meer verontrustte.

Breinlinger kwam terug zonder het beloofde glas water voor Ida en hij richtte zich, aanmerkelijk koeler dan eerst, tot Lucien. 'Wat had u te zoeken bij juffrouw Berger?'

'Ze is de beste vriendin van mijn schoonzus. We wilden met haar praten.'

'Ja, uw broer René Picard heeft de kamer van juffrouw Berger vooruitbetaald voor een periode van twee weken. Een bijzonder royaal gebaar.'

René! Was hij misschien bij Natalie geweest? Was hij verantwoordelijk voor haar dood? Hij had tenslotte gisteren gehoord dat zij achter het idee zat om hem haar kind in de maag te splitsen. En Ida was al meerdere keren getuige geweest van de driftbuien van de broer van haar verloofde.

De politiefunctionaris legde nu zijn kaarten op tafel. 'De serveerster van meneer Jacquemet, juffrouw Schmidt, heeft ons daarnet verteld dat u hier vorige week dinsdag met juffrouw Berger hebt gegeten. Klopt dat, meneer Picard?'

'Ja,' bevestigde Lucien als versuft. 'Dat klopt.'

'En u hebt met haar over een mogelijk huwelijk gesproken én vastgesteld dat u beiden geen kinderen wilde?' vervolgde Breinlinger op scherpe toon.

'Ja, maar...' stamelde Lucien.

'En u hebt haar uitgenodigd om het nagerecht bij uw familie te gebruiken?'

'Natuurlijk, ik...'

'Juffrouw Schmidt heeft gehoord dat u tegenover juffrouw Berger beweerde dat u en uw verloofde uit elkaar waren. Betwist u dat?'

'Nee,' zei Lucien toonloos.

O, lieve hemel, dacht Ida in paniek, nu moeten we ervoor boeten dat hij tegen Natalie gelogen heeft en dat was haar schuld.

Breinlinger keek Lucien indringend aan. 'Waren u en uw verloofde vorige week dinsdag uit elkaar?'

Hij schudde zijn hoofd. 'Nee.'

'Waarom hebt u gelogen tegen juffrouw Berger, meneer Picard?' wilde de wachtmeester weten.

'Dat... dat kan ik niet precies zeggen.' Lucien was totaal radeloos. Als hij de volledige waarheid zou vertellen, zou Marcel waarschijnlijk meteen in een kindertehuis belanden en was de toekomst van het ventje verwoest.

'En waarom bent u vandaag hier?' vroeg Breinlinger opnieuw.

'Ik... we... wilden alleen met haar praten.'

'Waarover?'

De vragen geselden hem als zweepslagen. 'Omdat we wilden trouwen, juffrouw Tritschler en ik,' antwoordde Lucien. Dat was niet de volledige waarheid, maar tenminste geen leugen.

'En dat viel verkeerd?' vermoedde de wachtmeester.

'Ja… ik bedoel, nee, niet vandaag,' zei Lucien opnieuw stamelend. 'Toen ik binnenkwam, was ze immers al dood.'

'Meneer Picard, ik arresteer u op verdenking van de moord op Natalie Berger.'

Breinlinger riep een van de agenten bij zich. De agent haalde een ketting tevoorschijn om Luciens handen mee vast te ketenen. Lucien zag krijtwit. Ida voelde zich duizelig worden. Ze dacht aan het verhaal van madame Leroc over de moordenaar die twee jaar geleden veroordeeld was tot de guillotine en was geëxecuteerd. Het werd zwart voor haar ogen en ze zakte in elkaar op het tapijt.

32

Ze was niet helemaal buiten bewustzijn geweest. Als door een sluier van mist had Ida meegekregen dat opdracht was gegeven om de eerste verdieping te evacueren en dat de waard had gevraagd of de zaak beneden gewoon open mocht blijven. Ida was vervolgens door Eugène Jacquemet en een kelner op de begane grond op een stoel gezet. Een jonge serveerster had haar een kop thee ingeschonken, terwijl Lucien werd afgevoerd. O god, ze hadden Lucien gearresteerd!

Ida kromp ineen en kwam met een ruk bij uit haar schemertoestand.

'Juffrouw Tritschler,' riep de mooie serveerster. Ida kende haar, ze heette Minna Hoffmann en had al dikwijls iets bij hen in de banketbakkerij gekocht.

'Lucien! Hebben ze hem meegenomen?'

De jonge vrouw knikte.

Vertwijfeld sloeg Ida haar handen voor haar gezicht en ze barstte in snikken uit. Er stroomden steeds meer tranen over haar wangen.

'Moet ik iemand waarschuwen?' vroeg Minna Hoffmann, die een en al bezorgdheid was.

Ida wilde haar net antwoorden toen ze een vrouw met kastanjebruine krullen van de trap zag komen.

'Mevrouw Seefeldt!' Ida herkende de vrouw van wie werd beweerd dat ze overspel pleegde. Waarschijnlijk had ze hier haar jonge minnaar weer ontmoet. Ida kwam overeind, nog onvast, en liep zo snel als haar benen dat toelieten naar haar toe.

'Juffrouw Tritschler,' fluisterde de vrouw betrapt.

'U was toch boven bij de gastenkamers? Hebt u misschien iets verdachts gehoord?' vroeg Ida opgewonden. 'Of iemand gezien die een bezoek bracht aan de dame in kamer drie?'

Mevrouw Seefeldt keek panisch om zich heen. 'Nee, ik was op de tweede verdieping,' mompelde ze. 'Ik heb niets gehoord.'

'Weet u dat echt zeker? Wilt u alstublieft nog even goed nadenken?' smeekte Ida vertwijfeld. 'Mijn verloofde heeft een dode vrouw gevonden en nu verdenken ze hem van haar dood. Hij kan veroordeeld worden tot de guillotine!'

Mevrouw Seefeldt keek haar een tel lang ontsteld aan. Vervolgens herpakte ze zich en liep gehaast langs Ida heen om de bodega te verlaten. 'Neem me niet kwalijk, ik hoor hier helemaal niet te zijn.'

Ida liet zich snikkend weer op de stoel zakken. Lucien zou de waarheid niet vertellen, ook al zou die zijn redding kunnen betekenen. Hij zou alles doen om Marcels toekomst niet te verwoesten. Moest ze dat zelf doen? Een van hen zou ze sowieso kwijtraken. Bovendien leek Lucien niet minder schuldig als duidelijk werd dat de ruzie met Natalie over een kind ging van wie hij hield.

'Juffrouw Tritschler?'

Ida kromp ineen. Ze herkende de stem voordat ze de vrouw zag. Mevrouw Seefeldt was teruggekomen! Had ze te veel last van een slecht geweten?

'Ik heb inderdaad een luidruchtige ruzie gehoord vanuit de kamer onder ons, het is allemaal veel te gehorig daarboven,' gaf de vrouw van de zeepfabrikant toe nadat ze bij Ida was gaan zitten. 'Een man riep tegen een vrouw dat ze stom was. Hij zei dat ze meer geld uit de hele zaak moest slaan.'

Ida boog zich naar voren alsof ze was gestoken. 'Zei hij om wat voor zaak het ging?'

Mevrouw Seefeldt schudde haar hoofd. 'Dat weet ik niet precies. Wel zei hij dat ze destijds naar hem had moeten luisteren en het kind had moeten laten weghalen, omdat ze nu niets meer hadden aan dat rotjong.'

Ida hield haar adem in. Die vent was hoogstwaarschijnlijk de biologische vader van Marcel!

'Weet u hoe de man eruitzag?' vroeg ze zonder al te veel hoop, maar mevrouw Seefeldt knikte.

'Ik heb hem inderdaad naar binnen zien gaan toen ik op weg was naar boven. Hij was denk ik een jaar of dertig...'

Opeens zweeg ze en keek met wijd opengesperde ogen naar de trap die naar de gastenkamers leidde.

'Dat is hem,' fluisterde ze opgewonden. 'Híj ging een uur geleden kamer drie binnen.'

Ida voelde zich misselijk worden toen ook zij de ongeveer dertig jaar oude man met bruin haar en een ietwat sjofel pak zag die nu naar de uitgang van de bodega liep.

'O, lieve hemel, hij heeft zich de hele tijd ergens boven schuilgehouden,' veronderstelde ze. 'Natalies lichaam was nog warm.'

Mevrouw Seefeldt duwde ontdaan haar hand tegen haar mond. 'Wat moeten we doen?'

Binnen een paar seconden zou de man die naar alle waarschijnlijkheid verantwoordelijk was voor Natalies dood de uitgang hebben bereikt.

'We moeten hem tegenhouden,' zei Ida. 'Wilt u dan alstublieft tegen de hoteleigenaar zeggen dat de man met wie ik in gesprek ben de vermoedelijke moordenaar is en dat hij de politie erbij moet halen!'

'U kunt beter niet met hem gaan praten!' waarschuwde mevrouw Seefeldt angstig, maar Ida was al naar de deur gelopen en versperde de man de weg.

'Karl-Heinz! Staan blijven!' riep ze zo hard dat alle gasten onmiddellijk opkeken.

'Laat me met rust, ik heet helemaal geen Karl-Heinz, u verwart me met een ander,' gromde hij en hij keek met een mengeling van paniek en woede om zich heen in de bodega. Hij wilde langs haar heen lopen, maar ze greep hem vast.

'Waarom heb je een ander? Ik hou van je!' schreeuwde ze.

'Verdorie nog aan toe, ga nu eens weg,' riep hij woedend en hij maakte zich met een ruwe beweging van haar los. Ze viel bijna, waardoor een jong stel dat vlakbij zat geschrokken een kreet slaakte.

Met een gespeelde snik greep Ida hem nu nog steviger vast. 'Nee! Blijf bij me!'

Daarop sloeg hij haar zo hard in haar gezicht dat ze sterretjes zag en op de grond viel. Door de klap hoorde ze een fluittoon in haar oren. Minna Hoffmann gilde en liet van schrik een kannetje koffie vallen. Tot Ida's grote opluchting waren Eugène Jacquemet en een ober in een mum van tijd bij hen en zij pakten de man vast.

'Laat hem niet los!' droeg mevrouw Seefeldt de ober en de bodega-eigenaar op. 'Hij is de moordenaar.'

Jacquemet keek haar verbluft aan, verstevigde toch zijn greep en verzocht Minna om opnieuw de politie erbij te halen.

Mevrouw Seefeldt ging ondertussen op haar knieën bij Ida zitten. 'Gaat het, juffrouw Tritschler?'

'Wilt u voor Lucien Picard alstublieft een verklaring afleggen?' smeekte de jongere vrouw. 'Ik bedenk wel iets om uw aanwezigheid hier uit te leggen aan uw man.'

'Dat is niet nodig. Ik ga sowieso bij hem weg,' zei mevrouw Seefeldt vastberaden.

En met die woorden hielp ze Ida overeind.

Lucien Picard zat in de krappe, naar schimmel ruikende cel en staarde naar een kakkerlak die over de muur kroop. De Latijnse naam van het insect schoot hem te binnen, *Blattella germanica*. Het insect wist beslist een weg naar buiten te vinden, maar die was uiteraard te klein voor Lucien. Voor hem was er nauwelijks nog hoop om vrij te komen, wat hij ook in het werk zou stellen. Hij was zo verstrikt geraakt in zijn netwerk van leugens dat waarschijnlijk geen enkel feit dat nog aan het licht kwam geloofwaardig zou zijn. En zelfs al was dat zo, als hij de waarheid vertelde, was dat funest voor Marcel.

Zonder ook maar een sprankje hoop keek hij om zich heen in zijn cel. Hij werd zich er pijnlijk van bewust dat dit hier misschien de laatste verblijfplaats van zijn leven was voordat hij naar de guillotine werd geleid om te worden terechtgesteld. Was hij onderweg naar het totale niets? Zou je nog iets merken als de valbijl je nek raakte? Lucien had het idee dat hij uit pure angst geen lucht meer kreeg toen een geluid bij de celdeur hem deed opschrikken uit zijn sombere gedachten. Met een vreselijk geknars ging de deur open en daar stond ze naast de vijandig kijkende gevangenbewaarder. Ida. Zijn mooie Ida. Hoe was ze hier binnengekomen? En waarom straalde ze zo?

'Het is tijd voor het avondeten, *mon chéri,*' zei ze en ze stak hem haar hand toe.

Lucien had de zon en de geur van het voorjaar nog maar zelden zo intens waargenomen als op het moment dat hij met Ida de straat voor het politiebureau op stapte.

'Ida, Ida van me, hoe heb je dat voor elkaar gekregen?' vroeg hij zielsgelukkig.

'Och, het klopt wat mijn moeder altijd zegt. Als je aardig bent voor andere mensen, dan zijn ze ook aardig voor jou,' zei ze glimlachend tegen haar verloofde. 'We hebben jouw redding te danken aan een moedige klant van ons.'

Ida, Lucien, Denise en haar geliefde Kurt waren de enige aanwezigen bij de begrafenis van Natalie Berger. Denise had na het overlijdensbericht meteen in tranen de dringende wens te kennen gegeven dat ze graag aanwezig wilde zijn bij de uitvaart van de vriendin uit haar dagen in het armenhuis, ook al had die aan het eind van haar leven zo verachtelijk tegen haar gedaan. Dat was voor haar echter niet ongevaarlijk. De kans op ontdekking was veel te groot. Daarom was

Lucien vooraf nagegaan of zijn ouders of René naar het kerkhof zouden komen.

De pastoor had het in zijn preek over de gelijkenis van twee leerlingen die onderweg waren van Jeruzalem naar Emmaüs en die na Goede Vrijdag alle hoop hadden laten varen, maar vervolgens troost putten uit een gesprek met een vreemdeling.

Na het vertrek van de geestelijke stonden de twee jonge stellen nog een tijdje aangedaan zwijgend bij Natalies graf.

'Wat gaat er nu gebeuren met die vriend van haar?' verbrak Kurt uiteindelijk de stilte.

'Volgens wachtmeester Breinlinger beweert hij dat het een ongeluk was en dat Natalie tijdens de ruzie ongelukkig ten val is gekomen,' zei Lucien, die inmiddels ook de naam van de man wist. Hij heette Friedrich Bredow.

'Er zijn zo veel mannen die het lichaam van de vrouw in hun macht willen hebben. Ze zeggen wanneer ze abortus moet plegen en wanneer niet,' zei Denise. 'Wanneer ze gewillig moet zijn en wanneer niet. En die macht oefenen ze graag uit tot het bittere eind.'

'In ons geval niet,' probeerde Kurt haar te troosten. 'Jij hebt net zo veel macht over mij als ik over jou. En dat voelt heel erg goed.'

Denise kuste de jonge bakker teder op zijn wang. 'Waar heb ik jou toch aan verdiend?'

'Dat zei mijn moeder ook altijd,' grapte Kurt. 'Alleen rende zíj daarbij huilend de kamer uit.'

'Denk je dat die Bredow ook de touwtjes in handen had bij de afpersing van Denise?' vroeg Ida aan Lucien.

'Ja. Hij heeft er in elk geval goed aan verdiend. Zijn salaris als huisbewaarder van een weeshuis was waarschijnlijk niet voldoende voor hem. En die valse kerel is de vader van Marcel, om van te rillen. Gelukkig hoeft het ventje hem nooit te leren kennen.'

'Hij is dan misschien zijn biologische vader, een vaderfigúúr is hij nooit geweest voor Marcel,' zei Ida. 'Maar de jongen krijgt binnenkort de beste knuffelpapa ter wereld.'

Met die woorden ging ze nog wat dichter tegen hem aan staan.

'Ja, ik wil het geen seconde langer uitstellen,' antwoordde Lucien met een resolute gelaatsuitdrukking. 'Als me één ding duidelijk is geworden in de gevangenis en bij de gedachte aan de guillotine, dan is het dat wel. Alles kan elk moment op een verschrikkelijke manier veranderen. Je moet nú genieten van het leven. Ik móét die handtekening hebben van René. En ik ga met je trouwen. Deze maand nog. Mocht mijn vader me toch onterven, dan zullen oma en tante Marie achter ons staan.'

Lucien hield woord. Nog diezelfde avond stond hij met een weliswaar heel bedeesde, maar toch vastberaden Ida voor zijn familie, die hij had gevraagd om naar de bibliotheek te komen voor een gesprek.

'Vader, moeder, René: Ida en ik hebben jullie iets mee te delen,' begon Lucien.

Zijn broer wilde hem in de rede vallen. 'Het interesseert me helemaal niets wat...'

Lucien onderbrak hem echter onmiddellijk op scherpe, luide toon. 'Van jou wil ik maar één ding weten. Wil jij de kleine Marcel weer in je leven opnemen? Je hebt hem doodsbang gemaakt.'

René sloeg zijn armen over elkaar en herhaalde met ijzige blik zijn eerdere uitspraak. 'Ik wil dat hoerenjong beslist niet meer zien. En daar zal nooit, nooit verandering in komen.'

Claire leek de situatie het vervelendst te vinden. 'René, alsjeblieft...'

'Hou je erbuiten, maman!' snauwde haar jongere zoon.

'Mooi, dan kun je Ida en mij schriftelijk toestemming geven voor de adoptie,' richtte Lucien zich weer tot zijn broer. 'Denise heeft haar handtekening al gezet.'

'Dus je weet waar die leugenachtige hoer is?' antwoordde René driftig. 'Wat heeft die handtekening je gekost?'

'Helemaal niets,' zei zijn broer. 'Ze wil alleen een goede toekomst voor de jongen. En dat zou voor jullie allemaal zo moeten zijn!'

Hij keek zijn woedende vader en lijkbleke moeder aan.

'Wat een dwaasheid allemaal,' riep Jacques uiteindelijk boos. 'Hoe moeten twee ongehuwden een kind adopteren?'

'O, dan zullen we getrouwd zijn,' antwoordde Lucien. 'We gaan dinsdag in ondertrouw.'

Dat zijn vader en broer nijdig zouden reageren op deze aankondiging had Ida verwacht. Op de reactie van Claire had ze echter niet gerekend. De vrouw kreunde geschokt, werd zo mogelijk nog bleker en begon over haar hele lichaam te trillen.

De toestand van zijn vrouw ontging Jacques volledig. Hij had alleen oog voor zijn oudste zoon en bleef hem met een woedende blik strak aankijken. 'Je weet wat dat inhoudt!'

Lucien knikte ernstig. 'Ja, dat houdt in dat jij kunt bewijzen of je mensen die het beste met een ander voorhebben een kans wilt geven of dat je in het verleden en in de oorlog wilt blijven hangen.'

Tot Ida's opluchting werd Picards gelaatsuitdrukking zachter na die indringende woorden van zijn oudste kind. Maar het was Claire die in woede uitbarstte.

'Jullie kúnnen helemaal niet trouwen!' riep ze.

Lucien keek haar teleurgesteld aan. Juist van zijn moeder had hij op meer steun gerekend. 'En waarom dan niet?'

'Omdat jullie broer en zus zijn!'

De betekenis van die woorden drong niet meteen tot Ida door. De uitspraak zweefde door het vertrek als een handgranaat die op scherp stond en alleen nog wat tijd nodig had om te ontploffen. Toen het besef er echter was en de woorden hun gif verspreidden, werd Ida onmiddellijk overvallen door een vreselijke misselijkheid. Ze zag de geschoktheid op Luciens gezicht, het gezicht van haar... Nee, dat kon, dat móchT niet waar zijn. Claire ging echter verder, sloeg alle hoop de bodem in.

'Lucien, jouw vader is niet Jacques, maar Franz Tritschler.'

33

Zoals altijd bij slecht nieuws wilde Ida de hand van haar verloofde pakken, maar ze trok hem snel weer weg met een afgrijselijk gevoel van ondraaglijk verdriet. Haar verloofde! Lieve hemel, ze was met haar halfbroer verloofd!

René wist als eerste iets uit te brengen. Maar zijn woorden kwamen gesmoord over zijn lippen, verstikt van pijn en nauwelijks te beteugelen woede. 'Ben je niet goed wijs, maman? Hoe kun je nou zulke onzin uitkramen?'

'Het is waar,' zei Claire toonloos en met een lege blik. 'Vlak voordat ik je vader leerde kennen, heeft Franz me nog één keer bezocht met de vraag om onze relatie nog een kans te geven. Hij was flink aangeschoten en herinnert zich dus niet meer wat er is gebeurd...'

Aan de blik vol haat op Renés gezicht was te zien dat de meest verschrikkelijke verwensingen op het puntje van zijn tong lagen. 'Jij... jij...'

'René, hou je mond!' riep zijn vader, die tot dat moment verbazingwekkend kalm was gebleven, waarschuwend.

'Hoe kun je zo rustig blijven?' vroeg zijn zoon op schorre toon. 'Ze heeft je eerstgeboren kind van je afgepakt. En mij mijn broer. Ze heeft ons hele leven verwoest. Die vrouwen zijn ook allemaal hetzelfde!'

Zijn vader keek hem zwijgend aan. En opeens werd het René duidelijk wat ook Ida al had geconcludeerd uit de beheerste reactie van Jacques Picard op de bekentenis van zijn vrouw.

'Je wíst het?'

Na een korte aarzeling en een vragende blik in de richting van zijn vrouw knikte Jacques. 'Ze... heeft me gewaarschuwd, een tijdje nadat Tritschler weer hier in Straatsburg was opgedoken. En ze heeft me verteld dat ze het desnoods ook tegen jullie zou zeggen, mocht Lucien voet bij stuk houden over een huwelijk met... met haar.'

Voor het eerst mengde Lucien zich in het gesprek. 'Kan het zijn dat je je vergist?' vroeg hij zachtjes en met een smekende blik aan zijn moeder.

'Dat was al die jaren het geval,' antwoordde Claire bedrukt. 'Maar toen jij de dochter van Franz Tritschler ontmoette, werd ik voor het eerst gedwongen om alles precies uit te rekenen.'

Ida's knieën begonnen te knikken. Ze wankelde en moest steun zoeken tegen de schoorsteenmantel.

'Ida, ma chérie...' riep Lucien geschrokken. In een reflex wilde hij haar arm pakken, maar hij aarzelde. Mocht hij dat nog wel doen? Aan de andere kant was ze natuurlijk... zijn halfzus. Die mocht hij misschien wel op die manier helpen. Maar elke aanraking zou de wond opnieuw openrijten.

'Ik... ik wil liever gaan,' mompelde Ida versuft. 'Ik krijg hierbinnen bijna geen lucht.'

Buiten bij de voordeur barstte ze los. 'Ik hou het niet uit. Als ik geen arm om je heen mag slaan, doet dat pijn. En als ik dat wel zou doen, zou dat nog veel erger zijn. Ik... moet naar huis.'

'Ik loop met je mee,' zei Lucien meteen, uit diepe bezorgdheid en uit gewoonte. Alles was echter anders nu. 'Vind je dat goed?' vroeg hij daarom voor alle zekerheid.

Ida knikte. In een ongemakkelijk stilzwijgen liepen ze langzaam naast elkaar. Het was zo oneindig vertrouwd tussen hen en door het vreselijke besef plotseling tegelijkertijd zo afstandelijk. De troost waar ze allebei zo'n behoefte aan hadden konden ze alleen bij elkaar vinden. Maar elke nabijheid, elke geruststellende omhelzing was nu verboden terrein voor hen. Lucien besloot om haar alleen in geval van nood te ondersteunen. Toen ze eindelijk bij de ingang van patisserie Tritschler waren gearriveerd, werd de pijn nog groter. Wat hadden ze hier vaak liefdevol afscheid genomen en elkaar stiekem of wat minder stiekem gekust. Daar was nu voor altijd een eind aan gekomen!

'Tot gauw, lie... tot gauw, Ida,' mompelde Lucien met een stem die het bijna begaf.

Ze knikte met neergeslagen ogen. 'Welterusten,' fluisterde ze alleen.

Het duurde een aantal minuten voordat Ida zich, geestelijk volledig uitgeput, naar de woning op de eerste verdieping had gesleept. Het enige wat ze wilde was alleen zijn en ze hoopte ongezien haar kamer te bereiken. Ze had helaas pech. Toen ze met gebogen hoofd langs de geopende salondeur wilde glippen, riep haar vader.

'Lieve Ida, je komt precies op het juiste moment. Wil je even luisteren wat ik met Kurt en Oskar heb bedacht voor aanstaande zaterdag? Het is een geweldig goed idee!'

'Ik voel me niet lekker, ik moet even liggen,' antwoordde Ida zwakjes. Op dat moment schoot haar te binnen dat de wedstrijd zaterdag was. 'Het idee voor de taart hoor ik morgen graag.'

Ze had zich nog maar net op haar bed laten vallen of Oskar kwam met een ernstige gelaatsuitdrukking haar slaapkamer binnen.

'Ida, wat is er met je?' vroeg hij. 'Er is iets verschrikkelijks gebeurd, dat zie ik aan je.'

Een brok in haar keel maakte het Ida bijna onmogelijk om te praten. 'Ik... ik kan het niet,' wist ze uit te brengen.

'Was er weer gedoe met Luciens familie?' vroeg haar broer. 'Wat was het nu weer? Het lijkt moeilijk te zijn...'

Ida deed haar best om alle feiten te vertellen alsof die niet op haar betrekking hadden, alsof ze tot een ander leven behoorden. 'Nadat Claire het had uitgemaakt met papa, is hij nog één keer naar haar toe gegaan. Hij was heel dronken. Daarom kan hij het zich waarschijnlijk niet herinneren... maar zij wel.'

Haar broer begreep het meteen, hoewel hij dat niet wilde. 'Hè? Je wilt toch niet zeggen...'

Ida knikte echter. 'Papa is Luciens vader.'

Er ging van alles door Oskar heen. 'Maar dat betekent dat...'

'Lucien onze halfbroer is, precies,' bevestigde zijn zus en ze barstte in snikken uit. 'We zullen nooit trouwen. En aan onze liefde is een eind gekomen.'

'O god.' Hij ging zwijgend naast haar zitten en pakte machteloos haar hand. Het was onmogelijk om haar te troosten, dat was hem wel duidelijk.

'En papa weet hier niets van?' vroeg Oskar. 'Weet je dat zeker?'

'Nog niet,' zei Ida. 'Ik kan het niet eeuwig voor me houden. Maar ik wil mama ook geen pijn doen. Ik ga het beslist niet vóór die taartenwedstrijd vertellen. Daar verheugt papa zich zo op.'

Oskar werd overvallen door een onbedwingbare golf van haat voor Claire Picard, die hij zelf nauwelijks kon uitleggen.

'Die hoer! Door haar schaamteloze gedrag is alles naar de haaien.'

Hij liep naar de gang.

'Waar ga je naartoe?' vroeg Ida bezorgd.

'Ik moet haar vertellen hoe ik over haar denk...' zei Oskar op schorre toon. 'Anders ontplof ik.'

'Nee! Dan maak je alles alleen nog maar erger,' smeekte Ida. Hij stormde echter al naar buiten. 'Oskar!' riep ze hem hulpeloos na.

Maar haar broer hoorde haar niet meer. De deur van de woning was achter hem in het slot gevallen.

Ze kon alle pijn en verdriet niet meer aan. Ze móést ze op de een of andere manier onderdrukken, anders werd ze gek. Zonder precies te weten hoe ze daar was aanbeland stond ze een paar minuten later in de werkkamer van haar vader voor diens kast met flessen drank.

Ze schonk een prachtig versierd glas, dat haar vader ooit had meegebracht van de glasblazersstad Lauscha in Thüringen, vol met een amberkleurige vloeistof en nam een grote slok, die als vuur in haar binnenste brandde. Maar alles was beter dan de pijn voelen die haar zei dat ze nooit gelukkig zou worden met Lucien. Na de tweede slok stopte ze. De bedrieglijk mooi uitziende flessen alcohol in het kastje joegen haar opeens angst aan. Ze kwamen op haar over als een voorbode van een toekomst die nog veel erger was. Ze moest denken aan Maximilien Fouché en hoe diens leven ooit was geruïneerd door die bedrieglijke alcohol.

'Max!'

Toen Ida een half uur later zo wit als een doek in de bibliotheek verscheen, zag Max Fouché meteen dat er iets niet in orde was.

'Och, Ida. Wat is er met je aan de hand?' informeerde hij bezorgd.

Ze stormde naar hem toe en pakte naar hulp zoekend zijn hand. 'Ik ben zo bang, Max.'

'Maar waarom dan, meisje?' vroeg hij vol medelijden.

En vervolgens kwam het hele verhaal eruit. Ida vertelde de bibliothecaris de vreselijke ontwikkelingen en was daarbij aanzienlijk gedetailleerder over de onthulling met de verstrekkende gevolgen dan eerder tegen haar broer. Ook maakte ze hem tot slot deelgenoot van haar verlangen om de pijn weg te drinken. 'En nu ben ik bang dat ik het nooit zal kunnen verdragen als ik nuchter ben.'

'Om hem te zien?' vulde Max aan.

'Ja, en om hem nooit meer te mogen kussen,' voegde ze eraan toe. 'En wat al net zo erg is, is dat Marcel zonder ouders moet opgroeien.'

Haar stem begaf het uiteindelijk en ze stortte zich snikkend in de armen van haar vaderlijke vriend.

'Ja, huil maar even goed uit, kindje,' bromde Max liefdevol en ook merkbaar ontredderd. 'Dat zal je goeddoen.'

'Je moet één ding van me aannemen,' zei de bibliothecaris toen ze iets tot bedaren was gekomen en hij haar zijn zakdoek had gegeven.

'Er komt een tijd dat het minder pijn zal doen. En je bent sterker dan je denkt, je redt het zonder alcohol.'

'Net als jij?' vroeg Ida snuffend.

Max schudde met een treurige glimlach zijn hoofd. 'O nee, ik was niet sterk. Bij mij heeft de alcohol het destijds gewonnen. En ik heb toegegeven aan een verboden liefde, totdat die me ruïneerde.'

'Dat is jou ook overkomen?' Dat hoorde Ida voor het eerst. 'Wil je me erover vertellen?'

Hij begon aarzelend te praten en staarde daarbij voor zich uit alsof zijn verleden zich voor hem afspeelde. 'Ik had alles. In 1872 leerde ik een leuke docente kennen en we trouwden. We waren in de zevende hemel. Ik had mijn hoogleraarschap en we woonden in mijn deftige woning in het nieuwe stadsgedeelte. Het enige wat ontbrak aan ons volmaakte geluk was een kind. Maar dat wilde niet lukken. Op de een of andere manier kregen we er vrede mee dat we met z'n tweeën zouden blijven. Tien jaar later werd een ander verliefd op me. Een jonge vrouw die ondanks alle obstakels het lef had om te gaan studeren. Eerst bood ik er weerstand aan. Het ging tenslotte om mijn huwelijk en mijn carrière. Je inlaten met een studente was als professor natuurlijk taboe, vooral als je zoals ik getrouwd was. Maar ik begon me van lieverlee oud te voelen, alsof de zandloper van mijn leven steeds sneller ging. En toen gaf ik toe aan de verleiding. Eerst was het schitterend. Op een bepaald moment werd ik ziek van alle leugens. Alles leek in elkaar te storten. En toen kwam het mijn vrouw ter ore.'

Zijn stem stokte en Ida gaf troostend een kneepje in zijn hand.

'Ze was zo gekwetst, het was vreselijk om dat te moeten aanzien. Opeens ging het verschrikkelijk slecht met haar. Ze verloor ons eerste kind, terwijl we nog helemaal niet wisten dat ze zwanger was. Ze was in de derde maand. Mijn hart brak. Nadat ik vervolgens met een slecht geweten een eind had gemaakt aan de relatie met mijn minnares, belandde het arme meisje na een zelfmoordpoging – met laudanum – in een sanatorium. Ik verdoofde de pijn met alcohol. Vaak stond ik stomdronken voor mijn studenten. Ik lalde en vergat wat ik had willen zeggen. Ik raakte uiteindelijk mijn baan kwijt, mijn vrouw... en de rest weet je. Zeven jaar geleden belandde ik letterlijk in de goot.'

'En je hebt je geliefde nooit meer ontmoet?' vroeg Ida.

'Jawel, toen ik vorige maand voor het huis van de Picards op wacht stond, zag ik haar voorbijlopen met een jonge man en een peuter. Ze zag me niet eens.'

'Deed dat veel pijn?' informeerde Ida vol medelijden.

Nu glimlachte Max en hij kwam wat ontspannener over. 'Nee, ik was opgelucht dat ze weer gelukkig was. Ik ben er dus overheen.'

Ida moest eraan denken hoe het voor haar zou zijn als ze Lucien ooit zou tegenkomen met een andere vrouw, misschien zelfs met een kind. Haar misselijkheid kwam onmiddellijk terug, erger dan eerst.

'Ik wil Claire Picard spreken,' zei Oskar kort voor sluitingstijd met vastberaden stem tegen de verkoopster achter de toonbank van patisserie Goldschmidt.

De jonge vrouw leek gecharmeerd door zijn aanblik 'Ik ben bang dat het vandaag niet goed uitkomt,' zei ze op spijtige toon.

Zonder verder nog op haar te letten en zonder te kloppen stapte Oskar de bakkerij binnen en trof daar tot zijn verrassing en opluchting de persoon aan die hij zocht, Bertrand Strohmeier. Zo vlak voor sluitingstijd waren meester-bakkers meestal al naar huis, want ze moesten natuurlijk tegen middernacht opnieuw beginnen met bakken. Maar Bertrand was klaarblijkelijk bezig om de bakkerij anders in te delen. Hij keek verbaasd op bij het zien van de zoon van de concurrent.

'Oskar, wat doe jij nou hier?'

'Ik moet Claire Picard spreken.'

'Dat gaat vandaag echt niet,' fluisterde Bertrand en hij nam de jongere man apart. 'Er moet iets vreselijks zijn gebeurd. Er werd met deuren geslagen en de twee zoons hebben zich volgens mij bezat. Vooral René. Hij is er met de koets vandoor en dat in zijn toestand.

Waarschijnlijk wil hij zich ergens anders nog meer laten vollopen. En zijn vader heeft een rijtuig laten komen, om naar Weghäusel te gaan. Zijn hoofd moest weer helder worden, zei hij, daarom ging hij op bezoek bij zijn moeder en zus.

'Maar Claire is nu boven?' informeerde Oskar.

'Ja, ze bekommert zich om Lucien,' bevestigde Bertrand. 'Die heeft ook gedronken. En omdat hij dat anders nooit doet, is hij daar ziek van geworden. Het is beter als je een andere keer terugkomt.'

Oskar knikte zwijgend, liet Bertrand Strohmeier achter in de bakkerij en ging terug naar de lunchroom. Toen hij de patisserie wilde verlaten, kwam een dienstmeisje via de deur van het trappenhuis de winkel binnen.

'Madame Picard wil graag een paar pretzels,' zei ze tegen de verkoopster.

Oskar profiteerde van het onbewaakte moment en glipte door de nog openstaande deur naar het trappenhuis. Ook de deur naar het huis stond op een kier. Zijn hart bonkte toen hij de woning binnenging, maar het was alsof een gigantische magneet hem ernaartoe trok. Op de gang keek hij om zich heen. Er was niemand te bekennen. Weifelend liep hij naar een andere deur die op een kier stond en tuurde naar binnen. Daar stond ze, bij een van de schappen van de huisbibliotheek, de vrouw waarop al zijn woede was gericht, die Ida in het ongeluk had gestort en die ook zijn moeder onmetelijk veel verdriet zou doen als het haar allemaal ter ore zou komen. Claire Picard.

'Oskar!' riep ze toen ze hem zag. Haar ademhaling ging hortend en ze had een ongezonde kleur. 'Wat doet ú hier?'

'Ik wilde naar u toe,' gromde hij en hij stapte ongevraagd het vertrek in. Ze deed, bangig naar de gang kijkend, de deur achter hem dicht. 'Wie heeft u binnengelaten?' vroeg ze ongerust.

'Niemand. Ik kon zo doorlopen,' zei hij. Was dat haar grootste zorg? 'Waarom kon u het niet voor u houden dat u... iets hebt gehad met mijn vader?' vroeg hij nu met pijn in zijn stem en iets te luid.

Ze legde waarschuwend haar vinger tegen haar mond. 'Ik had geen keus. Anders zou mijn zoon met uw zus zijn getrouwd, met zíjn zus zijn getrouwd,' fluisterde ze.

Hij knikte als verdoofd. 'Mijn halfbroer...'

Op dat moment werd er op de deur van de bibliotheek geklopt. Claire kromp geschrokken ineen en gebaarde naar Oskar dat hij naast de open haard moest gaan staan, die vanuit de deuropening niet te zien was. Ze deed de deur een klein stukje open.

'Uw pretzels, madame,' hoorde Oskar het dienstmeisje zeggen.

'Breng die alstublieft naar mijn zoon Lucien,' gelastte ze. 'Vraag hem of hij er boter op wil. Hij moet nodig iets eten zodat de alcohol sneller uit zijn lichaam is. En zeg tegen de anderen dat ik vandaag niet meer gestoord wil worden.'

'Uitstekend, madame,' antwoordde het meisje gedienstig.

Dit keer vergrendelde Claire de deur van de bibliotheek voor alle zekerheid.

Oskar bestookte haar onmiddellijk weer met verwijten. 'Hebt u enig idee hoe het nu met Ida gaat? Met haar en met mijn vader! Het zal ook mijn moeders hart breken.'

'Het was voordat zij samen iets kregen,' merkte Claire op. 'En ik was ook nog niet verloofd met Jacques. Ik vrees dat de gedachte aan uw vader en mij in één bed om een andere reden aan u knaagt, Oskar.'

Ze keek hem indringend aan.

'Aha, en welke reden is dat dan volgens u?' wilde hij weten.

'Het krenkt u dat u dat niet kunt zijn, de man in mijn bed. En dat gevoel maakt u bang.'

Oskar was geschokt. Hij vermoedde dat ze gelijk had, maar dat kon toch niet? 'Hoe kunt u dat weten?'

'Omdat ik die angst zelf ook voel,' zei ze tot zijn verbijstering en ze klonk heel kwetsbaar. 'Als ik heel eerlijk ben tegen mezelf, heb ik niet alleen over die nacht met uw vader verteld om incest te voorkomen.'

'Waarom nog meer dan?'

'Om ervoor te zorgen dat uw familie uit ons leven verdwijnt. Ik was bang dat ik u telkens weer zou moeten zien als die twee zouden trouwen.'

'Bang voor mij?' Oskar dacht weliswaar te weten wat het antwoord was, maar vroeg het toch. 'Waarom?'

Claire keek hem recht in de ogen. Wat zag ze er in al haar broosheid prachtig uit. Hij had een vermoeden dat haar hart net zo tekeerging als het zijne. Hij zag haar perfect gevormde borsten op en neer gaan. De aanblik van haar decolleté maakte hem bijna gek. Haar lichaam leek hem te roepen. En wat ze vervolgens zei maakte die roep nog sterker.

'Omdat jij er net zo uitziet als Franz toen hij jong was. Alleen ben jij nog goedhartiger en ook nog eens gespierder. Maar ik ben natuurlijk een stuk ouder dan jij. En getrouwd. We zouden er kapot aan gaan.'

Dat zou inderdaad zo zijn. Wat ze had gezegd was een schrikbarende bekentenis – en de mooist denkbare. Verleden en toekomst bestonden niet meer. Die waren samengevloeid. En er stond hen slechts één ding te doen. Eindelijk.

'Ik haat je...' zei hij nog hulpeloos, maar als vanzelf zette hij de twee stappen naar haar toe, trok haar tegen zich aan en haar lippen zochten hunkerend de zijne. Toen hij haar met meer hartstocht kuste dan hij ooit had gedaan, slaakte ze een gelukzalige zucht. Oskar wist dat ze de liefde zouden bedrijven. Hier en nu!

34

Een uur later lagen Claire en Oskar innig verstrengeld en met een huid die gloeide op de chaise longue. Ze aarzelden nog om elkaar los te laten, want na de golf van lust die alle twijfels opzij had gezet, drongen langzaam de schaamte en angst door. Als ze zich nu losmaakten uit hun omhelzing, dan kon dat voor altijd zijn, dat wisten ze allebei.

'Ik had het niet mogen doen,' zei Oskar op schorre toon toen hij eindelijk toch een beetje afstand tussen hen had laten ontstaan.

Vol ontzag keek hij naar haar naakte lichaam in al zijn schoonheid, dat voor hem lag op de met fluweel overtrokken ligbank. Haar donkere haar omlijstte haar gezicht dat rood was van zijn kussen. Wat was ze onvoorstelbaar aantrekkelijk! Zijn lichaam reageerde meteen weer en hij pakte snel zijn slip en broek om zijn opwinding te verbergen.

Hij kleedde zich aan en Claire keek met liefdevolle blik toe.

'We wilden het nu eenmaal allebei,' zei ze. 'Heel erg graag!'

'Ja,' gaf hij toe en hij kleedde zich verder aan. Opeens stopte hij en keek gefascineerd hoe haar mooi gevormde borsten op en neer gingen toen ze overeind kwam van de chaise longue. Hij zocht naar woorden. 'Maar ik denk dat we het onmogelijk...'

Ze knikte en maakte een teleurgestelde indruk. 'Ik weet het.'

Hij kon niet anders, hij moest haar wang strelen. 'Het... was... mooi.'

Ze kuste zijn hand. 'Voor mij ook,' antwoordde ze. 'Als nooit tevoren.'

Ze keek naar zijn gespierde borstkas en hij ging helemaal op in het gevoel om – misschien wel voor de laatste keer – te worden begeerd door de vrouw die hij zelf het meest begeerde.

'Pas goed op jezelf,' zei ze teder.

Zijn keel leek dichtgesnoerd te worden en de woorden kwamen met moeite over zijn lippen. 'Jij ook.'

Nadat ze allebei weer volledig waren aangekleed, nam hij haar voor een laatste afscheidskus in zijn armen. Het duurde veel te lang en tegelijkertijd was het veel te kort. Door zijn opwinding dreigde alles in het honderd te lopen. Het was pijnlijk en uit haar gelukzalige zuchten maakte hij op dat het haar net zo verging. Voetstappen op de gang deden hen opschrikken uit hun roes en met een bezwaard hart maakten ze zich definitief los van elkaar. Hij luisterde aan de bibliotheekdeur en deed hem vervolgens voorzichtig van het slot. Zonder zich nog een keer om te draaien, stapte hij de gang op en trok de deur achter zich dicht.

'Oskar, wat doe jij nou hier?'

Hij kromp geschrokken ineen en draaide zich met een ruk om. Gelukkig was het Lucien maar.

'Ik... ik was naar jou op zoek,' beweerde Oskar. Hij zag hoe verfomfaaid en moe Claires zoon eruitzag. 'Dan zijn we nu dus halfbroers.'

Lucien knikte somber. 'Ik had liever gewild dat we zwagers waren.'

'Ik ook,' zei Oskar ernstig.

'En wat kom je me vertellen?' vroeg Lucien. 'Dat ik Ida nu moet mijden?'

'Ik denk dat je dat zelf ook wel weet.'

Luciens stem begaf het bijna. 'Het is zo moeilijk...'

Tot Oskars ontzetting welden er tranen op in de ogen van zijn halfbroer. Verlegen draaide hij zijn hoofd weg. Zoiets persoonlijks kon hij niet aan. Niet nu, en niet bij hém. Terwijl hij Lucien zo goed kon begrijpen. 'Ik weet het. Het is beroerd, dit lot. Dan heb je eindelijk iemand gevonden met wie je je hele leven wilt doorbrengen en dan wordt het je ontzegd.'

'En wat zou jij me nu adviseren?'

Ja, wat moest Oskar zijn halfbroer adviseren? En zichzelf? 'Je moet nu voor jullie allebei denken. Ida zit er helemaal doorheen.'

'Ik ook,' mompelde Lucien.

'Ja, maar wij mannen moeten op een gegeven moment wel weer het hoofd koel houden,' bromde Oskar en hij probeerde tevergeefs om de gedachte aan Claires naakte lichaam van zich af te zetten. Aan haar zachte lippen… 'Zo kan het niet doorgaan.'

'Dank je, Oskar,' zei Lucien met vochtige ogen en hij stak hem zijn hand toe. 'Je zou een geweldige zwager zijn geweest.'

'Jij ook,' prevelde Oskar en hij beantwoordde de handdruk. Hij vroeg zich af of Lucien er nog steeds zo over zou denken als hij wist wat zijn kersverse halfbroer daarnet in de bibliotheek had uitgespookt met zijn moeder.

Terwijl Oskar zijn huis binnenging, kwam zijn zus geëmotioneerd over de gang naar hem toe gehold.

'Daar ben je dan eindelijk,' fluisterde ze. 'Heb je een scène gemaakt?'

Een scène? Hij schudde zijn hoofd. Schandelijk was hun ontmoeting wél geweest als iemand het te weten zou komen. 'Claire heeft het niet uit boosaardigheid verteld. Ze was gewoon bang om toe te staan dat Lucien en jij je zonder het te weten in het ongeluk zouden storten.'

'Je bleef lang weg,' zei Ida op verbaasde toon.

Hopelijk zag ze in het schemerdonker niet dat hij rood aanliep. 'Ik heb nog met Lucien gepraat.' Dat was in elk geval niet gelogen.

Bij het noemen van zijn naam kromp Ida ineen. 'Hoe is het met hem?'

‘Nou, wat denk je zelf?’

‘Heeft hij het erg zwaar?’

‘Hij zal proberen om verstandig te zijn,’ antwoordde Oskar.

Zijn zus sloeg haar ogen neer. ‘Ik heb heel even overwogen om maandag met Kurt en Denise terug te gaan naar Stuttgart. Maar ik kan niet ook nog de kleine Marcel in de steek laten.’

‘Adopteren kunnen jullie hem nu in geen geval,’ zei haar broer.

‘En toch laat ik me niet meer wegduwen uit zijn leven,’ zei Ida vastberaden.

Broer en zus zwegen ontdaan.

‘Gisteren was het twee maanden geleden dat Lucien en ik ons eerste afspraakje hadden,’ mompelde Ida uiteindelijk. ‘Wat er sindsdien niet allemaal is gebeurd…’

‘Wie gaat het pa en ma vertellen?’ herinnerde Oskar haar aan de onaangename taak, die ze tot nu toe voor zich uit hadden geschoven.

‘Moeten we het eigenlijk wel vertellen?’ vroeg Ida, meer aan zichzelf.

‘Anders zouden ze het van een ander kunnen horen,’ zei Ida.

‘Van wie dan?’

Oskar knikte peinzend. ‘Claire heeft het alleen tegen haar familie en tegen jou gezegd. En verder is er ook niemand die een reden heeft om het aan de grote klok te hangen.’

‘Waarom noem je haar eigenlijk Claire?’ vroeg Ida zich af.

Betrapt! Oskar zocht koortsachtig naar een verklaring en hij wist zich te herstellen. ‘Nou ja, met “madame Picard” kun je toch ook Denise bedoelen? Tenminste, nu nog. Wel zal ze natuurlijk vroeg of laat moeten scheiden.’

‘Een huwelijk ontbinden, dat zal niet makkelijk zijn,’ zei Ida en ze had het gevoel dat ze een steen in haar maag had. Stel dat ook het huwelijk van hun eigen ouders niet bestand zou zijn tegen deze onthulling? Dat mocht niet gebeuren! Zo overtuigd als ze er eerst van was geweest om haar vader en moeder met de waarheid te confronteren, zo vastberaden was ze nu om hen te beschermen.

Het volstond als Lucien en zij eronder te lijden hadden. 'Laten we papa en mama maar niets vertellen over Lucien,' zei ze tegen haar broer. 'Als zij ook nog uit elkaar gaan, dat zou ik niet kunnen verdragen.'

Oskar moest voor zichzelf bekennen dat ook hij het in de huidige situatie niet zou kunnen verdragen. 'Prima,' zei hij alleen.

Hij streek zijn zus liefdevol over haar haar. 'Welterusten, lieve Ida.'

'Jij ook, broertje.'

Bij de deur draaide hij zich nog een keer om. 'Ik vind het zo erg voor jullie.'

Ida werd de volgende ochtend wakker met het onbestemde gevoel dat er de vorige dag iets verschrikkelijks was gebeurd. Kreunend kwam ze overeind en meteen kwam de vreselijke waarheid als een stortvloed over haar heen. Lucien is je halfbroer, jullie zijn geen stel meer. De pijn was nauwelijks te verdragen. En die was nog erger dan de voorgaande dag, toen ze alles had waargenomen als door een beschermende nevel. Nu was alles haar volkomen duidelijk. En van die duidelijkheid werd ze bijna gek.

Met de grootst mogelijke moeite wist ze uit bed te stappen en greep met stroeve bewegingen haar kleren. Haar hele lichaam deed pijn, alsof er gisteren iemand met een hamer op haar had ingebeukt. Het duurde lang voordat ze zich had aangekleed en zich voor het ontbijt naar de salon had gesleept.

'Goedemorgen, lieve Ida, wat lag je al vroeg in bed gisteren. Ik heb je helemaal niet meer gezien,' zei Elise, die zo fris als een hoentje en zonder enig benul van het verdriet van haar dochter in het vertrek rondscharrelde.

Ida dwong zichzelf tot een glimlach en hoopte vurig dat haar moeder niet merkte dat er iets aan de hand was.

'Ja, sorry, ik was vreselijk moe,' zei Ida. 'Mama, is het goed als ik er vandaag al na de middagpauze een punt achter zet? Ik wil graag een bezoekje brengen aan Marcel en Astro in Weghäusel.'

Het ventje moest zo min mogelijk te lijden hebben van de gewijzigde situatie, had Ida besloten. Zijn leven lag tenslotte al genoeg overhoop na de laaghartige uitbarsting van zijn vader. En het uitstapje zou ook haar goeddoen.

'Natuurlijk, Hélène en ik redden het wel,' zei Elise met haar zachte glimlach. 'Fijn dat in elk geval die kant van de familie je zo waardeert. De vader gaat op een gegeven moment ook vast en zeker overstag, dat weet ik zeker.'

De liefdevolle en goedbedoelde woorden troffen Ida als een zweepslag en het viel haar zwaar om haar evenwicht te bewaren. Als haar moeder eens wist! Wat had ze zich graag in haar armen gestort en haar tranen de vrije loop gelaten. Er was niemand die beter kon troosten dan Elise, die hartelijke vrouw die altijd een open oor had voor iedereen en boven alles van haar familie hield. Maar juist daarom mocht ze haar niets vertellen.

Met een uiterste krachtsinspanning wist Ida haar tranen te bedwingen. 'Dank je, mama. Het komt vast allemaal goed.'

Ida staarde in de cabine van de koets door het raampje naar buiten en liet haar blik over het landschap dwalen dat haar inmiddels al zo vertrouwd was. De laatste keer had ze op deze weg naast Lucien gezeten, weliswaar volledig verlamd door alle gebeurtenissen rondom de kleine Marcel, maar ook vol hoop over hun gezamenlijke toekomst. Op de terugweg waren ze in dat onweer terechtgekomen en vervolgens... Ida hapte naar adem nu ze er weer aan dacht. Niet alleen omdat ze zo snakte naar zijn nabijheid, maar ook omdat ze nu pas besefte dat het maar een haar had gescheeld of ze had de liefde bedreven met haar halfbroer. En omdat door dat besef de prachtige vertrouwelijkheid tussen hen plotseling aanvoelde als iets vies. De tranen stroomden over haar wangen terwijl ze opnieuw naar buiten keek, om meteen geschrokken ineen te krimpen. Vlak voor de houtvesterswoning kwam hun een open huurrijtuig tegemoet en daarin zat Jacques Picard. Gelukkig leek hij zo in gedachten verzonken dat hij niet haar kant opkeek. Ze werd misselijk van het idee dat ze hem bijna tegen het lijf was gelopen. Hopelijk had de man de kleine Marcel niet aan het schrikken gemaakt.

35

De houtvesterswoning werd vredig, zonovergoten en idyllisch omringd door de in bloei staande tuin en alleen al de aanblik had een rustgevende uitwerking op Ida. Midden in al die bloemenpracht stond oma Bernadette, met een oude strohoed op haar hoofd en een enorm boeket in haar hand, en ze glimlachte liefdevol naar haar.

Bij het uitstappen richtte Ida zich tot Xavier Castanet, de huisbediende en koetsier van hun familie. 'Als u honger krijgt, kom dan naar ons toe,' zei ze zorgzaam.

Daarna liep ze langzaam naar Bernadette toe en opeens vielen zelfs die stappen haar zwaar. Wist Luciens grootmoeder, die strikt genomen niet eens zijn grootmoeder was, alles al?

'Bonjour, Bernadette,' zei ze afstandelijker dan anders.

De oude dame omhelsde haar zoals altijd hartelijk en Ida slaakte een zucht van verlichting.

'Bonjour, Ida, je treft het. Mijn zoon Jacques is net vertrokken.'

'Ik zag hem, ja.'

Nu verdween de glimlach van Bernadettes gezicht. 'Hij vertelde dat Lucien en jij definitief uit elkaar zijn, klopt dat?'

'Heeft hij de reden ervan niet genoemd?' informeerde Ida behoedzaam.

'Volgens hem ligt het aan de rusteloosheid van de jeugd,' zei Bernadette. 'Jullie zouden gewoon van gedachten zijn veranderd.' Ze keek Ida verwijtend aan.

'Ik... nee...' stamelde ze. Wat moest ze nu zeggen zonder te liegen?

Op dat moment kwam er een lange man met een pet op aangefietst.

'Lucien,' zei Ida en de steen in haar maag was meteen weer terug.

De begroeting was zeldzaam onbeholpen. Alleen een knikje en een hunkerende blik vol pijn.

'Wat is er met jullie aan de hand?' wilde Bernadette weten. 'Je vader zei dat Ida en jij uit elkaar zijn. Maar je ziet meteen hoe jullie daaronder lijden en hoeveel jullie nog van elkaar houden.'

'Hij heeft geen reden genoemd. Hij zei dat we gewoon van gedachten zijn veranderd,' prevelde Ida, zonder hem in de ogen te kijken.

Lucien trok verbaasd zijn wenkbrauwen op. 'Ah, is dat zo?'

Hij richtte zich weer tot Bernadette. 'Hij heeft hier vannacht geslapen, toch?'

'Ja, hij voelde zich niet zo lekker. Daarom is hij gebleven.'

'Heeft hij met Marcel gespeeld?' vroeg Lucien.

'Nee. Hij heeft het ventje wel verteld dat hij hem niet wilde aansteken met zijn misselijkheid. Daardoor voelde hij zich niet ook nog achtergesteld door zijn opa, godzijdank. Maar hij maakte ons wel verwijten. De jongen kon natuurlijk niet bij ons blijven wonen,' zei ze. 'Daarover ben ik niet met hem in discussie gegaan.'

Lucien keek Ida aan. 'Kan ik je heel even onder vier ogen spreken?'

Ze aarzelde. Haar hart bonkte. Ze kon het niet verdragen om met hem alleen te zijn. Zijn nabijheid was te pijnlijk. En tegelijkertijd was het onmogelijk zijn verzoek te weigeren. Dus ging ze met neergeslagen ogen akkoord.

Naast elkaar liepen ze naar de rand van het bos.

'Jij bent ook hier voor Marcel?' vroeg Lucien.

Ida had moeite om te praten, dus knikte ze alleen zwijgend.

'Dan zijn we dus weer op hetzelfde moment op hetzelfde idee gekomen,' zei hij vol weemoed.

Ida keek naar het bos en dacht aan de mooie avond toen ze hier met Marcel op de uitkijk hadden gestaan, op zoek naar reeën.

'Wat moeten we nou tegen je oma en Marie zeggen?' wist ze uiteindelijk met moeite uit te brengen. 'En tegen Marcel? Je vader heeft de onthulling van je moeder natuurlijk verzwegen.'

'Waarschijnlijk willen ma en hij doorgaan met dat geheimzinnige gedoe,' zei Lucien afkeurend. 'Ik begrijp niet waarom ze daar nu nog over moeten liegen.'

Ida had wel een idee wat de reden was. 'Ik neem aan met het oog op je oma. Ze heeft net te horen gekregen dat haar jonge achterkleinzoon niet haar achterkleinzoon is. Het zou haar hart breken als ze ook jou nog kwijt zou raken.'

'Maar ze raakt me toch niet kwijt,' sprak Lucien haar tegen. 'Weet je nog wat je daarover tegen me zei, dat een vaderfiguur niet per se de biologische vader hoeft te zijn?

Ida knikte. Dat was in een ander leven geweest. Toen er nog hoop was dat Lucien, Marcel en zij een gezin zouden gaan vormen.

'Dat was een heel wijze uitspraak,' zei Lucien teder. 'Bernadette blijft mijn *grand-mère* en ik blijf vanbinnen haar kleinzoon. Mijn vader ziet het verbazingwekkend genoeg ook zo. Voordat hij gisteren hiernaartoe is gereden, heeft hij me verzekerd dat ik nog altijd zijn zoon ben. Hij zal mijn studie blijven betalen en mij ook in de erfenis laten meedelen. Dat verbaasde me weliswaar, maar ik ben er natuurlijk ook blij om.'

Ida was opgelucht dat Lucien nu toch niet alles kwijt zou raken.

'Weet je vader al van zijn nieuwe zoon?' vroeg hij vervolgens.

Ze schudde een beetje beschaamd haar hoofd. 'Oskar en ik hebben hun niets verteld, we konden het gewoon nog niet over ons hart verkrijgen. Mijn moeder en hij zijn nu zó gelukkig met elkaar en als ik dan ook nog eens hún huwelijk op de klippen laat lopen, dan zou ik dat niet kunnen verdragen.'

'Dat begrijp ik wel,' zei Lucien ernstig.

'Maar je wilt jouw oma en Marie de waarheid vertellen?' vroeg Ida.

'Ik vind dat ze daar recht op hebben,' antwoordde Lucien. 'Volgens mij is uiteindelijk zelfs de ergste waarheid beter dan een leugen. Bovendien moeten ze er natuurlijk mee akkoord gaan dat Marcel hier permanent blijft wonen. Van die adoptie komt tenslotte niets meer terecht.'

Ida knikte terneergeslagen. 'Ja, daar komt niets van terecht.'

Instinctief stak hij zijn hand op om haar te troosten, en liet hem vervolgens berustend weer zakken. Hij wist maar al te goed wat een aanraking in hen zou losmaken. 'Het is een marteling om je te zien. En om je niet te mogen kussen,' zei hij schor.

'Mij vergaat het precies hetzelfde,' gaf ze met hese stem toe.

Lucien dacht aan Oskars woorden. Hij moest voor hen tweeën denken. 'Misschien is het verstandig om afspraken te maken over onze bezoekjes hier? Dan doet het ons niet elke keer zo veel pijn om elkaar te zien. Voor jou komt het waarschijnlijk het beste uit om de zondagen hier te komen, dan kom je niet in de knel met de patisserie.'

'Ja, als we daarvan uitgaan, dan zouden de zondag, maandag en woensdag mij het beste uitkomen,' stelde Ida voor.

'Dan neem ik de donderdag, vrijdag en zaterdag voor mijn rekening,' zei Lucien.

Ida glimlachte verdrietig. 'Dan hebben je oma en Marie het ventje op dinsdag voor zichzelf.'

'Dat klinkt als een goed plan,' antwoordde Lucien triest en hij keek haar vol verlangen in de ogen. 'Misschien komt er een dag dat het minder pijn...'

'Vandaag is het donderdag, jouw dag,' zei Ida.

'Jij kunt het dit keer anders wel van me overnemen,' bood Lucien aan.

Ida schudde haar hoofd. 'Jij bent speciaal op de fiets hiernaartoe gekomen. Het is ook beter om daar niet meteen verandering in aan te brengen. Marcel moet op zijn minst op dat punt regelmaat krijgen.'

'Prima, dat is waarschijnlijk beter,' gaf Lucien toe. 'Ik zal oma en tante Marie dan nu vertellen hoe de vork in de steel zit, zodat jij zondag gewoon eerlijk kunt zijn tegen hen.'

'Dank je,' zei Ida, 'dan ga ik nu naar huis, mijn vader zal er blij om zijn. Hij wilde per se nog met me praten over de wedstrijd van zaterdag.'

'Ja, door dat feestelijke gebeuren is zelfs René weer tot leven gekomen na zijn kroegentocht,' vertelde Lucien. 'Mijn broer klampt zich in al die chaos vast aan het zakelijke, hij wil de hele wereld laten zien dat onze patisserie de beste is.'

'Ga jij er ook naartoe?' informeerde Ida en ze wist niet op welk antwoord ze eigenlijk hoopte.

Lucien schudde zijn hoofd. 'Nee, wees maar niet bang. Dat verwacht ook niemand van me. René en pa zijn er allang aan gewend dat ik niet zo in de ban van het bakken ben.' Inmiddels waren ze weer bij de houtvesterswoning aangekomen. 'Dan... ga ik nu maar naar binnen.'

Ida knikte bedrukt. 'Ja. Au re... adieu.'

'Adieu,' antwoordde Lucien en hij keek zijn voormalige verloofde na terwijl ze ontmoedigd naar de koets van de Tritschlers liep.

Maison Kammerzell was tot de nok toe gevuld. Tot op het Münsterplein stonden de mensen in de rij om te horen welke banketbakkerij als overwinnaar uit de strijd zou komen. De spanning werd bijna ondraaglijk toen de juryleden, bestaande uit de oude madame Martinet en drie hoge heren, zich terugtrokken voor overleg. Van tevoren hadden ze de verschillende, allemaal uiterst verleidelijk ogende lekkernijen uitvoerig geproefd. Er waren romige aardbei-biscuitrollen, sinaasappeltaart, ijstaart met seizoensfruit, geglazuurde desserttaarten en nog veel meer. Zoals zo vaak de afgelopen dagen gingen de meeste gebeurtenissen langs Ida heen. Telkens opnieuw was ze in gedachten bij Lucien en Marcel. Het jongetje zou ze in elk geval de volgende dag weer zien. Met een zucht sloeg ze haar ogen op en keek rechtstreeks in de van haat vervulde ogen van René, die naar haar familie en Kurt staarde.

'Als die Picard nog even blijft staan loeren, dan geef ik hem een lel voor zijn hoofd,' gromde de jonge bakker geïrriteerd.

'Daar schiet je niets mee op, Kurtle,' fluisterde Ida tegen hem. 'Overmorgen zijn jullie in Stuttgart en dan zal hij Denise nooit meer zien.'

Bij het kraampje van de Picards stonden behalve de ambitieuze zoon ook patriarch Jacques, die de Tritschlers stoïcijns met minachtende blikken bestookte, en meester-bakker Bertrand Strohmeier. Hij glimlachte een beetje onbeholpen maar vriendelijk naar hen.

Uiteindelijk werd de oude madame Martinet door een ander jurylid naar het podium geleid, waar ze de uitslag bekendmaakte. 'Wij roepen nummer elf uit tot de beste taart van het jaar.'

Een man met een grijze baard keek vervolgens op een lijst en riep op luide toon: 'Dat is de taart van patisserie Tritschler.'

De hele familie en Kurt juichten. De jonge bakker mocht Franz en zijn zoon naar het podium begeleiden, waar ze de beker in ontvangst namen. Er klonk een oorverdovend applaus, vooral door alle voorpret, want traditiegetrouw konden de deelnemers nu zelf gaan proeven van de taart van de concurrentie.

De drie mannen waren net stralend van blijdschap teruggekeerd naar hun kraampje toen René naar hen kwam toegesneld. De haat op zijn gezicht viel niet te ontkennen.

'Gefeliciteerd, Tritschler,' riep hij met een spottende lach en vochtige ogen. 'Nu hebt u niet alleen een nieuwe zoon, maar ook nog een beker.'

Ida's knieën knikten. Doe dit alsjeblieft niet, smeekte ze stilzwijgend.

'Wat is dat voor onzin, Picard?' vroeg Ida's vader geërgerd. 'Wat voor nieuwe zoon?'

René keek Ida aan en het begon tot hem door te dringen. 'O, dus die dochter van u heeft nog helemaal niet verklapt waarom Lucien haar aan de kant heeft gezet.'

'Wat?' riep Ida's moeder verbijsterd.

'U bent de vader van Lucien,' zei René meedogenloos tegen Franz. Hij praatte zo hard dat ook de mensen bij de aangrenzende kraampjes het konden horen. De gesprekken verstomden, alle gezichten draaiden hun kant op. 'Dat heeft mijn moeder toegegeven om incest te voorkomen,' schreeuwde René. 'Als goed verliezer feliciteer ik u dus niet alleen met de beker, maar ook met uw nieuwe oudste kind.'

Met die woorden keerde hij de onthutste familie Tritschler de rug toe en beende weg.

Ida en Oskar keken elkaar geschrokken aan, wat hun moeder niet ontging.

'Jullie wisten hier allebei van?' kwam het met moeite over haar lippen.

Hoewel het hem duidelijk was dat hij daarmee Elises hart brak, knikte Oskar berustend.

Op dat moment kwam meester-bakker Bertrand Strohmeier pijnlijk getroffen naar hen toe. Nadat hij hen had gefeliciteerd en zich had verontschuldigd voor de scène van zijn werkgever, richtte hij zich tot Ida. 'Dit moest ik je van Lucien geven.' Met die woorden duwde hij een brief in haar hand. Ze begon onmiddellijk te trillen. Haastig opende ze de envelop, haalde de brief eruit en begon te lezen.

Straatsburg, 16 juni 1893

Mijn liefste Ida,

Het is voor mij ongelooflijk moeilijk om je deze brief te schrijven. Als je dit leest, ben ik al op weg naar de Aubrac. Ik heb besloten om insectenkenner Jean-Henri Fabre toch als assistent te verge-

zellen op zijn vier maanden durende excursie door het zuidwestelijke deel van het Centraal Massief. Ik hoop dat het daardoor voor ons makkelijker is om onze gevoelens voor elkaar te laten bekoelen. Het was voor mij zo onvoorstelbaar moeilijk om jou te zien lijden. Te weten dat mijn aanblik dat in jou teweegbrengt. Je broer, onze broer, heeft me geadviseerd om voor ons allebei te denken. En dat probeer ik nu.
In oktober zal de wereld er anders uitzien. Ik heb het onze Marcel al verteld. Ik moest hem beloven dat ik heel veel souvernirs voor hem mee zou brengen, maar hij vindt het goed dat ik op reis ga. En hij verheugt zich er al heel erg op om je zondag weer te zien.
Nu wilde ik deze brief eigenlijk met 'Liefs' afsluiten, maar ik weet dat ik moet beloven om niet meer van je te houden. Althans niet meer zoals ik dat tot nu toe heb gedaan. Ik zal alleen nog op een gepaste manier van je houden, als broer. Dat kan ik nu nog niet, toch zal ik mijn best doen.

Vergeef me alsjeblieft!
Lucien

Ida staarde keer op keer naar de brief. Ze wilde het niet geloven. Dit kon, dit mocht niet waar zijn!

Deel II

September 1893

36

Ida zat met madame Leroc in de familiekoets van de Tritschlers, die door haar man naar Weghäusel werd gereden.

'Dan is het september en hebben we nog steeds die hitte,' beklaagde de huisdame zich. 'Gelukkig is het hier bij het nachtwoud altijd wat minder benauwd.'

'Uw vader kijkt er vast al naar uit dat u het weekeinde bij hem doorbrengt,' antwoordde Ida glimlachend.

'Hij heeft aangekondigd dat hij verheugend nieuws voor ons heeft,' zei madame Leroc. 'Ik vermoed dat het iets te maken heeft met Bernadette Picard. *Alors*, uiterlijk vanavond zullen we het te horen krijgen.'

Ida had ook al opgevangen dat de vader van madame Leroc en de grootmoeder van haar vroegere verloofde steeds beter met elkaar overweg konden. Oma Bernadette vierde vandaag haar vijfenzestigste verjaardag en ze had Ida verzekerd dat er voor haar geen enkel gevaar dreigde dat ze Jacques of René Picard op het feest tegen het lijf zou lopen.

'Mijn zoon heeft al getelegrafeerd dat hij niet kan komen omdat hij onderweg is voor zaken en mijn kleinzoon is al sinds zijn vijftiende niet meer hier geweest.'

Ida had een heel speciaal cadeau voor de goedhartige oude dame gekocht. Als ze bezig was in haar mooie tuin, had Bernadette het vaak over een bepaald plantenboek dat ze in haar jeugd had gehad. De afgelopen weken was Ida erin geslaagd de houtvestersweduwe onopvallend verdere bijzonderheden over het oude boek te ontlokken en zo was ze de precieze titel en de schrijver te weten gekomen. *Fleurs dessinées d'après nature* van Gerard van Spaendonck. Samen met Max Fouché had ze antiquariaten afgestruind en eergisteren het boek ook inderdaad nog net op tijd gevonden. Ze kon bijna niet wachten totdat Luciens oma... Lucien! Er ging nog altijd geen uur voorbij of Ida dacht aan hem. Maar in de tweeënhalve maand van zijn afwezigheid was ze er in ieder geval in geslaagd om niet meer dagelijks om hem te huilen. Op een gegeven moment had ze madame Leroc en haar man gevraagd om niet voortdurend kenbaar te maken dat ze het zo erg vonden dat het niets geworden was tussen Lucien en haar. De echte waarheid was in huize Tritschler alleen bekend bij Ida's broer en haar ouders.

'Ik zweer je bij alles wat me heilig is dat ik niets afwist van de zwangerschap van Claire Goldschmidt,' had Franz verzekerd na de onthulling van René bij de prijsuitreiking. Hij had niet eens meegekregen dat hij ooit intiem met haar was geweest. Toen hij haar nadat ze uit elkaar waren gegaan nog een laatste keer had bezocht, was hij zo stomdronken geweest dat hij er nooit op had gerekend dat ze met elkaar naar bed waren geweest en hij zwoor dat hij zich daarvan ook niets kon herinneren.

Tot Ida's en Oskars opluchting had hun moeder het hem allemaal vergeven. 'Het was tenslotte voor mijn tijd,' had ze gezegd. Kenmerkend voor haar goedmoedige karakter was dat ze zich, nadat ze van de eerste schrik was bekomen, meteen zorgen had gemaakt om de anderen. De warmhartige vrouw zat vooral in over Ida's situatie en ze probeerde welke wens dan ook in haar ogen te lezen. Wat jammer genoeg niets hielp, want Ida's allergrootste wens, de onthulling van Claire Picard ongedaan maken, kon haar moeder niet voor haar vervullen. Maar ook om haar stiefzoon Lucien maakte Elise zich zorgen. Hij was per slot van rekening de vader kwijt die hij tot nu toe had gehad, beargumenteerde ze. Of Franz 'die arme jongen' niet moest uitnodigen voor een gesprek? Lucien was inmiddels natuurlijk al op reis.

In elk geval was Ida's vrees dat de nieuwe ontwikkelingen zouden leiden tot een breuk tussen haar ouders niet bewaarheid geworden. Integendeel, Franz had zich zo opgelucht gevoeld dat zijn Elise niet bij hem was weggegaan dat hij de wereld aan haar voeten wilde leggen. Een week geleden waren haar ouders op een verlate huwelijksreis naar de wereldtentoonstelling van dat jaar in het Amerikaanse Chicago gegaan. Natuurlijk had Elise dat aanvankelijk geweigerd en verklaard dat het veel te duur was en dat ze de patisserie niet in de steek konden laten. Maar haar vader had geen enkele tegenwerping van haar geaccepteerd.

'Je hebt het altijd zo goed met iedereen voor, nu is het eens een keer jóúw beurt. Punt uit.'

Inmiddels had de koets van de Tritschlers Weghäusel bereikt.

'Tot vanavond,' zei ze ten afscheid tegen madame Leroc en ze klom uit het rijtuig.

De zon brandde aan een blauwe hemel en Ida vond de vrouw des huizes in haar adembenemend mooie bloementuin.

'Lieve Bernadette, een heel fijne verjaardag gewenst,' feliciteerde ze de stralende dame, die haar twee weken geleden had gevraagd om haar eindelijk te tutoyeren.

'Dank je wel, Ida,' zei ze. 'Vijfenzestig jaar, waar is de tijd gebleven?'

Ze nam het boek in ontvangst. 'Mag ik het meteen uitpakken?'

De jongere vrouw glimlachte. 'Natuurlijk.'

Toen Bernadette de kaft herkende, sloeg ze verbluft haar hand voor haar mond. 'O, hemeltje, kind! Ik heb het al zeker dertig jaar niet meer gezien.'

'Is het het juiste boek?'

Bernadette knikte met vochtige ogen. 'Ja, precies het juiste!'

Ze bladerde het plantenboek ontroerd door, dat talloze gekleurde en natuurgetrouwe tekeningen bevatte. 'Kijk toch eens naar al die mooie afbeeldingen! Precies zoals ik ze me herinner.'

Bernadette leek Lucien te hebben aangestoken met haar enthousiasme voor de natuur, dacht Ida.

'Maman!' klonk de stem van de kleine Marcel, die uit de houtvesterswoning kwam gerend.

Ida ging op haar knieën zitten, zodat het ventje haar om de nek kon vliegen. Tegen het feit dat hij haar hardnekkig maman noemde, verzette ze zich steeds minder. 'En, lieverd, wat heb je vandaag allemaal gedaan?'

'Ik heb met overgrootmoeder hazelnoten van de boom gehaald,' kwebbelde Marcel vrolijk. 'We gaan gauw een notentaart maken. Maar in de verjaardagstaart van vandaag zitten kersen.'

'Daar komt nog een koets,' zei Bernadette verbaasd. 'Wie kan dat nou zijn? Jacques heeft toch duidelijk gezegd dat hij er vandaag niet bij kon zijn.'

'Ik breng de kleine voor alle zekerheid naar binnen,' zei Ida, die zich een beetje ongerust maakte. 'Marcel, wil jij me de taart met de kersen laten zien?'

Het kereltje pakte haar hand vast. 'O ja, kom maar mee, maman!'

Ida keek door het kleine raampje in de voordeur naar buiten. Ze wilde per se weten wie de onaangekondigde bezoeker was. 'Wil jij snel op zoek gaan naar Astro?' stelde ze voor aan Marcel. 'Ik wil hem heel graag begroeten. En dan laten we hem ook de taart met kersen zien.'

Uiteindelijk stapte de onbekende gast uit de koets en Ida slaakte een kreet van schrik. Het was iemand die ze gehoopt had nooit meer te hoeven zien. René Picard! Hij leek in een uitstekend humeur, in zijn hand had hij een fles met een geelkleurige inhoud en om de hals ervan was een strik gebonden.

Ida kende Bernadette goed genoeg om te weten dat ze eerder verbaasd dan blij was bij de aanblik van haar kleinzoon. 'René, je bent hier al een eeuwigheid niet meer geweest.'

'Je bent tenslotte ook nog nooit vijfenzestig geworden, allerliefste oma,' grapte hij en toen zijn blik terloops naar de houtvesterswoning dwaalde, deinsde Ida geschrokken weg van de deur met het kleine raampje.

'Ik wens je alle denkbare goeds toe. Hier, ik heb een fles van je favoriete advocaat meegenomen.'

Voordat Ida het kon voorkomen, trok Marcel, die blijkbaar de stem van zijn vermeende vader had herkend, de deur open en holde naar buiten. 'Papa! Ben je niet boos meer?'

René staarde het kind, dat blij en vol verwachting naar hem toe rende, aan alsof hij een spin had ontdekt.

'Wat doet híj hier?' vroeg hij aan zijn grootmoeder en tante Marie, die net uit haar atelier was gekomen en Marcel beschermend optilde.

'Hij woont hier bij ons,' antwoordde Bernadette koel.

'Hoe verzin je het om een hoerenjong op te voeden in de houtvesterswoning van opa?' zei René verontwaardigd. 'Speel je op je oude dag nog een keer voor moeder?'

'Oma is toch mijn gróótmoeder,' zei Marcel. 'Mijn maman is nu Ida.'

'Ida? Ida Tritschler misschien?' vroeg René argwanend. 'Hebben jullie nog altijd contact met haar?'

'Waarom zouden we dat niet hebben?' antwoordde Marie uitdagend en ze trok Marcel nog dichter tegen zich aan. 'Ze heeft niemand iets gedaan.'

'Jullie kunnen omgaan met wie jullie willen,' zei haar neef spottend. 'Maar het wordt de hoogste tijd dat ik bij de instanties ga melden wie Marcel in werkelijkheid is. Van mij zal hij niets erven, daar zorg ik wel voor. Ga maar lekker feestvieren!'

Met die woorden begaf hij zich terug naar de koets.

'Wat is erven?' vroeg Marcel bedeesd toen het rijtuig was verdwenen en Ida zich met een beteuterde gelaatsuitdrukking het huis uit waagde.

Op dat moment ontdekte het ventje bij de aalbessenstruik de kater en hij maakte Marie duidelijk dat ze hem op de grond moest zetten. 'Astro!' riep hij en hij rende naar het dier toe. 'We willen je de kersentaart laten zien.'

De drie vrouwen keken elkaar ondertussen ongemakkelijk aan. 'Wat een toestand,' becommentarieerde Marie het bezoek van haar neef. 'En dat op je verjaardag, ik vind het zo erg voor je, maman.'

'Ach, die verjaardag is niet zo belangrijk,' zei Bernadette met een wegwerpgebaar. 'Veel belangrijker is natuurlijk de vraag hoe we kunnen voorkomen dat René aan de instanties duidelijk maakt wie de echte ouders van de jongen zijn.'

'Dan zou Marcel een halve wees zijn en zijn vader een moordenaar,' vatte Ida het huiverend samen.

'Ik zal er met mijn zoon over praten,' zei Bernadette met een vastberaden gelaatsuitdrukking. 'Jacques moet René tot rede brengen.'

Ida betwijfelde of de invloed van Bernadette daarvoor toereikend was. Maar wat bleef er verder nog over dan je vastklampen aan elke strohalm die er was?

De dag was voor Oskar 's ochtends al bedorven. Even voor tienen had hij haar van een afstandje zien staan, de vrouw die hij al tweeënhalve maand niet meer had gesproken, maar naar wie hij stiekem met elke vezel van zijn lichaam en ziel verlangde en over wie hij 's nachts zo vaak erotische dromen had. Claire Picard.

Zij had hém ook gezien, weemoedig geglimlacht en even haar hand naar hem opgestoken. Het had hem al zijn wilskracht gekost om niet naar haar toe te gaan. Ze was niet gescheiden en jaren ouder dan hij. Onbereikbaar, onmogelijk!

Oskar besefte maar al te goed dat de vluchtige ontmoeting en Claires betoverende aanblik hem nu tot diep in de nacht en langer nog zouden achtervolgen. Hij wist achteraf amper hoe hij op de juridische afdeling van de universiteitsbibliotheek terecht was gekomen, zo diep was hij na de ontmoeting in gedachten verzonken geweest.

Op zoek gaan naar boeken voor zijn studietaak leek hem plotseling het saaist denkbare karweitje. Opeens viel Max Fouché hem op, die bij de balustrade van de galerij dicht tegen de muur stond en daar leek te luisteren.

'Monsieur Fouché, wat doet u...' begon Oskar, maar de oude man wapperde met zijn handen om aan te geven dat hij niet zo hard moest praten.

'Wat is er aan de hand?' fluisterde Oskar daarom toen hij bij Max was aangekomen. Hij zag nu dat onder de galerij zijn studiegenoot Étienne Loubet zat, samen met drie vrienden van zijn Frans-nationalistische studentencorps.

'Ik ben bang dat uw medestudenten plannen aan het maken zijn voor het plegen van een stommiteit, morgen tijdens de Dag van Sedan,' zei de bibliothecaris zachtjes tegen Oskar.

De Dag van Sedan werd al tweeëntwintig jaar jaarlijks op 2 september gevierd. Oskar had op school geleerd dat deze herdenkingsdag verwees naar de capitulatie van het Franse leger na de veldslag bij Sedan op diezelfde dag in 1870. Troepen uit Pruisen, Beieren, Württemberg en Saksen hadden vlak bij de Franse stad Sedan de beslissende overwinning in de Frans-Duitse oorlog behaald. Na de capitulatie van zijn leger was de Franse keizer Napoleon iii een zogeheten eregevangene geworden van koning Wilhelm i. In het hele Duitse keizerrijk waren de laatste twee decennia op allerlei centrale punten overwinningsmonumenten gebouwd, die telkens meestal vlak voor de Dag van Sedan plechtig werden onthuld.

'Hier in het rijksgebied Elzas-Lotharingen zijn de feestelijkheden natuurlijk sowieso al beperkter dan in de rest van het land, met het oog op het aantal Franse inwoners. Maar dat lijkt voor die knapen daar beneden niet voldoende te zijn,' fluisterde Fouché. 'Vanwege de overwinning bij Sedan worden morgenochtend vanaf negen uur een uur lang de klokken van de kathedraal geluid.'

Oskar had er al iets over gehoord. Ten tijde van de cultuurstrijd tussen de paus en de keizer zou dat niet mogelijk zijn geweest. Oudstrijdersverenigingen, waarvan de leden merendeels katholiek waren, hadden deelname aan de verjaardagsfeesten van de keizer en de feestelijkheden rond de Dag van Sedan destijds nog botweg geweigerd. De keizer moest eerst voor hun paus door de knieën. Dat nu in de katholieke kathedraal de klokken zouden luiden was dus een teken van toenadering van de katholieken tot de keizer.

'Ik heb gehoord dat die knapen daarbeneden dat op de een of andere manier willen dwarsbomen,' zei Max.

'Ja, dat zou heel goed kunnen,' zuchtte Oskar. 'Door die nationalistische flauwekul van hen. Wat doen we ertegen?'

'Ik heb mijn huisgenoot, die aardige koster, al gewaarschuwd. Maar hij kan natuurlijk ook niet dag en nacht alles bewaken. Ik wil daarom heel graag weten wanneer die jongens willen toeslaan. Jammer genoeg is het hierboven niet zo goed te verstaan.'

'Ik zal proberen dat voor u te achterhalen, monsieur Fouché,' bood Oskar aan. 'Étienne mag mij wel, waarschijnlijk omdat ik zo goed Frans spreek. Misschien kom ik meer te weten.'

Max klopte hem dankbaar op de schouder. 'Dat zou geweldig zijn, jongen.'

Oskar slenterde gespeeld nonchalant naar de vier nationalisten toe.

'*Salut*, Étienne.' In perfect Frans vroeg hij of Loubet die avond iets wilde gaan drinken met hem.

'Vanavond lukt niet, Tritschler,' zei Étienne. 'Morgen wel, *d'accord*?'

'D'accord.'

Oskar deed alsof hij vertrok, maar in werkelijkheid liep hij de gang tussen de tweede en derde rij boeken in, weer dichter naar de vier studiegenoten toe. Dit keer werd hij echter aan het gezicht onttrokken door een stelling vol boeken. Nu kon hij ze goed horen, zonder dat ze hem opmerkten.

'Dus we spreken morgenochtend vroeg om zeven uur af en sluiten die vent met dat geval op in zijn huis,' stelde Loubet net voor aan zijn kameraden. 'Twee van ons bewaken de trap naar boven, zodat niemand anders op het idee komt om de klokken toch nog te gaan luiden.'

Oskar had genoeg gehoord. Om niet te worden ontdekt glipte hij voorzichtig weg. Hij zocht de bibliothecaris op in zijn werkkamer en vertelde hem wat hem ter ore was gekomen.

'Moeten we de politie erbij halen?' vroeg Fouché onzeker.

'Dat wil ik liever voorkomen,' zei de jongere man. 'Ik bedoel, ik wil die knapen graag een loer draaien. Maar het is niet nodig dat ze door zo'n domme streek hun toekomst ruïneren.'

Fouché knikte. 'Wat doen we dan?'

Oskar prakkeseerde even en grijnsde naar de oude man. 'Ik heb een idee.'

Op zaterdagochtend zat Oskar in alle vroegte achter een bloembak tegenover de ingang van de woning bij de kathedraal, die koster Busch en bibliothecaris Fouché inmiddels bijna drie maanden deelden. Hij zag twee van zijn vier Frans-nationalistisch georiënteerde studievrienden aankomen met een paard-en-wagen vol mest. Ze versperden daarmee de deur naar de kosterswoning, maakten het paard los en gingen ermee weg. Oskar kon niet anders dan grijnzen. Loubet had wel humor! De koster met een berg mest beletten om de klok te luiden voor de keizer was als politiek statement heerlijk ironisch. Wat de francofiel en zijn kameraden niet wisten was dat Wolfgang Busch al lang niet meer in zijn huis was. Hij had voor de zekerheid overnacht in de klokkentoren. Omdat de koster alle toegangen tot de kathedraal had vergrendeld, leek het plan van de nationalisten nu al te zijn verijdeld. Stipt om negen uur zouden ter herinnering aan de overwinning bij Sedan de klokken van de kathedraal een uur lang luiden voor de Duitse keizer. Oskar, die de vorige avond van Busch een sleutel had gekregen voor de voorhal naar de torentrap, wilde daar net naartoe lopen toen hij werd vastgepakt bij zijn schouder. Hij draaide zich met een ruk om. Tot zijn opluchting was het zijn zus die achter hem stond.

'Waarom ga jij al voor dag en dauw het huis uit?' wilde ze weten.

Hij keek koortsachtig om zich heen. 'Ben je me gevolgd of zo? Ga naar huis, het is hier te gevaarlijk voor je.'

'Pas als je me zegt wat je van plan bent,' zei Ida volhardend, omdat ze zich zorgen maakte om haar broer.

'Nou, goed dan, kom mee!' zuchtte Oskar geïrriteerd.

Hij opende de zijdeur van de kathedraal en duwde zijn zus zachtjes de voorhal in.

Nadat hij de deur weer op slot had gedaan, ging hij schouderophalend naar Max Fouché toe, die stond te wachten bij de trap naar de klokkentoren.

'Ida is me gevolgd,' zei Oskar gelaten.

'Vertel me nu eerst maar eens wat jullie van plan zijn,' wilde de jonge vrouw weten.

Oskar en Max vertelden om beurten over het plan van de nationalistische studenten en over hun tegenmaatregelen.

'Wat goed dat meneer Busch alles heeft afgesloten, maar stel dat een paar studenten zich hier gisteravond al verstopt hebben?' zei Ida.

'Dan zitten ze opgesloten en moeten ze daar nog steeds zijn,' stelde Oskar haar gerust.

'Precies,' klonk opeens een stem achter hen. 'Dan zouden we hier de hele nacht al zijn geweest.'

'Étienne!' Oskar zag dat zijn studiegenoot met nog een andere student van achter een kast tevoorschijn was gekomen. Loubet trok een pistool en richtte het op Fouché, Oskar en diens zus.

37

Broer en zus Tritschler en de bibliothecaris keken onthutst naar het wapen.

'François,' zei Étienne Loubet tegen zijn gezette metgezel, zonder zijn blik af te wenden van Maximilien, Ida en Oskar, 'ga naar boven en zorg ervoor dat de koster niet aan dat ding gaat hangen!'

'Jongens, jullie halen je heel wat narigheid op de hals,' waarschuwde Fouché.

'Kop houden!' brulde Loubet naar de oude man. Vervolgens richtte hij zich opnieuw tot zijn kameraad, die was blijven staan. 'Nou, hup! Wat doe je hier nog?'

De dikke knul slenterde naar de wenteltrap.

'Monsieur Fouché heeft gelijk,' bevestigde Oskar. 'Wat interesseert jou dat klokgelui nou, Étienne?'

'Dat je dat niet begrijpt was me al duidelijk, rotmof,' antwoordde de Fransman spottend en hij richtte het wapen nog wat dreigender op Oskar. 'Maar tot tien uur maken we het ons hier heerlijk gemakkelijk.'

Oskar keek wat aandachtiger naar het pistool en begon plotseling te lachen.

'Wat doe je nou?' riep Ida geschrokken toen haar broer doodgemoedereerd naar de torentrap liep.

'Hé, mof, wat krijgen we nou?' schreeuwde Étienne woedend. 'Kom onmiddellijk terug!'

'Ik haal die dikke weer hiernaartoe, ver zal hij nog niet zijn. Dan kan de koster in alle rust aan dat ding gaan hangen, zoals jij het noemt,' antwoordde Oskar grijnzend. 'En voordat je nog meer gaat dreigen, ik zie dat het pistool afkomstig is van jullie theatergroep.'

Ida en Max keken elkaar verbluft aan.

'Weet je dat zeker?' riep de bibliothecaris Oskar nog na.

'Honderd procent,' klonk het vanaf de trap.

'Goed dan,' bromde Max. Hij kwam overeind, liep rustig naar Loubet toe en pakte het rekwisiet simpelweg van hem af. Hij klopte de opeens totaal geïntimideerd overkomende jonge man op de schouder.

'Luister, ik sta ook niet te springen om de klokken te laten luiden voor die Pruisische keizer,' gaf de oude man toe. 'Om de mensen eer te bewijzen die destijds onze mooie stad in puin hebben geschoten. Maar ondertussen werken we samen. Zolang we hier zijn, hebben we een keizer, voor nu althans. En als we liever willen leven onder minister-president Dupuy, dan kunnen we naar Parijs verhuizen of waar dan ook in de Franse Republiek. Je bent per slot van rekening een vrij mens. Dat was niet altijd zo, ook al heb jij dat niet meegemaakt, jongen. Het was erger dan het klokgelui dat we zo meteen gaan horen, neem dat maar van me aan.'

Loubet staarde gegeneerd naar de grond en wist blijkbaar niet hoe hij moest reageren. Op dat moment kwam Oskar de wenteltrap af. De te zware medestudent had hij in de kraag gegrepen. 'Zoals ik al dacht, hij was nog niet ver,' zei hij.

'Jullie halen nu die mest voor ons huis weg,' droeg Fouché op aan Étienne. 'Anders voel ik me gedwongen om de politie erbij te halen en jullie aan te geven.'

Een klein uur later zat Ida samen met Max Fouché aan een kop koffie in de kosterswoning. Buiten hield Oskar toezicht op het weghalen van de mestwagen, boven hen luidden de klokken.

'Verder alles in orde met je, kindje?' vroeg Max aan Ida.

Daarop vertelde Ida over haar bezorgdheid om de kleine Marcel en over de hoop dat zijn overgrootmoeder Jacques Picard kon overhalen om diens zoon René tot rede te brengen. 'Ik ben bang dat Marcel nu de tol moet betalen voor het feit dat zijn opa mijn familie zo haat.'

Fouché knikte ernstig. 'Het gif van de oorlog werkt lang na. Ik hoor mijn huisgenoot 's nachts vaak schreeuwen. Wolfgang heeft nachtmerries over de tijd dat hij als Pruisisch soldaat vocht tegen de Fransen.'

'Jammer dat hij niet over de oorlog wil praten,' zei Ida. 'Hij heeft tenslotte zij aan zij gevochten met mijn vader. Misschien schiet hem een of andere bijzonderheid te binnen waaruit blijkt of mijn vader echt achter het kanon stond dat monsieur Picard zijn linkerarm heeft gekost. Zelf herinnert hij zich niets.'

'Misschien moet je meer aandringen bij hem,' stelde Max glimlachend voor. 'Soms kom je met respect en vriendelijkheid geen stap verder.'

Na een tijdje kwam Wolfgang Busch met een tevreden grijns de woonkamer binnen. 'Ik heb ze even flink de les gelezen,' zei hij. 'De mest voor onze deur is weg.'

Maximilien gaf Ida een bemoedigende por. Die haalde diep adem en deed eindelijk wat ze al zo lang van plan was. Ze vroeg de koster naar zijn oorlogservaringen met haar vader. 'Elk detail kan van belang zijn en ons verder brengen. Wilt u er alstublieft over nadenken? Als uiteindelijk blijkt dat mijn vader toch niet achter dat kanon stond, dan kunnen we daardoor misschien een eind maken aan een familievete.'

'Ik heb u alles al verteld wat ik weet,' snauwde de koster vervolgens zo ongebruikelijk bars tegen Ida dat die geschrokken ineenkromp. 'En ik ga absoluut niet meer in die vreselijke herinneringen wroeten.'

Daarop keerde hij Ida en Max de rug toe en verliet de kamer.

'Ik zal het er later nog wel een keer met hem over hebben,' bood Fouché aan.

Ze knikte en staarde triest naar haar halflege kopje. Gisteren die vijandigheid van René tegenover Marcel, vandaag die Fransman met dat wapen, en nu ook nog de norse toon van die anders zo vriendelijke meneer Busch. Marie en Bernadette Picard zouden de kleine Marcel om drie uur vanmiddag bij haar langsbrengen zodat ze in alle rust met Jacques konden praten, maar Ida had er niet al te veel vertrouwen in dat wie dan ook René tot rede kon brengen. Ze voelde zich kwetsbaar en vocht tegen de tranen. Op dit soort dagen miste ze Lucien het meest. Hoe zou het met hem gaan in het ruim achthonderd kilometer verderop gelegen Centraal Massief in het zuidoosten van Frankrijk?

De libelle glansde in schitterende blauw- en groentinten. Hij zat heel stil in het glazen buisje waarin Lucien hem had gestopt om hem te kunnen tekenen. Het netvleugelige insect had talloze benamingen: glazenmaker, juffer, waterjuffer, waternimf; *libellule* en *demoiselle* in het Frans en *zygoptera* in het Latijn. Nadat hij klaar was met de tekening, deed Lucien het flesje open en sprak de kleine libelle bemoedigend toe. ‘Hup, naar buiten, mademoiselle Zygoptera, je vrijheid tegemoet!’

Hij hield het buisje een beetje schuin. Het insect glipte eruit en vloog weg met het kenmerkende geritsel van zijn vleugels. Lucien ademde diep in en keek om zich heen in de kale omgeving. De Aubrac, waar hij zich sinds een paar weken bevond met de bekende insectenkenner Fabre, was een plateau van vulkanische oorsprong met een gemiddelde hoogte van zo’n duizend meter. Het belangrijkste kenmerk van het landschap hier was dat er bijna geen bomen stonden en dat het een licht golvende hoogvlakte van basalt was die op een prairie leek en nogal atypisch was voor Frankrijk. Het deed Lucien denken aan de landschapsbeschrijvingen uit de romans van de Duitse schrijver Karl May, die hij in zijn jeugd had verslonden. De eigenaardig aandoende omgeving hielp hem om, althans voor een paar momenten, Ida en de kleine Marcel te vergeten. Door de eenzaamheid had hij hier echter ook veel tijd om te piekeren. De Aubrac was zeer dunbevolkt. Akkerbouw was in de hooggelegen en vooral ook vochtige streek bijna onmogelijk en de grond werd bijna uitsluitend gebruikt voor veeteelt.

'Lucien!' klonk de krakende stem van zijn oude leermeester. Jean-Henri Fabre kwam over de prairie naar hem toe lopen. De negenenzestigjarige man had zijn zwartgrijze haar, dat tot op zijn schouders hing, achterovergekamd en had de voor hem onafscheidelijke zwarte hoed op, die hem het uiterlijk van een bandiet uit het Wilde Westen gaf. Het gezicht van de man was getaand en had meer lijntjes dan een landkaart. Naast hem liep een voor Lucien onbekende man met donker haar en een sikje, die nauwelijks ouder dan twintig kon zijn.

'Deze jonge man hier is Paul Arnal uit Florac,' zei Fabre. 'Hij studeert protestantse theologie, een echte christen dus.'

Lucien wist dat Fabre zelf ook een overtuigd christen was. Daarom was deze ook een beetje sceptisch over de in 1859 gepubliceerde evolutietheorie van zijn elf jaar geleden overleden collega en penvriend Charles Darwin. De beroemde Darwin had zich tijdens zijn leven lovend uitgelaten over het werk van Fabre. Die leek op zijn beurt bijzonder enthousiast over de tweeëntwintigjarige man naast hem.

'Maar Arnal is ook speleoloog en heeft net hier in de buurt in Rocaysou een grote nieuwe grot ontdekt.'

Lucien schudde de jonge man de hand. 'Ik heb nog nooit een grotonderzoeker ontmoet. Lucien Picard, eerstejaars biologie.'

'Aangenaam,' zei Paul Arnal met een vriendelijke glimlach.

'En drie keer raden, Lucien, wat het beroep van de ouders van Paul is!' zei Fabre triomfantelijk.

Arnal verschafte meteen opheldering. 'Bakker. Monsieur Fabre heeft me al verteld dat uw vader en broer patissier zijn.'

Lucien grijnsde. 'Ja, wat een toeval.'

'Je zou bijna gaan geloven dat de geur van een bakkerij een jongen leergierig maakt,' grapte Fabre. 'De schoenen van die arme Paul hier zijn trouwens helemaal versleten. Zijn paard is ervandoor gegaan en hij heeft een eeuwigheid naar hulp moeten zoeken.'

'Het zou geweldig zijn als u me naar Mende zou kunnen brengen,' zei Paul Arnal. 'Ik moet de ontdekking van de grot namelijk zo snel mogelijk officieel melden, anders is iemand me nog voor.'

Lucien knikte begrijpend. 'Nou, dat willen we natuurlijk niet.'

Oskar had het altijd door als zijn zus iets voor hem verborgen hield. Zo ook op deze zaterdagmiddag. Ze was gekleed om eropuit te gaan, maar ze had zijn vraag waar ze naartoe ging ontweken. 'Gewoon een stukje wandelen om mijn hoofd leeg te maken,' had ze gezegd. 'Ik wil even alleen zijn en nadenken. Na al dat gedoe over het luiden van de klokken.' Ze zei het op een manier alsof ze al bij voorbaat wilde voorkomen dat Oskar zou aanbieden om haar te vergezellen.

Hij wist dat zijn zus niet het type vrouw was dat graag alleen ging wandelen. Bovendien vond hij dat niet goed. Kurtle had hem namelijk bij het afscheid in juni onder geheimhouding toevertrouwd dat Ida kort daarvoor was overvallen.

'Ze heeft me laten beloven dat ik het niemand van de familie zou vertellen,' had de bakker gezegd. 'Maar nu ben ik er niet meer om haar te escorteren. Je moet dus goed op haar passen.'

Dat was ook precies wat Oskar van plan was en daarom volgde hij zijn zuster toen ze vlak voor drieën het huis verliet. Een paar meter van de patisserie zag hij dat Ida naar twee vrouwen met een jongetje van een jaar of vier toe liep. Het waren Claires schoonzus Marie Picard en haar moeder, die hij op de bruiloft van de Lerocs in Weghäusel had leren kennen. Hij verstopte zich snel achter een met wilde rozen begroeide scheidingsmuur voor hun lunchroom.

Het jongetje holde naar Ida toe. 'Maman!' riep hij tot Oskars verbazing.

'Marcel, lieve, lieve Marcel,' riep Ida blij.

Oskar vroeg zich af waarom het ventje zijn zus maman noemde.

'Zo, het moment is nu dus aangebroken,' zei Marie. 'We zullen mijn broer Jacques eens even flink de waarheid zeggen. Hij moet René toch eindelijk eens tot rede brengen.'

Ida maakte een sceptische indruk. 'Denken jullie dan dat dat zal helpen?'

'Ja,' zei de oude Bernadette vol overtuiging. 'Het komt zelden voor dat ik echt woedend word, maar die zoon van me heeft het weleens meegemaakt. En dat wil hij beslist niet nog een keer.'

'Makkelijk zal het niet zijn,' zei Marie. 'Madame Rolland vertelde me dat Claire pas geleden de gezamenlijke slaapkamer vaarwel heeft gezegd. Ze heeft inmiddels de gastenkamer in gebruik genomen. Dat zal zijn humeur er natuurlijk niet bepaald beter op hebben gemaakt.'

Oskars hart begon te bonken. Wat hield het in dat Claire niet langer de slaapkamer met haar man wilde delen? Had dat met hem te maken?

'En geeft het echt niet dat we Marcel zolang aan jou toevertrouwen?' vroeg Marie voor alle zekerheid aan Ida.

'Natuurlijk niet,' haastte die zich te zeggen. 'Het kereltje mag gewoon niet nóg een keer al dat geruzie aanhoren. Maar is de kans niet te groot dat René iets meekrijgt van jullie gesprek?'

Marie schudde haar hoofd. 'Nee, we hebben niet in de patisserie afgesproken met Jacques, maar bij onze vriendin Joséphine Martinet. Die heeft grote invloed op mijn broer en ze deelt onze mening wat de jongen betreft.'

'Ja, madame Martinet zal Marcels kant kiezen, dat weet ik zeker,' zei Ida opgetogen. 'Ik ken haar. Ze heeft vroeger mijn vader bijgestaan.'

Opeens schoot haar iets te binnen. 'Ik zou tijdens jullie gesprek met Marcel kunnen gaan wandelen in de buurt. Ze woont tenslotte heel mooi, pal tegenover het Maison des Tanneurs. En dan hoef ik niet zo lang te wachten totdat jullie me kunnen vertellen hoe het is gegaan.'

Marie glimlachte. 'Goed idee.'

'Wat denk jij, Marcel,' richtte Ida zich tot het kind. 'Zal ik je de rivier en de mooie bloemen bij het huis van de leerlooiers laten zien, terwijl je overgrootmoeder en tante Marie dat gesprek hebben?'

Het jongetje reageerde enthousiast en de drie vrouwen verdwenen met hem buiten gehoorsafstand van Oskar. Die was achter zijn met rozen overwoekerde muur trouwens toch in gedachten alleen maar bij Claire Picard. Hij kon gewoon niet anders.

Aan één gevaar hadden Ida en haar vriendinnen niet gedacht. Stel dat Jacques ook op het idee was gekomen om al voor het afgesproken tijdstip langs te gaan bij madame Martinet, en dat ze hem dan samen met de kleine Marcel midden in het schilderachtige Petite France tegen het lijf zouden lopen. Dat was precies wat er gebeurde. Ida's hart stond bijna stil toen ze hem zag. Instinctief nam ze Marcel, die enthousiast naar zijn opa wilde toe stormen, bij de hand.

'Wat doet zíj hier?' wilde Jacques woedend weten, het jongetje dat hij zo lang als zijn kleinzoon had beschouwd negerend.

'Ze past op het ventje,' zei Marie. Die leek op haar beurt boos dat het met zoveel moeite uitgekiende plan nu in duigen was gevallen. 'Je zou toch pas om half vier komen?'

'Ik kan madame Martinet bezoeken wanneer ik wil,' snauwde Luciens vader. 'Is dat bastaardjong het doel van ons gesprek? Dan kun je ernaar fluiten!'

'Het ventje mist verdorie zijn opa. Zijn ouders en zijn knuffeloom zijn hem ook al ontnomen,' bracht Bernadette hem woedend in herinnering.

'René heeft volkomen gelijk,' antwoordde Jacques verbitterd. 'Wij Picard-mannen laten ons niet langer gebruiken als melkkoe.'

Ida zette walgend een stap naar achteren. Opeens merkte ze geschrokken dat Marcel haar hand niet meer vasthield. Toen ze zag dat het jongetje huilend was weggelopen naar de oever van de Ill raakte ze in paniek. 'Marcel, kom hier!' schreeuwde ze.

Het voelde als een vreselijke nachtmerrie toen het ventje struikelde en over de stenen oeverversterking in het water viel. Het lichaampje dreef een stukje mee, maar al snel zonk de jongen, die niet kon zwemmen, de donkere diepte in.

38

Mende was een Franse gemeente aan de oever van de rivier de Lot met een kleine achtduizend inwoners. De plaats had een middeleeuws centrum. Er bevond zich een gotische kathedraal uit de veertiende eeuw en een brug uit de dertiende eeuw. Voor een herberg zaten Lucien Picard en de insectendeskundige Jean-Paul Fabre samen met de jonge speleoloog Paul Arnal onder een luifel en ze vierden de ontdekking van de grot van Rocaysou.

'Leuk stadje,' vond Lucien en hij keek omhoog, naar de Mont Mimat, die nog eens driehonderd meter uitstak boven het zevenhonderd meter boven de zeespiegel gelegen Mende. 'Veel oude gebouwen.'

'Het gebied hier werd al in de bronstijd bewoond,' zei Paul, die net als Fabre uit de streek afkomstig was, en hij nam een slok wijn. 'Mijn verloofde werkt als assistent van een archeoloog en ze heeft hier met hem al prachtige vondsten gedaan.'

'Misschien kan ze ons een keer een rondleiding geven,' stelde de oude Fabre half voor de grap voor.

'Dat zal helaas niet gaan,' zei Paul Arnal met een zucht. 'Ze helpt sinds een maand bij een opgraving in Griekenland en blijft daar zeker nog tot eind november.'

'Dan zult u haar wel vreselijk missen,' zei Lucien.

'Dat kun je wel zeggen,' bevestigde de theologiestudent en grotonderzoeker.

'Het vergaat Lucien hier precies hetzelfde,' zei Fabre en hij klopte zijn leerling opbeurend op de schouder. Hij had de insectenkenner op diens aandringen al aan het begin van de reis verteld waarom hij zo verdrietig was.

'Bij mij ligt het jammer genoeg wat ingewikkelder, een lang verhaal,' antwoordde Lucien vaag.

'Nou, ik heb de tijd, mijn ontdekking is nu tenslotte al gemeld,' grijnsde Arnal, die blijkbaar nieuwsgierig was geworden.

Terwijl Lucien vervolgens het verhaal van zijn onfortuinlijke liefde voor Ida Tritschler vertelde, zorgde de oude Fabre ervoor dat zijn leerling bij zijn relaas geen enkel triest detail achterwege liet.

'Ik wilde het voor Ida makkelijker maken om me te vergeten,' vatte Lucien het ten slotte samen. 'Maar als ze in het wegstoppen van haar gevoelens net zo slecht is als ik, dan heeft al die tijd dat we elkaar niet meer hebben gezien tot nu toe weinig zin gehad. En Marcel...' Zijn stem stokte. 'Hij zal me ook vreselijk missen. Gisterennacht heb ik gedroomd dat hij werd ontvoerd door een duister figuur.'

'Als u uw neefje zo mist, waarom zet u dan niet gewoon een punt achter de excursie?' wilde Fabre weten.

Zijn leerling keek hem verbaasd aan. 'Ik kan u toch niet in de steek laten?'

'Och, Lucien, denkt u niet dat ik na vijftig jaar excursies te hebben geleid ook deze hier in mijn eentje kan afronden? Bovendien zit u tegenover iemand die gek is op kinderen,' benadrukte de zevenvoudig vader. 'U weet toch hoe het boek heet dat ik afgelopen jaar heb gepubliceerd?'

'*La plante: leçons à mon fils sur la botanique*,' bevestigde Lucien glimlachend. De plant: botanische lessen voor mijn zoon. Uit de titel viel inderdaad op te maken hoeveel de bekende bioloog hield van zijn jongste zoon en ongetwijfeld ook van zijn andere zeven kinderen. Daarnaast wist Lucien dat er één heel speciale reden was waarom Fabre zich goed kon inleven in zijn zorgen om Marcel.

Eigenlijk had de beroemde insectenkenner niet zeven, maar tien kinderen gehad. Drie van de zeven kinderen uit zijn eerste huwelijk waren echter al op jonge leeftijd overleden.

'Ga het ventje maar verrassen en kom gewoon anderhalve maand eerder naar huis dan u van plan was,' volhardde Fabre.

'Uw voormalige verloofde zal u niets kwalijk nemen,' voegde Paul Arnal eraan toe, 'omdat het goed is voor de jongen.'

'En een nieuwe levenspartner zult u allebei ook ooit een keer vinden,' zei Fabre om hem hoop te geven. 'In 1885 stierf mijn geliefde vrouw Marie-Césarine na eenenveertig jaar huwelijk en zeven bevallingen. Toen dacht ik ook dat ik nooit meer van iemand zou houden. En geloof het of niet, twee jaar later trouwde ik met mijn huishoudster Marie-Joséphine. Ze was destijds drieëntwintig en ik had nooit durven hopen dat ze het jawoord zou geven aan zo'n oude vent als ik. Maar ze schonk me nog drie kinderen en we zijn tot op de dag van vandaag gelukkig met elkaar.'

Lucien keek zijn leermeester en de jonge grotonderzoeker ontroerd aan. 'Dank u wel.'

'Nou, dan is dat ook opgelost. U vertrekt morgen, mijn beste Lucien,' bepaalde de oude Jean-Henri. 'Wel moet Paul ons vandaag na dit kleine feest hier nog zijn grot laten zien.'

De drie onderzoekers proostten met elkaar en heel langzaam maakte de voorpret over zijn snelle terugkeer naar Straatsburg zich meester van Lucien. Uiterlijk over drie dagen zou hij Marcel weer zien! En tot die tijd was hij bij Bernadette, Marie en Ida in de allerbeste handen. Het ventje was veilig. Er waren geen duistere figuren die hem wilden ontvoeren.

Ida was in haar hele leven nog nooit zo in paniek geweest. Ze rende naar de oever, zo snel als haar elegante, maar oncomfortabele schoenen, het korset en de zware jurk dat toelieten. Al die dingen zouden het zwemmen en onder water gaan uiterst moeilijk, zo niet onmogelijk maken, maar voor dat soort overwegingen was nu geen tijd. 'Ida, niet doen!' hoorde ze een vertrouwde stem roepen, maar ze had geen tijd om achterom te kijken en sprong de Ill in. De opbollende jurk hield haar als een ballon aan de oppervlakte. Het leek bijna onmogelijk om helemaal onder water te gaan. Opeens plofte naast haar iemand in de rivier. Ze zag dat het Jacques Picard was. Hij deed zijn uiterste best, meer als een hulpeloos ploeterende hond dan als een redder in nood. Opnieuw probeerde Ida tevergeefs om onder water te komen. Marcel zou verdrinken als ze hem niet snel te pakken kreeg.

Terwijl Oskar naar de oever rende, ergerde hij zich aan zijn zus. Kon die dwarskop voor de verandering niet eens één keer naar hem luisteren? Het was toch logisch dat je in die uitdossing niet kon duiken. Gelukkig had hij gehoord waar de vrouwen met het kind naartoe wilden en was hij hen gevolgd. Beheerst sprong hij in het water, met een paar snelle slagen was hij bij de plek waar het jongetje kopje-onder was gegaan. Beneden zich zag hij hem in het troebele water spartelen. Hij leefde dus nog! Oskar pakte het om zich heen slaande kind vast en bracht hem naar de oppervlakte.

Toen Ida Marcel in de armen van haar naar lucht happende broer hoorde hoesten, begon ze van opluchting te huilen. Maar ze had geen tijd om zich te ontspannen, want het volgende noodgeval had zich al aangediend. Jacques Picard had blijkbaar zijn vermogen om met zijn armprothese te zwemmen overschat. Hij zwaaide hulpeloos met zijn ongedeerde arm en verdween onder water. Van zijn gezicht was pure doodsangst af te lezen. Terwijl Oskar de als een espenblad trillende jongen aan diens oudtante Marie overdroeg, greep Ida naar de rug van de patriarch.

'Monsieur Picard, niet bewegen, ik trek u naar de oever!'

Haar jurk was inmiddels zo volgezogen met water dat ze betwijfelde of ze die belofte kon waarmaken. Telkens opnieuw werd ze met enorme kracht omlaaggetrokken.

Alleen met uiterste krachtsinspanning wisten ze de stenen muur te bereiken, waar gelukkig meteen behulpzame handen aan Jacques Picard trokken en hem uit de rivier tilden. Hij bleef hijgend en water uitbrakend op het pad langs de oever liggen, terwijl ook Ida zich nu uit het water liet helpen. Haar jurk trok daarbij aan haar als een enorme natte zak.

Opluchting leek haar nog steeds niet gegund, want er leek iets mis te zijn met de jongen. 'Het gaat niet goed met Marcel,' hoorde ze Marie roepen. 'Hij is half bewusteloos en zijn hoofdje is heel erg warm.'

Er werd geen woord gesproken. Madame Rolland overhandigde Ida zwijgend een kop dampende chocolademelk. Ze zat in droog ondergoed en een ochtendjas in de bibliotheek van de Picards. De kleren waren haar in bruikleen gegeven door Claire.

Naast Ida bij de open haard, die ondanks het zomerse weer was aangestoken, zat Jacques en hij staarde bezorgd voor zich uit. Hij had voorgesteld om allemaal naar zijn huis te gaan en Marie was weggestormd om de huisarts van de familie, dokter Philippe Montiage, te laten komen. De oude man onderzocht het jongetje, dat voor het eerst sinds bijna twee maanden weer in zijn oude kinderbed lag, inmiddels al zeker een kwartier. Marie was bij hen gebleven.

Oskar stond bij het raam. Hij droeg kleding van Lucien. De mouwen en broekspijpen waren iets te lang, maar wat maakte dat in zo'n situatie uit? Hij en Claire, die bij een van de boekenkasten stond, wierpen elkaar af en toe een verstolen, onzekere blik toe.

Oma Bernadette ijsbeerde door de kamer. Een zitplaats had ze resoluut afgeslagen, net als iets te eten of te drinken.

De deur ging open en alle hoofden draaiden zich die kant op. Tot hun teleurstelling was het echter René maar die de bibliotheek binnenkwam.

'Wat is dit hier voor een samenscholing?' vroeg hij veel te hard. 'En wat doen die verdomde Tritschlers hier?'

'Hou je mond!' waarschuwde zijn oma met gevaarlijk zachte stem. 'De kleine Marcel heeft hoge koorts.'

'Wat verwachten jullie dan? In de kringen waar hij thuishoort, worden mensen vaak ziek. Geen reden voor zo'n grafstemming. Dat kleine hoerenjong zal het wel overl...'

Pats! Bernadette gaf hem zo'n harde draai om zijn oren dat René begon te struikelen en bijna viel. Hij wreef over zijn rood geworden wang en keek zijn grootmoeder verbouwereerd aan. Voordat hij kon reageren, kwamen Marie Picard en dokter Montiage met een ernstig gezicht het vertrek binnen.

'De jongen heeft zeer hoge koorts. Dat kan van de schrik komen of door bacteriën die hij met het rivierwater binnen heeft gekregen,' zei de witharige huisarts. 'De komende nacht zal beslissend zijn of hij het overleeft. Als de koorts in de loop van de nacht niet zakt, dan moet u mij opnieuw waarschuwen. Dan moeten we er ook bijtijds een priester bij roepen.'

Er ging een golf van ontzetting door de mensen in de bibliotheek. Sommigen begroeven hun gezicht in hun handen, anderen snikten.

Ida daarentegen stond er roerloos bij, ze staarde de arts aan. Ze was nauwelijks in staat om de betekenis van de woorden die de dokter had uitgesproken in verband te brengen met haar lieve kleine Marcel. Het kon toch niet zo zijn dat een onschuldig jongetje van vier zou sterven?

Claire begon te wankelen en Oskar was meteen bij haar om haar te ondersteunen.

Een uur later stapte Ida de kathedraal binnen, waar ze voor Marcel wilde bidden. Ze had kleding geleend van Luciens moeder en was eerst naar huis gegaan om zich om te kleden. Ze had nooit veel gehad aan de preken van de priester, maar de gedachte dat een liefdevolle, vaderlijke en almachtige God zou luisteren naar haar zorgen was troostrijk.

Ze liep naar het altaar en zag tot haar schrik Jacques Picard, die als een hoopje ellende op de eerste rij banken zat.

Toen hij haar opmerkte, zei hij op geruststellende toon: 'Kom maar gewoon hier zitten, Ida, u hoeft voor mij niet bang te zijn.'

Aarzelend voldeed ze aan zijn voorstel.

'Dank u wel dat u me uit de Ill hebt gehaald,' kwam het uiteindelijk over zijn lippen. 'Dat heb ik niet verdiend. Ik heb de jongen groot onrecht aangedaan.'

'Hij móét het gewoon redden,' fluisterde Ida.

Picard ademde diep in en knikte ernstig.

Ida's blik viel op zijn prothese. 'Monsieur Picard, wilt u me een plezier doen? Zou u me willen vertellen over de belegering? Hoe bent u uw arm kwijtgeraakt?'

'Daar praat ik niet graag over,' zei hij afwerend.

Ida dacht aan het advies van Max Fouché om zich niet te snel te laten afwimpelen. 'Maar ik zou echt graag uw woede tegenover mijn vader beter willen begrijpen.'

Jacques keek eerst naar haar en vervolgens naar het kruis op het altaar. 'Het komt niet alleen door uw vader...' mompelde hij. 'De strijdmacht van Von Werder had aan het begin al veertigduizend soldaten uit Württemberg en Baden. Later sloten zich daar nog eens tienduizend militairen bij aan. De vesting Straatsburg stond onder aanvoering van generaal Jean-Jacques Uhrich, die destijds al rond de zeventig was. Op het hoogtepunt had hij nog niet eens half zo veel mannen tot zijn beschikking als de Pruisen van Von Werder en zelfs dat was maar een beperkte strijdkracht.'

'Toch heeft Straatsburg het bijna twee maanden volgehouden,' herinnerde Ida zich de opmerking van haar opa.

'Op 12 augustus 1870 hadden de eerste legereenheden de omgeving van de stad bereikt en de dorpen daar bezet,' zei Picard. 'Uiteraard ook Weghäusel. Ze dwongen alle mannen die in staat waren te werken om loopgraven te maken, die later voor de bestorming van Straatsburg moesten worden gebruikt. Ook mijn vader moest eraan geloven. Dat was vernederend, maar hij bevond zich in elk geval niet in de vuurlinie. Mijn moeder en Marie waren in de houtvesterswoning ook veilig voor de bombardementen. Straatsburg was al snel aan alle kanten omsingeld en afgesloten van de buitenwereld. Ze sneden de spoor- en telegraafverbindingen af. Er gingen geruchten dat het leger uit Metz of Lyon ons al gauw te hulp zou snellen om ons te ontzetten,' herinnerde Jacques zich vol bitterheid. 'Maar er kwam niemand, we kregen niet eens berichten meer vanuit Frankrijk. Soms dachten we dat het Franse bevel Straatsburg al had opgegeven. En hoewel we dagelijks vreselijk werden gebombardeerd, gaven we het niet op. Honderdtwee matrozen uit Marseille arriveerden met een kanonneerboot, maar de Pruisen wisten vooraf te voorkomen dat die voldoende bewapend werd. Omdat ze met die ongeschikte boot niet zoals de bedoeling was op de Rijn konden vechten, hielpen de mannen uit Marseille ons in plaats daarvan met het maken van bedden.'

'Bedden?' vroeg Ida verbaasd.

Picard knikte. 'Die waren bedoeld voor de troepen die zouden worden ondergebracht in het goederenstation. Later bedienden ze het geschut op de wallen rond onze stad.'

Wat een eigenaardig idee, dacht Ida, matrozen in Straatsburg die op de vestingwallen moesten klimmen om mee te kunnen vechten, terwijl hun nutteloze boot verlaten in de rivier lag.

'De artillerie op onze vesting had echter amper achthonderd stukken geschut en die waren merendeels verouderd. Ook werd de munitie sterk gerantsoeneerd,' zei Jacques op bittere toon. 'Een week later liet Von Werder het vuur openen op de binnenstad. Onder andere de kathedraal werd getroffen. De bisschop van Straatsburg smeekte vergeefs om de beschietingen te staken. Ik wist alle mogelijke treffers zo vaak te ontlopen dat ik al dacht dat God had bepaald dat mij niets mocht overkomen.'

Hij wreef over zijn kin en zweeg.

Ida durfde nauwelijks adem te halen en was bang dat hij zou stoppen met vertellen voordat hij was aanbeland bij het punt dat haar zo interesseerde. Maar tot haar opluchting ging hij verder.

'Morgen is het op de dag af drieëntwintig jaar geleden… In de nacht van 2 op 3 september probeerde de vijand op verschillende plekken tegelijkertijd bestormingen uit te voeren, maar die werden afgeslagen, met grote verliezen tot gevolg. Drieënveertig van onze honderdtwee matrozen uit Marseille waren dood of te zwaar gewond om door te vechten. Claire vertelde me later dat daarbij ook haar eerste verloofde is omgekomen. Om acht uur 's avonds hield ik met meerdere huurders beneden de wacht voor het huis waar ik als bakkersleerling woonde. Toen ontplofte er met een verschrikkelijk kabaal vlak bij ons een bom. Mijn beste vriend Édouard Bour werd gedood. Hij was pas zeventien. De hele buurt rouwde om die geweldige vent. Het ergste was nog wel dat mijn zus zich voor de belegering had verloofd met Édouard. En nu kon ik haar niet eens laten weten dat hij gestorven was...'

Vergiste Ida zich of trilde de stem van de anders zo strenge patriarch een beetje? Vanuit haar ooghoeken keek ze hem voorzichtig aan. Jacques Picard veegde inderdaad een traan weg. Hij knipperde heftig met zijn ogen voordat hij verder sprak.

'De volgende dag ging ik om vier uur 's middags op weg naar Édouards begrafenis. Hoewel hij heel erg geliefd was, waren we toch maar met zijn negenen. Het vijandelijke vuur was zo vreselijk dat niemand zich buiten waagde. Na de begrafenisplechtigheid, die de priester in de kerk hield en niet aan het graf, zijn we naar de Botanische Tuin gegaan. Daar vonden in die periode van zware beschietingen de begrafenissen plaats. Het vijandelijke vuur was die dag heviger dan ooit, daarom weigerde de priester uitdrukkelijk om de doodkist van Édouard te begeleiden. Eigenlijk zouden toch juist de geestelijken een voorbeeld moeten zijn in dat soort verschrikkelijke omstandigheden. Maar nee, uitgerekend hij was het toonbeeld van lafheid.'

Zijn stem stokte.

Ida zocht met een beklemd gevoel naar woorden. Als Jacques nu al zo werd aangegrepen door zijn herinneringen, hoe zou het dan wel niet zijn als hij over zijn zware verwonding te spreken kwam?

Lucien en zijn oude mentor Jean-Henri Fabre zaten opeengepakt op de paard-en-wagen die door Paul Arnal naar Rocaysou werd geloodst, waar hij pas de grot had ontdekt en onderzocht.

'Hij is zeker twintig hectare groot,' zei de jonge speleoloog, 'en het wemelt er van de vleermuizen.'

'Nou, geweldig,' zei Fabre opgetogen.

Lucien keek daarentegen een beetje bezorgd naar links. Dit gedeelte van de weg liep heel steil omlaag. Hij kromp geschrokken ineen. Op een meter of vijf voor hen denderden stenen en stukken rots omlaag vanaf de berghelling. 'Steenslag,' riep Arnal waarschuwend en hij probeerde het paard tot stilstand te brengen. Het dier werd echter op zijn hoofd geraakt door een kleine steen en begon panisch hinnikend te steigeren. Doordat de teugels abrupt werden aangetrokken kwam de wagen dwars op de weg te staan en kantelde naar links. Lucien probeerde om zich vast te klampen, maar het was tevergeefs. Hij viel en kwam hard neer. Hij voelde een pijn die hem meteen de adem benam. De pijn was erger dan alles wat hij ooit in zijn leven had gevoeld. Waren al zijn botten gebroken? Hij merkte dat hij opnieuw viel. Toen was er alleen nog genadige duisternis.

39

Als verdoofd was Oskar naar huis teruggegaan. Puur uit bezorgdheid om Claires kleinzoon vergat hij dat hij zich eigenlijk had willen omkleden. In plaats daarvan plofte hij neer op een van de stoeltjes op het terras van de lunchroom. Het was vlak voor sluitingstijd en binnen zag hij dat Amélie en Hélène de stoelen al op de tafeltjes zetten. De twee lachten allebei en hadden waarschijnlijk geen idee van de gebeurtenissen van het afgelopen uur. Amélie had blijkbaar een van haar grapjes gemaakt. De twee jonge vrouwen leken hem niet te hebben opgemerkt, want even later kusten ze elkaar teder. Opeens draaide Amélie haar hoofd en ze keek hem recht aan. Hij sloeg snel zijn ogen neer, beschaamd dat hij hen op een dergelijk moment had gadegeslagen. Maar Amélie kwam op hem af en glimlachte.

'Oskar, alles goed met je?'

Hij schudde verdrietig zijn hoofd. 'Ida is in de kerk om te bidden...'

Amélie keek hem bezorgd aan. 'Wat is er gebeurd?'

Ze ging bij hem zitten en luisterde naar het hele verloop van de tragedie aan de Ill.

'Wat verschrikkelijk,' zei ze uiteindelijk.

'Het is onverdraaglijk dat je helemaal niets kunt doen behalve afwachten,' antwoordde hij op schorre toon. Hij voelde een machteloosheid die hij alleen als klein jongetje had meegemaakt.

'Ik vind het echt heel erg.' Amélie gaf troostend een kneepje in zijn hand. 'Als ik iets heel graag wil, dan richt ik me tot het universum. Dat heeft al dikwijls gewerkt.'

Hij keek haar vragend aan. 'Bid je niet tot God?'

Ze schudde haar hoofd. 'Als ik heel eerlijk ben, nee. Een god die blijkbaar zo veel veroordeelt wat hij toch zelf heeft geschapen... Dat komt op mij over alsof een paar mensen puur uit eigenbelang iets bij elkaar gefantaseerd hebben om zodoende over anderen te kunnen heersen.'

Door haar openheid was het voor Oskar makkelijker om het haar te vragen. 'Hélène... en jij...?'

De mooie jonge vrouw, naar wie hij in het voorjaar zo had verlangd, knikte. 'Ja, ik heb uiteindelijk niet naar je geluisterd. We gaan samen een huis zoeken. Je hebt natuurlijk gelijk dat we daarmee het een en ander op het spel zetten. Maar ik wil gewoon gelukkig zijn met Hélène. En als ik iedereen tevreden wil houden, ben ik mijn hele leven lang bezig met dingen die Hélène én mij niet gelukkig maken.'

Aan de ene kant bewonderde Oskar Amélies instelling, aan de andere kant maakte hij zich zorgen om haar. 'Zijn jullie dan niet bang dat iedereen de spot met je gaat drijven?'

'Dat wel, maar niet genoeg om daarom afstand te doen van ons geluk samen,' antwoordde Amélie. 'Dan zouden de mensen die onze liefde verafschuwen natuurlijk winnen.'

Oskar dacht aan zijn eigen gevoelens voor Claire, die jaren ouder was dan hij. Wat zou zij eigenlijk vinden van Amélies woorden?

Uiteindelijk was Jacques Picard in zijn relaas aanbeland bij 27 september 1870, de dag waarop hij zijn linkerarm verloor. 'Er gingen geruchten dat generaal Uhrich eindelijk was begonnen met de onderhandelingen over de capitulatie. De vesting Straatsburg kon zich niet langer staande houden en er werd beweerd dat hij bloedige straatgevechten wilde voorkomen. Veel mensen klommen de vestingwallen op omdat er al werd verteld dat er een wapenstilstand was. En daardoor werd ik zo nieuwsgierig dat ik zelf ook wilde zien hoe het ervoor stond. Maar die vader van u vond dat hij toch nog moest schieten. Ik werd geraakt en door de lucht geslingerd. Mijn linkerarm was één bloederige massa.'

Ida probeerde de afschuw en het medelijden van zich af te zetten. 'Kon u mijn vader dan zo goed zien?'

'Natuurlijk niet. Wie er destijds tijdens de capitulatieonderhandelingen heeft geschoten, ontdekte ik pas later. Toen mijn arm werd geamputeerd in het veldhospitaal voor gevangenen, had ik hoge koorts en ik begon plotseling te bloeden. Een Pruisische soldaat heeft de arts daarop gewezen. Die constateerde een heel zware bloeding. Zonder de melding van die Pruis zou ik het niet hebben gered. Hij was ook degene die me verteld heeft wie dat kanon...'

'Goedenavond,' klonk het opeens achter hen.

Ze draaiden zich met een ruk om en keken in het merkwaardig bleke gezicht van Wolfgang Busch. Omdat hij natuurlijk afwist van de familievete, stond hij duidelijk perplex dat zijn vriend hier in een kalm gesprek verwikkeld was met de dochter van zijn aartsvijand.

'Wat is de reden dat jullie hier zo bij elkaar zitten?'

'Door de ruzie tussen onze families is er nu een kind in levensgevaar,' zei Jacques. Zijn slechte geweten was duidelijk hoorbaar in zijn stem.

'De kleine Marcel?' vroeg de kerkbeheerder ontsteld.

Jacques vertelde hem wat er was gebeurd.

'Laten jullie het weten als er nieuws is?' vroeg Wolfgang Busch met zwakke stem.

'Ja, dat zullen we doen,' beloofde Ida en de koster verliet als in trance de kerk.

'Het grijpt hem meer aan dan ik had verwacht...' zei Jacques op verbaasde toon.

'Maar hij kwam al zo eigenaardig over toen hij ons begroette,' prevelde Ida peinzend.

Jacques haalde zijn schouders op. 'Nou, het maakt niet uit. Waar waren we gebleven?'

'Een Duitse soldaat maakte melding van die bloeding, wat uw redding betekende,' zei Ida. 'Dat was meneer Busch. Dat heeft uw zus Marie me pasgeleden toevertrouwd.'

'Ja, hij werd de eerste en enige Pruisische soldaat met wie ik bevriend ben geraakt,' bevestigde de patissier. 'Ik heb hem net zo lang aan zijn hoofd gezeurd totdat hij me uiteindelijk heeft verteld wie er die middag achter het kanon stond op de plek waar ik werd geraakt.'

'Franz Tritschler?' vroeg Ida, hoewel ze het antwoord wist.

'Precies,' bevestigde Jacques. 'Toen hij me de naam doorgaf, rekende Wolfgang er waarschijnlijk niet op dat ik uw vader ooit zou kunnen opsporen. Maar ik kwam er uiteindelijk achter dat hij nog in Straatsburg was. Ik wist aan een wapen te komen en wachtte hem op, vastbesloten om hem in elk geval in zijn arm te schieten.'

Ida huiverde bij de gedachte. 'Waarom hebt u het niet gedaan?'

Jacques begon weemoedig te glimlachen. 'Door de jonge vrouw die op die dag een punt zette achter haar relatie met hem. Uiteindelijk liet die idioot die droomvrouw voor de kathedraal staan. Toen ik zag dat Claire Goldschmidt huilde, kon ik Tritschler niet meer achternagaan. Alle wraak was vergeten. Ik wilde alleen die vrouw gelukkig maken.'

'En dat hebt u ook inderdaad gedaan,' zei Ida met hese stem.

'In elk geval een tijdlang,' mompelde Picard. 'Maar nu heeft een geheim dat we deelden tweedracht tussen ons gezaaid.'

Ida keek hem nieuwsgierig aan. 'Wat voor geheim dan?'

Picard keek haar recht in de ogen en vervolgens knikte hij ernstig. 'Ik moet het u nu toch eindelijk vertellen. Zelfs de genadige God zou dat willen voordat Hij mijn gebeden voor Marcel verhoort.'

'Wat bedoelt u?' vroeg ze van haar stuk gebracht.

Op dat moment zagen ze dat er iemand van achter uit de kerk met snelle passen naar het altaar kwam.

'Marie!' zei Jacques en hij sprong overeind.

Vol ontzetting zag Ida hoe bleek en buiten adem de kunstenares was. Dat kon alleen maar betekenen dat er slecht nieuws was. Het slechtst denkbare nieuws...

'Wat is er gebeurd?' stamelde ze.

Oskar had tegen Amélie en haar Hélène gezegd dat ze al mochten gaan en droeg nu zelf alle buitenmeubels naar binnen. Hij was blij dat hij iets te doen had. Hij wilde net de laatste stoel pakken toen opeens de vrouw aan wie hij voortdurend dacht voor hem stond.

'Claire,' zei hij op hese toon. 'Is er nieuws over Marcel?'

'Dat weet ik niet, ik was net bij madame Martinet om haar te informeren over Marcels toestand. Daarna ben ik gelijk hiernaartoe gekomen.'

Oskar glimlachte. Als het niet om Marcel ging, dan kon Claires aanwezigheid maar één reden hebben. 'Kom mee naar binnen, dat is veiliger.'

Toen ze in de lunchroom tussen het buitenmeubilair en de tafeltjes met de stoelen erbovenop stonden, moest hij zich inhouden om haar niet over haar wang te strelen. 'Goed dat je er bent. Ik wilde jou ook opzoeken om met je te praten. Ik hoorde dat je man en jij nu afzonderlijke slaapkamers hebben?'

'Ja, we hebben verschrikkelijke dingen gedaan om ons wereldje te beschermen,' gaf Claire toe. 'Inmiddels is ons duidelijk geworden dat er niets meer te beschermen valt. De beslissing tot die verwijdering is in harmonie verlopen en we willen nu proberen om alles weer goed te maken wat we hebben aangericht.'

Ze keek Oskar recht in de ogen en net als voorheen begon zijn hart sneller te kloppen.

'Wat wilde je me vertellen?' vroeg ze aan hem.

'Een vriendin van me heeft eindelijk het geluk gevonden. Maar alleen omdat ze zo moedig is om voor haar geliefde te kiezen,' vertrouwde Oskar haar toe. 'Een liefde waarvoor ze zal worden uitgelachen en veroordeeld. Toch wil ze geen afstand doen van hun gezamenlijke geluk.'

Claire knikte ernstig. 'En daar wil je mee zeggen dat ze ook jou zullen veroordelen als je voor een vrouw kiest die zo veel ouder is dan jij.'

Oskar glimlachte. 'Ze ziet er veel jonger uit, maar: ja, dat is wat ik bedoel. Het maakt mij niets uit of ze me belachelijk gaan maken. Ik weet dat ik me gelukkig mag prijzen, als ook zij bereid is om de spot tegenover haar voor lief te nemen, uiteraard.'

'Daar is ze toe bereid,' zei Claire en ze beantwoordde zijn glimlach. 'Waarom op zoek gaan naar een wat oudere, minder mooie man van wie ik niet hou. Zelfs al zou ik dat doen, dan zal er beslist iemand zijn die dáár weer iets op aan te merken heeft.'

Hij trok haar tegen zich aan. 'Ik ben zo blij dat je gekomen bent.'

'Eerlijk gezegd kwam ik eigenlijk voor Ida,' gaf ze toe. 'Ik moet haar iets bekennen en dat zou ook jouw gevoelens voor mij kunnen veranderen...'

Voordat Oskar kon vragen wat ze daarmee bedoelde, klonk er opeens een scherpe stem, waardoor ze allebei ineenkrompen. 'Laat mijn moeder meteen los, viespeuk die je bent!'

René! Oskar verwenste zichzelf dat hij Claire dan wel gevraagd had binnen te komen, maar in zijn ongeduld had vergeten de deur op slot te doen.

Claire keek haar zoon bang aan.

'Wat kijk je nou? Je bent echt weerzinwekkend,' snauwde hij tegen haar. 'Heb je met die oudere Tritschler nog niet genoeg aangericht? Misselijke snol!'

'Oskar!' riep Claire nog. Het was echter al te laat. De belediging aan het adres van de vrouw van wie hij hield maakte de jonge Tritschler razend van woede. Hij sloeg zo hard met zijn vuist dat René hard opzij werd geslingerd. Hij was echter maar heel even verdoofd en stortte zich op zijn beurt op Oskar. De strijd die volgde was er een op leven en dood. Tafels vielen om en serviesgoed brak. Claire schreeuwde tevergeefs tegen de twee jonge mannen dat ze moesten ophouden. Ook een fles met lamppetroleum viel om. De twee kemphanen gleden allebei uit over de vloeistof die zich over de vloer van de lunchroom en de banketbakkerij verspreidde. Uiteindelijk probeerde Renés moeder tussen de twee vechtersbazen te gaan staan, wat tot gevolg had dat haar zoon haar per ongeluk raakte met zijn vuist. Met een doffe schreeuw viel Claire in de plas petroleum. Oskar wilde zich naar haar toe haasten, maar René liet hem in zijn razernij niet met rust. Uiteindelijk viel de enige brandende lamp in de zaak met een dreun op de grond. Lunchroom en winkel veranderden angstaanjagend snel in een vlammenzee.

Ida en Jacques Picard keken Marie verstijfd van angst aan.

'Marcel!' wist de mollige vrouw buiten adem uit te brengen. 'De koorts is gezakt. Hij wil graag kersentaart!'

Toen ze begon te glimlachen, schoten de tranen van opluchting Ida in de ogen.

'Dan zal zijn opa hem eerst eens gaan vertellen dat hij voor altijd zijn opa blijft,' zei Jacques stralend en ook zijn ogen waren vochtig. 'Komt u mee, Ida?'

Ze keek hem diep dankbaar aan. 'Dank u, ik kom u zo dadelijk achterna. Eerst moet ik nog snel even naar meneer Busch om hem het goede nieuws te brengen. Hij maakte zich zo'n zorgen.'

'Goed idee,' vond Jacques. 'Tot zo meteen dan.'

Ida haastte zich naar de deur van de kosterswoning. Ze klopte aan en de oude Fouché deed open.

'Max, is je huisgenoot er ook?' vroeg Ida opgetogen.

'Nee, hij is boven op het uitkijkplatform,' zei de bibliothecaris. 'Uitgerekend daar wilde hij bidden voor dat ventje van jullie.'

'Daarom ben ik hier. Het gaat weer beter met Marcel, de koorts is gezakt,' zei Ida gejaagd. 'Ik ga snel even naar boven.'

Onderweg naar het platform dacht ze aan haar eerste uitstapje met Lucien, bijna vijf maanden geleden, toen hij met haar naar de toren van de kathedraal was geklommen. Wat was er sindsdien veel gebeurd. Dit keer rende ze zó snel dat haar longen pijn deden. Op het platform sloeg de wind haar net als de vorige keer in het gezicht. Bij het zien van de koster begon ze geschrokken te schreeuwen. Hij stond op een kanteel en het leek wel of hij zich ieder moment in de diepte wilde storten.

'Meneer Busch!' riep ze scherp. 'Wat doet u daar?'

'Ida, ga weg!' hijgde hij.

Waarom wilde de koster zich in vredesnaam van het leven beroven? Had het zieke kind hem zo aangegrepen? Dat leek niet logisch, maar in haar radeloosheid klampte Ida zich aan een strohalm vast en ze schreeuwde naar hem. 'Het gaat beter met Marcel.'

'Daar gaat het niet om,' zei de kerkbeheerder met een snik. 'Ik heb te veel levens verwoest. En dat moet nu eindelijk stoppen. Ik heb alles opgeschreven in die brief daar.'

Hij wees naar een envelop die hij had verzwaard met een steen, vermoedelijk om te voorkomen dat hij weg zou waaien.

'U komt nu onmiddellijk naar beneden of ik spring ook!' gilde Ida woedend.

'Lees die brief,' droeg hij haar op.

'Ik ga verdomme helemaal geen brief lezen. U zegt nú tegen mij wat u te zeggen hebt!'

Toen hij niet reageerde, klauterde ze op haar beurt op een kanteel. Heel even keek ze de diepte in, en kreeg meteen spijt van haar onbezonnenheid. Stel dat ze struikelde? Dan zou in haar Romeo-en-Julia-verhaal met Lucien alleen Julia sterven. Ze voelde zich duizelig worden.

40

Ida had zichzelf dan wel in gevaar gebracht, uiteindelijk bereikte ze ermee wat ze wilde: klaarblijkelijk uit ongerustheid stapte de koster haastig van het kanteel, kwam naar haar toe en stak zijn trillende hand uit. Ida greep hem vast en sprong terug op het platform. Daar ademde ze opgelucht uit.

'Ida, mijn hemel, Ida, wat hebt u me laten schrikken,' jammerde Wolfgang Busch.

'U mij ook,' antwoordde ze kortaf. Ze had allang bij Marcel willen zijn. 'Vertel me nu maar eens waardoor het zover heeft moeten komen.'

Hij tilde de steen op en gaf haar de envelop. 'Hier, lees maar!' spoorde hij haar met schorre stem aan.

De heer Franz Tritschler, belangrijk!, stond erop.

'Aan mijn vader?' zei Ida verbaasd en ze haalde de brief eruit. Ze las:

Straatsburg, 2 september 1893

Waarde kameraad Franz,

Sinds je terug bent in Straatsburg, ben ik je uit de weg gegaan. Ik kon het niet verdragen om je in de ogen te kijken. Mijn onvergeeflijke zelfbedrog heeft oneindig veel leed toegebracht aan twee families en nu straft God me misschien zelfs met de dood van een onschuldig kind. Dat zal ík op mijn geweten hebben, want ik ben schuldig aan de vete tussen de Tritschlers en de Picards. Er was een reden dat ik na de verovering van Straatsburg in het veldhospitaal bij Jacques Picard waakte. Ik had namelijk een slecht geweten, omdat ik het in werkelijkheid was die, zo kort voor de wapenstilstand, het kanon afvuurde waardoor hij zijn arm verloor. Toch was ik niet degene die zijn bloeding bijtijds opmerkte, waardoor zijn leven werd gered. Dat was jij, Franz Tritschler, toen je je vader bezocht die werkzaam was in het veldhospitaal.

De schellen vielen Ida van de ogen. Opa Albert had haar toch verteld dat zijn zoon bij hem op bezoek was geweest in het hospitaal en een bloeding bij een oorlogsinvalide had opgemerkt? Haar vader had nooit geschoten op Jacques Picard! Integendeel, hij had voorkomen dat het de artsen en verplegers zou ontgaan dat hij doodbloedde en had daarmee zijn leven gered! Met trillende vingers las ze de rest van de brief van de koster, die vol schaamte zijn ogen had neergeslagen.

Ik pronkte met andermans veren om bij hem in een goed blaadje te komen. Toen hij me telkens weer vroeg of ik kon achterhalen wie het kanon had afgevuurd dat zijn zware verwonding had veroorzaakt, wist ik dat hij hier pas mee op zou houden als hij de naam van de dader had. En op een bepaald moment zou hij uitkomen bij mij. Daarom noemde ik de eerste de beste naam die in me opkwam: Franz Tritschler. Uitgerekend de man die zijn bloeding had ontdekt en het aan de artsen had doorgegeven. Tegen mij had je gezegd dat je snel terug wilde naar je moeder in Stuttgart, daarom hield ik er geen rekening mee dat ik je ooit nog een keer zou zien. Ik had geen idee dat ik daarmee een jarenlange vete teweeg zou brengen. Maar inmiddels weet ik dat wel. Ik heb uit lafheid veel te veel kansen aan me voorbij laten gaan om met een bekentenis een eind te maken aan die vernietigende ruzie en verder verdriet te voorkomen. Beste, waarde Franz, ik weet dat

mijn verschrikkelijke daden onvergeeflijk zijn, maar laat in ieder geval mijn dood niet voor niets zijn. Laat deze brief aan Picard lezen. Jacques, vergeef me, ik ben je vriendschap nooit waard geweest.
Sluit vrede met elkaar. Ik ben jullie onwaardig.

Het ga jullie goed!
Wolfgang Busch

Ida keek de man met het kale hoofd, die er als een hoopje ellende bij stond, vastberaden aan. 'En nu is het mooi geweest met die lafheid! U gaat dit persoonlijk aan Jacques Picard vertellen. Kom op, ik ga met u mee.'

Na een korte aarzeling knikte Wolfgang Busch ernstig en vervolgens liepen ze samen de trap af.

Ida onderdrukte met moeite een gil toen de koster en zij om de kathedraal heen gelopen waren en patisserie Tritschler in zicht kwam. De lunchroom en de winkel stonden in lichterlaaie! Ze rende zo snel als ze kon. Voor het gebouw lag Oskar op de grond met Claire Picard in zijn armen. De kleding van de twee was gehavend door de vlammen, hun gezichten rood en vol roet. Hun haar zat in de war en was gedeeltelijk verschroeid. Ze hoestten allebei.

'Oskar, is er nog iemand boven?' schreeuwde Ida in paniek. Het vuur op de begane grond woedde zo hevig. De rook en de vlammen zouden beslist snel opstijgen naar de verdiepingen erboven.

'Leroc,' zei haar broer hijgend. Zijn oogleden trilden. Hij leek bewusteloos te raken.

Op dat moment duwde iemand met zijn rug de deur naar het trappenhuis open, waaruit meteen een golf dikke zwarte rook kwam.

'Madame Leroc,' riep Ida en ze holde naar de huishoudster. Die was volledig buiten adem en had in een deken iets zwaars het huis uit gesleept. Pas nu zag Ida dat zich daarin het roerloze lichaam van haar man bevond. Hier, in de frisse lucht, deed Gaston Leroc gelukkig zijn ogen open. Hij hoestte met gierende uithalen. 'Mijn rug doet pijn,' piepte hij en hij keek naar Antoinette. 'Heb je me echt in deze deken de hele trap af gesleept?'

'Als je denkt dat ik je, na jaren en jaren wachten op een aanzoek, kort na de bruiloft laat stikken, dan heb je het mis,' zei Antoinette Leroc en in tranen kuste ze haar man.

'Is er niemand meer in het huis?' vroeg Ida voor alle zekerheid.

'Nee,' antwoordde de huisdame. 'Xavier Castanet heeft zijn vrije dag, uw ouders zijn natuurlijk nog in Amerika en Astro is in Weghäusel.'

'René ligt nog in de lunchroom,' snifte Claire nu nauwelijks hoorbaar. 'Alsjeblieft... mijn zoon!'

'Nee!' riep madame Leroc nog, maar Ida liep door de geopende deur rechtstreeks de vlammenzee in.

Ze kon in de gloeiende hitte haar ogen met moeite openhouden en door de bijtende rook was het nauwelijks mogelijk om adem te halen. Daar lag hij! Er was een balk omlaaggevallen en die was op René Picards heupen terechtgekomen. Ida had geen idee of Luciens broer nog leefde. Ze trok aan hem, in haar eentje zou ze het echter niet redden. Waarschijnlijk was Oskar daarom alleen met Claire aan de vlammen ontkomen. Ze voelde dat ze het gebouw zo snel mogelijk moest verlaten, want ze viel al bijna flauw. Maar je kon iemand toch niet gewoon laten verbranden? Opeens stond er iemand naast haar. Wolfgang Busch! De kleine man rukte aan de balk. Ze begon hem snel te helpen en met vereende krachten slaagden ze er uiteindelijk in om de balk te verschuiven en René te bevrijden. Opgelucht zag Ida hoe de koster Luciens broer naar buiten sleepte. Een krakend geluid deed haar opkijken en ze voelde dat iets hards en ongelooflijk heets haar achterhoofd raakte. Ze verloor het bewustzijn en alles werd zwart.

Het rook scherp en onaangenaam. Was dat jodium? Het was een stap vooruit om in al die duisternis eindelijk iets anders te ruiken dan bijtende rook. En ademhalen deed niet meer zo verschrikkelijk veel pijn. Daarom durfde Ida het aan om heel voorzichtig haar ogen te openen.

Het eerste wat ze in dit voor haar gevoel tweede leven zag was het mooie, betraande gezicht van Claire Picard.

'Godzijdank,' zei ze en ze streelde voorzichtig Ida's wang.

'Ik...' Verder kwam Ida niet. Haar stem was niet meer dan een schor gekras.

'U hebt mijn zoon gered,' zei Claire met bevende stem. 'Dat zal ik nooit vergeten. En ik heb het beslist niet verdiend.'

Ida wilde haar geruststellen, maar die verdraaide stem van haar gehoorzaamde niet. 'Jawel,' hijgde ze daarom alleen.

'Luister naar me, Ida!' zei Claire met ernstige blik. 'U zult me beslist gaan haten. Maar voordat meneer Busch een eind maakte aan de vete, ben ik al naar jullie huis gegaan om een bekentenis te doen. Jacques en ik wilden allebei uw familie uit ons leven hebben. Hij wilde dat omdat hij bij vergissing dacht dat uw vader schuldig was aan zijn verwonding. En ik... omdat ik heimelijk verliefd begon te worden op uw broer.'

Dus toch! 'Dat dacht ik al,' fluisterde Ida.

Claire knikte en wreef over haar ogen. 'Dus bedacht ik een weerzinwekkend plan, waar ik alleen Jacques deelgenoot van maakte. Ik zou beweren dat u en Lucien broer en zus waren.'

Bewéren? Ida was bang dat haar hart stil zou blijven staan. Ze schraapte haar keel. 'Zijn we dat dan niet?'

Claire schudde haar hoofd en Ida voelde de tranen prikken in haar ogen. 'Uw vader kwam destijds dronken naar me toe, dat klopt. Hij smeekte me om er nog een keer goed over na te denken. Dat ik naar mijn hart moest luisteren. Dat ik dan voor hem zou kiezen en niet voor Jacques. Franz bleef bij me slapen en daar is het ook bij gebleven. Hij had veel te veel gedronken. De volgende ochtend heb ik als afscheid ontbijt voor ons gemaakt en dat was het. Ik weet dat mijn vreselijke leugen onvergeeflijk is. Maar misschien is het nog niet te laat voor Lucien en u.'

Ida voelde zich in haar verzwakte lichaam opeens een gevangene. Ik moet helder worden, dacht ze. Lucien! Lucien! Hij is mijn broer niet. We kunnen nog steeds trouwen!

Op dat moment kwam Marie Picard de kamer binnen en richtte zich tot haar schoonzus. 'Ah, hier ben je, Claire. Eindelijk.'

Ida zag aan het gezicht van Marie dat er iets niet in orde was. 'Marie. Wat is... er gebeurd?'

Luciens tante schrok. 'Ida! Je bent bij kennis.' Heel even leek ze opgelucht, maar vervolgens was er weer verdriet af te lezen van haar gezicht. 'Maak je geen zorgen, je moet eerst goed uitrusten!' adviseerde ze, waarbij ze Ida's blik meed. Ida wist dat ze iets verzweeg. Ze pakte Marie bij haar pols en verbaasde zich over de kracht waarmee ze erin kneep. 'De waarheid!'

'Ik... ik heb slecht nieuws,' stamelde de kunstenares somber.

Ben ik nog niet helemaal bij? dacht Ida. 'Marcel?'

Marie schudde haar hoofd. 'Er is een ongeluk gebeurd in de buurt van Mende in het zuiden van het Centraal Massief. Na steenslag is Lucien uit een kar gevallen en de diepte in gestort...'

Het laatste wat Ida hoorde voordat ze het bewustzijn verloor was Claires kreet vol pijn.

Ida hield de hand van de kleine Marcel vast terwijl ze over de begraafplaats liepen. Het was een zware tocht, maar het moest gebeuren. Uiteindelijk kwamen ze bij een graf waarop verse bloemen stonden. Zoals bij alle nieuwe graven was er nog geen houten kruis en nog geen steen.

'Daar ligt iemand in die dood is en die is nu in de hemel,' fluisterde Marcel met instinctief ontzag. 'Net als overgrootvader, die houtvester was.'

Ida knikte met vochtige ogen. 'Ja, precies, in de hemel.'

'Wie is het?' vroeg de jongen.

Ida haalde diep adem voordat ze verderging. 'Je echte maman. De vrouw die jou in haar buik heeft gedragen. Ze heet Natalie. Jammer genoeg was ze heel arm en kon ze niet voor je zorgen. Daarom hebben Denise en René dat een tijdlang gedaan.'

'En jij en knuffeloom Lucien.'

Onmiddellijk schoten Ida's ogen vol met tranen. 'Inderdaad, Lucien. Ik wil je nu iets vragen. Ook al heb ik je niet in mijn buik gedragen, wil je dat ik voor altijd jouw maman word? Je va… René vindt het goed.'

Het ventje knikte ernstig.

Ze omhelsde de jongen geroerd, pakte zijn handje en liep met hem naar de koets die voor de begraafplaats stond te wachten. Voordat ze teruggingen naar Weghäusel, wilden ze nog naar patisserie Goldschmidt rijden. Jacques, die door alle zorgen om zijn zoon Lucien heel erg ziek was, had gevraagd of hij het kereltje mocht zien. 'Ik heb veel goed te maken met Marcel,' had hij in tranen gemompeld. Door het bewijs dat Franz Tritschler geen schuld had aan zijn oorlogsverwonding had de patriarch eindelijk beseft dat jarenlange haat alleen zinloos verdriet bracht. Zodra Ida's ouders terug waren uit Chicago, zo had Jacques gezegd, zou hij zich verzoenen met Franz. Ook zijn vriend Wolfgang Busch had hij vergeven. 'Toen je destijds op me schoot, kende je me natuurlijk nog niet. Bovendien heb je mijn zoon René gered,' had hij gebromd en de koster was van opluchting in tranen uitgebarsten. Wat een wrede ironie van het lot dat deze ontwikkelingen voor Lucien waarschijnlijk te laat kwamen.

Vlak voordat ze bij de patisserie arriveerden, keek Marcel Ida aan. 'Als jij mijn maman bent, wordt knuffeloom Lucien dan mijn papa?'

'Dat… dat gaat misschien niet,' begon Ida en ze hoopte dat haar stem het niet volledig zou begeven. 'Lucien is heel ver weg van een berg gevallen.'

De jongen keek haar vragend aan. 'Is hij nu ook in de hemel?'

'Ze zijn al een tijd naar hem op zoek, maar het kan zijn dat hij in de hemel is,' antwoordde Ida met bevende stem.

'Nee, dat kan helemaal niet,' zei de jongen op kalme toon.

Ida keek hem door een waas van tranen aan. 'Waarom niet?'

'Oom Lucien kan niet in de hemel zijn,' zei Marcel volhardend. 'Omdat hij daar zit.'

Ida volgde zijn blik door het raampje van de tot stilstand komende koets en haalde geschrokken diep adem toen ze aan een van de buitentafeltjes van de patisserie een lange, jonge man in de zon zag zitten. Lucien Picard, haar Lucien. Springlevend en stralend van geluk. Hij kwam overeind. Ida rukte de deur van de koets open en rende zo hard als ze kon naar die mooie hersenschim toe.

Toch voelde de omhelzing zo echt aan. En die lippen, o, die lippen!

'Ik wilde terugkomen om samen met jou als broer en vriend voor Marcel te zorgen,' zei de man zachtjes tegen haar, die nu niet meer haar halfbroer maar weer haar verloofde kon zijn. 'Inmiddels heb ik mijn moeder gesproken. Ze heeft me alles verteld. Zo is het mooier. Veel mooier.'

'Wat is er geb...' Haar stem begaf het.

'Bij die val heb ik twee vingers gebroken en een hersenschudding opgelopen,' legde Lucien uit. 'Als ik gewoon daarbeneden was blijven liggen, dan hadden ze me waarschijnlijk nog diezelfde avond gevonden. Maar ik was zo in de war en ben gaan ronddwalen. Gelukkig heeft de oude Fabre de zoektocht ook de volgende dag niet opgegeven. Uiteindelijk ben ik terug naar huis gegaan en trof daar als eerste mijn broer aan. Hij vertelde me dat jij op pad was met de kleine Marcel. Wat heb je trouwens met René gedaan? Hij lijkt wel een ander mens. En daar bedoel ik niet zijn verschroeide haar mee, dat ziet er heel suf uit.'

Op dat moment merkte hij dat Marcel, die inmiddels uit de koets was geklauterd, aan zijn broekspijp trok. 'Ik wil ook knuffelen!'

Ze tilden het kind op en sloegen hun armen om elkaar heen. Voor de warm glimlachende patisseriegasten leek het of het kleine gezin elkaar nooit meer wilde loslaten.

Epiloog

December 1893

Het had de hele nacht en de halve dag gesneeuwd. Straatsburg zag er op deze 5e december 1893 uit alsof het met poedersuiker was bestrooid. In de weken voor kerst was de stad altijd gehuld in haar mooiste uitdossing. De straten en vakwerkhuizen, de façades van de kerken, de ramen en balkons straalden in het licht van duizenden lampjes.

Net als Hans en Grietje, die in het sprookje werden gelokt door de baksels in de woning van de heks, keek de vierjarige Marcel Picard nu door de etalageruit gefascineerd naar al het lekkers dat daar was uitgestald. De namen had hij geleerd van zijn beide opa's, Jacques en Franz. Tulband, anijskoekjes, kerstbrood, geglaceerde schuimtaart, bienenstich, peperkoek, chinois en heel veel taarten met bosbessen, kwark, rabarber en pruimen. Ook lagen er pretzels, broodkoek met kersen, Elzassische kerstkoekjes en nog veel meer. Het ventje ging bij het zien van al die lekkernijen met zijn tong over zijn lippen.

Achter hem doken Ida en Lucien op, net als hun toekomstige adoptiezoon in warme winterkleding gehuld.

'En ze hebben niet eens puits d'amour,' zei Lucien op gespeeld verontwaardigde toon.

'Jij krijgt je bronnen van liefde nog wel, hoor,' beloofde zijn verloofde glimlachend. 'Uiterlijk morgen bij de heropening.'

Drie maanden lang hadden ze hard gewerkt om van de puinhoop

na de brand weer een patisserie van gebakken dromen te maken. Tot ieders verbazing had vooral René Picard zich ingezet, zowel financieel als door zelf de handen uit de mouwen te steken. Dat hij bijna was omgekomen in het vuur en uitgerekend was gered door de vrouw tegenover wie hij zich zo vreselijk had gedragen leek hem tot een bepaald inzicht te hebben gebracht. En Claires verzekering dat Jacques zonder enige twijfel Luciens vader was had waarschijnlijk ook bijgedragen aan zijn gedaanteverandering. Hij had meteen het adoptieformulier ondertekend en zelfs vol liefde met Marcel gepraat. Hij had hem uitgelegd dat ze nu gewoon zouden ruilen. Lucien werd Marcels nieuwe vader en hijzelf zou in de toekomst de knuffeloom zijn.

Op aandringen van Jacques had René zelfs zijn moeder vergeven dat ze de familie had verlaten en bij haar vader Aaron in de Duitse wijk was ingetrokken.

Ida's broer Oskar hield zich sinds een tijdje intensief bezig met echtscheidingsrecht, zodat het echtpaar Picard eventueel snel legaal kon scheiden. René had iets opgevangen over de inspanningen van Oskar en er verbazingwekkend ontspannen, ja zelfs geïnteresseerd op gereageerd. Hij wist weliswaar dat Oskar onderzoek deed naar het onderwerp scheiding om ooit met Renés moeder te kunnen trouwen, maar misschien, zo dacht Ida, hoopte Luciens broer stiekem op de mogelijkheid om officieel van Denise te kunnen scheiden. En als het zover kwam, dan zou Kurtle daar zeker blij mee zijn!

Ida boog zich naar haar toekomstige zoon toe, die nog altijd gebiologeerd door het raam keek. 'Dat vind je wel wat, hè, Marcel?' vroeg ze.

De jongen knikte. 'Ja, het is zo mooi. Net alsof het al kerst is. Sinterklaas zal heel blij zijn. Alles is weer gemaakt.'

'Dat hebben je twee opa's samen gedaan,' zei Ida. 'Met oom René. Daarmee wilden ze laten zien dat die ruzies nu eindelijk voorbij zijn.'

'Ruzie is stom,' zei Marcel streng. 'Dat doen alleen domme kinderen.'

Lucien glimlachte en streek hem over zijn hoofd. ‘Precies, ja.’ Hij tilde het ventje op en Ida kwam overeind.

‘Nou, Marcel, wat vind jij, zal ik voor één keer in mijn leven ook iets bakken?’ vroeg de biologiestudent.

Het kereltje keek hem nieuwsgierig aan. ‘Wat dan?’

Lucien grijnsde. ‘Een bruidstaart.’

‘O ja,’ riep Marcel en hij klapte opgetogen in zijn handen.

‘Oom René wil mijn getuige zijn, omdat het natuurlijk om de bruiloft gaat van de vrouw die zijn leven heeft gered,’ vertelde Lucien. ‘Maar ik heb voor een oude insectenkenner gekozen.’

De jongen keek Ida aan. ‘Heb jij ook tuig, maman?’

Ze knikte. ‘Ja, oom Max. Die heeft mij geleerd dat ik alles over de oorlog te weten moet komen, ook als de mensen daarover eerst niet willen praten.’

‘Als je trouwt, krijg je kinderen,’ bedacht Marcel opeens. ‘Krijg ik dan een broertje of zusje?’

Lucien knipoogde naar zijn verloofde. ‘Dat valt wel te regelen, denk ik.’

‘Volgens mij is dat drie maanden geleden al geregeld,’ verbeterde Ida hem glimlachend en hij keek haar sprakeloos aan. ‘En dat houdt dus in dat we tot aan de bruiloft in zonde leven.’

Er kwam een vreugdekreet over Luciens lippen en hij danste met zijn aanstaande bruid uitgelaten door de neerdwarrelende sneeuwvlokken. Vervolgens kuste hij haar dolgelukkig. Een gloednieuwe patisserie én de familie van de concurrenten die ooit zo met elkaar overhoop hadden gelegen werd uitgebreid. Wat een veranderingen!

Woord van dank

Deze roman is ontstaan aan het begin van de coronacrisis. Dat we toch verder konden gaan met schrijven hebben we te danken aan de hoopvolle berichten, vrij van hysterie, en aan bepaalde mensen.

Voor Eva-Maria Bast waren haar vijf geweldige kinderen een grote steun en toeverlaat, net als Christian Schuchardt en haar ouders Lena en Alfred Bast. Jørn Precht kreeg 'rugdekking' van Erika Precht, Elias Konradi, de familie Sturm en ook van Andreas Bühler, Matthias Schmidt, grimeur Lotte Fleck en virtueel van Kim Schicklang.

Feedback en heel veel perfecte aanmoediging kregen we van Marita Grimke, Martina Resch, Katia Tenholt, Tara Claußen, Elias Konradi en Jana Scheunert. Bijzonder inspirerend was voor ons de input van 'onderzoeksgenie' Melanie Kunze. Ze heeft heel vaak tot in de kleine uurtjes doorgewerkt en veel weekenden opgeofferd om de roman te verrijken met het checken van historische feiten en andere sporen uit het verleden. Merci beaucoup!

En ook willen we onze geweldige literair agent Anna Mechler, de redacteuren Greta Frank en Kerstin von Dobschütz, evenals de coördinator van onze uitgeverij, Andrea Müller, van harte bedanken.

Last but not least zijn we júllie dank verschuldigd, beste lezers!

We wensen iedereen veel plezier op deze reis terug in de tijd naar de Elzas.

Hartelijke groet,
Eva-Maria Bast en Jørn Precht
alias Charlotte Jacobi

Bron- en literatuurlijst

Bleibtreu, Carl, *Belagerung von Straßburg vom 15. August bis 28. September 1870* (Stuttgart 1910, heruitgave Bad Langensalza 2009).

Busch, Wilhelm, *Maler Klecksel* (München 1884), https://www.projekt-gutenberg.org/wbusch/klecksel/klecksel.html.

Goethe, Johann Wolfgang von, *Der Liebende wird nicht irre gehen, 1749-1832. West-östlicher Divan.* (Stuttgart 1819), https://www.kristinakral.blog/gedicht-johannwolfgang-von-goethe-der-liebende-wird-nicht-irre-gehn/.

Isphording, Eduard, *Kräuter und Blumen, Botanische Bücher bis 1850 im Germanischen Nationalmuseum* (Neurenberg 2008): 101, https://books.ub.uni-heidelberg.de/arthistoricum/reader/download/412/412-16-82313-2-10-20180912.pdf.

Jäger, August, 'Familienfeste im Elsaß', uit: *Die Gartenlaube,* bundel 41 (Leipzig 1874): 658-662. Scans door Commons: Reisverslag uit de artikelserie Land und Leute, nr. 37, https://de.wikisource.org/wiki/Land_und_Leute/Nr._37._Familienfeste_im_Elsaß.

Maurice, H., *Die Belagerung von Straßburg,* vertaald door Fritz Bronner (Frankfurt 1926).

Precht, Jørn, 'Ordenskette', uit: Bast, Eva-Maria/Precht, Jørn: *Stuttgarter Geheimnisse – 50 spannende Geschichten aus der Schwaben-Metropole* (Überlingen 2016): 41-44.

Schwabe, 'Raubmord (Fall Ludwig, Chemnitz)', uit: *Archiv für*

Kriminal-Anthropologie u. Kriminalistik, tiende band, derde boek, 22 december 1902, 263-278.

Werner, H.G.C., *Der vollkommene Kunstbäcker und Conditor. Oder gründliche Anweisung, alle Arten Torten, Küchen und feines Backwerk sowie Macaronen, Dragees, Pastillen, Marcipan, Conserven, Marmeladen, Compots, Gelées, Morsellen, Fruchtsäfte, Gefrorenes, Tafelauffätze etc. zu verfertigen. Und alle Sorten feiner Liqueurs, Cremes, huiles und Ratafia's zu destilliren.* (Quedlinburg u. Leipzig, Basse 1833).

VoyageMedia Reiseführer-Verlag, *Elsässische Gastronomie – Kulinarische Spezialitäten aus dem Elsass* (Le Barcares 2019). Op www.elsass-netz.de, https://www.elsass-netz.de/168/Kueche-Elsass/Spezialitaeten-Elsass-A-Z.html.